李庆辰画像

沽上李筱筠

李庆辰手署名

"筱筠"（原大约 8×10 毫米）

"李庆辰印"原大约17×17毫米

"筱芸"原大约11×14毫米　"小云"原大约7×8毫米　"筱筠"原大约13×15毫米

"小云初稿"原大约16×16毫米　　"筱筠手稿"原大约16×14毫米

"书生饶舌"原大约18×20毫米

"志不可满"原大20×25毫米

"太瘦生"原大约26×30毫米

"书生习气未能无"原大约24×27毫米

"李氏家藏"原大约25×28毫米

"诗痴砚癖"原大约30×34毫米

"余亦能高咏"原大约31×19毫米

"莫忘作哥人姓李"原大约20×22毫米

"壮气起胸中"原大约20×23毫米

"指挥如意"原大直径约18毫米

"好□泥古"原大约10×13毫米

"痴云"原大约16×10毫米

李庆辰使用过的印章

天津市人民政府参事著述系列

晚清津门文化名人李庆辰研究

李蕴祺 著

天津出版传媒集团

天津人民出版社

图书在版编目(CIP)数据

晚清津门文化名人李庆辰研究 / 李蕴祺. -- 天津：
天津人民出版社，2019.4
（天津市人民政府参事著述系列）
ISBN 978-7-201-14395-8

Ⅰ. ①晚… Ⅱ. ①李… Ⅲ. ①李庆辰（1838－1897）
－人物研究 Ⅳ. ①K825.41

中国版本图书馆 CIP 数据核字（2018）第 302498 号

晚清津门文化名人李庆辰研究
WANQING JINMEN WENHUA MINGREN LIQINGCHEN YANJIU

出　　版	天津人民出版社
出 版 人	刘　庆
地　　址	天津市和平区西康路 35 号康岳大厦
邮政编码	300051
邮购电话	（022）23332469
网　　址	http://www.tjrmcbs.com
电子信箱	tjrmcbs@126.com

责任编辑	陈　烨
装帧设计	汤　磊

制版印刷	山东德州新华印务有限责任公司
经　　销	新华书店
开　　本	710 毫米×1000 毫米　1/16
印　　张	30.5
插　　页	3
字　　数	400 千字
版次印次	2019 年 4 月第 1 版　2019 年 4 月第 1 次印刷
定　　价	98.00 元

自　序

李庆辰是清代晚期天津著名的小说家和诗人，他留给了我们一部志怪传奇小说集《醉茶志怪》、一部诗集《醉茶吟草》和20册手书笔记稿本。他的著作和笔记稿本价值怎样，他的生平事迹以及家世渊源如何？这就是我在《晚清津门文化名人李庆辰研究》中所要探究的事情。

一

我知道李庆辰其人其著，是从祖父那里听来的。

幼时，我们姐弟三人都十分喜欢听祖父讲故事。或是春风裁柳的夜晚，或是夏暑难熬的浴后，或是秋凉渐起的月下，或是冬雪扑窗的睡前，我们做完功课后，相互招呼着跑到祖父屋里，央求祖父讲故事。祖父一边安顿久病卧床的祖母睡下，一边照例问着我们的功课。待一切妥帖后，祖父在八仙桌前坐了下来，呷一口茶，然后微笑着说："讲故事呀？""讲，讲！"我们异口同声地说。"讲什么哪？""讲什么都行！"祖父微微沉吟了一下，就不紧不慢地讲了起来……

祖父讲的大多是狐仙鬼怪的故事，现在还记忆犹新的是"枣好吃，蒜太辣"那一段。说的是，一个商人赶路，半道突遇大雨，他跑到道边一座古墓的碑楼下避雨。眼见大雨一时还停不了，便蹲下来，百无聊赖地划拉着地上的积水。忽然，面前的水坑中露出一颗骷髅头，他非但没被吓着，反而捡起来端详。也许他想到了什么，只见他抓起一把稀泥在骷髅头上揉捏起来，竟然捏出了五官，酷似一个人头型。此时天已放晴，商人将人头型放在墙窟里，在雨水中洗净了手，准备继续赶路了。刚走了几步，商人又若有所思地走回来，一手捡起那颗人头型，一手探进肩上的褡裢，从中摸出一瓣蒜和一颗枣，塞在了人头型微张的口中，还喃喃地说道：老弟，给你留点吃食，就这些了，将就点吧。然后将人头型放回原处，匆匆离去。几年以后，这个商人又路过此地，远远望见了那座有缘栖身的古墓碑楼，但见人来人往，嘴中似念念有词，并争相往碑楼上系红布条。商人好生奇怪，拦住一人打听缘由。原来，前些年的一场大雨后，这里时常传出"枣好吃，蒜太辣"，"枣好吃，蒜太辣"的呼声……我们听着这瘆人的故事，并没有理会骷髅的恐怖，倒是被"枣好吃，蒜太辣"的萌萌呼声逗乐了，后来，"枣好吃，蒜太辣"的呼声，还成了我们姐弟回忆童年时的标志语。那时，我总有一个问号萦绕在心头，祖父的这么多故事是从哪里来的？

1959年那年，祖父60岁生日，伯父和叔父们都从外地回来给祖父祝寿。晚饭后，父辈们围着祖父聊天，我也挤在父亲旁边听热闹。聊着聊着，不知从什么地方起，就说到了狐仙鬼怪故事的话题，并且引起了父亲他们几位的热议。这时我才知道，祖父的故事原来出自于一本名叫《醉茶志怪》的小说，作者是晚清天津一位叫李庆辰的人。

一晃几十年过去了，"文革"动乱、上山下乡、选调工作、职场拼搏、工作调动、职务升迁，一路走来，我再也无暇顾及那些狐仙鬼怪的故事了。不过，想找《醉茶志怪》看一看的好奇心，一直十分强烈。

二

我认真关注李庆辰及其著作，是从找到《醉茶志怪》和《醉茶吟草》开始的。

1996 年时，我已在河北省石家庄市工作多年。2 月的一天，我去市图书馆查找图书资料，在翻看经济类图书卡片时，也顺手翻了翻文艺类图书卡片。才翻了几张，突然眼前一亮，《醉茶志怪》的书名跃入眼帘，而且还有两个版本：一是 1988 年 7 月河北人民出版社的点校本，二是 1988 年 6 月山东齐鲁书社的点校本，真是"众里寻他千百度，蓦然回首，那人却在灯火阑珊处"！当时，我没有办借书证，只好记下有关信息，准备第二天办证借阅。

第二天准备去图书馆时，忽然想到：借书不如买书。于是转身去了河北人民出版社，找到古籍编辑室，说明来意，工作人员很热心，从库房里翻出一本送给了我，这是我多年以来第一次看到《醉茶志怪》这本书。从古籍编辑室出来，边走边浏览，想第一时间解开一个谜。哈哈，找到了！那篇"枣好吃，蒜太辣"的故事就在第二卷中，名《泥骷髅》，用文言文写就，比祖父当年讲的故事短多了，既简练又精彩。找到河北点校本的兴奋又勾起了我再找山东点校本看一看的希望，于是给山东的朋友打了电话。不久，朋友果然给我寄来了。找到《醉茶志怪》的两种当代点校本，给了我极大的鼓舞，继续寻找李庆辰踪迹的兴趣一发不可收拾。

从《醉茶志怪》河北点校本的"点校说明"中得知，他们是用光绪十八年天津原刊本作底本点校的，我不由萌生一念：何不找一找点校人，或许能看到《醉茶志怪》的原刊本呐！几经周折后，终于打听到点校人之一是天津师范大学的高洪钧先生。我立即托天津的朋友去师大拜访高先生。高先生得知来访者的朋友也很关注《醉茶志怪》和李庆辰，很乐于提供帮助，不但拿出了《醉茶志怪》的光绪十八年原刊本和民国期间大达图书供应社评点本，还拿出来了民国二十五年（1936 年）由当时的天津志局刊印的李庆辰诗集《醉茶吟草》，令我的朋友感谢不已。1996 年 4 月末，当朋友电告所获时，我真是喜出望外。在两个多月的时间里，不但找到了《醉茶志怪》的两种当代点校本，又找到了原刊本和早年的评点本，特别是意外地找到了以前不知道的《醉茶吟草》诗集，这些丰硕的收获，使我进一步探究的欲望陡然高涨。

找到《醉茶志怪》和《醉茶吟草》以后的一段时间里，我有空就细读《醉茶志怪》和《醉茶吟草》，越读越觉得有味道。其中提到的历史事件，调动了我考据究竟的热情；其中描写的官府腐败和官军劣行，使我想象到时人的悲惨；其中盛赞的天津名胜，令我如见昔日家乡的风采；其中透露出的作者家境和思绪，引起了我探索其身世生平的冲动……尽管如此，我当时还只是将研读《醉茶志怪》和《醉茶吟草》当作是一种欣赏，将探求作者生平当作是一种休闲，至于由此及彼的探究，也只是"螃蟹吐沫，自娱自乐"，并未想写什么东西。但是，这一阶段的阅读和探究，事实上为我后来的"薄发"做了前期的"厚积"，奠定了坚实的基础。

三

我真正动了写作的念头，是回到天津以后的事了。

2010 年 4 月我从北京调回天津，2010 年 9 月受聘为天津市人民政府参事，在专注天津社会和经济发展的同时，有了更多的时间去研究和探讨李庆辰及其著作。然而，每当我兴致勃勃地与人谈起李庆辰及其著作时，对方大多一脸茫然，不知李庆辰为何人，不知《醉茶志怪》为何书，对此，我感到十分惊讶！李庆辰可是天津历史上的文化名人呀，《醉茶志怪》也不断有点校本问世，家乡人居然记不得其人其著了？我与参事室副主任陈雍先生聊过这个情形。陈先生是一位学识渊博的学者型领导干部，还是全国著名的考古专家，他对李庆辰和《醉茶志怪》早有关注，对我的惊讶也有同感。他得知我对李庆辰和《醉茶志怪》感兴趣后，就鼓动我梳理已有的研究成果，再下功夫深入钻研下去，并建议我将钻研所得写出来，可以一个专题一个专题地写，以期聚沙成塔，集腋成裘，最终写出一本有一定学术水准的研究专著，以奉献给家乡父老。陈先生的鼓动，使我油然萌生了一种责任感，我应该为弘扬家乡先贤做些事情，我可以为天津文化繁荣贡献些绵薄之力。

在陈先生的鼓动下，我开始沉下心来，系统地重读起《醉茶志怪》和《醉茶吟草》，并拟定专题，分类建立起电子版资料卡片。与其同时，根据读书中产生的疑问或发现的线索，一趟趟地跑图书馆查阅史料，求证事实、充实素材、解惑释疑，不懈的努力当然是收获累累。但是，当我信心满满地构思起几个专题的写作提纲时，立即感觉到底气不足，捉襟见肘，仅凭这些材料和收获，至多只能写出一些肤浅的读书心得，其水平恐怕还超不出其他研究者的成果，多我不多，少我不少。于是我停下笔来，开始从网络上了解他人的研究动态，重构我的写作目标，并开阔视野，更大范围地收集资料，以期达到理想的巅峰。

四

我是在掌握了相当丰富的资料以后，才重启写作的。

2011年6月，我在网络上查找资料时，意外地获得了一条重要信息，即李庆辰还有手书笔记稿本存世。经过断断续续地多方询问与联系，终于在2012年12月看到了他的20册手书笔记稿本，这些笔记稿本为我研究李庆辰其人其著提供了最充足、最全面、最可靠的文献性资料。我用了一年半的时间，通读了这些"宝贝"笔记，随读随琢磨，随充实资料卡片，分册撰写简况和要点，并誊抄了其中近80％的内容，力求将功课做足，将资源挖尽。到2014年11月告一段落时，我对李庆辰其人其事的了解更趋立体，认识不断深化，想说的话题不断涌现。

特别令我兴奋的是，在搜集资料的过程中，得到了北京李象桦老先生的鼎力相助。李老先生是一位学养深厚、博闻强记、达观热心的耄耋老人，他在 20 世纪 60 年代初，曾经看到过李庆辰家族的旧谱，并听说过其家族的一些逸事细节，现在还能清楚地回忆起大部分内容。老先生对旧谱的宝贵回忆，为探究李庆辰生平事迹和家族渊源提供了第一手材料。

看到李庆辰的笔记稿本、获得李庆辰的家谱回忆，如同备足了"弹药"，促使我重启写作。2015 年 2 月拟定了本书的写作大纲，撰写了"综述"，并将综述改写为《晚清津门著名小说家诗人李庆辰》一文，刊登在 2015 年第 1 期（3 月出版）《天津文史》上。这是我发表的第一篇关于李庆辰的文章（我曾于 2004 年 8 月给一家报社投过一篇稿件，题为《李庆辰的〈醉茶志怪〉与〈醉茶吟草〉》，应是我撰写的第一篇关于李庆辰的文章，未被采用），也是我在研究李庆辰其人其著道路上迈出的实质性一步，从而拉开了写作本书的序幕。

李庆辰在笔记稿本的一篇故事中，借主人公之口说道，"责人恒易，责己殊难；空谈颇易，身践实难；事后议论颇易，临事谋略殊难"，又说道"非身经患难不知其难，若纸上言谈似觉其易"。这种种难易之间的辩证关系，我在写作过程中有着充分的体会：想写书易，写起来难；构思尚易，落纸上实难；洋洋万言尚易，真正好看实难！尤其是以我历史知识有限、文学修养不足、古文功底较浅的水平，去写天津历史上一位著名的小说家和诗人，就更是难上加难。不过，我秉承着为家乡文化繁荣尽微薄之力的信念，凭借着在握的丰富素材和资料，依靠着多年的研究揣摩成果，还是攻坚克难，按照既定的目标，坚持走了下去，到 2015 年 12 月顺利地写完了本书的初稿。

五

我又用两年半的时间，艰难走完了本书写作的"最后一公里"。

初成的书稿实在是有些不堪与读，文字粗糙是一方面，更主要是对于一些涉及历史事件和历史人物的叙述还不甚了了，这对于一本讲述历史人物和事迹的小书来说，可是个致命的硬伤。于是，在完成初稿以后的一段时间里，我一方面对文字进行修改和润色，有的地方甚至是重写；一方面对尚经不起追问的人和事，进行了大量的求证和核实工作，力求使所述不容置疑。

比如，我在写本书第二章"诸家挚友的诗酒唱酬"一节时统计到，在李庆辰《醉茶吟草》和笔记稿本中，其与倪耘劬的唱和之作就有18首之多。倪耘劬何许人也？遍查天津的志书无载。后来上网查找，才知道他是广西桂林的著名诗人，名鸿，字耘劬，著有《退遂斋诗钞》和《退遂斋续集》。但有关资料未见他到过天津或与天津诗人交往的记载。到底是什么情况，也许能在倪鸿的诗集中找到答案？为此，我赶到北京国家图书馆，在其古籍馆看到了他的诗集，从诗集中得知，倪鸿曾3次到过天津，与杨光仪、孟继坤、李庆辰等人多有唱和。我循着诗歌的描述，全面准确地写出了李庆辰与倪鸿交往的故事。

又如，李庆辰在笔记稿本中抄有一篇上海《申报》光绪十六年六月二日的报道"飞龙岛记"，文章记述的是上海新建的游乐场情况，李庆辰抄录这篇报道，足见他对新鲜事物的敏感，我准备将这件事写入书中。但当年的报道是什么样子，他抄的准确与否？为予求证，我几次到天津图书馆寻找资料，终于在馆藏的《申报》影印本中看到了原件。实际上，这篇报道刊登在光绪十六年六月三日（1890年7月19日）的《申报》上，不知何故，李庆辰误记为六月二日，但他抄录的内容与《申报》一版刊登的《飞龙岛游记》基本相同。我将《申报》（影印件）的照片插入有关文字叙述中，使之更加完善可靠。

再如，李庆辰在笔记稿本中记有一些人位和事迹，并注明抄自"县志"。经请教李老先生，指这几人是李庆辰的先辈。天津旧有三部县志，在哪部县志中有此记载？于是，我去天津图书馆查阅《天津县志》《续天津县志》和《天津县新志》，终于在《续天津县志》的"卷十五·烈女（下）"中查到了。由此坐实了李庆辰家族世系的叙述。

上述这些举例，是我对本书认真修改完善的缩影。自本书初成后，我对书稿修改了5次之多。前4次的修改，对书稿作了许多"大手术"，到2018年1月结束。看着这改了4次的书稿，自己感觉似乎可以了，于是打印出样稿，送朋友们征求意见。陈雍先生不愧是大家，他对本书样稿提出了许多宝贵的修改意见，促使我于3月开始了第5次修改，而且是颠覆性的修改：一是重写了《绪言》，阐述了我对李庆辰研究现状的看法，提出了对李庆辰研究的体系构想；二是删除了原来单纯是誊抄笔记稿本的一章，充实了有关章节的研究举例（只将一部分未刊故事附录于后），体现了"研究"的初心；三是修改了家族渊源部分的不妥之处，使之更加符合历史人物研究的学术要求；四是充实了《李庆辰年表初编》，重点是补充了依据，并单成一章；五是统一了注释的标准，做了必要的删减。算起来，从2015年2月动笔写关于李庆辰的第一篇文章起，到如今完成《晚清津门文化名人李庆辰研究》书稿止，已历经3年多。其间我遇到了种种挑战，而最终还是战胜了种种不可能，其成果就是摆在大家面前的这本小书。

清代末年，李庆辰落拓一衿、力学安贫、笔耕不辍，为填补津门文学空白做出了不可磨灭的贡献。我们今天翻出李庆辰的著作，研究它的内容和价值，搜寻他的生平事迹和创作历程，也是希望为新时代天津文化事业的大繁荣做一些工作。如果津门父老能由此回过头来看一看李庆辰，并了解他的贡献，对于我来说，算是一种奖赏和鼓励；对于李庆辰来说，也算是满足了他"与君名笔千载传"的企盼。我十分期待！

此序

李蕴祺

二〇一八年六月一日

目　录

绪言

◎ 李庆辰简介

◎ 诸多缺失的研究现状

◎ 四位一体的研究构想

◎ 四加一的研究成果

在中华民族漫长的小说发展史中，曾经有过一个大放异彩的重要门类——文言文志怪传奇小说。中国的文言文志怪传奇小说萌芽于先秦两汉时期，在以后的发展历程中，曾经有过三次创作高潮。第一次是在魏晋南北朝时期，第二次是在唐宋时期。到了清代前中期，又出现了第三次创作高潮，以蒲松龄的《聊斋志异》和纪昀的《阅微草堂笔记》为代表，文言文志怪传奇小说在创作数量和质量上都达到了顶峰。但是，到了清代晚期，中国社会发生了巨变，西方先进理念和技术大量涌入国门，外面世界的精彩移动了国人看志怪传奇故事的视线；中国近代报业的兴起，尤其是上海《申报》① 的努力，创造了传播社会新闻（其实也是传奇）快捷及时的新方式；加之白话文的流行和读者群的扩大，都强烈地动摇了文言文志怪传奇小说的根基，致使其创作就像坐上"过山车"一样，迅速滑落，跌向深渊。②

在文言文志怪传奇小说开始走向衰败和消亡之际，天津人李庆辰著作的《醉茶志怪》，于光绪十八年（1892 年）冬月在天津刊行了。

《醉茶志怪》的刊行，在天津掀起了一阵波澜，其涟漪也扩散到华北乃至全国。上海《申报》附办的《点石斋画报》③ 至迟于光绪二十年（1894 年）就选用《醉茶志怪》的故事刊登在画报上，上海的几个书局也随之出版了几个点校本，甚至到了当代，大陆和台湾地区还出版有《醉茶志怪》的点校本或影印本。这种现象引起了当代文学

---

① 《申报》：1872 年 4 月 30 日（清同治十一年三月二十三日）在上海创刊，1949 年 5 月 27 日停刊，是中国现代报业开端的标志，也是近代中国发行时间最久、最具广泛社会影响的报纸。

② 关于文言文志怪传奇小说的没落，参见《中国文言小说发展研究》，王恒展著，山东教育出版社，2016 年 4 月。

③ 《点石斋画报》：《申报》附办的《点石斋画报》于清光绪十年（1884 年）创刊，光绪二十四年（1898 年）停刊，为中国最早的旬刊画报，每 10 日出版 1 期，每期画页 8 幅。

史和小说史学界的兴趣和关注，由此出现并逐渐形成了"李庆辰研究"的课题。

一、晚清津门文化名人李庆辰

李庆辰，字筱筠（篠芸、筱芸、小云①），别号醉茶子，天津人，生于清道光十八年（1838 年），卒于光绪二十三年（1897 年），享年 60 岁。

李庆辰祖籍山西晋阳（今山西省太原市），他的先辈们几经迁徙，到高祖那辈才定居天津。李庆辰的先辈中多有为官、为商者，家族兴旺，家道殷实，他的幼年生活既安定又优裕。后来，他父亲因事得祸，致使家庭生活状况急转直下，从此清贫跟随了他的一生。童年的李庆辰勤奋好学，师以为慧，谓之为敏，19 岁就考取了生员并入泮县学。李庆辰也曾想通过科举踏上仕途，但驰逐轮号二十春，到 40 岁仍未能考取举人，遂决意告别科考，寒窗坐老，平生止步于诸生。李庆辰为生活计，先是入盐行当会计，因厌恶盐商的恶习，很快就辞职不干了，他 40 多岁后以后当了私塾先生，以课徒为业，落拓一衿。可喜的是，他的门生弟子多有出息者，对他是个极大的慰藉。李庆辰对生活、对事业期望甚高，且学养深厚，但他时运不济，困顿于时，累日长愁，郁郁者久，于是借笔消愁，聊以自达，在课徒之余潜心写作，并事吟咏，最终成就为晚清津门著名的小说家和诗人。

李庆辰著有志怪传奇小说集《醉茶志怪》4 卷，346 篇故事。津门宿儒杨光仪②作序。他写到，读过书稿后，顿觉"奇情焕发，目不

---

① 关于李庆辰的字：在其存世笔记稿本中，有文稿署名"篠芸"，有印章文为"筱芸""小云"。

② 杨光仪（1822－1900），字香吟，号庸叟，天津人。咸丰二年（1852年）中举，但此后屡应会试不第，遂在津门设塾授徒。光绪九年（1883 年），选授直隶东光县（今河北省沧州市东光县）教谕，他以母老辞不就。后来主讲天津辅仁书院达 20 余年，当年津门士子几乎都是他的弟子门生。

暇赏。篇终数语，尤如当头棒喝，发人猛省"。当代文学和小说史界的一些著述认为，"李庆辰《醉茶志怪》是天津文学史上目前发现的唯一一部体例纯正的志怪传奇小说集"，"无疑在天津的文学史上具有某种填补空白的意义"。《醉茶志怪》是"近代文言小说史上绕不过去的作品"，作者李庆辰是"天津最有名的文言小说家"。

李庆辰还撰有诗集《醉茶吟草》2卷，存诗310首，滦州名士蒋兰畬①为之作序，先是以抄本形式流传，杨光仪辑《津门诗续钞稿》时收入其诗146首，后于民国二十五年（1936年）冬由天津志局印行面世，天津方志学家高凌雯②作跋于后。时人评价其诗"远规盛唐，力求神似，五言近体，瓣香杜陵"。《天津县新志》③认为，"凡所简选率多精锐之作，虽非全部，犹足张一军也"。

李庆辰不但有小说《醉茶志怪》和诗集《醉茶吟草》传世，还有20册手书笔记稿本（见下图）存世。在这些笔记稿本中，一是有《醉茶志怪》的绝大部分故事原稿和《醉茶吟草》的部分诗作原稿，还有大量的未刊故事和诗作的草稿。二是有他做私塾先生时，定期抄录的学海堂④考核题目，以及与这些考核题目有关的典籍文章内容。三是有不少医书、方剂以及诊疗方面的抄录和记载。四是有他读书心

---

① 蒋兰畬（生卒年不详），字香农，滦州（今河北省唐山市滦县）人，晚清名士、诗人，著有《寿云堂诗集》。

② 高凌雯（1861－1945），字彤皆，天津人，举人出身，曾任国子监候补博士、学部普通司主事。1901年与林墨青等人在天津城西稽古书院遗址创立普通学堂，即后来的铃铛阁中学。民国后又积极参与严修举办的城南诗社和崇化学会活动。以后即全力从事天津文史方志工作，修成《天津县新志》二十八卷。著有《志余随笔》《天津士族科名谱》《天津文汇》《天津诗人小集十二种》《刚训斋诗集》等。

③ 《天津县新志》对李庆辰的记载，详见民国十三年（1924年）版《天津县新志》卷二十三之二·艺文二。

④ 学海堂：天津问津书院学堂名，有关情况详见本书第三章第四节。

得、生活起居、家庭琐事等方面的记录。五是有不少反映天津地理名胜、风俗人情、社会生态、时令灾害，以及所见所闻新鲜事物的记载，堪称研究天津近代社会和文坛的小百科全书。

20 册手书笔记稿本

李庆辰一生都在为贫困而愁苦，但他力学安贫，笔耕不辍，成就颇丰，给我们留下了厚重的文化遗产，确实值得高度重视，认真做好"李庆辰研究"课题，以服务于新时代的文化繁荣。

二、李庆辰研究的既往和现状

说到李庆辰研究的既往和现状，以笔者的管见，可以用两句话概括，即李庆辰研究源于《醉茶志怪》，但迄今为止还仅限于《醉茶志怪》。

（一）《醉茶志怪》研究还欠深入

纵观《醉茶志怪》的研究状态，笔者有两个基本的估计：

一是民国以前对《醉茶志怪》并无研究。从笔者搜集到的资料看，《醉茶志怪》问世以后，读者和出版商对其十分感兴趣，再版不断，而当年的天津文坛中，只有杨光仪对其做了充分肯定，诗友王培新在诗中也表达了赞扬之意："一编聊语怪，抒写性情真。惩劝关风化，疏狂托鬼神。"除此以外，再无声音（李庆辰或许还听到了一些责难的声音），甚至连《天津县新志》等地方志书对《醉茶志怪》也无记载。直到民国二十五年（1936年），《醉茶志怪》的著录才首见于孙殿起所著的《贩书偶记》①，其在"卷十二·小说家类·异闻之属"中记载："醉茶志怪四卷。津门李庆辰撰。光绪壬辰刊。"后又见于民国二十六年（1937年）刊定的金大本著《津人著述存目》②，其在第二卷记载："《醉茶志怪》四卷，清李庆辰撰，光绪十八年壬辰刻本。"可见，民国以前对《醉茶志怪》只有流传和著录，并无研究可言。应该说，对《醉茶志怪》开展研究是当代的事情了。

二是当代对《醉茶志怪》的研究还处于介绍和评价阶段，深度研究或正起步。1955年武作成编纂《清史稿艺文志补编》③，在其"子部·小说类"中记有"醉茶志怪四卷，李庆辰撰"。1981年袁行霈、侯忠义编《中国文言小说书目》④，在其第五编记载，"醉茶志怪四卷。存。（清）李庆辰撰。见《贩书偶记》小说家类。光绪壬辰刊

---

① 《贩书偶记》，原名《见书偷闲录》，20卷，孙殿起著，民国二十五年（1936年）由北京琉璃厂通学斋书店出版发行，中正书局、中华书局、上海书店等都有影印或重印。孙殿起（1894—1958），字耀卿，别字贸翁，河北冀县人，民国时期书商、版本目录学家、藏书家。

② 《津人著述存目》，金大本著，民国二十六年（1937年）定稿。金大本（1907—1948），字伯诚，号立甫，天津人，民国时期藏书家，天津出版家金钺的族孙。

③ 见《清史稿艺文志及补编》。其中，《清史稿艺文志补编》，武作成编，中华书局，1982年4月。

④ 《中国文言小说书目》，袁行霈、侯忠义编，北京大学出版社，1981年11月。

本"。在《清代志怪传奇小说集研究》① 等著作中对《醉茶志怪》也有类似的记述或举例，这些工作接续了民国以来对《醉茶志怪》的著录。

20 世纪 80 年代以后，《中国古代小说百科全书》②《中国文言小说总目提要》③《中国文言小说发展研究》④《中国笔记小说纵览》⑤ 等著述，都有了关于《醉茶志怪》的条目或专文，有的在介绍和评价《醉茶志怪》同时，对李庆辰也略有介绍。另外，一些大专院校发表的论文、出版社再版《醉茶志怪》时的"点校说明"等，也可以视作是介绍和评价《醉茶志怪》的专文。虽然这些工作还只是基础性的，但毕竟是开了《醉茶志怪》研究的先河。

与此同时，1997 年出版的《中国神怪小说通史》⑥ 以较大篇幅介绍了《醉茶志怪》，并深入点评了几篇故事；2011 年出版的《晚清民国志怪传奇小说集研究》⑦ 以专节论述了李庆辰及其《醉茶志怪》，并提及了版本和笔记稿本情况；2014 年出版的《中国地域文化通览·天津卷》⑧ 更从天津文学创作发展轨迹的视角介绍了《醉茶志怪》现象，这些工作使《醉茶志怪》研究迈进了一大步。尽管如此，

---

① 《清代志怪传奇小说集研究》，占骁勇著，华中科技大学出版社，2003 年 6 月。

② 《中国古代小说百科全书》，《中国古代小说百科全书》编辑委员会、中国大百科全书编辑部编，中国大百科全书出版社，1993 年 4 月。

③ 《中国文言小说总目提要》，宁稼雨撰，齐鲁书社，1996 年 12 月。

④ 《中国文言小说发展研究》，王恒展著，山东教育出版社，2016 年 4 月。

⑤ 《中国笔记小说纵览》，孙顺霖、陈协琹编著，华东师范大学出版社，2013 年 6 月。

⑥ 《中国神怪小说通史》，欧阳健著，江苏教育出版社，1997 年 8 月。

⑦ 《晚清民国志怪传奇小说集研究》，张振国著，凤凰出版社，2011 年 1 月。

⑧ 《中国地域文化通览·天津卷》，主编袁行霈、陈进玉，本卷主编张炳学、刘志永，中华书局，2014 年 6 月。

研究工作在总体上仍呈简介式、片段化状态，尚没有系统全面的研究专著出现，深度和广度都没有达到一定的水准。

（二）《醉茶吟草》研究尚未开题

李庆辰不但著有志怪传奇小说集《醉茶志怪》，还撰有诗集《醉茶吟草》，研究李庆辰，必须要研究他的《醉茶吟草》。有意思的是，《醉茶吟草》的研究状态与《醉茶志怪》正相反，呈现出时人热而今人冷的局面。

从现有的材料看，与李庆辰同时代的人们更多地认同李庆辰是他们中的著名诗人。其诗集在当年以抄本的形式流传，诗坛十分看重，大家如杨光仪、孟继坤、梅宝璐、蒋兰畬等对其诗作交口称赞，诗友们更是好评如云，享有很高的诗名。地方志对李庆辰的《醉茶吟草》也都有专条记载。截稿于光绪二十一年（1895 年）的《重修天津府志》（光绪二十五年秋印毕刊行），其撰稿人采访了李庆辰本人，在卷三十七·著述中载，"醉茶轩诗集，李庆辰撰，采访庆辰天津人，廪贡生"，这是地方志在李庆辰生前就对其诗集做了著录。1924 年出版的《天津县新志》有《醉茶吟草》的专条，并简单地记述了李庆辰生平、家事、诗风和价值。1930 年出版的《天津志略》和 1937 年出版的《津人著述存目》也都做了著录，这些评价、记载和著录对《醉茶吟草》给予了很高的评价，虽然只涉及了其诗学造诣和风格流派的评论，根本谈不上研究，但在当年已经是很不简单的事情了。

到了当代，1955 年出版的《清史稿艺文志补编》对《醉茶吟草》做了著录，其后则再无讯息。直到近年，一些研究著述和论文才注意到了李庆辰的诗人身份，在主要评述《醉茶志怪》之余，说到他"是可以称之为有诗人气质的小说家的"①，《中国地域文化通览·天津

---

① 参见《中国神怪小说通史》。

卷》等著述也提到了《醉茶吟草》。但就总体而言，当代研究者们还较少知道或较少理会《醉茶吟草》的存在，这也难怪，李庆辰的诗作在其生前一直以抄本的形式流传，本来圈子就不大；其去世后很长一段时间遗稿莫知所在，直到民国以后才刊刻，而且是包裹在方志中刊刻的，当代研究者对《醉茶吟草》相对生疏是可以想见的。这种情况妨碍了研究工作，可以说，对《醉茶吟草》的研究尚未开题。

（三）笔记稿本研究还未纳入视野

发现并关注李庆辰存世笔记稿本是近年才有的事情。在当年，笔记稿本是李庆辰的私人物品，不关别人的事，时人自然不得见也不得知笔记稿本中都记了些什么。到了当代，其笔记稿本已由私人物品变成了文献史料，研究者才有机会一睹真容。个别著述如《晚清民国志怪传奇小说集研究》对其做了初步的介绍，并就笔记稿本中《醉茶志怪》故事原稿刊用和未刊用情况作了统计，个别大专院校的学术论文也有提及。不过，笔者相信，迄今为止尚无人对其内容作全面的、逐句逐段的阅读和消化，没有"吃过梨子"，自然不知"梨子的滋味"，笔记稿本尚未纳入更多研究者的视野，又何谈对其研究。

（四）生平事迹和家族渊源研究尚属空白

作为李庆辰研究，研究李庆辰本人的生平事迹及家族渊源是必须的。关于李庆辰生平事迹，古人所述多为碎片，《天津县新志》说道，"庆辰字筱筠，别号醉茶子，诸生，襟怀旷逸，力学安贫"；杨光仪在《醉茶志怪》的序中说他是诗人，"落拓一衿，寒窗坐老。平居抚时感事，既见之于篇什"；蒋兰畬在《醉茶吟草》的序中说他"期望甚大而困顿于时，郁郁者久"。古人的描述，从不同角度反映了李庆辰坎坷一生的大要，但不得以见全貌，更未见对其家族的记述。

当代的个别著述，已有对李庆辰生平事迹的介绍，如《晚清民国志怪传奇小说集研究》对李庆辰的生卒年做了考证，对其生平事迹和家庭家事做了叙述，《中国神怪小说通史》和《中国地域文化通览·天津卷》等也有简介，但其介绍的基本内容，还限于古人所说。其他绝大多数著述都语焉不详，有的甚至连古人的说法也没有注意到，干脆说"李庆辰，清末人，生卒年不详，字号与籍贯、生平事迹皆待考"。生平事迹尚如此，家庭家族的研究更是空白。并不是研究者们不想研究，实在是资料匮乏，巧妇难为无米之炊。

笔者对李庆辰研究既往和现状的上述分析肯定存在疏漏，但李庆辰研究的现状肯定并不乐观。

三、李庆辰研究的框架构想

李庆辰研究既已开启，就要下功夫开展起来，并建立起相应的研究体系。笔者在撰写《晚清津门文化名人李庆辰研究》一书的过程中，逐渐悟到了《醉茶志怪》《醉茶吟草》、笔记稿本和生平家世"四位一体"的李庆辰研究构架。

（一）关于《醉茶志怪》

研究李庆辰，首先要将《醉茶志怪》及其相关问题研究透。

一是《醉茶志怪》的地位问题。笔者认为，时人对李庆辰的《醉茶志怪》鲜有提及，甚至在地方志中都没有记载，其原因主要是小说在当年文坛中的地位，远不像现在这么高大，似乎认为小说，尤其是描写狐仙鬼怪的小说，远不及诗词歌赋高雅，因此对《醉茶志怪》或视而不见，或避而不提。近代以来，小说逐渐成为文学的主要形式，《醉茶志怪》才得以受到关注，并将其放在文学史和小说史的大视野中去考察，其地位已经大大提高。但是，当代研究者在给予《醉茶志怪》应有地位的同时，也对其与《聊斋志异》和《阅微草堂笔记》的关系提出不同看法。对时人和今人分别纠结的《醉茶志怪》地位问题，应该作出科学客观的研究与判断。

二是《醉茶志怪》的价值问题。《醉茶志怪》所以能在文言文志怪传奇小说已近没落的大趋势下刊行并流传，肯定有其原因，其原因就在于它有存在的价值。那么其价值几何，故事包含的思想内涵是什么，"醉茶子曰"传递了什么信息以至"发人猛省"？这些都是需要研究者深入探讨并说清楚的。

三是《醉茶志怪》的创作过程问题。《醉茶志怪》究竟是乡里坊间传说的简单记录汇编，还是有思想的文学创作？可以从《醉茶志怪》的创作过程中得出有说服力答案。另外，研究《醉茶志怪》的创作过程也是研究李庆辰生平的重要内容，需要下功夫挖掘考证、梳理分析，以得出基本符合真实的结论。

四是《醉茶志怪》的版本问题。这里所说的版本问题，并不是版本学意义上的版本问题。只是希望搞清《醉茶志怪》自刊行以来的再版次数、再版地域和再版形态，以有助于对《醉茶志怪》价值的研究。当然，能从版本学本来意义上去研究《醉茶志怪》的版本问题，并有所发现，那是再好不过的了。

（二）关于《醉茶吟草》

研究李庆辰，要补上《醉茶吟草》研究这一课。补课的意义不仅在于研究《醉茶吟草》本身，还在于要由此来确认李庆辰的诗人身份。时人如杨光仪，认定李庆辰是诗人，当代研究者们没有这样说过。当然，没有说过并不是否定，而是没有接触这个问题罢了。要通过研究《醉茶吟草》来解决这个问题，还李庆辰不单是小说家，还是诗人的完整形象，这是《醉茶吟草》研究，乃至李庆辰研究所不可或缺的。

一是研究《醉茶吟草》的刊行始末。研究《醉茶吟草》的刊行始末，不但可以了解其来龙去脉，还可以从一个侧面了解李庆辰的诗歌创作情况，从中窥见其诗作在当年的影响和地位，这有助于对李庆辰诗人身份的认知。

二是研究《醉茶吟草》的艺术和社会价值。有价值才有地位。时人对李庆辰诗作的艺术价值有精辟的点评，当代研究者不但要深化《醉茶吟草》艺术价值的研究，还要从其诗作中反映出来的志趣情怀、爱憎好恶，以及时代背景和社会状况，研究和揭示其诗作的社会价值。

三是研究李庆辰的诗学造诣。要从其师承、流派、风格和题材等诸方面，研究其诗作的特征，要从其思想性和艺术性相融合的角度，研究其诗作的水准，全面评价其诗学造诣，坚定其诗人身份和诗作价值的认知。

四是研究李庆辰与诗友的交往情况。"物以类聚，人以群分"，研究李庆辰与诗友的交往情况，可以为研究《醉茶吟草》的艺术和社会价值、研究李庆辰的诗学造诣提供有力的支持，另外，还可以为研究天津诗学的发展提供有益的素材。

（三）关于笔记稿本

李庆辰研究，要将对其笔记稿本的研究启动起来。通过研究李庆辰的笔记稿本，达到全方位、多维度、立体化地了解李庆辰其人其著的目标。

一是要基本搞清笔记稿本的情况和记载的内容，并分类整理，在把握其全貌的基础上，开展分领域有重点地研究。

二是要侧重梳理笔记稿本中故事和诗歌原稿情况，分析未刊故事和诗歌的内容，从中了解李庆辰对故事和诗歌取舍存留的标准，阐发深层次的问题。

三是要梳理笔记稿本中抄录的学海堂考核题目，以及李庆辰备课、拟作的情况，在研究其课徒生涯的同时，了解一些当年教育和科举的具体细节，以扩大李庆辰研究成果。

四是要挖掘笔记稿本中关于李庆辰生平事迹、家庭家族的线索，为这方面的研究提供自述材料。要研究笔记稿本中记载的医学诊疗、读书笔记等资料，从中探索李庆辰精神生活和物质生活方面的东西，这也是研究笔记稿本的题中应有之义。

（四）关于生平事迹和家事家族

研究李庆辰，自然要研究李庆辰"这个人"。李庆辰既是享誉津门的文化名人，又是生活在社会底层的贫苦穷人；既是深受儒学熏陶的传统文人，又是身处对外开放前沿的天津人；既是有成就的诗人和小说家，又是以课徒为业的平凡教书匠，研究李庆辰社会地位和身份的矛盾性，可以深入了解其诗文作品的思想性。

一是探索他的人生轨迹，使其"动"起来，并从中分析他的思想形成过程，以理解其诗文中渗透着的爱恨情仇。

二是归纳他的志趣嗜好，使其丰满起来，并由此及彼，理解其性格和精神生活对他诗文创作的影响。

三是梳理他的家庭家事，从横向展示其亲人家庭和生活氛围，在特定环境中了解其人其思其行。

四是挖掘他的家族渊源，从纵的方面勾勒其家族根脉和门风传承，使李庆辰研究更加完整。

笔者对李庆辰研究框架的构想，还很粗糙，盼望随着研究工作的不断深入，逐渐完善起来，并很好地发挥其引领作用。

四、本书的结构和内容

读者现在看到的《晚清津门文化名人李庆辰研究》，秉承李庆辰研究的"四位一体"框架，以五章二十一节的结构，全景式、深层次地展现了李庆辰其人其事，期望能成为李庆辰研究的开拓和推动之作。

（一）第一章《〈醉茶志怪〉深耕》，计四节

本章在以往《醉茶志怪》研究的基础上，继续深耕，高屋建瓴，推出了新的研究成果。第一节"时人今人的纷纭评价"，较全面地回

顾了百年来人们对《醉茶志怪》见仁见智的评价，显示了其在天津乃至中国小说史上的地位。本节还就评说不一的《醉茶志怪》与《聊斋志异》《阅微草堂笔记》关系问题，做了重点分析，用大量的史料和李庆辰自己的话，对它们之间的关系做了新判断。第二节"旧制新声的文学价值"，将《醉茶志怪》放在文言文志怪传奇小说史和天津发展史的大背景下考察，从《醉茶志怪》奇奇怪怪的故事中，归纳了其四方面的社会与文学价值以及两个显著特点，尤其是对《醉茶志怪》中同类故事所表现出来的矛盾表述做了提炼，阐发了李庆辰矛盾的价值取向。第三节"笔耕不辍的创作历程"，深入挖掘了李庆辰存世笔记稿本和其他资料的记载，就其写作《醉茶志怪》的动力、素材来源、写作历程以及成功背后的勤奋努力做了梳理。特别是经过统计，就李庆辰到底写了多少故事给出了答案。第四节"流传百年的众多版本"，经过广开渠道、广泛搜罗，找到了《醉茶志怪》刊行百余年来的众多版本，并做了图文并茂的介绍，填补了这方面研究的缺失。

(二) 第二章《〈醉茶吟草〉探讨》，计四节

本章在尚无《醉茶吟草》研究基础的情况下，从头做起，补上短板，力求成为《醉茶吟草》研究的开题之作。第一节"一波三折的刊行始末"，梳理了《醉茶吟草》诗集从抄本到刊本的面世过程，以使人们了解其诗作享誉津门诗坛的事实。在本节中，笔者对李庆辰诗歌创作的总量做了估算，为探究"诗人"李庆辰提供了有力的数据支持。第二节"心力结晶的深思沉吟"，从四个方面归纳了《醉茶吟草》诗集的主要内容，展现了李庆辰诗作的艺术和社会价值，特别就他描述1882年著名大彗星的诗作做了考证，看来，他应是在中国古代文艺作品中描述彗星的第一人。第三节"足张一军的诗学造诣"，就李庆辰在五言诗创作上的造诣、师承和特点做了分析，并就其对诗的理解、追求与钻研做了探讨，诠释了李庆辰及其诗作是津门"诗歌流派

之一脉"的内涵。第四节"诸家挚友的诗酒唱酬",搜集了李庆辰与天津、河北甚至广西的名儒诗人交往以及唱酬投赠情况,不但充实了"诗人"李庆辰的形象,还将有助于当年天津诗坛和诗人群体状况的研究。

（三）第三章《笔记稿本索隐》,计四节

本章初步涉足李庆辰存世笔记稿本的宝库,打开尘封,探微索隐,力辟李庆辰研究的新领域。第一节"笔记稿本概况",对李庆辰存世笔记稿本做了整体介绍,就其式样、页数字数、写作年代、主要内容等做了全景式描述,并就其中记载的故事和诗作原稿被选入《醉茶志怪》《醉茶吟草》的数量做了统计,就原稿的修改情况做了对比。第二节"未刊故事分析"和第三节"留存诗作透视",分别就笔记稿本中的未刊故事和未刊诗歌做了系统整理,并就其落选的隐情做了分析,展现了李庆辰思想情感、艺术造诣的全貌。第四节"私塾课徒一瞥",就李庆辰在笔记稿本中抄录的学海堂考核题目做了整理,并结合考核题目对当年私塾教育情况做了简要介绍。私塾课徒虽然与李庆辰的文学创作无关,但塾师是他的毕生职业,当然是李庆辰研究的重要内容。

（四）第四章《生平身家揭秘》,计四节

本章较全面地揭示了李庆辰生平事迹和家事家族的秘密,材料翔实,论证缜密,基本上填补了李庆辰研究的这块空白。第一节"跌宕起伏的生平经历",依据大量的资料和深入地研究,考察了李庆辰的生卒年,以及他快乐童年,勤奋读书;科场失意、决意告别;课徒为业,力学安贫;借笔消愁,悲愤著书;落拓一衿,老有所成的生平轨迹。第二节"极具个性的品格嗜好",重点描述了李庆辰心思直劲、言辞直率、不屑乞怜、愤世嫉俗的鲜明个性,以及他独特的嗜好和广泛的志趣,使我们看到了一个鲜活的李庆辰。第三节"平凡多舛的家庭家事"，依次叙述了李庆辰父母、兄弟、妻室和儿女的情况，尤其是叙述了"意中人"的情况，展现了他的情感世界。第四节"绵延流长的家族渊源"，从《醉茶志怪》《醉茶吟草》和笔记稿本中挖掘出线索，结合地方志书考证，用珍贵的旧谱回忆串联，勾勒出了李庆辰家族渊源和家族世系，在李庆辰研究上是绝无仅有的。

（五）第五章《李庆辰年表初编》，计五节

本章综合前四章研究成果，以年表形式展现了李庆辰的前世今生。第一节"前表"，表列了李庆辰家族原籍山西、始祖李学道、后来迁徙直隶、第十世落户天津的繁衍生息过程，以及李庆辰高、曾、祖、父的简况。第二、三节为"本表（上）"和"本表（下）"，表列了李庆辰 60 年的生平事迹，包括个人和家庭情况、故事和诗歌创作情况、写作笔记稿本情况、抄录学海堂考核题目和拟作诗题情况，以及读书笔记、与诗友交往等情况。第四节为"后表"，表列了李庆辰去世后《醉茶志怪》和《醉茶吟草》再（出）版情况，以及后世对其诗文的评价。第五节为 1949 年以后的情况。通过这个年表，可以更系统全面地了解李庆辰其人其著，这在李庆辰研究领域也是首发，希望读者关注。

（六）几点说明

一是本书对《醉茶志怪》和《醉茶吟草》的介绍、分析和研究，分别依据的是河北人民出版社出版的《醉茶志怪》点校本（1988 年 7 月第 1 版）和民国二十五年（1936 年）冬，由天津志局刊行的《天津诗人小集十二种》之第十册《醉茶吟草》。

二是本书在誊抄李庆辰手书笔记稿本中，遇到了一些字，或书写潦草，或墨迹晕染，或纸张缺损，从而无法辨认，对这样的字，暂用"□"代替。另外，誊抄中肯定有误认、错认之字，敬请指教。

三是本书中的注释，除第三章以外，其他各章以人物、地点、事件、典籍和资料出处为对象，对字义、词语、典故等未予注释，敬请谅解。

四是本书尽可能地搜集和研究了有关李庆辰及其《醉茶志怪》的研究著述、论文、文章和资料，但受条件所限，可能有遗漏之处。此外，对这些著述、论文、文章和资料的理解、判断和议论上也可能存在偏差和错误，对此，敬请指正。

李庆辰研究是一个新课题、大课题，需要探索、考证和研究的地方还很多，笔者愿与同好和专业研究者共勉，努力拿出更多的成果，献给当代读者，告慰乡邑先贤！

第一章 《醉茶志怪》深耕

◎ 时人今人的纷纭评价

◎ 旧制新声的宝贵价值

◎ 笔耕不辍的创作历程

◎ 流传百年的众多版本

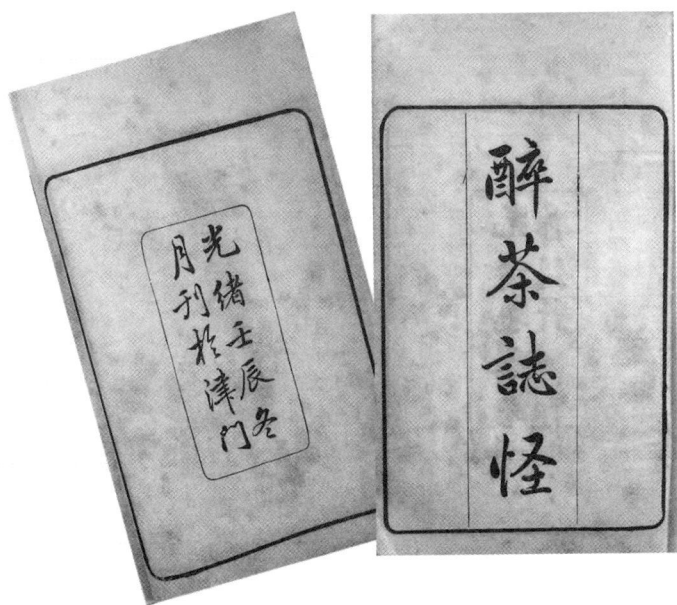

第一节　时人今人的纷纭评价

时人少有提及 / 今人充分肯定 / 本人如是说

李庆辰的志怪传奇小说集《醉茶志怪》（见前图）于清光绪十八年（1892 年）在天津问世了。

《醉茶志怪》的问世，在当年引起了读者的极大兴趣和图书出版商的高度关注，以致很快就有再版书出现。但是，当年的天津文坛则很少提及《醉茶志怪》，更谈不上评价和研究了。随着《醉茶志怪》百多年来默默地流传，尤其是看到其刊行于文言文志怪传奇小说行将没落时期的奇怪现象，遂引起了当代文学和小说史学界的广泛注意，并逐渐开展了研究工作。不过，时人与今人评价《醉茶志怪》的着眼点是不一样的。笔者发现，大家虽然都在评论《醉茶志怪》的价值，但时人更在意的是文人要不要写这些神狐鬼怪的东西；而今人讨论的是这些神狐鬼怪的作品是原创还是模仿。

一、时人对《醉茶志怪》的态度

笔者在研究《醉茶志怪》的过程中，注意到这样一个现象，即《醉茶志怪》刊行后，虽然很快流传开来，但在《天津县新志》的李庆辰条目下，只是记载了其诗集《醉茶吟草》，并未提及小说《醉茶志怪》。后经多方查找，才在孙殿起所著的《贩书偶记》中见到一条记载，其在"卷十二·小说家类·异闻之属"中记载："醉茶志怪四卷。津门李庆辰撰。光绪壬辰刊。"后在金大本著《津人著述存目》第二卷（见下图）又见著录："醉茶志怪，四卷，清李庆辰撰，光绪十八年壬辰刻本。"《贩书偶记》出版时已是民国二十五年（1936年），《津人著述存目》定稿时已是民国二十六年（1937年）了，也就是说，在《醉茶志怪》刊行44年后，才见其记载，而此时早已改朝换代了。所以出现这个费解的现象，应该与时人对《醉茶志怪》的态度有关。

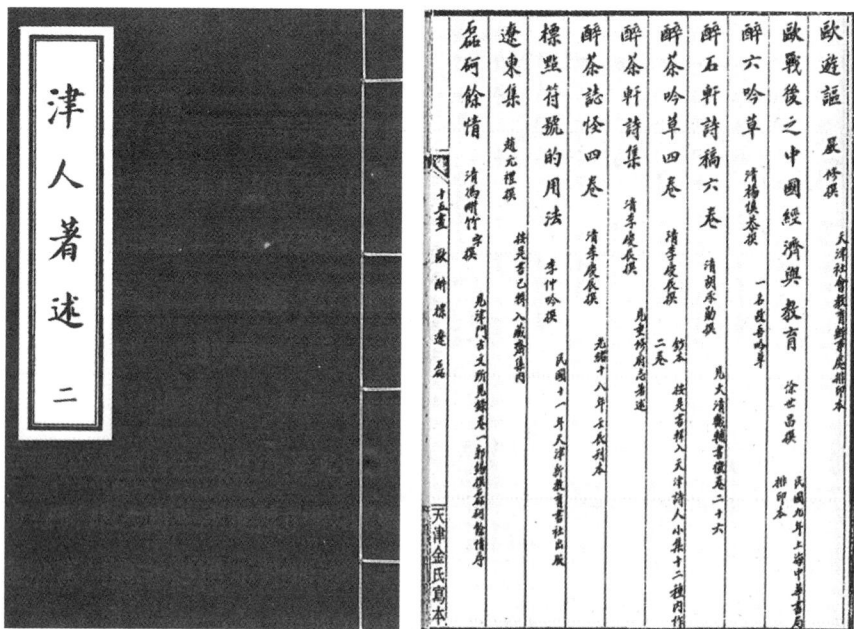

《津人著述》，2010年天津图书馆影印版

（一）权威的态度是赞赏有加

李庆辰的《醉茶志怪》由杨光仪作序。杨光仪是津门宿儒，长期执教于天津辅仁学院，当年津门士子几乎都是他的弟子门生。杨光仪晚年在天津创办"九老会"和"消寒诗社"，著有《耄学斋晬语》《碧琅玕馆诗钞》《碧琅玕馆诗续抄》《津门诗续钞》（未卒之业）等，是

天津近代继梅成栋①之后最享盛名的诗人，被津门文坛誉为"以宿学独主风骚"的领袖。

当年，杨光仪极力推崇李庆辰的《醉茶志怪》，并为之作序。他在序（见下图）中写道，读过书稿后，顿觉"奇情焕发，目不暇赏"，他尤其对篇后的"醉茶子曰"称赞不已，认为"篇终数语，尤如当头棒喝，发人猛省"，并特别指出，"读者不仅以怪视之，庶可得作者之大旨焉。其志怪也，殆犹是'不语怪'之义也夫"。杨光仪对《醉茶志怪》的评点，既肯定了《醉茶志怪》"奇情焕发，目不暇赏"的文学价值，也道出了《醉茶志怪》"尤如当头棒喝，发人猛省"的社会价值。杨光仪不仅为《醉茶志怪》作序，还在其创办的消寒诗社聚会

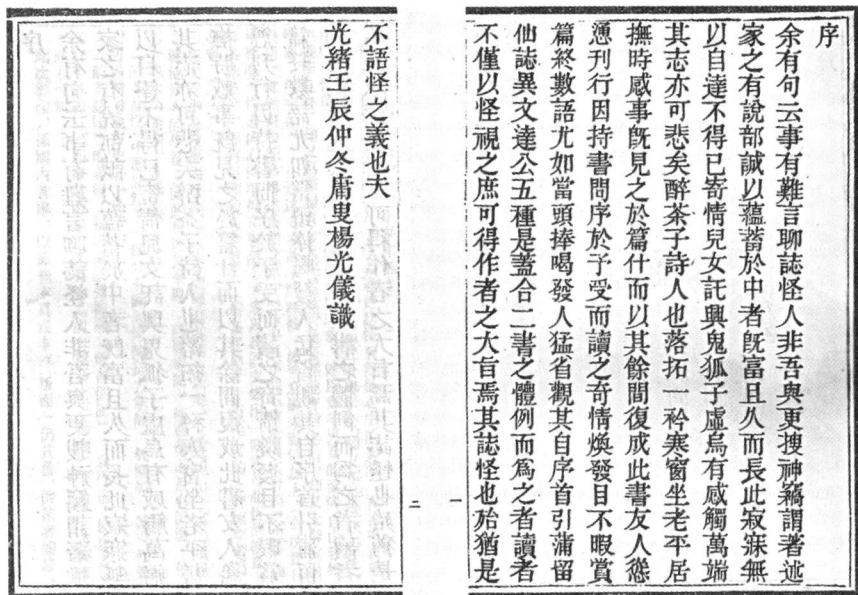

《醉茶志怪》之杨光仪《序》

---

① 梅成栋（1776－1844），字树君，号吟斋。天津人。清道光年间倡立天津辅仁学院，主讲席 10 余年。曾在天津水西庄与文人名士结成"梅花诗社"，重振天津诗学，是继遂闲堂张氏、水西庄查氏以后天津诗坛公认的领袖。

上当众赞扬。李庆辰在其笔记稿本①《獭祭癸编》中抄有一首诗，题为《杨香翁即席赠作第四集消寒会》，说得是《醉茶志怪》刊行后的第二年，即光绪十九年（1893年）的冬季，"消寒诗社"举办第4次聚会，杨光仪即席赋七律一首："主人有癖醉于茶，曾未提壶问酒家……方书读罢心如佛，杂记刊成笔有花……"，这是称赞刊行不久的《醉茶志怪》妙笔生花。

李庆辰的一些诗友也对《醉茶志怪》赋诗赞叹。笔记稿本《獭祭癸编》中抄有《沧州王培新②题词》一首（该诗应是王培新对下述李庆辰作《将寄王造周志怪以此赠之》的酬答），王培新在诗中写道："一编聊语怪，抒写性情真。惩劝关风化，疏狂托鬼神。文章原寄恨，椒桂有余辛。想见灯昏夕，拈毫问古人"。他认为，李庆辰写《醉茶志怪》，是其真性情使然，书中说鬼道狐，是在抒发胸臆，借以鞭挞时弊、劝诫风化，其意义已在"聊语怪"之外。

以杨光仪深厚的学识和在津门文坛的地位，他能为李庆辰的《醉茶志怪》作序并赋诗赞扬，表达了权威人士肯定与赞赏的态度。但从现有的资料看，除杨光仪和王培新以外，天津文坛再未见评论。未见评论并不意味着没有评论。笔者猜测，既然杨光仪发声在先，文坛对《醉茶志怪》的主体看法应该是正面的，只是没有什么渠道或载体发布并流传下来罢了。事实上，在文言文志怪传奇小说已见颓势之际，《醉茶志怪》能够刊出，并很快流传开来，说明当年广大读者对《醉茶志怪》是肯定的，看好《醉茶志怪》的人群还是广泛的。

（二）也有责难的声音

在李庆辰笔记稿本《獭祭癸编》中有题为《将寄王造周志怪以此

---

① 李庆辰的笔记稿本，在第三章专门叙述。

② 王培新（1824—1896），字造周，直隶长芦（今河北省沧州市沧县）人，副贡出身，乡试屡不售，遂授徒为业。平生致力于诗古文辞，著有《蓄墨复斋诗钞》。

赠之》的五律一首，诗中透露了一些负面消息：

> 不免高贤责，挥毫自率真。牢骚聊志怪，荒诞诓劳神。趣敢
> 侔诸子，词原异秘辛。褒讥休细索，予本九流人。

看来，当年津门文化人对李庆辰的《醉茶志怪》也不都是异口同声地赞扬，也有与杨光仪等人不同的看法，一些"高贤"者们对《醉茶志怪》是有责备或责难的，甚至还比较尖锐。至于这些"高贤"者身份如何，他们都说了些什么，现在已不得而知，恐怕当年李庆辰也不想挑明。但从李庆辰作答的举动看，责备或责难肯定是有些分量的。

有迹象表明，津门诗坛翘楚孟继坤可能也是"高贤"者之一。《醉茶吟草》第二卷有诗《赠别小帆先生因以乞序》：

> 锦轴藏珠玉，宏文尽足传。兹行离故里，相会更何年。渭北
> 诗重忆，城南句罢联。陋编曾志怪，乞序冠其巅。

该诗写作于《醉茶志怪》刊行前 3 年的光绪十五年（1889 年）①，这年，孟继坤将赴直隶抚宁县任教喻，李庆辰赋诗表达眷恋之情，同时也告之"陋编曾志怪"即将或已经结稿，向其"乞序冠其巅"。孟继坤既是李庆辰的诗友，又是他的老师和长辈，按理说，为诗友和弟子的著作作序是必须的，但孟继坤没有如李庆辰所愿，倒是杨光仪做了序，其周折如此，耐人寻味。《醉茶吟草》第二卷还有诗《咏怀用

---

① 李庆辰写作于光绪十五年的笔记稿本《獭祭己编》中有该诗原稿。

前韵柬梅孟①两先生》：

> 辟谷谁传葛氏方，欲倾海水涤愁肠。烂羊漫说功名易，老骥偏增岁月长。逢友殷勤搜异事，诸君络绎赠佳章。晴窗读史真称快，始信前人诮面墙。

该诗作于《醉茶志怪》刊行前 2 年的光绪十六年（1890 年）②，诗中有句"逢友殷勤搜异事，诸君络绎赠佳章"，字句中，似乎是向梅宝璐和孟继坤讲述他写作《醉茶志怪》的情况，为什么向二位讲述？可能是梅、孟两先生询问或劝告了。李庆辰在《醉茶志怪》的《自序》中写到，他写作《醉茶志怪》"则此中之况味，真有不堪为外人道者也"，这不堪向外人说道的况味，恐怕也包括高贤者的责备吧。

了解了当年的上述情况后，似乎可以解释《天津县新志》记载的费解之处。

一是方志编修者的考量和裁断。可能方志的编修者（也包括方志的审定者）虽然欣赏《醉茶志怪》，但为回避相左的看法而搁置不记，或者方志的编修者本来只欣赏李庆辰精到高雅的诗作，而不屑于说神道鬼的杂记，所以按照自己的喜好而不予记载了。

二是避"俗"就"雅"的善意。在时人眼里，"诗作"远比"杂记"高雅，"诗人"远比"杂记作者"高贵，志书记载"就高不就低"，也是可以理解的。

三是对李庆辰身份的认知。杨光仪在《醉茶志怪》的序中称李庆辰为"醉茶子，诗人也"，这表明，诗人应该是李庆辰在同时代文人

---

① 梅，即梅宝璐（1816－1891），字小树，天津诗人，梅成栋之子，继其父主持天津梅花诗社，著有《闻妙香馆诗钞》。孟，即孟继坤。

② 李庆辰写作于光绪十六年的笔记稿本《獭祭庚编》有该诗原稿。

眼中的主要身份，而且，他这个诗人还是津门诗坛能"足张一军"的大家，因此，地方志书只记李庆辰的《醉茶吟草》，不述他的《醉茶志怪》是说得过去的。

当年天津文坛对《醉茶志怪》都有什么责难，未见文字记载，但笔者分析，肯定不像今人说得那么复杂，充其量不过是说"李庆辰干吗放着好好的诗人不做，却要去写那些乱七八糟的东西"！然而，随着时间的推移和李庆辰的去世，议论也就偃旗息鼓了，民国时期《贩书偶记》和《津人著述存目》的著录，是《醉茶志怪》在旧时的最后记录。

二、今人对《醉茶志怪》的评价

在《醉茶志怪》流传了百多年后的今天，当代的文学和小说史学界对李庆辰的《醉茶志怪》给予了相当的关注，《清史稿艺文志补编》和《中国文言小说书目》继续予以著录，研究工作逐渐深入，有关《醉茶志怪》的条目、专文和著述日渐丰富，逐渐形成了专门课题，其研究的深度和广度，都是时人所不可比拟的。

（一）主流评价是充分肯定

从笔者搜集到的当代研究著述看，对《醉茶志怪》的主流评价是充分肯定的：

《晚清民国志怪传奇小说集研究》认为："严格说来，李庆辰《醉茶志怪》是天津文学史上目前发现的唯一一部体例纯正的志怪传奇小说集"，"光绪间李庆辰《醉茶志怪》"等"志怪传奇作家作品的出现，无疑在天津的文学史上具有某种填补空白的意义"，"作者李庆辰是天津历史上最为有名的文言小说作家"。

《中国神怪小说通史》指出，"文言神怪小说演进至清代后期，不仅描写更加细腻，在理论上也更臻成熟。代表作品有许奉恩的《里乘》，王韬的《遁窟谰言》《淞隐漫录》《淞滨琐语》，宣鼎的《夜雨秋灯录》，吴昌炽的《客窗闲话》和李庆辰的《醉茶志怪》等"。

《醉茶志怪》的"特点是所记诸怪的种类极多，除了常见的狐、鬼，还有当世神怪小说很少涉及的"动物和植物，"甚至无生命的磁鹤、铁叉、宝剑等，可与干宝①、刘义庆②相媲美而生动过之"。

《中国地域文化通览·天津卷》说到，"天津人所撰笔记小说主要有三种，即：高继珩撰《蝶阶外史》、徐士銮撰《宋艳》、李庆辰撰《醉茶志怪》"。并特别评价了《醉茶志怪》之《说梦》篇代宝玉拟吊黛玉之文。

《中国笔记小说纵览》评价，《醉茶志怪》"全书内容繁复，其优秀篇目大抵为寄情儿女，托兴鬼狐的作品，语言也洗练流畅"。"尤可注意者，全书极少写述'烟花粉黛'之事，与同时代的王韬、宣鼎等人的作品大异其趣。书中涉及到吸食鸦片所造成的祸患，在一定程度上折射了清末社会的实际状况。"

《中国文言小说总目提要》评论，"全书以浅近文言写成，语言流畅洗练而有风采，且能生动传神。篇末'醉茶子曰'……颇有惊人妙笔"。

《中国文言小说发展研究》分析，"文言小说自上一个高潮过后，虽然进入低谷，但仍有俞樾的《右台仙馆笔记》，李庆辰的《醉茶志怪》等笔记小说；解鉴的《益智录》……传奇小说陆续问世"。"其中尤以《醉茶志怪》《里乘》和《右台仙馆笔记》较有代表性"。《醉茶志怪》之《爱哥》篇"刻画的栩栩如生，在中国文言小说史上最有特

---

① 干宝（283—336），字令升，新蔡（今属河南）人。东晋时期的史学家、文学家、志怪小说的创始人。他的《搜神记》在中国小说史上有着极其深远的影响，被称作中国小说的鼻祖。

② 刘义庆（403—444），字季伯，彭城（今江苏徐州）人，南朝宋政权宗室，文学家。主持编纂《世说新语》，开中国笔记小说先河。

点……故不失为近代文言小说史上的优秀作品"。李庆辰的《醉茶志怪》等作品，是"近代文言小说史上绕不过去的作品"，作者李庆辰是"天津最有名的文言小说家"。

齐鲁书社 1988 年第一次出版的《醉茶志怪》点校本，是该社整理出版的《清代笔记小说丛刊》之一，其在《出版说明》中表示，丛刊选收作品的标准是，在清代笔记小说中有较大影响或独具风格者，作品应有较深刻的思想内容，能反映当时的社会生活和人民的要求，并具有一定的艺术感染力，至今仍有认识价值和借鉴作用。《醉茶志怪》绝对符合这个标准，所以入选了。在该书的"校点后记"中，校点者金东认为，《醉茶志怪》简明质朴又富于理趣，书中的故事多带有传奇色彩，颇能引人入胜，不少故事都是植根于现实生活土壤中的佳作；《醉茶志怪》的人物刻画栩栩如生，情节设计跌宕曲折，不落前人窠臼；《醉茶志怪》在语言上亦有特色，流畅洗练而富有文采，生动传神，颇有韵味，篇后的"醉茶子曰"间以谐谑语出之，嬉笑怒骂皆成文章，有时令人拍案叫绝。

河北人民出版社 1988 年出版《醉茶志怪》点校本时，点校者高洪钧、王淑艳指出，《醉茶志怪》通过寄情儿女，托兴鬼狐，揭露了人间不平，鞭挞了社会陋习，讽喻了封建迷信、假道学。尤其是篇末评语，可谓画龙点睛，读来发人深省。此书具有较高的思想性和艺术性，尤其对研究河北、天津民俗，更有一定参考价值。

天津古籍书店 1990 年影印出版《醉茶志怪》的《出版说明》写到，李庆辰"他是一位饱学的才士，一生不遇，寒窗坐老。《醉茶志怪》正是他排遣闲愁、打发时日的笔墨游戏，其中也包含着他愤世嫉俗的良知"，"作为一个穷途末路的士人，作者通过志怪发泄他心中的郁闷……他毕竟还没有沉沦，他还抱着一线生的希望在呼喊，在挣扎"。"虽然书中颇多转述旧闻之作，但其中也不能不流露出作者的思想情趣和艺术标准","那每每显现着苦涩的'醉茶子曰'正以作者的心声撞击着读者的心灵","在文言小说没落的时代,作者能够以旧制传新声,并表现出一定的积极意义……尚属难能"。"《醉茶志怪》中还记录了一部分有关天津的地方掌故、逸闻等,读来颇觉亲切,可备稽考地方史之一助。"

上述评价应该是当代文学、小说史学界和出版界对《醉茶志怪》的主流评价,即如著述者所说,《醉茶志怪》具有小说史意义,是近代文言小说史上绕不过去的作品,在中国的小说史中占有一席之地。

(二)也缀有"影响""追摹""取巧"等说

李庆辰的《醉茶志怪》属于文言志怪传奇笔记小说类,所以,研究者们常将其与同属志怪传奇笔记小说的蒲松龄之《聊斋志异》和纪昀之《阅微草堂笔记》做比较,这是当代《醉茶志怪》研究的一个特别现象。比较的结果是,在充分肯定《醉茶志怪》成就的同时,也有一分为二的其他看法,主要是集中在《醉茶志怪》与《聊斋志异》和《阅微草堂笔记》的关系上,按照关联程度的不同,大致可分为三种。

一是"影响说"。大部分著述提到,李庆辰的《醉茶志怪》在创作手法上深受蒲松龄之《聊斋志异》和纪昀之《阅微草堂笔记》的"双重影响",尤其是受蒲松龄之《聊斋志异》的影响较深。

与"影响说"类似的还有"借鉴说",即李庆辰的《醉茶志怪》受到《聊斋志异》和《阅微草堂笔记》的影响,"从中也映射出天津笔记小说与古代经典作品间的借鉴关系"①。

二是"追摹说"。一部分著述认为,《醉茶志怪》"不论内容还是形式,甚至语言,都在努力追摹《聊斋志异》","搜集创作素材的方法亦如出一辙"② 等。

---

① "影响说",见《中国地域文化通览·天津卷》。

② "追摹说",见齐鲁书社出版《醉茶志怪》的《校点后记》。

与"追摹说"类似的还有"模仿说"。

三是"取巧说"。个别著述认为，李庆辰自称《醉荼志怪》"以《聊斋志异》又以《阅微草堂笔记》为榜样"，但《醉荼志怪》其实更倾向于《聊斋志异》，"其中原委并不复杂，学《阅微草堂笔记》需要学养，学《聊斋志异》则只须藻辞，藻辞易摘，学养难存"①。这种说法的主要意思虽然也是说《醉荼志怪》追摹《聊斋志异》和《阅微草堂笔记》，但主要是追摹《聊斋志异》，其中原委是《聊斋志异》易学好仿，其中隐喻了"取巧"的意思。

需要指出的是，上述三种说法只是就《醉荼志怪》与《聊斋志异》《阅微草堂笔记》关系做出的辩证分析，并没有全盘否定《醉荼志怪》的价值。虽然肯定的比重递减而辩证的调门递增，但都属"仁者见仁，智者见智"，无可厚非。

三、且听李庆辰如是说

时人和今人对《醉荼志怪》的评价，因所掌握的材料不同，视角各异，结论也就会有所差异。笔者在综合研究了大量材料后感觉，李庆辰本人对《醉荼志怪》所引发的问题，也是有想法的，或是有材料证明他是有想法的，他创作《醉荼志怪》的主要动因是借笔消愁和悲愤著书，似乎不存在其他复杂的想法和功利目的。

（一）褒讥休细索，予本九流人

作为那个时代的传统文人，李庆辰对于《醉荼志怪》可能引起不同反应是有预感的，他在自序中就写到，"知不免为博雅君子所指摘者矣"。为此，他在《醉荼志怪》刊行时也采取了一些预防措施，比如他在自序中郑重声明，"事或关乎报应，词不背乎圣贤也"，并恳请"知我者其谅之哉"。又如，他在光绪十八年刊本的卷一至卷三上署名

---

① "取巧说"，见《清代志怪传奇小说研究》。

为"津门李庆辰筱筠戏著"（卷四删去了"戏"字），一个"戏"字，似乎是要告诉可能的指摘者们，我写《醉茶志怪》只是游戏，诸位可千万别当真。不过，这些文人朋友们没有因此而闭嘴，还是着实"当真"，并严肃"责难"了。

李庆辰对于"高贤"者责备或责难的反应还是十分宽容和低调的，他在《自序》中表示，自己半生抑郁，累日长愁，写《醉茶志怪》不过是"借中书君为扫愁帚"，发发牢骚、聊以自慰而已，他在上述《将寄王造周志怪以此赠之》诗中，还以调侃的口吻写道："褒讥休细索，予本九流人。"所以，"高贤"者们大可不必与自己这个"九流人"计较，也大可不必去深究细索《醉茶志怪》的得失了。

应该指出的是，所谓"借中书君为扫愁帚"是李庆辰应对"高贤责"的托词（起码有这个成分），不应该认为这是他创作《醉茶志怪》的全部原因。

（二）言念及此，兴趣索然

李庆辰在世时，肯定想不到后人还会重启《醉茶志怪》研究，更想不到后人会将《醉茶志怪》与《聊斋志异》《阅微草堂笔记》作比较，并有了那么多的一分为二的评论，甚至会怀疑到他的人格。

客观地说，《醉茶志怪》与《聊斋志异》和《阅微草堂笔记》的类型、体例相同，不独后世著述将《醉茶志怪》与《聊斋志异》《阅微草堂笔记》联系起来，就是李庆辰自己在写作《醉茶志怪》时，也想到了这两部文学巨著。他在自序中说：

> 一编志异，留仙叟才迥过人，五种传奇，文达公言能警世，由今溯古，绝后空前。此外之才人，纵能灿彼心花，终属拾其牙慧。盖创之匪易，捷足者既已先登，而继之殊难，后来者莫能居上，言念及此，兴趣索然……

许多著述在谈的《醉茶志怪》与《聊斋志异》《阅微草堂笔记》关系时都引用了"一编志异，留仙隽才迥过人，五种传奇，文达公言能警世"这段话。这段话虽然提到了《聊斋志异》和《阅微草堂笔记》，但表达的意思是，这两部巨著空前绝后，后来者莫能居上，纵使"灿彼心花"，别人也会认为是"拾其牙慧"，想到此，自己对写作《醉茶志怪》兴趣索然了。在这段话里，李庆辰并没有将自己的《醉茶志怪》与《聊斋志异》《阅微草堂笔记》扯到一起，也没有说自己要以《聊斋志异》和《阅微草堂笔记》为"榜样"，更看不到他特别青睐《聊斋志异》而着力"追摹"和"模仿"的影子，反而有避之不及的意思表示。因此，依据这段话证明李庆辰自己承认"追摹"与"模仿"两部文学巨著，是十分牵强的。

将《醉茶志怪》与《聊斋志异》《阅微草堂笔记》扯到一起的第一人是杨光仪，他在《醉茶志怪》的序说："观其自序，首引蒲留仙志异、文达公五种，是盖合二书之体例而为之者。"不过，他也只是从"体例"的角度提到了《聊斋志异》和《阅微草堂笔记》，并没有产生其他的质疑。《醉茶志怪》与二者的体例都是"志怪传奇笔记小说"，但体例相同并不意味着必然"追摹"和"模仿"，否则，《阅微草堂笔记》之于《聊斋志异》也说不清楚了。

李庆辰确实十分看重《聊斋志异》和《阅微草堂笔记》。除了在《醉茶志怪》之自序中说"一编志异，留仙隽才迥过人，五种传奇，文达公言能警世，由今溯古，绝后空前"以外，在笔记稿本《獭祭壬编》的一篇文字中还说"近代说部以聊斋、阅微为最"，这是他崇拜蒲松龄和纪昀这两位文学巨匠、仰慕《聊斋志异》和《阅微草堂笔记》这两部文学巨著的真诚赞叹。他由崇拜和仰慕，进而深入研究和分析，并汲取丰富的养分，这是任何后学都应当做的。但汲取营养与"追摹"和"模仿"是两回事。《晚清民国志怪传奇小说集研究》中说："《醉茶志怪》确实跟《聊斋》和《阅微草堂笔记》有相似之处"，但"在情节结构甚至小说语言上没有明显模仿痕迹，在独创性这个层面上说，李庆辰的成就要在其他拟《聊斋》小说之上"①，这些评论应该是比较中肯、客观的。

李庆辰对文学巨匠和巨著崇拜但不盲从。他在上述那篇文字中对《阅微草堂笔记》评论道，"……至其书好言娈童，好赞美姬妾，窃亦不取焉"。这表明李庆辰之于文学巨匠和巨著，并不是盲目地崇拜和欣赏，而是认真地审视和思考，并直率地提出自己的见解，好的要学习借鉴，不好的"窃亦不取焉"。他是这样说的，也是这样做的，《醉茶志怪》中极少写述"烟花粉黛之事"就是证明。李庆辰的态度和做法，绝不是"追摹"者所能及的。

（三）悲愤著书，良有以也

天下事物，平则不鸣。古人云，悲愤著书，良有以也。近代说部以聊斋、阅微为最，然二先生之境遇不同，阅历各异，故互有短长。留仙先生一生抑郁，未得发迹，故所作之书，大抵皆得美妇、作巨官、获巨万，至其所痛恶者，房官主考辈，书其忿也。若晓岚先生身已发达，胸中之积恨已泄，其姬妾用度无所不足，文章显答无人不晓，所谓人生大欲其愿已足，故留仙先生不忿者一语无也。其所经历者，惟长随恶仆，故其书深恶痛绝。此辈故可恶，然世路崎岖，人心险峻，其他可恶者尚多，先生未经阅历，故未言及之也……

这是李庆辰在上述那篇文字中写的主要内容。细读这段文字不

---

① 见《晚清民国志怪传奇小说集研究》。

难看出，李庆辰的创作灵感来源于生活的体验，并不是"追摹""模仿"和"取巧"之举。

"平则不鸣""悲愤著书"，是李庆辰对他创作《醉茶志怪》动因的概括。关于动因，笔者将在本章第三节详述。在这里先提到动因是想说明，李庆辰写《醉茶志怪》不是无聊之举，也不是羡慕之为，而是他不平、悲愤的挣扎，是他"困顿于时，郁郁者久，形之于言，莫能自禁"① 的呼号。由此说来，认为《醉茶志怪》"取巧"的猜测就显得十分苍白了。

"二先生之境遇不同，阅历各异，故互有短长"，这是这段文字的核心——有什么样的生活，就有什么样的作品。李庆辰分析了两位先生不同的境遇和阅历，并指出了这种不同在著作中的反映。此外，他在笔记稿本《獭祭余编》中，又再次阐释了境遇、阅历与作品的关系，他写道，"晓岚先生所恶者，四等人。至于世之可恶者，尚不止此焉，有甚于此四等者，如专横凌人、设局诈人、引诱良家子女、计巧劫财、容阴谋产、剖棺破冢、奸盗阴邪，不一而足"。然而，"先生目未之睹，耳未之闻，身未受其害，心不知其奸，以故未之恶也"，所以，在他的作品中就没有四等人之外的其他可恶之人的描写。李庆辰认为，作品中对事件和人物的选择，以及反映在其中的情感，与作者的际遇及阅历有关。从这个观点出发，就可以解释《醉茶志怪》与《聊斋志异》的关系了。李庆辰的境遇阅历与蒲松龄有相似之处，所以《醉茶志怪》中出现的人物和描写的事情或与《聊斋志异》相近，这应该可以理解，无可指摘。其实，《醉茶志怪》之于《聊斋志异》，即如《中国文言小说发展研究》所说，是《聊斋志异》和《阅微草堂笔记》的"薪火相传"，因此，只应有高下之分，似不应有其他的

---

① 语出《醉茶吟草》之序。

嫌疑。

蒋兰畲在《醉茶吟草》的序中，针对一些人怀疑李庆辰诗过于愁苦，是模仿"号为绝唱者多沉郁悲痛"的质疑，指出，"盖其期望甚大而困顿于时，郁郁者久，形之于言，莫能自禁。悲者之不能使乐，犹乐者之不能使悲，人情类然，又何疑于君。君品行孤洁而不立崖岸，乡之人多能道之"。蒋氏的看法，也适用于李庆辰的《醉茶志怪》。

第二节 旧制新声的宝贵价值

价值决定生存 / 四个方面的价值 / 两个显著特点 / 纠结与无解的流露

当代文学和小说史界对《醉茶志怪》与《聊斋志异》《阅微草堂笔记》关系的探讨，只是《醉茶志怪》研究中的很小一部分，其实大家更加关注的是《醉茶志怪》的价值问题，只不过还没有来得及深入研究罢了。笔者认为，《醉茶志怪》起码有四个方面的价值和两个方面的特点，这是他赖以生存的根本原因。

一、《醉茶志怪》的顺势而生和逆势而上

《醉茶志怪》问世时，中国正处在社会的大变革时期。

清代晚期的中国社会，外强入侵、内政腐败、经济凋敝、社会动荡、民不聊生，已近崩溃的边缘。开始于同治三年（1864 年）的洋务运动，给病入膏肓的清王朝注射了一针强心剂，出现了短暂的"中兴"，也造就了天津短暂的辉煌。由于天津得天独厚的地理优势，自明代以来，就迅速发展成为中国北方"路通七省舟车，集散南北商货"的大都会。到了清代，随着河海航运的发展和埠际贸易的扩大，以及天津被迫辟为对外通商口岸，一时间，洋人、洋货、洋行蜂拥而

入，租界里外国银行林立，海河上各国轮船拥挤，客观上使天津的内外贸易更加兴旺。尤其是洋务运动开展以来，天津作为其主要基地，创新发展层出不穷，社会经济日新月异，很快就成为当时中国仅次于上海的第二大工业城市和北方的贸易金融中心。

天津当年社会经济的迅速崛起，给予文学艺术发展以强烈的刺激，也提供了肥沃的土壤。客观地讲，天津开埠较晚，缺乏传统文人阶层；天津是移民城市，没有地域文化基础；天津是商人的乐园，缺少文学创作氛围等，因此，当年的天津并不是中国传统文化的高地。但是，随着天津社会经济爆炸式发展，原有的缺陷被迅速克服，很快涌现出一批本土诗人和作家，创作了不少在全国有影响的作品，并形成了"雅"与"俗"文学二元互动①的鲜明个性，在全国独树一帜。在文学创作方面，尤其是在文言文志怪传奇小说创作方面，李庆辰的《醉茶志怪》顺势而生，打破了此前天津无此类作家和作品的寂寥局面，成为当年天津文化发展的优秀代表之一。

清代晚期，在中国社会经济短暂"中兴"的同时，由于西方先进思想和科技的涌入、中国近代报业的兴起、白话文的流行和读者群的扩大，强烈地动摇了文言文志怪传奇小说的根基，文言文志怪传奇小说开始走向衰败和消亡。文言文志怪传奇小说的创作虽然已呈败势，但并没有戛然而止，据《清代志怪传奇小说集研究》的统计，光绪十八年（1892 年）《醉茶志怪》问世后，至宣统二年（1910 年）最后一部文言文志怪传奇小说出版的 18 年间，全国还有 13 部这类小说刊行。不过，平均每年不到 1 部的刊行数量，已经远远少于以前，即便是这很少的 13 部小说，也只有 6 部是当年结稿当年刊行的新作，其余 7 部则是以前年份结稿，延后几年才刊行的，也就是说，在文言文

---

① 详见《中国地域文化通览·天津卷》。

志怪传奇小说行将就木的进程中，有的作品"胎死腹中"，有的作品昙花一现，只有个别作品还能问世且能流传下来，个中原因，全在于作品是否引人入胜，具有艺术感染力，能引起读者共鸣；是否具有较深刻的思想内涵和认识价值，折射时代特点，反映人民要求；是否能体现作者的思想情趣和艺术标准，以作者的心声撞击读者的心灵；是否具有独特风格，富于理趣，且体例纯正，等等。《醉茶志怪》在这些方面都有不俗表现，所有它能逆势而上，不但刊行了，而且还能流传下去，正所谓，价值决定生存。

二、《醉茶志怪》的文学和社会价值

纵观《醉茶志怪》的文学和社会价值，起码有高妙的艺术性、尖锐的揭露性、深邃的思想性和重要的参考性四个方面。

（一）高妙的艺术性

文学作品首先要"好看"，《醉茶志怪》就是一部"好看"的作品。《醉茶志怪》作为一部志怪传奇小说集，奇奇怪怪的故事固然可以引起人们的好奇心，但要"拴住"好奇心，最终要靠其内在的艺术性，《醉茶志怪》在这方面值得称道。该书故事中，篇幅较短的居多，其文字虽少，但情节完整，语言精粹，生动传神，篇篇都是精致的微小说。该书篇幅较长的故事不足百篇，其浓厚的传奇色彩，曲折的故事情节，巧妙的包袱悬念，丰满的人物塑造，智趣的文字表述，不由读者不继续读下去。以《说梦》《爱哥》和《马生》篇为例：

《说梦》篇说的是，李庆辰一日梦至一处，主人盛情款待，并诚恳地请他修改文稿，他再三推辞，但厅堂上已经"拭净几案，贴以红毡，设鸲眼之砚、鼠须之笔、麝烟之墨、渔网之纸，群姬注水磨墨，置予前。视其原作，似未尽善，一时文思涌泉，不数刻脱稿。众姬呈示主人，颇称善，再拜送予出"。次日晓起，李庆辰想起昨夜之梦，竟然在纸篓里捡得故纸，看罢才知，原来他代作的竟然是宝玉吊黛玉之文。文曰："维缑山鹤去之年，庾岭鸿归之月，日逢秋老，时值更阑，怡红院宝玉谨以龙女名香，鲛人残泪，金茎仙叶，玉洞清泉，致祭于潇湘妃子之灵曰……"该文洋洋洒洒二千言，字句精炼、韵味悠长、简洁大雅、感情真挚，有极强的感染力。

《爱哥》篇写的是一位富豪郑翁，"家富于财而艰于嗣"，五十多岁得一女儿，取名爱哥。郑翁对宝贝女儿视同拱璧，溺爱过于常情。为补无后的缺憾，郑翁将女儿当男孩养，任其挥霍，使爱哥逐渐形成了变态的性格，甚至还忘记了自己的真正性别，做出了许多荒唐事。先是欺师弃学，交结纨绔子弟，"奢侈斗富，征逐酒食，日无宁晷"，接着他喜欢上了男旦才官，"以厚利诱其师，师令侍公子寝"。真男才官遇到了假男爱哥，先是不屑，待搞清了对方的真实性别后，又相交与欢，后来爱哥竟然纳才官为"妾"，其命运也由此出现转折。经过一场场闹剧的折腾，终于病致不起，含恨去世，由一个玩世不恭的人物变成了悲剧人物。李庆辰对爱哥这个人物精雕细琢，让我们如见其人，如闻其声，沿着爱哥骄纵不训、放浪形骸和含恨离世的命运轨迹而咋舌、不齿和叹惜。

《马生》篇写了一位徐姓客商投宿旅舍，夜卧吸烟时，引来了鬼魂马生。马生先向徐某讲了因烟而死的经过，又讲了这次将赴冥府考试，"途行经此，闻烟气飞空，不觉喉中奇痒难耐，故此相扰"的原委。徐某相与些许烟膏给马生，马生抽后还是赖着不走，此时将到冥府考试的时辰，徐某正色催促，并晓之烟毒之害，马生竟说："昔人嗜酒，今人嗜烟，气运使然也。若再历数百年，更不知又有何物之可嗜也。使古时有烟，吾知嵇康、阮籍、刘伶、陶潜诸人，必溺烟而不起矣，且必有人云，若使某人为烟帝，定须封我隐乡侯矣。嗜酒为名士，岂嗜烟非名士忽？"这段辩白，将烟鬼的强词夺理、寡廉鲜耻描写得淋漓尽致。

《说梦》《爱哥》和《马生》篇可以说是《醉茶志怪》高妙艺术性的典型代表，无怪乎《中国神怪小说通史》从《说梦》篇中看出，李庆辰是具有诗人气质的小说家；齐鲁书社版《醉茶志怪》的《校点后记》中评论道，《爱哥》篇"若厕入《聊斋志异》，当毫不逊色"，《中国文言小说发展研究》认为，《爱哥》篇"在中国文言小说史上最有特点……故不失为近代文言小说史上的优秀作品"；而《中国笔记小说纵览》特别指出，书中如《马生》篇等有关吸毒祸患的故事，"在一定程度上折射了清末社会的实际状况"。

（二）尖锐的揭露性

《醉茶志怪》的故事以记录市井传闻的面目淡淡出现，又借助讲述人之口娓娓道来，或言之凿凿话鬼狐，或不厌琐碎唠家常，在不知不觉中却出手亮剑，直刺邪恶，揭露官吏腐败、痛斥烟毒之害、咒骂盐商恶行、戳穿占卜虚伪、讽刺社会痼疾，不一而足，令人形象地了解到了那个年代的黑暗。如《阴司》篇、《刘姓》篇和《云素秋》篇：

《阴司》篇写的是李某被人告到阴司，半年来五次被鬼役勾去受审，但迟迟不得判决，反复假死又复苏，痛苦不堪。后来一鬼役指点道："君何太迂，阴曹于阳世相同，公门可白手入乎？"李某方悟，原来是未给他们好处，于是再次复苏后，立即"货冥镪香楮焚化"。当又一次被勾去后，情形大为改观，鬼役"握手殷勤，笑容可掬，相将至衙外偏室坐"，表示"蒙君厚贿，敢不尽心。今日不审，不负相见"！果不其然，片刻之后，冥官升堂，审明曲直，判李无罪，当堂释放，终得解脱。这篇故事借阴喻阳，一句"公门可白手入乎"，直指官府黑暗。

《刘姓》篇讲的是刘某夜归，忽见一物当道矗立，踟蹰间物忽飞动，直奔刘某而来，刘某侧身躲过，此物似有转身再来之势，刘某大恐，情急之下，扪怀中钱三百余，即以投之，该物遽倒于地，天明视之，此物乃败棺板也。故事后面"醉茶子曰"更是怒斥道："投之以钱，颓然而倒，岂败棺板亦好货乎？予尝见世之贪官污吏，其怒也暴，其来也猛，投钱而辄解者，与败棺板何以异哉！"明眼人一看便知，这里的"败棺"即指"败官"。

《云素秋》篇说的是都中优伶云素秋，也曾设法敛财，致人倾家荡产，而后幡然改过，捐官出仕，颇有政声。多年后，云素秋与人议论起自己在戏场与官场的感受时说到，"官场本似戏场，昔日敷粉搓脂，装作美女，则居心以媚人为念，故群相倾倒。今日升堂放衙，装作官长，则居心以爱民为念，故人皆悦服。彼名之曰官，而上负君国，下误民生，唯知敛财者，诚我辈之不如矣"。李庆辰借云素秋之口，揭露了那些上负君国，下误民生，唯知敛财的官员腐败。

杨光仪在《醉茶志怪》的序中指出，书中故事都是李庆辰"平居抚时感事，即见之于篇什"而来的，他在自序（自叙。见下图）中也表示"词非虚构，事本直书"，也就是说，这些故事虽然以托兴鬼狐的形式出现，但故事素材都是真实的，李庆辰只不过是"濡豪吮墨，振笔直书"，将他们一一写出，见之于篇什罢了。这些故事艺术地描绘了当时那个社会的黑暗，其尖锐的揭露性是不言而喻的。

《醉茶志怪》之自序

（三）深邃的思想性

《醉茶志怪》的精彩之处是在讲故事之后，以"醉茶子曰"的方式加以评论，如果说故事描写中渗透着某种思想，那么，"醉茶子曰"则以怒斥、讥讽、分析和劝诫的文字，进一步将这种思想表达得淋漓尽致。如《浙生》篇和《粥厂灾异》篇：

《浙生》篇说的是浙江某生，进京赶考后返乡，途中遇雨，投宿一寺庙。熄灯就寝后，忽听顶棚上有笑声，俄而笑止而哭，复又转哭为笑。某生正疑惑，忽听一声音问到，你反复笑哭，所为何来？笑哭之声答曰，我修炼数百年，终成正果，所以开颜；但又害怕遭雷击而殒命，于是生悲；转念又想，如果能躲过雷劫，岂不从此升碧霄，登紫府，尽享荣华富贵？复而狂笑。某生恍然，笑哭者乃狐仙，虽有忌惮，但对其言大不以为然，忍不住斥责起来，那声音戛然而止。某生刚要安眠，忽听声音又起，说到，你只责人不责己。你前科出场后，为中与不中焦虑，像我一样，也是……某生顿时语塞。李庆辰在"醉茶子曰"中批到：

> 荣辱得失之心，虽仙不免。当局者苦于不自知，所难堪者旁观之匿笑耳。若以禅理论，万事皆空，不但雪窗萤火为多事，即炼形吐纳亦多事。果如是，成何世界耶？所以人当尽心竭力，以尽人事，成败富贵，一听诸天可也。

《粥厂灾异》篇讲的是杨氏姐妹女儿四人逃难进津，寄食于西沽粥厂。一夜，梦见有人说城东南保生所女厂条件更好，于是往投。入厂第二天晨，就遭遇大火而全部罹难。"醉茶子曰"说道：

> 甚矣，贪之害事也！使其不贪为宝，不践妖梦，则薄粥糊

口，终不致毙，又安能骈死于一烬哉。

"醉茶子曰"的评论由此及彼、由表及里，视角独到、观点鲜明，充满哲理、微言大义，正如杨光仪所言，"篇终数语，尤如当头棒喝，发人猛省"，具有深邃的思想性。

（四）重要的参考性

李庆辰是天津作家，在他的故事中自然而然地提到了天津的重大事件、乡土风貌和民风民俗，这对于研究天津乃至周边的人文历史具有重要的参考性。

一是《醉茶志怪》在多篇故事中，对于天津当年发生过的天灾人祸做了细致的描述。

比如，《颠僧》《瘟神》《疫鬼》《碌磗》等篇，都描写了壬戌年（同治元年，1862 年）天津流行霍乱的情况："壬戌岁，邑患霍乱，传染辄死，巫医金穷于术"，"五六月犹甚"，"邑城中每日死人无算，街巷纸幡披拂，比户相望"。

又如，《水灾》《猪龙》篇均写道，同治十年（1871 年）六月十四日二更天，天津发大水。有文章①说到，李鸿章当年向朝廷奏报称，本年五六月间，天津雨水过多，致城东海河及南北运河，冲溢数口，滨海地面，田庐禾稼多被淹没。小民荡析离居，殊堪悯恻。

再如，《刘玉》《冤魂》《粥厂灾异》篇均写道，丁丑年末（光绪三年，1877 年），邑设粥厂济民，城东南隅立保生所女厂，不戒于火，死伤惨重。《粥厂鬼》篇写道，"丁丑岁暮，饥民流离，官设数十厂施粥留养，时城北厂患疫者众"等，再现了天津设粥厂救济灾民及粥厂瘟疫、大火的情况。

---

① 见 2016 年 4 月 25 日《天津日报》载文《1871－1872 年的天津大水》，作者赵威。

此外，《猪异》篇还提到了天津庚午年（同治九年，1870 年）夏迷拐幼童案；《怪雨》篇提到癸酉年（同治十二年，1873 年）七月暴风雷雨，运河中盐船数十艘同时沉没事件；《观花爆》篇提到辛巳年（光绪七年，1881 年）春在城东南隅洼地放烟火时发生的踩踏惨案；《地震》篇提到戊子年（光绪十四年，1888 年）五月初四未刻发生的地震；《竹生花》篇提到己丑年（光绪十五年，1889 年）夏邑中城关，竹忽生花，状如小芦穗；《天榜》篇提到壬辰年（光绪十八年，1892 年）"二月初八日小直沽火"灾等。

二是《醉茶志怪》记录了天津的一些乡土风貌。

比如，当年天津的一些地名：城南三里的黑牛城、旧名黄叶村的西沽、城北的刘园村、北仓村、七里海、杨青驿、杨村、李富德庄、三岔河、御河、葛沽、丁沽等。其中，《分水箭》篇讲述的老菜农义保三岔河口"分水箭"的故事十分感人。

又如，当年天津的一些工厂、机构、店铺、建筑等：海光寺机器局、军械局、教军厂、城北的官厂、西沽粥厂、城东南保生所女厂、城中的鼓楼及铜钟、针市街洋货栈房、北关外瓷器店、北门外归贾胡同饭馆、涌泉寺前的烟馆、北关浮桥、城内义仓、稽古书院等。其中，《鼓楼二则》《银异》篇描写了鼓楼的昔日景象。

再如，天津当年的一些寺庙：城隍庙、有穿心阁的双忠庙、城外天后庙、海河滨土地祠、弥勒庵、水月庵、带河门外玉皇阁、天后宫、海惠寺藏经阁、东关外崇宁宫等。其中，《红衣女》《土偶》篇对城隍庙雕塑的描写细腻传神。

三是《醉茶志怪》描绘了天津的民风民俗。

如"邑素有火会，凡城市有火灾，即鸣钲为号，则聚集成伙，各持水具器械往扑灭之，乡俗然也。邑共百十余会，会各数百余人"（《颠僧》）。

又如，"邑有潮不过杨之说，事亦甚奇。每潮溢时，御河潮至杨柳青止，北河潮至杨村至，西河潮至杨汾港止，过此无潮"（《潮异》）。

再如，"邑城隍祠每四月赛会，邑人戴假面具彩衣持叉，装作魑魅魍魉，即乡傩之遗意也"（《疫鬼》）。

其他如，"津中风俗，妇人乏嗣者，向寺中抱一泥娃归，令塑工捏成小像如婴儿，谓之压子"（《泥娃》）；"予乡有供五仙像者，其神为胡、黄、白、柳、灰"（即狐狸、黄鼠狼、刺猬、蛇、鼠，《鼠媪》）；"乡愚陋习，呼蛇为柳，猬为白，相沿已久"（《白夫人》）；"乘海舶者，讳言水鬼，每呼为短脚云"（《鬼窃饮》）；凡有丧者之家，要置场所，办"出殃"，以测丧者身后托生情况（《武清乙》）等。

李庆辰在《醉茶志怪》中讲到的当年那些天灾人祸，虽然已经远去了，但那些地名，绝大部分现在还在使用；那些工厂、机构、店铺、建筑、寺庙等，有的已成为文物保护单位，有的还有迹可循；那些风俗习惯，老年人们还会津津有味地提到。我们读着这些故事，可以想见到百余年前的境况和百余年前在这里发生的事情，这对于现在忙碌着的天津人来说，对于那些有志研究天津历史的人们来说，无疑具有重要的参考性。

三、《醉茶志怪》的显著特点

《醉茶志怪》之所以得到读者的青睐和学者的好评，除了具有四个方面的宝贵价值以外，还有两个显著特点。

（一）极少写述"烟花粉黛之事"

《醉茶志怪》的一个显著的特点，就是极少写述"烟花粉黛之事"。前面已经说过，李庆辰认为《阅微草堂笔记》中"好言娈童，好赞美姬妾"的内容，是不可取的。他在笔记稿本《獭祭辛编》的《读笔记五种》中，又作了进一步阐述：

文达公笔记，措辞断制，洵备史家之长，有功于世。第集中屡有娈童，不一而足，津津有味，是何心耶？曾言有某生所爱之一娈童死，思之致忘寝食，病几危，有老僧说法以救之，生了悟而得活。窃思，生因想而死，死自其分，何必说法以救之？且僧最讲因果报应者，以此等损德之人，必有应得之报，救之使不获报，如佛法何？吾不得而知之矣。又动云恩如夫妇，吾观悍妇反目若不相识，即使利刀一割，方快人心，恩于何有？吾又不得而知之矣。床笫溺爱，或者真有恩在，吾未之领略。

李庆辰用一个"是何心耶"的质问和两个"不得而知之"的不屑，表明了对"娈童"描写的批评之意。

李庆辰是这样说的，也是这样做的。《醉茶志怪》虽然"寄情儿女，托兴鬼狐"，但以男女情爱为主题的故事很少，有些故事出于情节的需要讲述"床笫"之事，也是平铺直叙，并不着意渲染。如《折狱二则》篇中富家女儿在与尼姑渐涉戏谑中发现其是"二形人"时的对话、《爱哥》篇中才官发现爱哥是女性的描写，远比《聊斋志异》中《犬奸》篇"干净"得多，这反映了李庆辰高雅的趣味和严肃的创作态度。正如《中国古代小说百科全书》《中国笔记小说纵览》等著述中指出的，《醉茶志怪》全书极少写述"烟花粉黛之事"，与同时代的其他作品大异其趣。

李庆辰自己极少写述"烟花粉黛之事"，也劝诫读者们不要追求媟狎的描写，或就写与不写床笫之事去苛责作者。其笔记稿本《獭祭壬编》中有《鬼见媟狎》篇，以《聊斋志异》为例写道："其所载床笫之语，断无有向人自述之者，有谁闻之？"据说"有目能视鬼者，言凡居室之中皆有鬼，人床笫狎昵之态，鬼皆在旁指点评论而揶揄之。夫闺阁之中人不能到，狎昵之态人不能见，纵使有鬼，又谁见其指点评论之耶?"因此,李庆辰劝读者,"阅者观其笔墨之妙可也,勿苟责焉"。他能这样说,实属难能可贵。

(二)对同类人和事反差强烈的描写

《醉茶志怪》故事中的主人公十分繁杂,有阳世官民,有神界君臣,有阴间鬼怪,还有各类动物、植物和各种器物等,不过,李庆辰在不同的故事中,对同一类主人公或同一类行为的认知不是一以贯之的,往往有着反差强烈的描述,表达出截然不同的倾向性,或褒或贬或理解,或爱或恨或同情,这是《醉茶志怪》的又一个显著的特点。现试举几例:

一是坏官恶吏与好官清吏

《醉茶志怪》中,描写神界城隍、阴间判司和阳世官府等当权者的故事并不多,约占总篇数的半成左右,这可能是李庆辰对权力有所顾忌,或者是他与权力机构少有接触的缘故吧。在这类故事中,他对不同的当权者表现出了不同的心态。

李庆辰在故事中对神界城隍的描写,充满了深深的敬畏,他们出则霞光万道,时隐还现,气象端重;仰见则金冠玉带,粉面长髯,威仪万千;断案则大公无私,是非立断,赏罚分明等,丝毫没有不敬、亵渎的语言。

李庆辰在故事中对阴间判司的描写,基本取向是"阎王好见,小鬼难搪"。如《阴司》篇,在描写了阴司鬼役不给钱不办事的恶行后,也称赞冥官"堂上片言,曲直立判,非聪明正直者,其孰能之",等等。简言之,冥官都是好官,可恶的只是鬼役鬼差;即便是可恶的鬼役鬼差,也还是给钱就能办事的。

李庆辰在故事中对阳世官府的描写则不然,在揭露和鞭挞坏官的同时,也浓彩重墨地描写了一些好官,显现出很大的反差。在这类故事中,揭露坏官的篇数不少,除上节已举几篇外,还有《汪某》

《刘玉厅》《余某》《任住》《豕舞》等篇，都描写了坏官的种种劣行。但是，在这类故事中，也有一些描写好官的。

如《折狱二则》篇，讲述了太仓州牧李珏断案如神的两件事，一件事是他赴任途中，投宿旅舍，发现凶杀线索，但不动声色，到任后立即破了案。另一件事是他到任后，接了一个娘家诉婆家谋杀儿媳妇的案子，经过缜密侦查，揭露了一个尼姑实为"二形人"的秘密，终使案情真相大白。

又如《冤妇》篇，讲的是肃宁县令孙某，刚到任，即梦见一白衣女子向其索命，原来孙某前世曾任此地县令，误以失节判该女子有罪，使其蒙受不白之冤。女子这次前来，向孙某报复索命。孙某知错，愿以辞官赎前世之罪，始得原谅。

二是厉鬼媚狐与善鬼义狐

《醉茶志怪》是志怪传奇小说，其绝大部分故事中都有怪异情节，其中，以怪物为主人公的故事约占四成多，在这些故事中，李庆辰对各种怪物有着不同的描写，对它们的行为表现出了不同的态度。

——描写怪物为害，是这类故事的主体。

《水鬼》篇讲道，一盲人行至城隍庙前，有人牵其盲杖，请他去串门，盲人随之而去，却绕到了庙后水塘边。盲人感觉不对劲，悟到这是水鬼求代，大喊起来，将那人吓跑。不过，第二天还是有一小孩溺死其处。李庆辰在"醉茶子曰"中斥责道："觅人作替，而欺其瞽，鬼真谲而不正矣。彼世之设计陷人于坑坎者，皆将视人如瞽矣，可胜叹哉！"

又如《蓝怪》篇讲，刘某夜卧吸烟，觉冷风飒然，起身一看，见有一蓝面大怪，张口向其嘘气，便觉身冷如濯冰水。刘某拔佩刀逐之，怪稍退，回到床上，怪又复来，一夜不堪其扰。就这样连续折腾了几天，刘某已形销骨立。这一日，蓝怪又来，刘某刚要撑拒，只见亡母站在床前庇护，但蓝怪仍不放过，俯吹更甚，终于殒命。

——也写了许多不那么惹人讨厌、憎恨的怪物，有的还很令人赞叹。

比如《黑山大王》篇讲的是李某家栖有蟒蛇，能预示家中的吉凶事，李家对其供奉甚虔，尊之为"黑山大王"。一天，有滋事者上门，横施无理，还偃息厅间，耍赖不走，主人无可奈何。入夜，有一黑甲武士前来，手持利剑，将来人吓跑，解了主人之困，此武士即为"黑山大王"。

又如《狐师》篇（见下图），讲的是宫生在村外戏台看戏时，偶遇一女子。散戏回塾馆后，见这个女子已在屋中，宫生赶忙说这里是塾馆，请你快离开。女子说，我是狐仙，别人看不见，只有你能看见。宫生问，你此来何意？女子答道，你前世是此地富室，经常从猎户处买来猎物放生，我就是当年被你放生的小狐，现修炼得道，特来报恩。我看你有慧根，但需雕琢，特来教你。宫生半信半疑暂从之。

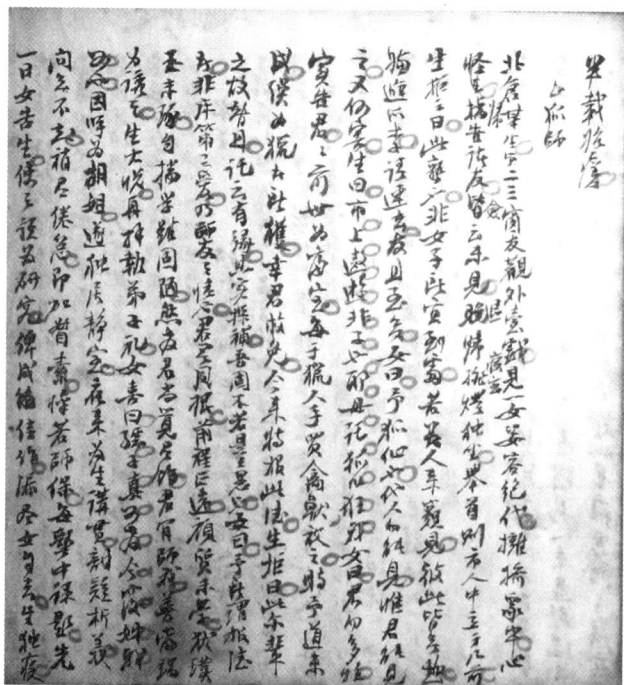

笔记稿本《茶余杂记（二）》之《狐师》原稿

此后，女子为宫生讲贯，剖疑析义，并督荒责怠，俨然如师保。如是年余，宫生文思大进，所作之文塾师竟然不能改一字。宫生学业已成，女子欣然而去。后来，宫生应试春闱，金榜题名，思念女子，尊其为"胡师"。

三是善有善报与恶未恶报

李庆辰在笔记稿本《獭祭癸编》说过，他写的书"虽云志怪，稍寓劝惩"。"稍寓劝惩"在《醉茶志怪》中的表现，就是有大约两成的故事讲的是因果报应。但这些故事在"行为"与"报应"的因果关系上呈现了复杂的情况，质疑了"善有善报，恶有恶报"的传统理念。

——善有善报，理所当然。

《点金石》篇讲，李某夜烹羔羊，香喷户外，有一白须老叟推门而入，求李某让他尝尝。李某欣然请老叟上炕，备下碗筷烧酒，与之饮酒品肉。李某酒量不大，喝了几杯就醉卧睡着了。半夜醒来，老叟已去，留下一块小石头，光华五彩，李某将石头放在瓷杯里，杯化为金，老叟所赠原来是点金石。真可谓滴水之恩，涌泉相报。

又如《村女》篇讲，村女某，性孝贤，侍奉二老、持家劳作，不惮辛苦，只是天生唇裂，年长仍待字家中。一日去地里给老父送午饭，半路遇到一位老妇人，执意要为村女疗唇，老妇人从食篮中拿出馒头，揭下一块皮，贴在村女唇裂处，嘱咐几句，就渺然不知所在。过几日，村女裂唇长好，方悟到老妇人是神人也。醉茶子曰，神仙为村女孝贤所感耳。

再如《火灾》篇讲，某天，城北街市来一癫妇，赤身披发，哭笑无常，见人就说"一人两眼"。某估衣商见而叹道，他虽然癫疯，但也是人啊，遂送衣裤为其遮盖。到了夜晚，街市突然起火，烈焰冲霄，街巷灰烬，但只有估衣商一家幸免，只见其房上盖有白天送予癫妇的衣裤，方悟癫妇为神人，"一人两眼"为"火"字，其来是预警的。醉茶子曰，赠衣而遽免于灾，神非贪其惠，重其义也。谁谓冥漠之中无皂白之分哉！

——恶有恶报，理亦不爽。

《孽报》篇讲，医生朱某，接一患者，胸生一疮，其孔如杯，直达于背。朱大夫说，症太险，非巨珠数颗和药不能疗。次日，患者携大珍珠数十颗来医。患者走后，有人告诉朱大夫，这个人不是患病，而是遭报应。过去，这个人从军楚地，军粮不足，就出去劫掠。一日，拦住一个带孙子、孙女逃难的老叟，勒索了二十两白银后放走。刚走不远，这人忽想到老叟棉衣甚厚，可能藏有财物，于是返身追了上去，夺老叟棉衣，老叟不给，这个人先杀了孙女，又一刀刺向老叟，洞穿于背，老叟当场毙命，扒下棉衣，果得珍珠数十颗，此时，孙子也吓死了。今日之疮与老叟刀创无异，所携珍珠亦为所抢无疑，此人必死，这是报应。不几天，朱大夫果然听说这人暴毙，家亦速败殆尽。"醉茶子曰"，报应之说，儒者不讲，然旷观往事，理却不诬，天道好还，理自不爽。

——善无善报，事有不平。

《西贾》篇讲，北关外烟肆贾掌柜，夜晚在河边方便，听到河中有两个溺鬼商量找人求代的事。于是藏在河滨提醒路人小心，致使溺鬼求代未成。至晚，溺鬼竟来报复，声称"汝救彼生，须替彼死"，将西贾杀死。人们常说"为善降祥，为恶降殃"，西贾行善却遭毒手。

——恶无恶报，世确有之。

《苏某》篇讲，晋人苏某，与狐女艳遇，经常往来。半年后，苏某形容憔悴，呕血不起，狐女说，我存有灵丹，明日拿来服用即愈。苏某将此事告诉了两个仆人甲与乙，二仆人答应在屋外伺伏，以防不测，其实他们都心怀鬼胎。次日晚狐女来，从口中吐出红丸，正要给苏某服下，甲乙猝然进屋，乙窥女美，以搜查凶器为由动手动脚，狐女放下药丸与之抗拒；甲则趁机拿起红丸吞下。苏某顿悟二人无良，但已无补。苏失灵丹，几天后殒命，狐女为其发丧后遂杳。然而，仆人甲则似换凡骨，优游岁月，到八十多岁仍鹤发童颜，能夜御数女，心术不正，反而益寿延年了。

四是贞洁烈女与再醮妇女

在封建社会，女性贞节是关乎风化和礼教的大事，因此，在"稍寓劝惩"的《醉茶志怪》中，有关女性贞节的故事不少，约占两成。在这些故事中，李庆辰对贞洁烈女大书特书，但对一些所谓"失节"的情况，也不是一概鄙视和鞭挞的。

——对贞洁烈女大加歌颂。

《於菟①大鬼》篇讲，金氏的丈夫王小亭，在武遂的盐馆经商时，受妖怪的勾引，致脂膏尽失而亡。金氏决意殉夫。此时王小亭托梦给金氏说，害我的妖怪是於菟大鬼的妖婢，它们受大鬼的指使，四出采精，致我于死，你一定要为我雪恨！金氏死志更坚，绝食而卧，家人在旁苦劝，只听金氏说，我的魂魄已在武遂盐馆，见楼上有一厉鬼，旁立数妖婢，见我俱逃避，我抓住了那个害死我丈夫的妖婢。家人忙问，抓来如何处置？金氏说，去见阎君说理！又过数日，金氏整裳而逝。醉茶子曰："卓哉金氏，至刚至仁！殉夫泉壤，重义轻生。生为烈女，没作贞魂"。

——对所谓失节妇女鄙视问责。

《陈姓》篇讲，有再醮妇病危，家人请目能视鬼的陈某往视。陈某看后对家人说，病人床头坐一男子，正怒目痛骂。家人问这个男子的相貌，陈某描述后，家人知道是病人的已故前夫。不久病人死去，众人说，妇人再醮，失节之咎，冥责难逃。夫死妇嫁，使死者抱恨九

①　於菟，古代人对虎的称谓。

泉，必欲索命而后已。

——也有真切的同情。

《樊英》篇讲，有一个狐女名樊英，一日于刘生邂逅，两情相悦，终成连理。婚后，樊英贤孝之致，生活美满。数年后，刘生因病身亡，樊英披麻哭泣尽礼。殡后，樊英留给婆婆一个大布囊而去。原来这个大布囊是宝物，衣食度用，取之不竭。越年，有邻村某人娶亲，众人都说新妇很像樊英，婆婆赶去一见，果然是樊英，婆婆大怒，斥责樊英失节。樊英泣曰："儿三岁为妇，未敢失德，且报母不为不至。夫死再醮，亦常之事。身虽嫁而犹养姑，以视悖悖出门，视翁姑如寇仇者，母将何以责之？"婆婆语塞，心想这回樊英可能与自己反目了，回家后，探囊取物，依然如故。"或云樊英诚贤，惜其未明大节也"。醉茶子曰："明大节，人且难之，况狐耶？"

李庆辰在《爱哥》篇的"醉茶子曰"中讲了这样一件事：乡里有一对贫穷的老夫妇，膝下无子，只有三个女儿待字闺中。两姐妹商量要守贞养亲，但三妹始终不说话，两个姐姐都瞧不起她。三妹出嫁后不久，老夫妇先后去世，家中无钱办丧事，三女婿出钱为二老殡殓，此时大家才看出三妹的孝贤。而两个姐姐守贞未嫁，不但于家无补，自己也生活无着，还要侄子照顾。对此，李庆辰感叹道："噫，矫情有何益也！"

四、《醉茶志怪》是矛盾碰撞的艺术反映

李庆辰《醉茶志怪》中表现出来的尖锐的揭露性、深邃的思想性，以及在故事中反映出来的截然不同的倾向性，是有着深刻的思想支配和真实的生活体验的，是他对理想与现实强烈反差纠结、困顿和无解的产物，是矛盾碰撞的艺术反映。

（一）期望甚大而困顿于时

"期望甚大，而困顿于时"，是时人蒋兰畬对李庆辰思想状态的深

刻概括。李庆辰既是生活在社会底层的穷人，又是津门有名望的士人，他的期望不仅是家庭生活的温饱、个人抱负的实现，更是期望政治清明、社会公平、官吏为民，百姓安生。但是，现实并不是这样，他自己不仅生活穷苦、落拓一衿、怀才不遇、寒窗坐老，而且满眼看到的都是社会不公和官府腐败，这种现实体验与理想期望的严重背离，不由他不失望、不困顿、不忧郁，不由他不产生思想矛盾，而且，体验越深，思想矛盾越强。不过，李庆辰没有，也不可能悟出其中的原委，或找到什么解决的办法，他除了苦闷和挣扎之外，只有将矛盾的思想直接反映到《醉茶志怪》的故事中，在故事中表现出了明显矛盾的价值取向和认知严重分离的特点。前面说过，李庆辰在笔记稿本《獭祭壬编》中有一篇议论文章，对蒲松龄的《聊斋志异》与纪昀的《阅微草堂笔记》这两部文学巨著作了对比分析，他认为，蒲松龄和纪昀二先生的境遇不同，阅历各异，所以，《聊斋志异》与《阅微草堂笔记》的故事侧重各有不同。这段评论虽然是说蒲、纪二先生的，其实也是他写作《醉茶志怪》状态的反映，矛盾的现实产生矛盾的思想，矛盾的思想写出矛盾的作品。

（二）冬烘旧头脑与朴素的唯物主义良知

李庆辰笔下的狐仙，大都不那么惹人讨厌，有的还招人同情或喜爱，这是因为李庆辰知道，"猬畜类也，蛇亦畜类也"，它们与人类常见的牛马猪羊鸡等畜一样，并不与人类为敌，或者人不招惹它，它并不会主动攻击人类的。既然如此，人类为什么把它们神化甚至妖魔化了？他认为，一些人为祈福邀恩，籍籍传说白仙、柳仙等的灵异，人云亦云，才创造出来了仙怪世界；或者人们对自己遭受的病困祸灾无从抱怨，即与某种巧合联系起来，口口相传，一倡百和，才形成了"五仙"为害的流传。他还以孟姜女和阴曹地府的传说为例，解释他的认识，他在《白夫人》篇中说，考古史传并不载孟姜女其人，但是事关节烈，君子们必谓实有其人不可。他在《判官》篇中又说，所谓阴曹地府，人们谁也没有见到，其实是在虚无缥缈之中，如同海市蜃楼，但为了某种需要，就必须说其存在。他的这些观点，很有一些唯物主义味道，这对于一个旧时的传统文人来说，是难能可贵的。李庆辰基于这些认识，在一些鬼怪故事中，不时表达了"如不扰我，不必惹它"的和平共处观点。如《斩蛇将》篇后说，"蛇虽毒物，苟无害于人，不必杀也"；《狐革》篇后说，"妖不扰人，纵之而不必杀之"；《鼠媪》篇借主人公之口说，家中的鼠精"虽常出没，从不祸人，故相安之"；《擒风》篇写道"夫妖不扰人，人反扰妖，宜其获祸也"，等等。这也是李庆辰的高明之处。

（三）儒学根基与对新思想新事务的敏感

李庆辰所处的时代，天津已经被迫对外开放，西方列强纷纷涌入，它们在瓜分和掠夺的同时，也带来了新的思想观念和新鲜事物。李庆辰虽然是儒学根基牢固的士人，但通过细致观察和客观比较，对洋人、洋事、洋物和洋思想有着自己的判断，对中国的传统观念和道德标准也有了新的看法。比如，他在《醉茶志怪》之《卜某》篇的"醉茶子曰"中、笔记稿本《獭祭戊编》的《夷俗》篇中，都写到了西方人的婚俗，并与中国的婚俗作了比较：

……闻西人娶妇共居三年，男女有不如意者，任其离散，迥不强和。所谓有情者为眷属，亦甚便矣。

夷人之俗，娶妻之策，彼此情投意合则留，否则下堂而去……然中国人娶妻，奇悍刁恶之妇，终身如附骨之疽，虽欲散而不能，以视夷人，远不如矣。传云，怨偶成仇，又何贵哉！窃愿有情者为夫妇……

李庆辰对洋人"彼此情投意合则留,否则下堂而去"的娶妻之策,明显是欣赏和羡慕的,而对中国人娶妻,"奇悍刁恶之妇,终身如附骨之疽,虽欲散而不能"的现实,则表达了不屑和愤懑,他认为,"怨偶成仇,又何贵哉",他呼吁"愿有情者为夫妇",这些议论肯定与接受新思想的启迪有关。

李庆辰在美好理想和残酷现实中生活,在思想矛盾和求索无解中挣扎,虽然困惑和苦闷,但他没有消极和沉沦,而是发出了自己的声音,这就是《醉茶志怪》,这就是《醉茶志怪》的价值所在,这就是当代学界肯定李庆辰和《醉茶志怪》的主要原因。

第三节　笔耕不辍的创作历程

　　四个创作动力 / 三个素材来源 / 五个阶段的创作历程 / 勤学善思与总结感悟 / 共创作了 511 篇故事

　　李庆辰的传世之作《醉茶志怪》是怎样写成的？先前的研究者大都囿于资料的缺乏而语焉不详。笔者根据新搜集到的资料，对李庆辰创作《醉茶志怪》的动力、素材来源和写作历程等做了进一步的探讨和研究，并基本搞清了他创作故事的总量。

一、创作动力分析

　　李庆辰为什么创作《醉茶志怪》，或者说他创作《醉茶志怪》的动力是什么？他在自序中说，"仆半生抑郁，累日长愁，借中书君①为扫愁帚……聊以自娱"，也就是说，他写《醉茶志怪》是借笔消愁，自娱自乐，这是他自己对创作动力的自述。

　　当年的津门学界领袖杨光仪对李庆辰"借中书君为扫愁帚"的自我表白是认同的，其所谓"事有难言聊志怪，人非吾与更搜神"。不过，他在为《醉茶志怪》作的序中进一步说，李庆辰写《醉茶志怪》

―――――――――――――

　　①　中书君，古代笔的代称。

与所有著述家一样，是"平居抚时感事，即见之于篇什"的有感而发，"读者不仅以怪视之，庶可得作者之大旨焉"，即李庆辰写《醉茶志怪》固然是借笔消愁，但在光怪陆离的故事中有"作者之大旨"，这个"大旨"寓于传奇志怪的故事之中，读者应该透过怪异故事，理解其中的"大旨"。他认为李庆辰是心怀"大旨"去创作的，这是时人对其创作动力的分析。

李庆辰的自述和杨光仪的分析，为我们研究李庆辰的创作动力奠定了基础。笔者在研究了他的《醉茶志怪》《醉茶吟草》和存世笔记稿本之后，综合分析其创作动力，起码有四：

（一）性有偏好，奇闻命笔

《醉茶志怪》二卷的《鬼市》篇讲了这样一件事：庚午年（时间如果不是虚构的，应为同治九年，即1870年），李庆辰到北京参加乡试①后与友人从通州乘船回津。上船时，舱中已有一位孙姓的乘客，此人热情健谈，自我介绍喜卜易，稍一熟热，即拿出三枚铜钱，欲为新旅伴占卜。而"予素厌占卜而最喜异闻"，于是热心的孙某转而给他讲了"鬼市"的奇闻。李庆辰一句"予素厌占卜而最喜异闻"，再明确不过地袒露了自己对奇闻的癖好，他在《醉茶志怪》的自序中也说过，自己"性有偏好，口诅能缄"。另外，他在笔记稿本中有三则抄录，也是他"最喜异闻"的有力证明：

一是在笔记稿本《醉经载记》抄录的"天雨豆"奇闻：

湖北黄陂县，丁丑十月十六瓯城内外雨红豆。

二是在笔记稿本《獭祭庚编》中抄录的《申报》报道"天雨粟"

① 当年，直隶省的省级科举考试——乡试，不在省会保定府，而是在北京。

奇闻：

> 贵阳，青溪，三月三十日午刻天雨粟，绅民由县报上宪，呈米粒一包，禀中丞，或见之其状如砂，未知何祥，见四月《申报》。

三是在笔记稿本《獭祭辛编》中抄录的《申报》报道疯狗伤人事件：

> 近阅六月十七日《申报》云，乐清县疯狗甚多，西乡旬日间被伤者数十人，或腹中犬吠声，或牙龈溃烂，或毒气攻心，或腹痛难堪，投水而死，真奇变也。

李庆辰抄录的这则《申报》报道，时间是光绪十七年（《獭祭辛编》的写作年代）"六月十七日①"，换算成公历是 1891 年 7 月 12 日，这天的《申报》为第 6555 期（见下图），他抄录的"乐清县疯狗甚多"事件刊登在该报第二版的《回浦怒涛》专栏，原文是，"迩来疯犬甚多，乐清县西乡旬日之间被伤者不下数十人，或腹中闻犬吠声，或牙龈溃烂，或毒气攻心，或腹痛难堪投水而死，村人畏犬如虎，无不谈之色变云"。

李庆辰连报纸登载的奇闻也不放过，一一抄录下来，可见其"最喜异闻"偏好的程度。可以说，对异闻传奇的兴趣与癖好，是李庆辰创作《醉茶志怪》的内在动力。

---

① 见《申报影印本》，上海书店影印，一九八三年一月印刷。

1891 年 7 月 12 日出版的《申报》

（二）生活困苦，借笔消愁

《醉茶志怪》中李庆辰的自序和杨光仪的序都说到了这一点。李庆辰的《醉茶吟草》诗集中，有大量的穷愁描写见诸于诗章：如"酒债较前多，家贫可奈何……""屋小晚弥冷，林疏风更彫"[1]"畏寒眠独早，因病礼多疏。壶剩经年酒，厨留几日蔬"[2]"病侵双鬓白，愁

---

[1]　见《醉茶吟草》第 1 卷《冬日杂兴》二首。

[2]　见《醉茶吟草》第 1 卷《丁亥除夕走笔》。

对一灯红"①"贫觉妻孥累，愁添岁月长"②"花明柳媚愁沽酒，欲典春衣怯早凉"③"贫居百感集，夜半起长愁……开门筹七事，清况几时休"④ 等等，这都是他半生抑郁，累日长愁的真实写照。为了避开这无解的生活难题，打发这难熬的愁苦时光，于是"寄情儿女，托兴鬼狐"借笔消愁，"古绢频图写，遗编费揣摩"⑤、"迩来志怪搜奇事，手搦毛锥写药叉"，"闲便著书消岁月，不堪两鬓似霜飞"⑥。用搜奇著怪来暂时忘却愁苦，是李庆辰创作《醉茶志怪》的外在动力。

（三）不平则鸣，悲愤而书

前面提到的王培新为《醉茶志怪》所题之诗，其中有句："文章原寄恨，椒桂有余辛"（见本章第一节），看来，王培新已经领悟到李庆辰写《醉茶志怪》原本是为了"寄恨"。李庆辰所恨何事？可能是对生活穷苦、病魔缠身等的怨恨，可能是对官府腐败、社会黑暗的愤恨，还可能是对世间陋习、道德沦丧的憎恨等，总之，对一切不平事充满了愤懑。李庆辰是在用"寄情儿女，托兴鬼狐"的形式来呼号呐喊、宣泄愤懑。李庆辰在那篇分析蒲松龄所著《聊斋志异》与纪昀所著《阅微草堂笔记》之"短长"的笔记开头（见本章第一节）明白地写道："天下事物，平则不鸣。古人云，悲愤著书"，由此可见，李庆辰写《醉茶志怪》绝不是酒足饭饱后的消遣，也不是羡慕别人成就的效仿，而是因悲愤而著，因不平而鸣，这应该是他创作《醉茶志怪》的思想动力。

---

① 见《醉茶吟草》第1卷《感怀拟王摩诘体》。
② 见《醉茶吟草》第1卷《春日自北斜庄归》。
③ 见《醉茶吟草》第2卷《偶成》。
④ 见《醉茶吟草》第2卷《秋夜感怀》。
⑤ 见《醉茶吟草》第1卷《冬日杂兴》二首。
⑥ 见笔记稿本《獭祭癸编》中的《答孟广文见寄作》。

（四）聊获资助，养家治病

在见到的研究文章中，都没有从经济角度来分析李庆辰的创作动力，其实他创作《醉茶志怪》还有一个动力，就是取得一些收入贴补家用和治病。

从李庆辰的诗作和笔记稿本中可知，在他年轻时，家庭发生变故，生活急剧陷入贫困，而他又罹患肺炎，久治不愈，生活和治病需要钱财，能够增加收入是他的强烈期盼。在其笔记稿本《獭祭余编》中就记有这样一件事，他这年"自二月十三日"至"八月二十四日"敬诵《金刚经》一万遍，其所许之愿就是"敬求身体康健、钱财充裕"！在极大的穷困压力下，李庆辰"卖"故事就有了可行性和必然性，他自己也提到了这一点。李庆辰的笔记稿本《茶余杂记（二）》中有首《自嘲》诗：

> 奇闻命笔辄成编，夜伴寒灯拥卷眠。偶为消愁倾白堕，何因疗疾索青钱。读书蠡测海中水，作画蛙鸣井底天。寄语世人漫轻笑，米生原不讳痴癫。

从字面上理解这几句诗，似乎是说，他写《醉茶志怪》主要是"奇闻命笔"，偶尔是借笔消愁，绝不是为了"疗疾索青钱"。但是，该诗的题目为《自嘲》，有说"反话"的意思，如果是这样，那么还是存在着为"疗疾索青钱"而写作的经济动力。

上述关于经济动力的分析不论是否准确，有两个事实是肯定的：一是当年津沪一些大城市的现代报馆为吸引读者而广辟稿源，措施是对刊用的作品付稿酬，这对于作者来说，无疑是开辟了新的收入渠道。二是李庆辰撰写的一些故事曾刊载在上海的《点石斋画报》和天津的《时报》① 上，他肯定会得到稿酬的。

关于李庆辰与报社的互动，尤其是与天津《时报》的互动，在他的笔记稿本中有明确的记载。例如，在《獭祭辛编》中有《金氏三烈妇诗》，诗中写道：

> 高岭松，古井水，自来贞烈难屈指。载志乘，传清史，我又何以再褒美。虽然我岂即无辞，语不惊人辄便止。明简来征诗，已阅两年矣。今爰濡兰墨，约略说终始……

其后的《杨烈妇殉夫诗》也基本相同，都提到世上贞节烈女很多，方志记载、清史留名，自己本来不想再写诗赞美，但报社"寄简来征诗"，盛情难却，他只好命笔了。

这些记载清晰地显现了李庆辰给报社撰稿的情况。看来，他在当时的名气已经足够大，所以报社经常向他约稿，时间已经有两年多了。从他的笔记稿本中看，报社所约之稿都是有关褒扬贞节烈女的，李庆辰似乎并不情愿写这类东西，"自来贞烈难屈指。载志乘，传清史，我又何以再褒美"，而他还是勉为其难地写了几篇，报社对他的投稿，肯定是会付给稿酬的。

有的研究文章在论及李庆辰的创作动力时认为，他是生活在晚清封建社会中的正统文人，虽然借笔消愁，消磨岁月，但会情不自禁地担起卫道和劝惩的责任，所以，将"卫道和劝惩"列为李庆辰创作的动力，而且是主要动力。李庆辰自己在一篇笔记中虽然也说过，他写的书"虽云志怪，稍寓劝惩"，但他自己也未必将"稍寓劝惩"作

---

① 创刊于光绪十二年（1886年），为中文外报，由天津海关税务司和怡和洋行出资创办，英国传教士李提摩太为主笔。为天津最早的报纸，也是中国北方近代报业的开端。

为创作《醉茶志怪》的主要动力和精神支柱，因此，将其列为《醉茶志怪》创作动力似乎有些牵强，不如将其纳入"客观效果"之列，可能更确切些。

二、素材来源归纳

《醉茶志怪》4卷，计有故事346篇，这些故事大多不长，平均每篇约450字，最长的如第一卷的《云素秋》和第四卷的《爱哥》，均为4300余字；最短的如第二卷的《奇疴》，包括标题在内仅37个字，但这些故事所描写的场景广泛，行业众多，对象繁杂，情节曲折，蔚为大观。这些故事素材是怎么得来的？归纳起来大概有以下几个方面：

(一) 自己随闻随记

前面已经说过，李庆辰性有偏好，爱搜罗异闻。其在笔记稿本《茶余杂记（一）》中透露，他曾经入盐行，为会计，经常押盐车往来于当时的沧州及直隶省（现今河北省、天津市和北京市）的其他一些地方，这给他广泛搜集传奇异闻提供了绝好的机会。在押车途中、旅舍休憩，或与人闲聊等时候，爱听或爱打听奇闻逸事，并"随时随地，闻则记之"，形成了习惯，由此集腋成裘，聚米成山，这是《醉茶志怪》故事素材的主要来源。在笔记稿本《獭祭戊编》中有一篇《志异备考》写道：

> 柳崖外编①记，徐飞山，名浩，天津人，为冀宁观察，云其署有鬼名赵小姐，前官之女也。又云，飞山乃其师，应非伪托，俟考之。

---

① 《柳崖外编》，清代乾隆年间徐昆（字后山）著，类《聊斋志异》。

该记载有备忘录的意思，李庆辰对这条传奇虽然半信半疑，但还是记在笔记中了，由此可见李庆辰"随闻随记"之一斑。

（二）朋友为其谈奇侃怪

李庆辰在《醉茶志怪》的自序中提到，他的二三良友很同情他的遭遇，为分散他的抑郁与长愁，于是"时来蜗舍，此谈异说，彼述奇闻。谓夫千年华表，信可狐烹；三尺荒坟，真聆鬼唱"，给他提供了大量的故事素材。

不仅如此，由于他喜欢打听奇闻逸事已是名声在外，所以，有的人还非他不讲。《醉茶志怪》第一卷有一篇故事，名《王建屏》，李庆辰在篇后的"醉茶子曰"中（见下图）写道：

《醉茶志怪》刊本中《王建屏》篇的"醉茶子曰"

建屏乃吾友赵价人之内兄，予于赵氏识之。其为人诚朴笃信。价人为予言其梗概，予固好奇，询诸王。王曰：君别号醉茶子乎？予曰：然。王曰：若然，可以言矣。予骇问故，王曰：昔仙谓予曰，他日有李某编记事诸书，可烦渠作佳传，他人可勿告也。乃向予细言颠末，语犹欷歔……

王建屏是在问清了对象后，才向李庆辰说了自己奇遇的，并强调说，有仙人告诉他，"他日有李某编记事诸书，可烦渠作佳传，他人可勿告也"。事情虽然玄虚，但很可能是李庆辰故事素材来源的"专属"渠道。

（三）昔年游历的记忆

李庆辰在《醉茶志怪》的自序中还提到，"再忆昔年游历，悉供今日搜罗"，即昔年游历的记忆，也是他故事素材来源的一部分。李庆辰昔年游历过什么地方？他在笔记稿本《茶余杂记（一）》中回忆，"幼时从师游武遂"，无怪乎《醉茶志怪》中有许多故事提到武遂，或故事发生在武遂，或主人公来自武遂等，这些故事就是他幼年游历武遂时的记忆。

据查，古时有四个武遂，分别在现今的河北省保定市徐水县遂城镇、河北省衡水市武强县、山西省临汾市西南、山西省运城市垣曲县东南。从李庆辰诗文中有关游历地方的记载推断，李庆辰幼年游历的武遂，应为处于京津石三角区域中心的河北省武强县一带。需要指出的是，李庆辰虽然说自己"昔年游历"，其实他去过的地方并不多。《醉茶志怪》所述的故事发生地，除了武遂以外，主要是天津老城里及周边，当年的直隶省境内（即现今河北省的衡水、沧州、唐山地界），以及北京的房山一带，这与他一生困守乡里，无缘远足有关。不过，这也使这位天津小说家创作了津味十足的传世之作。

三、写作历程梳理

李庆辰在上述"四个动力"的支撑下，通过"三个渠道"搜集故事素材，且随闻随记，不断整理修改，经年笔耕不辍，终于完成了

《醉茶志怪》。其写作历程如何？研究他的笔记稿本可知，从最初搜集记录故事素材算起，李庆辰写作《醉茶志怪》大约经历了 34 年（即使从他准备结集刊行算起，也有 17 年了），大致可分为 5 个阶段。

（一）第一阶段，搜集积累故事素材（1858—1875 年）

《醉茶志怪》之《王建屏》篇的主人公王建屏，看来是确有其人，李庆辰在笔记稿本《獭祭癸编》中记述了王建屏给他讲述奇闻的事情，并由此概要地回忆了他写作《醉茶志怪》的缘起。他在笔记中写道：

> 前集记王建屏仙①嘱予作传，时年方二十余，攻举子业，无暇他及，虽偶有杂记，不过数则，旋作旋弃，未尝必欲存稿，成卷帙付乎民也……

李庆辰讲，他在 20 多岁时就搜集奇闻逸事，且偶有杂记了。李庆辰生于清道光十八年（1838 年），他所说 20 余岁，姑且按 21 岁算，是年应为咸丰八年（1858 年）。此时的李庆辰只是凭兴趣而去搜集奇闻逸事，主观上还没有"存稿成卷"的想法，但客观上已经为创作《醉茶志怪》打基础了。

正如李庆辰所说，他当年正在攻读举子业，无暇他及，所以搜集的故事素材"不过数则"，且"旋作旋弃"，并未留存，其写作最早的笔记稿本《茶余杂记（一）》（同治元年至七年，即 1862—1868 年）以前，未见故事手稿。《茶余杂记（一）》的 7 年中，也只记有 14 篇故事，其中第 1 篇，无题，写的是"癸亥岁浴佛日，梦至一处"，梦见自己幻化为僧人与情人幽会的故事，不过，这篇故事后来并未收入

---

① 李庆辰写此则笔记时，王建屏已去世，故尊其为"仙"。

《醉茶志怪》。这 14 篇故事中只有《碌磔》《常州役》《古瓶》《山左布商》4 篇收入了《醉茶志怪》，这是他早年搜集积累故事素材的成果，这个阶段大约有 17 年。

（二）第二阶段，准备结集刊行（1875—1876 年）

前面提到的李庆辰《自嘲》诗，开头两句是："奇闻命笔辄成编，夜伴寒灯拥卷眠"，也就是说，经过长期的搜集，他此时积累的故事素材已经有一定的规模，可以集结成编了。在载有《自嘲》诗的笔记稿本《茶余杂记（二）》中还有一篇文字，其中有："某才惭浅薄，时复迍邅"，"奈终年抑郁，忧愁实多，借中书君为扫愁帚，故随时随地，所见所闻，辄载于编"，这里也提到他搜集撰写的故事足以成编了。需要特别指出的是，这篇文字与《醉茶志怪》刊本的自序极其相似，应是自序最初的草稿（详见后述），这些记述表明，李庆辰此时准备将故事手稿结集刊行了，且已起草了自序。时在何年？这册笔记稿本的写作时间跨越同治末年光绪初年，不能确定《自嘲》诗和自序草稿的具体写作年份。若按其在册中的位置判断，可推定为光绪元年（1875 年），也就是说，这年应该就是李庆辰打算将搜集的故事结集刊行的具体时间了。此时，距开始搜集故事素材阶段已过去了 17 年，到光绪元年（1875 年）准备出书了。但是，不知何故，此年并未付梓。

（三）第三阶段，检点旧稿重新来过（1876—1886 年）

李庆辰的《醉茶志怪》不但没有在光绪元年（1875 年）结集刊行，反而有过搁置，直到 10 年后才重新拾起来。个中情况在他写于光绪十二年（1886 年）的笔记稿本《獭祭丙编》中可见端倪。该册中有一首七律，还罕见地署了名——"筠作"，诗中写道：

未能侍笔涤冰瓯，多买蛮笺造凤楼。且抱一编甘守拙，那堪

七尺为名休。座中佳士雅青眼，堂上书生渐白头。检点旧书重志
怪，纱帷深夜对灯幽。

诗中"检点旧书重志怪"一句，写明他此时准备检点一下旧书
稿，重新拾起来，完成《醉茶志怪》的写作了。这从反面证明，李庆
辰此前曾经搁置了写作。至于为何搁置，笔记稿本中没有线索，推测
起来可能是病魔缠身，力不从心；也可能是塾馆授业，无暇顾及；还
可能是感觉篇数尚欠，不足付梓；或者是听到了一些议论，想冷处
理，"且抱一编甘守拙"等等，到底如何，这里暂不探究了。总之，
这一搁置就是 10 年！那么，又是什么原因促使他在搁置了 10 年之后
"检点旧书重志怪"的？这恐怕是他看到了"座中佳士雅青眼，堂上
书生渐白头"，于是，想在有生之年了却心愿吧。

（四）第四阶段，再次筹备结集刊行（1886—1889 年）

李庆辰《醉茶志怪》的结集刊行虽然搁置了不短的时间，但搜集
故事素材和创作的工作一直没有停步，积累的故事素材愈来愈多，他
的笔记稿本中写满了故事。于是朋友们鼓动他刊行。李庆辰用了 3 年
时间检点旧稿、补充新作、编辑整理后，再次筹备结集刊行了，这时
已经到了光绪十五年（1889 年）。何以见得他此时想结集刊行？其标
志是李庆辰请孟继坤（小帆）为《醉茶志怪》写序。在李庆辰是年的
笔记稿本《獭祭己编》中有一首五律，其小序写道：

> 先生在乡，予亦以课徒为业，未尝朝夕面也。今先生将远行
> 矣，不禁恋恋之意。夫旧雨已似晨星，而他日能忘落月，感赋此
> 奉寄，因乞其序。
> ……陋编曾志怪，乞序冠其巅。

该诗收入了《醉茶吟草》第二卷，题目为《赠别小帆先生因以乞序》（个别字有修改，无小序）。《獭祭己编》写作于光绪十五年（1889年），这当是李庆辰拟将《醉茶志怪》再次结集刊行的证明了。不过，孟继坤没有为《醉茶志怪》作序，关于其原因的推测，已如前述。

（五）第五阶段，《醉茶志怪》刊行面世（1889—1892年）

光绪十五年（1889年），李庆辰邀孟继坤为《醉茶志怪》写序未能如愿，后来持书稿问序于杨光仪，杨光仪"受而读之，奇情焕发，目不暇赏"，欣然为之作序。与此同时，李庆辰也敲定了自序。这篇自序的原稿名《醉茶自序》，工整地写在笔记稿本《獭祭壬编》中（见下图），其与17年前写的初稿大同小异，与刊本自序相同。另外，在《獭祭壬编》的开头，他也整理出了书稿目录，并敲定书名，《醉

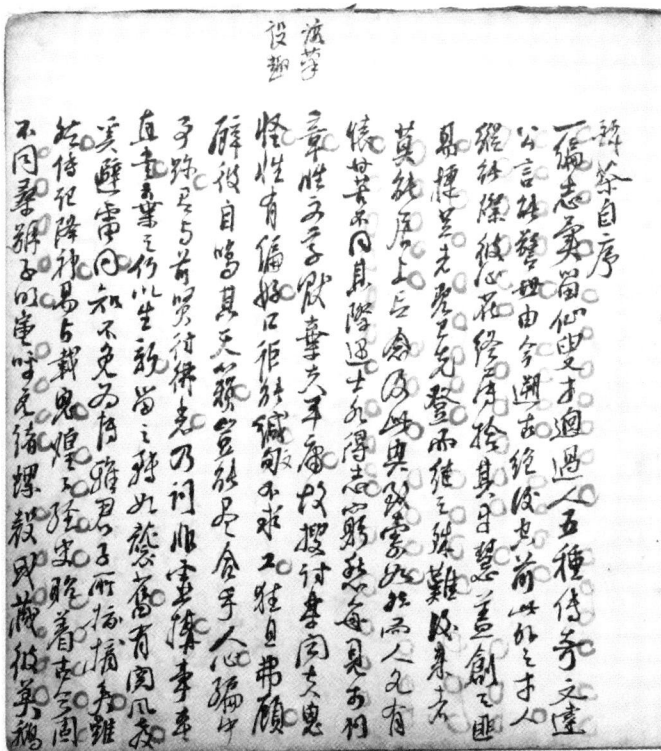

《獭祭壬编》中《醉茶自序》手稿

茶志怪》终于在光绪十八年（1892 年）仲冬刊行了，此时李庆辰已经 55 岁了。此书与读者见面恐怕要到次年春夏了。

在前面提到的《獭祭癸编》那篇谈及王建屏的笔记中，李庆辰接着写了刊行《醉茶志怪》的情况和感慨：

> ……（故事素材）数年来愈集愈多，至壬辰为坊间所刻。回忆当时，并未作此想，而终能实诸梨枣，是我所不自知者，仙（指王建屏）先我而知也，噫，可畏也夫，天下事多半数定。予以年半百，功名富贵，后传何告，眼昏齿落，不复如昔。今虽稍得安闲，而又无精力，昔有精力，而运际多艰，天命如何可以卜矣。抱琴书以终老，对花柳而无情，亦惟于风清几净时，作无稽之语而已，顾沉语隐词，未敢拦入，虽云志怪，稍寓劝惩，识者其体余此心哉。

李庆辰此时已眼昏齿落、精力渐无，功名富贵仍然无着，但完成了《醉茶志怪》，给后人留下了一份厚重的文化遗产。

四、成功背后的勤奋努力

李庆辰具有文学创作的天赋，自不必说了。但他创作《醉茶志怪》的成功，不仅在于先天的禀赋，还在于后天的勤奋学习，不断总结与感悟。

（一）勤于学习思考

说到李庆辰的勤于学习、善于思考，其表现不独在于对《阅微草堂笔记》和《聊斋志异》这类志怪传奇类巨著的研究，他还阅读了《水浒传》《红楼梦》等名著（但未见阅读《三国演义》《西游记》的记载），并写下了大量的阅读心得，或是构思新的情节，或是挑出漏笔之处，或是举一反三，勤奋学习的情景跃然纸上。

比如，李庆辰在笔记稿本《茶余杂记（一）》中，对《水浒传》就提出了一个有意思的构思：

> 水浒传中人物可谓齐备，若再于女将中添一女尼侠如聂隐娘①辈，则不但有光于娘子军，且公孙胜、鲁智深、武松等亦觉生色，盖不致令人虽有僧道，而无尼姑也。若再于文士中添一游说士如苏、张②辈，则吴用亦不致擅天口之长，且仆仆劳动，自说玉麒麟也。

这个构思似有些调侃的味道，如果说其中也有在设计小说人物时要考虑周全的意思，当未尝不可。

又如，《獭祭丙编》有篇《读红楼梦偶志》，对《红楼梦》提出了不少见解，并看出了一些漏笔之处：

> 四十九回：黛玉往稻香村来，换掐金挖云红羊皮小靴，史湘云脚下穿着鹿皮小靴，观此，则红楼妇女皆旗装无疑，有谓黛玉为汉人者，殊误。
>
> 刘姥姥之送回巧姐也，见其来而不见其往；见青儿与巧姐作伴而不见何时回去，此皆是作者漏笔。

另外，《獭祭丁编》写有《痴人说梦》和《评梦呓语》，共计20页，更是对《红楼梦》逐回研读分析，特别是对书中人物的年龄和故事情节发生的时间作正反推敲，得出结论，可谓精到。如：

---

① 聂隐娘，唐代裴铏所著《传奇》中塑造的传奇女侠。
② 苏、张，即战国时期著名的纵横家、外交家和谋略家苏秦、张仪。

青埂峰别来十三载，非是。按是年入园，前二年游幻此十三，游幻仅十一，似未妥。此当做十五载，则游幻时十三。推之，演说尝云十来岁，百十九回尝云哄了老太太二十年，方是。

黛玉长了十五岁，非是。按黛玉小宝玉一岁，当作十四。推之，第二回当作年七岁。

元妃薨四十三岁，非是。按元妃生于甲申年，卒于甲寅，当是三十一岁，是年宝玉二十岁。

······

八十四回，将张家亲事作衬笔，便引起凤姐金玉姻缘之论，是一部书的大关键、大纲领，非等闲笔。读此篇，窃叹天下党祸为最酷也。凤姐专权，偏厚私党，王夫人，凤党也；薛姨妈，凤党也；宝钗，凤党也。而颦卿孤立无助，惟贾母是依，贾母老人，易于蒙混，于是，凤姐得而左右之。夫非凤姐之党，则钗之姻不成，钗之姻不成，则颦之命不丧，是故，杀颦卿者，凤姐也；陷宝玉者，凤姐也；误宝钗者，凤姐也；愚贾母者亦凤姐也。谗佞当道，党兴弄权，正人焉得不死。贾府之大势多坏于凤姐，故其罪不容诛。本为提亲，而不即提，又以大姐惊风搁开，文笔变化，疏密斑驳，得展局法。

李庆辰对名著的推敲和较真，是有心钻研者应有的态度，近乎挑剔的分析，肯定会给自己的创作带来启发。

（二）不断总结感悟

李庆辰用心学习钻研，必有总结感悟。

比如，文学作品的真实性问题。他在笔记稿本《獭祭癸编》中，论述了故事中人物的真实性问题："小说非尽凿空，如水浒传，施耐庵所著三十六人姓名见于龚圣予①赞",张叔夜②的招安梁山榜文也只列了三十多个人,而有的人物在《水浒传》未见。即施耐庵所著《水浒传》的一百单八将中,只有三十六人见之于龚圣予所绘《宋江三十六人赞》,龚圣予是宋末元初的书画家,与宋江等人所处时代相隔不远,他只绘画了三十六人③;张叔夜的招安榜文是当时的官方文书,也只列有三十多人,说明施耐庵笔下的人物,只有三十六人实有其人,其余都是虚构的。如何看待这个问题?即如何看待文学的真实性?李庆辰认为,"小说非尽凿空",小说不是史书,虚构人物是正常的,不必如史穿凿。正如鲁迅在《书信集·致徐懋庸》中所说,"艺术的真实非即历史上的真实……因为后者须有其事,而创作则可以缀合、抒写,只要逼真,不必实有其事也"。

又如,修辞立诚问题。李庆辰笔记稿本《茶余杂记(一)》有《巧言》篇,谈了写文章真诚与虚伪的关系:

> 尝思,修词立诚,是贵诚而不贵巧也。明矣,所由衷者,则

---

① 龚开,字圣予,号翠岩,宋末元初书画家,其绘《宋江三十六人赞》早于《水浒传》成书之前,收录于同时期词人周密的史料笔记《癸辛杂识》中。

② 张叔夜(1065—1127),字稽仲,开封(今属河南)人,北宋末将领,曾发布榜文,招抚宋江等人。

③ 龚圣予所绘三十六人(绰号与今版《水浒传》所载有所不同):呼保义宋江、智多星吴用、玉麒麟卢俊义、大刀关胜、活阎罗阮小七、赤发鬼刘唐、没羽箭张清、浪子燕青、病尉迟孙立、浪里白条张顺、船火儿张横、短命二郎阮小二、花和尚鲁智深、行者武松、铁鞭呼延灼、混江龙李俊、九纹龙史进、小李广花荣、霹雳火秦明、黑旋风李逵、小旋风柴进、插翅黑虎雷恒、神行太保戴宗、急先锋索超、立地太岁阮小五、青面兽杨志、病关索杨雄、一直撞董平、两头蛇解珍、美髯公朱仝、没遮拦穆弘、拼命三郎石秀、双尾蝎解宝、铁天王晁盖、金枪手徐宁、扑天雕李应。

词有本源；而务外者，则词多枝叶。工于辩论，以悦听闻，岂知
虚伪之情，已先见于吐嘱间矣。

这段议论说的是写文章的原则，所谓"贵诚而不贵巧"，即写文
章应该表现出作者的真实意图。言不由衷，就会失去文章的根本。这
段议论，其实还可以引申为为人做事的准则。

再如，笔记稿本《茶余杂记（一）》有一段文字，说了关于文胜
和意胜的问题。

大家文，纯以意胜。意思出人头第（地），在人意中出人意
外，所以为大家。然意思高人一着，大抵皆是高一层的意思，将
众论驳过。

所谓"意胜"，是指文章立意正确、新颖、深刻，意胜则文胜。
李庆辰认为，大家文所以为大家文，全在于其立意出人头地、高出一
层，出人意料。《醉茶志怪》很有"意胜"的味道，所以读来"目不
暇赏"。

李庆辰的这些感悟和体会聚焦了文学创作中的根本问题，是其
学习钻研的结果，也是其写作实践的总结，这些真知灼见在他的《醉
茶志怪》中有着充分的体现。

五、李庆辰到底创作了多少故事

《醉茶志怪》4 卷，有故事 346 篇，这是李庆辰创作故事的总篇
数吗？当然不是，因为，在他的笔记稿本中还有很多故事原稿在《醉
茶志怪》中未见，即《醉茶志怪》发表的故事只是他创作故事的一部
分。那么，他到底创作了多少故事？

统计可知，在李庆辰写有故事原稿的 13 册笔记稿本（详见第三

章）中，共写有故事原稿 424 篇（其中，《醉茶志怪》刊行前创作的327 篇，刊行后创作的 97 篇），这应该是李庆辰创作故事的总篇数了吧？其实也不是，因为，《醉茶志怪》的故事，有相当一部分的在笔记稿本中找不到原稿。其情况如下表：

《醉茶志怪》故事来源情况统计

	《醉茶志怪》总篇数	笔记中有原稿	笔记中未见原稿
数量	346	259	87
占比（％）	100	74.90	25.10

从上表可以看出，《醉茶志怪》的 346 篇故事中，有 259 篇故事在笔记稿本中能找到原稿（这里所说的笔记稿本，是壬辰年及以前的笔记稿本，即《獭祭壬编》及以前的 11 册笔记稿本），反过来说，就是《醉茶志怪》故事来源于笔记稿本的有 259 篇，占 74.90％，还有87 篇在 11 册笔记稿本中找不到故事原稿，即《醉茶志怪》的故事中，有 87 篇不是来自笔记稿本，占 25.10％。

透过上述不同角度的统计分析，可以计算出李庆辰创作故事的总篇数，即笔记稿本中的故事原稿 424 篇（包括了《醉茶志怪》刊行后创作的故事 97 篇），加上《醉茶志怪》故事中未来自笔记稿本的87 篇，共计 511 篇，这才是李庆辰创作的故事总数量。换一种说法，即李庆辰一生曾经创作了 511 篇故事，其中，有 346 篇故事（见到原稿和未见到原稿的）通过《醉茶志怪》面世了，占 67.71％，还有165 篇故事未面世，占 32.29％。这 165 篇未面世的故事，相当于《醉茶志怪》面世故事的三分之一强，数量亦相当可观。

《醉茶志怪》的 346 篇故事中，有 259 篇在笔记稿本中可以见到原稿，使我们既能见到故事创作时的原貌，又能看到刊行后的最终样子，这对于研究《醉茶志怪》来说，是最完美的状态。但是，还有

87 篇在笔记稿本中未见原稿，其初始面貌如何？我们可能永远也见不到了，只能在《醉茶志怪》刊本见到它们最终的样子。为什么会有87 篇故事在笔记稿本中未见原稿，推测其形成原因，一种可能是李庆辰在编辑《醉茶志怪》时，将即时听到的故事未经笔记稿本这个环节，直接写出即送雕版；还有一种可能，就是这 87 篇故事原稿写在了我们尚不知道的其他地方，这还需要搜索。

至于那 165 篇未面世的故事原稿，当年虽未刊行，毕竟现在还能看到。在这 165 篇未面世的故事原稿中，有 97 篇故事是光绪十八年（1892 年）《醉茶志怪》刊行后创作的，占 58.79%，这些故事原稿均记载在笔记稿本《獭祭癸编》《獭祭余编》中。这说明，尽管《醉茶志怪》已经刊行，李庆辰也未曾停止搜集和创作故事，这进一步证明了李庆辰写作《醉茶志怪》的内在动力是兴趣和癖好使然。此外，在165 篇未面世的故事原稿中，有《醉茶志怪》刊行时李庆辰筛出未用的故事原稿 68 篇，研究这些落选的故事手稿，可以揣摩李庆辰对作品取舍的考量标准，这对于读懂《醉茶志怪》、读懂李庆辰，具有极高的价值。

第四节　流传百年的众多版本

《点石斋画报》敏锐反应 / 清末至民国时期改名再版 / 现代再版忠实于原著 / 版本良莠不齐

李庆辰的《醉茶志怪》于清光绪十八年（1892 年）在天津问世后，以其古灵精怪的动人故事、引人入胜的曲折情节、"当头棒喝"式的篇后评论、津门特有的环境描写、洗练优雅的文字表述，以及渗透其中的真知灼见和宝贵的文学与社会价值，撩起了广大读者的兴趣，一时迅速传播，版本众多。从目前搜集到的资料看，除《醉茶志怪》光绪十八年（1892 年）天津原刊本外，还有其他 15 种版本面世。需要说明的是，本章所说的版本问题，还不是版本学意义上的版本问题。只是希望通过搜集版本，基本搞清《醉茶志怪》自刊行以来的再版次数、再版地域和再版形态，以有助于《醉茶志怪》研究。

一、《点石斋画报》取材《醉茶志怪》故事

当年的上海是中国的文化高地，新闻和出版业已相当发达，自然会很快搜罗到像《醉茶志怪》这样优秀作品的出版信息，并有所行动。果不其然，在《醉茶志怪》刊行后的第三年前后，上海《申报》附办的《点石斋画报》（见下图）就选用了《醉茶志怪》的几个故事

绘成图画刊登在画报上（见下图）。

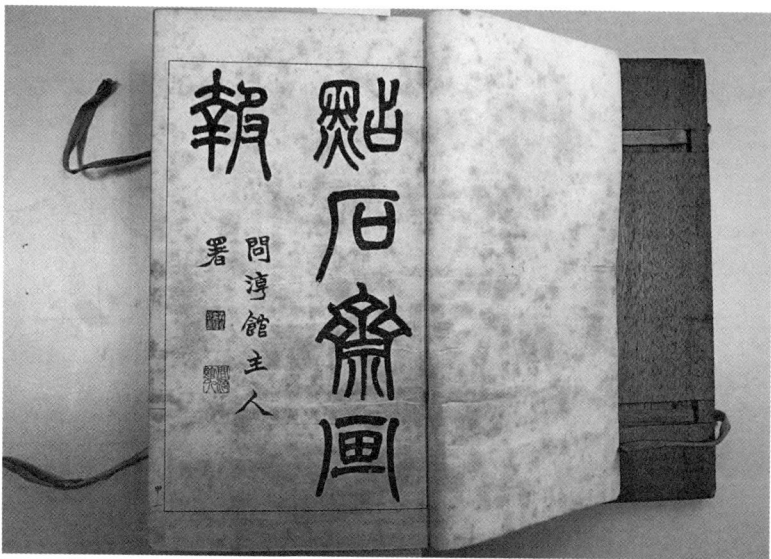

光绪十年（1884 年）版《点石斋画报》

有研究者称①，《点石斋画报》图画中可确认取材于《醉茶志怪》的起码有 8 幅。

如图《疟鬼畏刀》②，其图框内的文字直接抄录了《醉茶志怪》第四卷的《疟童》篇原文，几乎一字不差（图框外的文字是大可堂出版者后撰的译文）。该图刊登于光绪二十年十二月中旬至二十一年十二月上旬发行的《点石斋画报》"数集"中。

又如图《大守宫》（图框外译文误为《太守宫》），则取材于《醉茶志怪》第四卷的《海慧寺》前半部分，只不过将故事中海慧寺的藏经阁，改为津沽某世家的藏经阁了。

---

① 见 2004 年 6 月 26 日《今晚报》。

② 插图采自《点石斋画报·大可堂版》，《点石斋画报》影印本，上海画报出版社，2001 年 9 月。

《点石斋画报》大可堂版 第十二册

瘧鬼畏刀

270 《疟鬼畏刀》 苏州人李氏寄寓天津，患疟疾，恍惚中她看见一个小孩像猫一样跃上床，穿绿衣红裤红鞋，头束双髻，朝着她笑。这时她寒热交作，直至昏睡过去。如此数日以后，她忽然醒悟儿童原是疟鬼，但又无法驱除。一天小孩又来，刚要上床，忽又退缩。她发现窗前挂着一柄刮瓜刀。于是她将刀置于床边，疟鬼再来时便不敢近前，她将刀掷去，疟鬼唉唉叫着逃去。

根据《疟鬼》绘制的《疟鬼畏刀》

《点石斋画报》大可堂版 第十三册

大守官

77 《太守官》 都说龙无角为蛇，蛇有足善爬墙为壁虎，但有的怪物也讲不清楚。津沽某世家有藏书阁名太守宫。此阁终年关闭不敢打开，因为内有守宫的长鳄，身长一丈多，夏天夜间可看到它双眼如灯闪烁发光。它把阁檐下的鸽子吃了不少。主人因惧怕而祈祷，并供奉几十只鸡蛋。它吃过鸡蛋之后，鸽群安然，看来这个怪物似有灵。

根据《海慧寺》绘制的《大守官》

二、清末及民国的 9 种版本

与《点石斋画报》同时，上海的图书出版商们也很快出手，从光绪二十年（1894 年）至民国二十五年（1936 年）的 42 年间，共有 9 种版本的《醉茶志怪》面世。

（一）清末的 3 种版本

清末共有 3 种版本，但都改了书名，不过，内容是《醉茶志怪》故事无疑。

一是光绪二十年（1894 年），上海书局以《奇奇怪怪》为名出版了石印本（河北人民出版社再版《醉茶志怪》之《点校说明》语）。

二是约光绪二十一年（1895 年），上海锦章图书局出版了石印版的《绘图稀奇古怪》（《晚清民国志怪传奇小说集研究》语）。

三是光绪二十二年（1896 年），上海理文轩书庄（局）又将锦章图书局石印版《绘图稀奇古怪》铅印出版（《晚清民国志怪传奇小说集研究》语）。

需要说明的是，上述《醉茶志怪》3 种版本的情况，只见诸有关研究著述，且叙述简单，没有更详细地介绍和说明，出版信息亦不详，有待进一步寻找和论证。

（二）民国的 6 种版别（不含多次印刷）

民国时期共有 6 种版本，其中有 5 种的书名靠近了《醉茶志怪》之原名，内容更是李庆辰所著。

一是民国三年（1914 年），上海某书局以《最新稀奇古怪》为名出版了石印本（《晚清民国志怪传奇小说集研究》语）。这个版本亦只见诸有关研究著述，有关出版信息不详。

二是民国十九年（1930 年），上海广益书局出版了赵琴石评点本《醉茶说怪》（见下图）。该版本彩图封面，书名前加"奇情笔记"字样，为该书局出版的"通俗说部丛书"之一。

三是民国十九年（1930年），上海竟智书局亦出版了赵琴石评点的《醉茶说怪》。这个版本亦只见诸有关研究著述，有关出版信息不详。

四是民国二十一年（1932年），上海大达图书供应社亦出版了赵琴石评点的《醉茶说怪》（见下图）。该版本的封面绘有描写梦境的图画，书名前加"文学笔记说部"字样，卷首署"津门醉茶子原著，虞阳赵琴石评点"。该书还有民国二十三、二十五年

民国十九年（1930年）上海广益书局出版
赵琴石评点本《醉茶说怪》封面

民国二十一年（1932年）上海大达图书供应社出版赵琴石评点本《醉茶说怪》封面

（1934年、1936年）再版本，可见，该书起码印了3次。

五是民国二十三年（1934年），上海仲达书局出版了何心铭句读、校订的《醉茶说怪》（见下图）。该版本封面绘有描写梦境的图画。该版本还可见"民国二十五年（1936年）一月一日第四版"。由此可推断，该书起码印了4次。有意思的是，它在封底印有"不妨照样翻印"字样，而不是常见的"版权所有，翻印必究"，说明当年的版权意识还十分薄弱。

民国二十三年（1934年）上海仲达书局出版何心铭句读、校订本《醉茶说怪》封面

六是民国二十四年（1935年），上海新文化书社印行了何心铭句读、校订的《醉茶说怪》（见下图），可见的实物为同年4月的第3版，推测第1版可能在此前就有了。该版本书名前加有"短篇笔记小说"字样。封面图画与其他版本不同，所绘不是故事情节，而是一军官与一绅士对立读书（可能读的就是《醉茶说怪》），似乎要表达该书读者广泛，且想先睹为快的意思。该版本的出版者和发行者仍然是仲达书局，封底同样印明"可以翻印"。

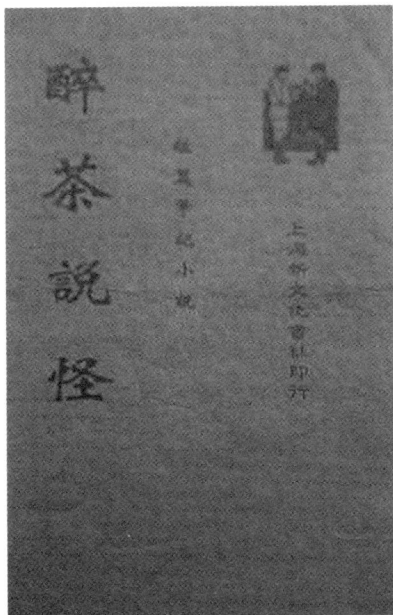

民国二十四年（1935年）上海新文化书社出版何心铭句读、校订本《醉茶说怪》封面

民国时期的6种版本《醉茶志怪》可分为3个系列：

第一个系列是民国三年（1914年）出版的石印本《最新稀奇古怪》。从书名上看，该版本应该属于清末的"稀奇古怪"系列。

第二个系列是赵琴石评点本。上述大达图书供应社、上海广益书局、竟智书局出版及再版的《醉茶说怪》都属于这个系列。这个系列的几种书存在篡改现象，文字错漏讹脱严重，不堪卒读。

第三个系列是何心铭句读本。上海仲达书局、新文化书社出版及再版的《醉茶说怪》属于此系列。上海仲达书局版本，其出版者和发行者都是仲达书局，而新文化书社版本实际上是翻印了仲达书局的书，且印了多版，这与仲达书局放弃版权，声明"不妨照样翻印"有关。

三、现代大陆的5种版本和台湾地区的1种版本

到了现代，山东、河北、天津、北京等地以及台湾地区又陆续出现了《醉茶志怪》的评点本、点校本、影印本等（以下统称版本），使之百年来连绵不断，流传至今。

（一）山东齐鲁书社校点本

1988 年，山东齐鲁书社出版了《醉茶志怪》金东校点本（见下图），其为"清代笔记小说丛刊"之一。"校点后记"说明，其底本使用的是光绪十八年津门刊本。其在校点过程中，还校以他本、加了标点，并改正了底本和校本共有的一些明显错字，且书名仍用《醉茶志怪》原名，是一个很不错的版本。不过，其在编排上有一处瑕疵，即第四卷《树怪》中的那首诗，"恐予志怪少新奇，树露精灵树有知……松能不老椿能寿，浪说仙灵恐未真"，看上去是一首七言长排，而在李庆辰笔记稿本《獭祭丙编》中的原稿则是两首七律，第二首的前两句为，"皓首庞眉恍露身，无端惊喜动居邻"，这在《醉茶志怪》原刊本中是看不出来的，需要校点者句读。也许校点者是知道这个情况的，只不过在编排中未处理好而已，如果在诗的第四行下留一空行，也就一目了然了。

1988 年山东齐鲁书社出版金东校点本《醉茶志怪》封面

2004 年，山东齐鲁书社又再版了金东校点本《醉茶志怪》（见下图），并将"清代笔记小说丛刊"改为"清代笔记小说丛书"。由此可见，《醉茶志怪》在当代也有不少读者，销售不错。

2004 年山东齐鲁书社再版金东校点本《醉茶志怪》封面

（二）河北人民出版社点校本

1988 年，河北人民出版社出版了高洪钧、王淑艳点校本《醉茶志怪》（见下图）。书名仍用《醉茶志怪》原名，其《点校说明》称，该版本亦以光绪十八年刊本作底本，对全书重新进行了抄校标点，并改正了个别误刻字，也是一个不错的版本。不过，该版本在编辑上有些粗糙，例如，目录中第四卷自《双头豕》以下 12 篇的页码，与实际所在页不符。另外，其与山东齐鲁书社校点本一样，对第四卷《树怪》的句读有误，但不是将两首七律排成七言排律，而是将第一首七律的后两句，放到了第二首的开头，形成第一首六句，第二首十句，不过，这也是可以理解的。

1988 年河北人民出版社出版高洪钧、王淑艳点校本《醉茶志怪》封面

（三）天津古籍书店影印本

1990 年，天津古籍书店影印出版了《醉茶志怪》壬辰刻本（见下图），这在国内系首举。版面一如其旧，但新设计了封面，并由天津书法家王守惇题写了书名。

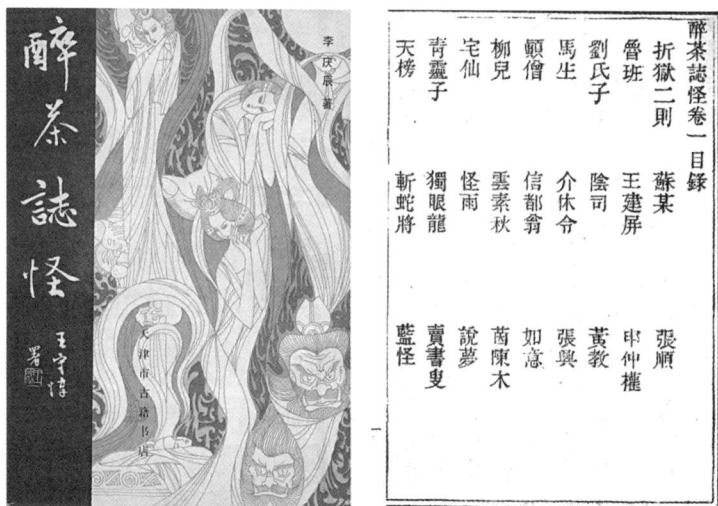

1990 年天津古籍书店出版的影印本《醉茶志怪》封面

（四）河北教育出版社影印本

1996 年，河北教育出版社在《历代笔记小说集成·清代笔记小说》的第 17 册（见下图）中，影印出版了《醉茶志怪》。但在编辑中也出现了一个严重的错误，即在册中《醉茶志怪》的书名页上，将"李庆辰"错写成"李庆长"，将"筱笏 戏著"句读为"筱笏戏 著"。

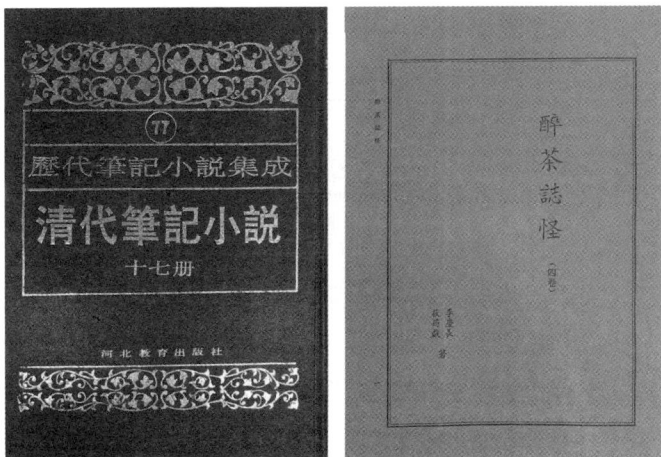

河北教育出版社出版的影印本《醉茶说怪》封面

（五）中国台湾新文丰出版公司再版本

1978 年，中国台湾新文丰出版公司出版印行了《醉茶说怪》（见右图）。该版本在书后印有"零玉碎金集刊"字样，可见也是系列丛书之一。该书正文竖排，无标点，但有句读，该版沿用了《醉茶说怪》的书名，应该是民国版本的系列。

（六）大众文艺出版社合辑本

2003 年，大众文艺出版社出版了合辑本《醉茶志怪 里乘》（见下

1978 年中国台湾新文丰出版公司出版《醉茶说怪》封面

图）。该合辑本为鲁直主编的"清代志怪小说观止"第2辑，包括李庆辰著《醉茶志怪》和许奉恩著《里乘》。其中，《醉茶志怪》正文横排，内容完整，也是一个较好的版本。

2003年北京大众文艺出版社出版合辑本《醉茶志怪 里乘》封面

四、版本反映出来的情况

百余年来，李庆辰的《醉茶志怪》计有1个原刊本和15个校点（影印）本，共16种版本（不含再版），一直流传至今。纵观原刊本以外的15种版本，有如下几点情况：

（一）清末及民国的9种版本全部为上海出版

清末及民国的《醉茶志怪》9个版本全部为上海出版，李庆辰的家乡没有后续动作，实在有些遗憾，这个现象固然与天津已有了壬辰原刊本有关，但也反映了两个问题：一是如前所述，在当年的天津文化界，李庆辰是公认的诗人，而小说家的身份则可能不被认知，况且天津的"博雅君子"们对《醉茶志怪》还有些责难，所以，在壬辰刊本面世以后，未见重印、再版本，是可以想见的。二是这个现象也从一个侧面反映了当年天津与上海文化发展的不同状态。《晚清民国志怪传奇小说集研究》指出，当年的天津虽然是几与上海齐名的大都市，但津门文化远不及海派文化的繁荣，其文化发展水平与经济地位不相称。《晚清民国志怪传奇小说集研究》对上海文化繁荣的背景做了分析，如上海经济实力的显赫、报业杂志的发达、稿酬制度的完善等，另外，还提到了在商业利益刺激下盗版和剽窃的兴起。在上述这些方面，天津确实逊色，所以，天津在《醉茶志怪》重印、再版方面的寂寥现象，也是可以理解的。

（二）清末及民国的9个版本存在很大问题

清末及民国的9个版本虽然在传播《醉茶志怪》上起到了不少作用，但在忠实于原著上存在很大的问题。

一是这9种版本都修改了原著书名。清末的3种版本书名《奇奇怪怪》和《稀奇古怪》，丢掉了"醉茶"，只剩下了"怪"，从书名上已经看不出是《醉茶志怪》的再版。民国时期的6种版本有所收敛，书名中还原了"醉茶"，让人们了解到其与《醉茶志怪》的关系。出版者这样处理再版的书名，可能是为了通俗易懂，也可能是为了迎合读者口味，但同时也削弱了原书名的风采和韵味，隐瞒了出版物的渊源。

二是赵琴石评点本篡改了原著。上述大达图书供应社、上海广益书局、竞智书局出版及再版的赵琴石评点《醉茶说怪》，不但修改了原书名，还对原书内容做了篡改，以大达图书供应社出版的《醉茶说怪》为例：首先是删去了原刊本中杨光仪的序。其次是篡改了"醉茶子曰"。该书正文书页上部有一条横线，线下约占页面五分之四部分为正文，竖排，有标点；线上约占页面的五分之一部分为评语，亦竖排，有标点。所谓评语，有一些是赵琴石撰写的，有一些是将李庆辰的"醉茶子曰"放到了评语位置，但未注明系原文的"醉茶子曰"，同时将原文中的"醉茶子曰"删去了。再次是正文中凡保留了"醉茶子曰"内容的篇章,都删去了"醉茶子曰"字样,改写为"评",或以空格表示。总之,赵琴石评点本对《醉茶志怪》原著做了篡改,尤其是全部抹掉了原著中"醉茶子曰"的形式,有剽窃"醉茶子曰"作自己"评语"之嫌。

(三)当代出版(影印出版)的《醉茶志怪》忠实于原著

当代出版(影印出版)的《醉茶志怪》,全面恢复了原著书名和内容,表达了对作者的尊重和对原著的忠诚。与此同时还认真点校,改正了个别明显的误刻字,体现了对读者负责的态度。尤其是天津古籍书店出版了《醉茶志怪》影印本,这是《醉茶志怪》在津门刊行百余年后首次在天津再版,不但原汁原味地再现了家乡作家力作的原貌和风采,也表达了家乡父老对前辈先贤的记忆和纪念。

第二章 《醉茶吟草》探讨

第一节　一波三折的刊行始末

　　46 岁时诗作即已结集并以抄本形式流传 / 去世约 2 年后部分诗作辑入未卒业之《津门诗续钞稿》/ 去世约 4 年后儿子及门生谋梓其诗然未果 / 去世 27 年后志局始刻其诗但因故搁置 / 去世 39 年后《醉荼吟草》终得面世 / 共创作诗歌 822 首及尘封

　　李庆辰的志怪传奇小说集《醉荼志怪》刊行后，深得读者喜爱，很快就流传开来，尽管如此，在同时代文人们的眼睛里，李庆辰并不是小说家，而是诗人，杨光仪在为《醉荼志怪》作的序中也强调，"醉荼子，诗人也"，诗人是他当年的主要身份，诗作是他当年的主要成就。李庆辰当年享誉津门诗坛，且诗作颇丰，但他的诗作在生前并未刊行，只是以抄本的形式在亲朋好友中传诵。直到他去世 39 年后的民国二十五年（1936 年）冬，才由当时的天津志局以《天津诗人小集十二种》第十册的形式刊行面世，这就是大家今天看到的《醉荼吟草》刊本（见前图）。

　　在这个不算短的 39 年里，李庆辰的诗作究竟是如何流传的，又何以最终由天津志局刊行？在研读《醉荼吟草》和《天津诗人小集十二种》的序与跋以及地方志书等其他文献资料后，从中可以大致了解到其一波三折的刊行过程。

一、"君稿名醉茶诗草"

《醉茶吟草》虽然在李庆辰去世 39 年后才刊行，但他在生前早已经将诗作结集，并已经对诗稿做了筛选，高凌雯在为《醉茶吟草》作的跋中说，他对李庆辰"自注删去及存而不入选者，悉置不录"，就是李庆辰曾将诗作甄选结集的证明。

不过，李庆辰诗作结集后并未刊行，只是以抄本的形式在亲朋好友中流传，而且名称也不叫《醉茶吟草》，而是叫《醉茶诗草》。有何根据？根据一，杨光仪诗集《碧琅玕馆诗续钞》① 中有一首诗，题为《题李筱筠茂才醉茶诗草》（见下图左），从题目中可知，杨光仪所题的李庆辰诗集，其名为《醉茶诗草》。根据二，王培新诗集《蓄墨复斋诗钞》② 中有一首诗《答谢津门李筱筠庆辰见赐题辞二首》（见下图右），其中有句"佳什香薰是醉茶"，后面注"君稿名醉茶诗草"，这两条材料足以证明，此时的李庆辰诗集名《醉茶诗草》，而且还是"稿"的状态。查杨光仪的《碧琅玕馆诗续钞》刊行于光绪九年（1883 年）③，由此可以推断，李庆辰的诗作至迟于光绪九年（1883 年）就已经结集，并将诗集命名为《醉茶诗草》了，是年李庆辰 46 岁。王培新的《蓄墨复斋诗钞》刊行于光绪二十二年（1896 年），与《碧琅玕馆诗续钞》刊行相隔 13 年，此时李庆辰的诗稿仍称《醉茶诗

---

① 《碧琅玕馆诗续钞》，清代杨光仪撰，影印版《清代诗文集汇编》689 册。该汇编是"国家清史编纂委员会·文献丛刊"之一，由《清代诗文集汇编》编纂委员会编，上海世纪出版股份有限公司、上海古籍出版社出版，2010 年 12 月第 1 版。

② 《蓄墨复斋诗钞》，清代王培新撰，影印版《清代诗文集汇编》696 册。该汇编出版信息同上。

③ 《碧琅玕馆诗续钞》刊行于光绪九年，此时间为徐士銮作后跋所署的时间，该诗集书写集名的时间为光绪七年（1881 年）。

右側為王培新《蓄墨复斋诗钞》书影，左側為杨光仪《碧琅玕馆诗续钞》书影。

王培新《蓄墨复斋诗钞》

定慈公門桃李笑滿身泥絮獨憑欄
答謝津門李筱筠慶辰見賜題辭二首
絕少蒼苔印屐慕孤懷竟有素心知牛生我鮮逢真賞
敢歎君偏費夢思卷展琳琅斯贈句牀聯風雨好談詩
神交無奈關津阻雲樹蒼茫望遠時
佳什香薰是醉茶　君稿名醉飲清縹潤筆生花朝川勝
事成盧顧太白仙才本作家解渴何須寒食酒尋春已
散武陵霞瑤編儒許來鴻尋盟薔薇待咀華
樂亭史香匡孝廉書訶行藏年歲賦此奉答

杨光仪《碧琅玕馆诗续钞》

傾心吐意談新詩鑄古鎔今多偉詞一字推敲幾往返
長裾奴子雨中馳破空腕底雷霆走大聲紙上蛟龍吼
忽驚背水出奇兵息鼓偃旗我何有鄂渚晴雲萬里開
天南重鎮正需才逸知花嶼迎星旆重閒柴扉長石苦
垂楊無賴離亭暮磊落孤懷復誰訴寄言弔賈長沙
觀政齊輸杜武庫繡服他年入覲時臣心似水　帝心
知佇看一紙來天上新和明堂　御製詩
題李筱筠慶辰茂才醉茶詩草
未許俗人愛書窗擁鼻吟牛生無別好五字發元音風

杨光仪《碧琅玕馆诗续钞》　　　　王培新《蓄墨复斋诗钞》

草》，可以说，起码到光绪二十二年（1896 年）时，李庆辰的诗稿还是 13 年前的那个老状态，而此时的李庆辰已是 59 岁，一年后就与世长辞了。李庆辰生前并没有最后敲定诗集的有关事宜，更没有看到自己诗集刊行，留下几多遗憾。

李庆辰的《醉茶诗草》在光绪九年至二十二年（1883－1896）间以抄本的形式流传这个推断可以说是无懈可击的。但还是有一个情况必须说一下，前述金立甫著《津人著述存目》中，除有李庆辰著《醉茶志怪》的记载外，还有两条关于他诗集的记载：第一条是，"《醉茶吟草》四卷，清李庆辰撰，钞本。按，是书辑入《天津诗人小集十二种》内作二卷"；紧挨着的第二条是，"《醉茶轩诗集》，清李庆辰撰。见重修府志，著述"。根据《津人著述存目》提供的线索查了一下《重修天津府志·卷三十七·著述》，有条目记载，"醉茶轩诗集，李庆辰撰，采访庆辰天津人，廪贡生"。从上述记载看，似乎李庆辰出过两部诗集，情况果真如此吗？

通过对有关文献资料和李庆辰诗友著述的认真分析，可以做出推断，他不可能出两部诗集。分析认为，《津人著述存目》中的两条记载实际上是一码事，只不过记述了李庆辰诗集在不同时点的情况罢了：前者记载的是后来的情况，即李庆辰去世多年以后，高凌雯编辑出版《天津诗人小集十二种》时，将修志时收集到的李庆辰诗集抄本编入《天津诗人小集十二种》的情况（《醉茶吟草》抄本全集四卷，辑入《天津诗人小集十二种》内作二卷）；而后者记载的则是先前的情况，即李庆辰尚在世时诗集抄本的情况。何以会出现一事二记的现象？合理的推测是：金立甫的第二条记载是转抄自《重修天津府志》的，他抑或是想保存志书的记载而立此存照，抑或是未做认真的甄别而留下重复，这都是有可能的，而李庆辰绝对不可能出过两部诗集。

在排除了李庆辰曾经出过两部诗集的情况后，还有一个问题，即李庆辰的诗集抄本是否有过《醉茶轩诗集》的名称？另外，《重修天津府志》截稿开修于光绪二十一年（1895 年），比王培新的《蓄墨复斋诗钞》早了一年，如李庆辰的诗集还另有名称，王培新为何不知道？对这些问题现在已很难考究了，只能做一些合理的猜想：一者，李庆辰曾经给自己的诗集草拟过几个名称供斟酌挑选，其中之一可能就有《醉茶轩诗集》之名。这个猜想如果成立，则李庆辰须有书斋"醉茶轩"。李庆辰生活贫苦，居所简陋，设专室作书斋的可能性不大，但书斋不一定必有专室，给蜗居起个雅号也是可以的。李庆辰笔记稿本中钤有一方印，其文"醉茶书屋主人"（见下图），说明他是有

"醉茶书屋主人"印蜕（原大约 13×16 毫米）

书斋的（不过，其名是"醉茶书屋"，不是"醉茶轩"）。李庆辰或是曾想效法杨光仪、王培新等人的做法，以自己的书斋名命名自己的诗集，所以有了《醉茶轩诗集》之说。二者，李庆辰在斟酌挑选诗集名称时，正好赶上志书采访，他很可能将斟酌的情况讲出来（他当时可能更倾向于《醉茶轩诗集》这个名称，也未见可知），从而被记入了方志。三者，此时的李庆辰身体状况已经大不如前，他顾不得就诗集名称的事征求朋友们的意见，或者根本没有精力再想诗集名称的事情了，致使《醉茶轩诗集》想法未得周知。而李庆辰诗集抄本的《醉茶诗草》之名早已出现在杨光仪的诗集中，为大家所知晓，所有，王培新在他的诗中仍说"君稿名醉茶诗草"。

二、"杨光仪辑津门诗续钞存其诗一百四十六首"

李庆辰虽然在 46 岁就将他的诗作结集，但在他生前一直未能付梓，其原因极可能是与"天津诗坛，历来不兴自我刊刻"① 的风尚有关，《天津县新志》的编纂者高凌雯说，"邑人不喜刻集，凡兹所辑大率得传钞"②。

至迟到光绪二十五年（1899 年），即李庆辰去世后的第二年，他的部分诗作才被杨光仪辑入了《津门诗续钞稿》。即如《天津县新志》载："杨光仪辑津门诗续钞，存其诗一百四十六首……"高凌雯在《醉茶吟草》之《跋》中也说："余志艺文，征筱筠诗集不得，乃即津门诗续钞所录为之说，以著于篇……"，"以津门诗续钞所录为一卷……"，即《醉茶吟草》刊本第一卷为杨光仪辑入《津门诗续钞稿》之诗。不过《醉茶吟草》刊本第一卷实有诗 143 首，比《天津县新志》所说 146 首少了 3 首，现已不知其差在何处了。

---

① 语出《中国地域文化通览·天津卷》。

② 见《天津通志旧志点校（下）》中的《志余随笔》卷一，高凌雯著。

据《天津县新志》载，《津门诗续钞稿》"为杨光仪晚年未卒业之书"，即杨光仪未完成该书的编辑工作就于光绪二十六年（1900 年）去世了。而此时已收集了 67 家诗作，其中就有李庆辰，由此推断，李庆辰部分诗作辑入《津门诗续钞稿》应在杨光仪去世之前，即不晚于光绪二十五年（1899 年）。

三、"喆嗣仿枚及门人陈君哲甫谋梓君诗"

李庆辰去世 4 年多后，他的儿子和门生操办刊行其诗。关于这段情况，蒋兰畲在为《醉茶吟草》作的序中说得很清楚（见下图）。蒋氏讲，"昔年余来海上①，时庸叟（即杨光仪）以宿学独主风骚"，二人之间有"知己之感"，他知道常与杨光仪唱和的几个诗人中有李庆辰，但从未谋面，也未见过他的诗作。那么，蒋氏何以为《醉茶吟

《醉茶吟草》之蒋兰畲《序》

---

① 据缪志明文，"海上"为旧时天津葛沽（现天津市津南区葛沽镇）的别称。详见 2017 年 11 月 20 日《今晚报》之《葛沽别名"海上"》。

草》作序？原来，李庆辰的"喆嗣仿枚及门人陈君哲甫①谋梓君诗，介赵君幼梅②乞余刊定，盖君亡已四阅年矣"。

从蒋氏的序可以知道四个情况：一是李庆辰的儿子和门生并没有直接请蒋氏为《醉荼吟草》作序，而是先找了赵幼梅，是赵幼梅代请蒋氏作序的，蒋氏通过赵幼梅之手，才见到了李庆辰诗稿。二是蒋氏见到李庆辰诗稿的时间应是光绪二十七年（1901年）。蒋氏的序没有署日期，但他说见到诗稿时，李庆辰去世起码已经4年了，由李庆辰的卒年推算，此时应是光绪二十七年（1901年）。三是蒋氏见到李庆辰诗稿时，其儿子尚健在，其名或字为"仿枚"。四是李庆辰儿子及门生原是想将李庆辰诗集单独刊行的（一般来说，如果不是拟将诗集单独刊行，是不必单独作序的）。蒋氏见到李庆辰的诗稿后，欣赏其诗作沉痛刻至、意多独到，感觉其足以传世，为此，除了遴选诗作百余首之外，还欣然作序。蒋氏的热情，对杨光仪和赵幼梅的这位诗友来说，算是尽到了十足的情义。

李庆辰儿子及门生为其出诗集的前期筹办都很顺利，但不知何故，其单独刊行的愿望没能实现，其诗集抄本也就不知所踪了。后来高凌雯见到的诗集全集，其中有蒋氏所选之诗，"印记宛然可辨"，总算是没有枉费工夫。可以肯定的是，蒋氏见到的诗集，并不是李庆辰诗作的全部，或者说只是李庆辰诗作的一部分，其根据是，多年以后，高凌雯见到的李庆辰诗作数量，比蒋氏所见多了近一倍。

---

① 陈恩荣（1867—1948），字哲甫，天津人，李庆辰门生。举人出身，会试未中，居家授徒。曾留学日本，归国后一直从事教育事业，曾任燕京大学国文系主任兼教授、北平艺专国文教授等。

② 赵幼梅，即赵元礼（1868—1939），字幼梅，号藏斋，近代天津"诗坛三杰"（严修、赵幼梅、王守恂）之一。曾任直隶高等工业学堂监督，与严修等人组成"城南诗社"。

四、"凡存诗三百一十首"

李庆辰儿子及门生为其单独刊行诗集的愿望没能实现，而其诗集抄本就此也销声匿迹，不知所踪了，其后的再现，全赖于高凌雯编修《天津县新志》。民国四年（1915年）秋，时任民国大总统的天津人徐世昌忧虑"乡里文献日就湮灭"，倡议修志，得到天津士绅乡贤的积极响应，于是于次年（民国五年，1916年）设立了天津志局，开始了修志工作。在津门享有盛名的高凌雯，被大家推举为天津志局局董，并成为修志的两主笔之一（另一位主笔是王守恂①）。这位曾任前清国子监候补博士、学部普通司主事的高凌雯，从此即全力从事天津文史方志的编撰工作，成为著名的方志学家。在修志过程中，高氏提出，为区别于清乾隆四年（1739年）编修的《天津县志》和同治九年（1870年）编修的《续天津县志》，应将新编的志书命名为《天津县新志》，此议得到大家的一致赞成。经过几年的努力，《天津县新志》于民国十一年（1922年）脱稿，次年（1923年）镂板，第三年（1924年）刻竟，第四年（1925年）印行。

高氏在编修《天津县新志》的艺文部分时，曾广泛征集过乡邦著述，而且收获颇丰，但征集到的多是稿本或抄本，有的已残缺不全。在修志功成后，高氏忧虑来之不易的乡邦著述会因用毕而置之一旁，时间一久肯定会散佚、湮灭，因此，决意将征集到的天津诗人诗稿抄本择其精锐汇编成册，并作为志书的一部分刊印出来，以免灭失之虞。他选定的津门诗人有十二位，其中就有李庆辰。

高氏于民国十三年（1924年）为李庆辰诗集《醉茶吟草》作的

---

① 王守恂（1865—1936），字仁安，别号阮南，天津人，光绪戊戌科进士，授刑部山西司主事，后在民国民政部等任职。早年负有诗名，学问文章见重于时，著有《王仁安集》《天津政俗沿革记》等。

跋中，记述了征集其诗稿的有关情况："余志艺文，征筱筠诗集不得，乃即《津门诗续钞》① 所录为之说，以著于篇，既镂板矣。其族人持全集来，集为原抄本，未加诠次，重出累累，一诗或至两三见，剔之可得诗四卷。其间朱墨纷罗，自杨先生（即杨光仪）甄录外，同时诗家若孟氏（即孟继坤）、梅氏（即梅宝璐）、卢氏②、沧州于氏③、滦州蒋氏（即蒋兰畲）各有选定，印记宛然可辨也。今以《津门诗续钞》所录为一卷，诸家所选为一卷，凡存诗三百一十首……"高氏说得十分清楚，他在编修《天津县新志》时，曾征集李庆辰的诗集，可能是他的家人以为其诗作已辑入《津门诗续钞稿》，不再作他想，或者初时不知道志局征集李庆辰的诗稿，或者是家人们自己也不清楚诗稿在何处，总之，高氏征集李庆辰诗稿无果。无奈之下，高氏退而将《津门诗续钞稿》所收的诗作作为李庆辰的代表作，并完成编辑，开始刻版。不意，此时李庆辰的族人持诗集抄本找到高氏，他们拿来的还是全集。于是，高氏严加爬剔，以《津门诗续钞稿》所录诗作为第一卷，又从诸家所选诗作中挑出 167 首作为第二卷，共得诗 310 首，将蒋兰畲当年作的序置于卷首，自己作跋置于卷尾，辑入《天津诗人小集十二种》，为第十册，即交付天津志局汇刊。至此，李庆辰的诗作即将得以独立刊行，并以全貌的状态传世。但此时的诗集名称已改为《醉茶吟草》了。遗憾的是，包括《醉茶吟草》在内的《天津诗人小集十二种》交付天津志局汇刊后，"雕工初毕，校字未终"就因故停了下来，一放就是十多年。

① 《天津县新志》称杨光仪编辑的诗集为《津门诗续钞稿》，而高凌雯在跋中称《津门诗续钞》，无"稿"字，凡引用高凌雯原话的，从其说。

② 卢寿彤（生卒年不详），字绍棠，天津诗人，官授主事，著有《吟香馆诗稿》。

③ 于光袠（生卒年不详），字阿璞，沧州诗人。同治十三年主持重修《沧州志》。著有《翠芝山房诗草》《兵燹录》《绣余课读》等。

五、"既竣亟印行以广其传吾乡"

十多年后，热衷于保存乡邦文献的天津辑刻出版家金钺①重启了印行《天津诗人小集十二种》的工作。他在《小集十二种跋》中写道，"《天津诗人小集十二种》乃高君彤皆（即高凌雯）向纂县志艺文时，于征集乡先哲遗书之中，爬剔丛残，编次写定者。当经志局汇刊，雕工初毕，校字未终，荏苒至今已逾十稔，窃念功亏一篑竟尔弗克成书。若版片长此掷置，将恐虫穿鼠啮，剥脱不完，匪惟有负收拾渖萃之苦心，而名篇佳什沈薶莫显，久或同归澌灭，宁毋甚可惜耶。爰与彤皆商酌重事董理，一再复勘修正，既竣亟印，行以广其传吾乡"。在金钺等乡贤的努力下，天津志局于十多年后又重启了《天津诗人小集十二种》的校勘工作，并既竣亟印（计算一年工期），使之终于在民国二十五年（1936 年）冬印行面世，金钺于前一年作跋以记其事。李庆辰的《醉茶吟草》由此也得以传世了。关于李庆辰及其《醉茶吟草》的记载，继《重修天津府志》《天津县新志》《津人著述存目》后，在《天津志略·文艺》中有了"醉茶吟草，李庆辰"的记载，在今人武作成编纂的《清史稿艺文志补编》之"集部·别集类"中也有了"醉茶吟草二卷，李庆辰撰"的记载。

六、"盖余前之所求犹有未至也"

在《醉茶吟草》之蒋氏的序、高氏的跋和《天津县新志》中，都提到了李庆辰的子嗣和诗集抄本，但说法有些不同：蒋氏的序说，李庆辰的"喆嗣仿枚及门人陈君哲甫谋梓君诗，介赵君幼梅乞余刊定"，

---

① 金钺（1892—1972），字浚宣，号屏庐，天津人，乡邦文献出版家，曾任天津修志局编修，著有《辛亥杂纂》，辑刻了《屏庐丛刻》《天津文钞》《天津诗人小集十二种》《天津县新志·人物艺文》（即《天津县新志》卷二十一、二十三）。

也就是说，他经赵幼梅介绍见到了李庆辰的诗稿，还间接知道他的儿子尚健在。高氏的跋则说，他在撰写《天津县新志》艺文志时，征集李庆辰的诗集而不得，正准备按《津门诗续钞稿》所录编辑时，李庆辰的族人持抄本全集找到他，由此可知，高氏看到了李庆辰诗稿的全集，但为其族人所呈。《天津县新志》却记载，李庆辰"没后子亦病废，家世陵夷，遗稿莫知所在"，即在编修《天津县新志》时，李庆辰的子嗣已病故，诗集抄本也不知去向了。上述三种说法存在着一些矛盾的地方，使人莫衷一是。这到底是怎么一回事？

（一）"遗稿莫知所在"与"族人持全集来"

分析认为，蒋氏的说法是清楚的，不存在什么问题。前述已推断，蒋氏的序写于光绪二十七年（1901年），此时，李庆辰去世才4年，其子仿枚及门生陈哲甫辗转将诗稿呈蒋氏刊定，蒋氏不但见到了李庆辰的诗稿（只不过是部分诗稿），或许还见到了其子仿枚（即使没有见到仿枚，也可知其健在），其家道尚未陵夷。由于蒋氏的序写作时间最早，其与其他两种说法并不存在矛盾。

矛盾出现在高凌雯编修的《天津县新志》与同是他撰写的《醉茶吟草》之跋上，这两者时隔不长，何以说法不同？分析表明，高氏在编修《天津县新志》时，起初并无意在志书以外另编乡邦诗集汇编，只是想将包括李庆辰在内的津门诗人及诗集尽可能搜罗齐全，写入方志，以存其人其事。但他在寻访中，既没有找到李庆辰的子嗣，更没有找到他的诗稿，只见到《津门诗续钞稿》所存之诗，还可能听到了一些有关李庆辰家庭变故的传说。由于时间的关系，他对一些传说未及深究核实，就将当时所听所遇的情况写入志书中，才有了《天津县新志》中所谓李庆辰"没后子亦病废，家世陵夷，遗稿莫知所在"的记述。

所幸的是，《天津县新志》修成付梓后，高氏并没有停步，他准备将得之不易的津门诗人诗作汇编成集，刊印出来，以免灭失之虞，这就给李庆辰诗作的复出创造了机会。此时，李庆辰的族人可能听到了修志的消息，也可能听说高凌雯曾寻找过他们，虽然志书已成，还是持李庆辰诗稿全集找到了高氏。高氏见到李庆辰诗稿全集才恍然大悟，所谓"遗稿莫知所在"，原来是由于自己工作"犹有未至"造成的。对此，高氏感慨不已，他在《醉茶吟草》之跋的最后写道，"时余年方少，钦迟老辈，欲一读其诗而卒不获，至今更历三十余年，筱筠已归道山①，家世益落，以为琴书荡泊不必复存，而孰意孟六②遗文犹在家人之手。盖余前之所求，犹有未至也。然则得此帙，既为筱筠幸，且为余补过矣"。高氏意识到此前的寻访工作"犹有未至也"，原以为"琴书荡泊不必复存，而孰意孟六遗文犹在家人之手"，致使《天津县新志》的记述中出现了"遗稿莫知所在"的误会（这是大家在读《天津县新志》时应该注意的）。不过，最终的结果还是完满的，高氏庆幸到，"然则得此帙，既为筱筠幸，且为余补过矣"。

需要提及的是，高凌雯在跋中提到"至今更历三十余年"，对这个"三十余年"应该如何理解？从其上下文连贯起来看，其意思是说，从他欲读李庆辰诗而不得，到看到李庆辰诗稿，已历三十余年，而不是说他看到李庆辰诗稿时，李庆辰已去世三十余年了，所以不应据此倒推李庆辰的卒年。

（二）子嗣与族人

蒋兰畬在光绪二十七年（1901 年）见到的李庆辰诗稿，是由其儿子仿枚及门生陈哲甫托赵幼梅代呈的；而高凌雯于民国十二年（1923 年）见到的李庆辰诗稿全集，是族人呈送的，其间已越 20 多年，物是人非，想必仿枚已经去世了，由后人呈送诗稿是必然的。问

---

① 旧时，人去世称为"归道山"。道山为传说中的仙山。

② 孟六，即孟浩然，典出唐代诗人刘眘虚的《寄江滔求孟六遗文》。

题是，再次拿出诗稿全集的为什么不是李庆辰的孙辈而是族人？据信，李庆辰是有孙子的（仿枚是有儿子的）！其最大的可能是，李庆辰孙子手中已经没有其祖的诗稿了，再者，也许其孙辈已无力或无意为其祖出诗集了，这都是有可能的。

　　另外，还有一个问题，即当年仿枚转呈给蒋氏的诗稿，其诗作数量大大少于后来族人呈给高氏的全集数量，究其原因，绝不是仿枚有所保留，而是他手中只有这些了，也就是说，仿枚只保存了其父的部分诗稿。那么，后来族人呈给高氏的诗稿又来自何处？分析认为，李庆辰在世时，会将不同时期或以不同方式编辑的诗稿分别送给族人或诗友，或请斧正，或请甄选，由此滞留在各处。后来高氏征集李庆辰诗稿时，某个族人从各处收集集中，也不是不可能的。那么，族人是谁，是何辈分？目前尚未找到答案，还需探索。

　　（三）《醉茶诗草》与《醉茶吟草》

　　在《醉茶吟草》刊行前，李庆辰诗集抄本的名称为《醉茶诗草》，（后来曾有《醉茶轩诗集》之名短暂出现，可搁置不论），这个名称应该是李庆辰自己草拟的，而且也对外公开了，所以才见之于杨光仪、王培新等诗友的诗集中。但是，李庆辰在世时并未编竟诗集，还存在着"未加诠次，重出累累，一诗或至两三见"的现象，恐怕也就没有来得及最后敲定诗集名称，那么，《醉茶吟草》之名由何而来？现有的文献资料没有一丝的线索，可能永远是一个待解之谜了。

　　如果要对这个待解之谜给一个倾向性说法的话，笔者猜测李庆辰诗集名称的一字之改和最后的敲定，应该是高凌雯的贡献。从李庆辰诗集刊刻过程看，高凌雯是促成诗集面世的主导者，是他苦心征集李庆辰诗稿，才使其在地方志中留名；是他选定李庆辰为"津门诗人十二家"之一，才使其诗集得以传世；是他筛选了李庆辰诗作310首，才使其精锐之作得以展现，高凌雯对李庆辰诗集的未竟事宜是最有发言权和决定权的，因此，《醉茶吟草》之名极有可能是高凌雯提议并经族人同意而来。那么，《醉茶诗草》之名有必要修改吗？从《醉茶诗草》与《醉茶吟草》之名的比较看，还是改比不改好。虽然只有一字之改，却抹去了前者比较刻板的痕迹，着实增加了动感，使人可以想见到醉茶子低头沉吟、抬头高歌的景况，使之更增强了感染力。如果真是高凌雯所改，他就是李庆辰的一字师了。

（四）诗作 310 首与 822 首

关于李庆辰的诗作数量，已知有两个数字：一是《天津县新志》记载，杨光仪集《津门诗续钞稿》收录李庆辰诗 146 首，二是高凌雯编辑李庆辰诗集时，将《津门诗续钞稿》所录 146 首作为一卷，将其他各家所选之诗又挑出 164 首作为二卷，共选定 310 首。前者的 146 首肯定只是李庆辰诗作的一部分，那么，后者的 310 首是李庆辰全部诗作吗？也不是。因为，李庆辰在世时，已经将诗作结集，并做过初步的筛选，还自定了取舍，为此，高氏在《醉茶吟草》的跋才写道，"盖去取之事一准前人，非后学所敢僭也"，所以，李庆辰"自注删去及存而不入选者，悉置不录"，由此可知，李庆辰的诗作数量，也远远多于高氏选定的 310 首。

那么，李庆辰的诗作到底有多少？经对李庆辰笔记稿本中诗作数量的统计，有诗稿 343 题，计 633 首（详情见第三章第一节），这是他的诗作总数量吗？分析结论也不是。因为，在《醉茶吟草》的 209 题，计 310 首诗作中，只有 70 题，计 121 首在笔记稿本中有原稿，分别占 33.49% 和 39.03%，还有 139 题，计 189 首在笔记稿本中未见原稿，也就是说，在笔记稿本之外的某处还记有他的诗作。因此，李庆辰诗作总数量最保守的估算，应该是笔记稿本中所记的诗作数量与《醉茶吟草》中未见原稿的诗作数量之和，即 482 题，计 822 首。

我们说上述诗作总数量是最保守的估算，是因为它只是来源于笔记稿本和《醉茶吟草》两个渠道，在此之外，比如在李庆辰诗友的诗集中，还可见他的一些互赠唱和之作，另外，他自己在编辑诗集时也自行删除不少诗作，或者还有一些诗作可能抄写（整理）在初成全集的另册中，因此，上述估算应该是李庆辰诗作总数量的下限。至于李庆辰的诗作总数量到底有多少？受资料的限制，我们就不再深究了。

（五）传诵与尘封

李庆辰的诗稿《醉茶诗草》以抄本的形式流传以来，杨光仪、王培新等人赞不绝口，津门诗坛想必也好评如云。但是，与当年景象形成鲜明对照的是，当代的研究文章和文献资料对《醉茶吟草》（《醉茶诗草》）鲜见提及，或有提及也是一笔带过，少有叙述。其原因，从大的方面来说，当代的读者更喜欢看小说，对诗歌尤其是古体诗少有青睐，因此，研究诗歌的群体也是小众。除此以外，还有几个具体原因：

一是当年《醉茶吟草》是以抄本的形式在津门诗人圈子里传诵的，随着李庆辰那代人的陆续辞世，圈子渐渐解体，抄本渐渐散佚，信息必然渐渐消失。

二是《醉茶吟草》的刊行是当时天津志局为保护乡贤遗珍而采取的抢救性措施，有存史之意，并不是商业出版，所以发行面肯定不大，不像《醉茶志怪》那样流传广泛。

三是《醉茶吟草》包含在《天津诗人小集十二种》中，而《天津诗人小集十二种》又是随《天津县新志》刊行，非知情者不得而知，当年的读者面原本就相对窄小，更不用说当代读者了。

四是《醉茶吟草》刊刻时，李庆辰已去世近 40 年，人事世事变迁，斯人早已淡出，其诗已多年封藏，即便是高凌雯这样的津门名士，也只是"回忆同试艺院，每闻人称道筱筠之诗"，后才得见"庐山真面目"，更何况当代人。

不过，李庆辰的《醉茶吟草》终究没有湮没，时至今日，在一些院校图书馆和公共图书馆还都能看到《醉茶吟草》刻本，这是高凌雯的贡献之处。《醉茶吟草》所存之诗率多精锐之作，虽非全部，犹足张一军，这些诗既足以传君，又可窥见天津诗坛"二百年间风格之转变与派别之源流"，当现在的人们翻开她的时候，肯定会看到其闪烁的光芒。

第二节 心力结晶的深思沉吟

内忧外患和人间不平 / 胜景民风和自然灾害 / 对新事物的赞叹和反思 / 光绪八年大彗星

李庆辰是当年享誉津门的著名诗人，但他出身低下，一生仅为诸生；社会地位不高，当了一辈子的教书匠；家徒四壁，每日为生计犯愁，就是这样一介寒微之士，他的《醉茶吟草》竟能在其去世39年后由后人刊行，足见其诗作的分量和价值。

李庆辰的《醉茶吟草》有诗310首，按内容大致划分一下，可见即时感怀的有41首，占13.2%；咏物言志的有24首，占7.7%；写景抒情的有100首，占32.3%；怀古咏史的有14首，占4.5%；怀友唱和的有69首，占22.3%；家况心境的有62首，占20.0%。李庆辰的这些诗作在深思沉吟中，揭示了当年的社会状况，描绘了家乡的美景和遭受的灾难，表达了对新事物的喜悦和对旧事物的反思，还在不经意中记载了光绪八年大彗星的情况，其内容丰富，视角独特，深沉刻至，豪放悲怆，足见其艺术功力和精神寄托，是他毕生心力的结晶，也是其价值所在。

一、揭示了当年的社会状况

李庆辰所处的时代，清王朝已江河日下，政治腐败、列强觊觎、社会动荡、危机四伏。李庆辰作为一位传统、正直的诗人，看在眼里，忧在心上，落在笔下，写出了许多沉痛刻至的诗章，形象地揭示了当年的社会状况，给人以史诗之感。

（一）接踵不断的内忧外患

李庆辰在《醉茶吟草》中，以格律的形式记述了当年中国内忧外患的许多情景。如第一卷的《拟老杜诸将诗》四首中，提到了"岩岩敌垒对群山，铜柱高标霄汉间。越嶲畏威仍入贡，岛夷恃险竟临关"，这是说中国当时边境吃紧的情况。第二卷的《哭五弟》，"死别成千古，哀哉此远征"，"山拥烽烟黑，潮回战血红"，"虎耳今伤汝，鸰原复有谁"，反映了甲午战争中九连城虎耳山战役的惨烈和失去亲人的悲痛，这些都是关于外患的描述。至于内忧的描述就更多了，如在第一卷《闻金陵报捷》中提到"南国干戈定"，说的是同治三年（1864年）七月清军攻陷太平天国首都天京的事情。在第二卷《临津寓中闻警》的小序中写道，"时回匪据泊镇①，山东数处土枭蜂起"，这是说同治元年至十三年（1862－1873年）陕甘回民起义的波及。在《郊外观兵》《野望》《观兵》《宁寓感作》《感事》《晓起见雪作》等诗篇中，还提到了"屡闻邻境走烽燧，更见故乡丛甲兵""关心赵北②新烧栈，不见樊舆③使者回""满目征尘壮，凄凉动铠铤""故乡才脱难，异地又闻兵""近闻曲逆仍戎马，共说河阳正鼓鼙""闻说蚩尤据

---

① 今河北省沧州市泊头市泊镇。

② 赵北，旧时指战国时期赵国以北地区，即现今河北省中北部地区。今河北省保定市安新县赵北口镇为战国时期赵国和燕国的分界地。也泛指黄河以北地区。

③ 樊舆，古县名，县治在今河北省保定市清苑县县城东北。

涿鹿，官军连夜渡滹沱""战舰远临谁建策，敌楼高耸已屯兵"，以及"西南锋镝未曾销""蛮烟瘴雨行军地"等战事。尤其是《醉茶吟草》第一卷有《戊辰①感事》四首，李庆辰在诗中讲述了他听到和看到的西捻军②转战直（隶）晋鲁，并逼近天津的战事。其前二首写道：

> 狂寇经行处，弓刀带笑扪。城空朝饮马，烽举夜烧村。诸将谁酣战，愚氓已断魂。数州连告急，飞檄到津门。

> 赵北豺狼据，其锋未易摧。连山营垒竖，旷野战场开。已犯樊舆境，还窥涿郡③来。神京应有备，筹策岂无才。

据史载，清同治六年（1867年）十一月，西捻军得知东捻军被官军围困，立即东进，计划以进攻北京之举来吸引官军主力，解东捻军之围。经过月余鏖战，西捻军于次年（1868年）一月直逼北京。朝廷急命恭亲王奕訢组织京城防务，又任左宗棠为钦差大臣，统领直隶境内各路官军防堵。二月二十三日饶阳一战，西捻军失利，遂渡滹沱河南下，三月二十五日进入山东，后转战于直晋交界一带地区，并一度进逼天津。此后，朝廷命左宗棠、李鸿章严防直晋鲁交界，又派都兴阿赴天津等处会剿，"近有燕京信，王师已出关，果然多勇略，庶可喜天颜"。西捻军寡不敌众，被围于黄河、运河、徒骇河之间，"直北群凶退，征南众师还，万军齐作气，慷慨看刀环"。同治七年六月二十八日，西捻军在山东荏平徒骇河平南镇一战，全军覆没，至

---

① 诗中所说的"戊辰"应为1868年，即同治七年。因为上一个"戊辰"为1808年，即嘉庆十三年；下一个"戊辰"为1928年，即民国十七年，都不是李庆辰所在的年代。

② 捻军，清代咸丰至同治年间（1852—1868），活跃在安徽北部和河南一带的农民起义军，分东、西两部，曾受太平天国领导，配合作战。

③ 涿郡，古郡名，今河北省保定市涿州市。

此，坚持十六年，纵横八省的捻军起义最后失败了。在这 4 首诗中，李庆辰概略地记述了这次战事的过程，虽称农民起义军为"狂寇"，为官军镇压而欢呼，但也从另一个角度反映了"官逼民反"的社会冲突事实。李庆辰的这些诗作，让人们形象地了解了中国当年的社会状况，也从中窥见了李庆辰忧国忧民的情怀。

（二）恃强抢劫的官军劣行

李庆辰在《醉茶吟草》第二卷的《城南行》中，详细描写了一起官军抢劫的事件：这一天，李庆辰走在城南的大道上，看见一队官军走过来。此时，有一洋人策马呼啸而过，用"蛮语"高喊，似是驱赶路人，抑或嘲笑官军。再看官军，"众军半是郡中人，亦解蛮语能学步"，看见洋人过来，也装模作样地整起了队形，"鼓声彭彭角声粗，队伍严肃贯鱼如。进退迟速回不紊，五百健儿持械趋"。等到洋人过后，官军立刻松懈下来，现了原形。此时已是夕阳西下，官军遂解散，三五成群地继续前行。

> ……路经曲巷遇老叟，肩头布囊荷青蚨。众兵肆勇争掠去，散如飞鸟须臾无。老人痴立不敢怒，计穷力竭惟狂呼。狂呼何人更肯返，捶膺顿足眶流珠。泣云此钱非我有，老身原为富室奴。归去主人怒鞭责，毁家偿主殃妻孥……

可怜的老翁无助地哀号之后，转念一想：

> ……举家嗷嗷苦欲死，虽死犹幸完肌肤。不然无兵贼立至，贼至谁能保头颅。老夫身家不足惜，愿尔有力尽疆场。秦寇不来窥我津，数万人家得安席。不令战骨高于山，潇潇血流沾水赤。

在这首诗里，李庆辰把官军和老翁描写得惟妙惟肖，尤其是把老翁由悲哀到祈愿的思绪变化描写得可怜可叹，读来好不心酸。

(三) 平民百姓的悲惨生活

李庆辰自己就是生活在社会最底层的平民百姓，他的《醉茶吟草》中有五分之一的诗篇描写了自己饥寒交迫、穷困潦倒的生活窘境，读来悲怆感人，给人以过于愁苦，少潇洒自如的感觉。李庆辰的"愁苦"之诗，是其生活实际的真实写照，他的生活境况也就是当年中国普通老百姓的生活境况。

李庆辰在《醉茶吟草》第二卷《渔人叹》中，还浓墨重彩地描写了一个老渔翁的遭遇：一老渔翁在西淀钓鱼，这年干旱，西淀水枯，别说是钓鱼了，就是撒网，也只是捞上些蚌蛤虾蛭之类的东西。但是：

> ……此老捕鱼甘守拙，日摇破网人笑痴。锦鳞跋浪夕阳动，得一大鱼乐不支。亭长窥见辄夺去，且如蚌蛤并取之。老渔含忿无如何，转瞋为喜犹卑辞。亭长去后日西坠，炊糜不足充而饥。转思我虽无鱼尚可钓，彼若无鱼遭官笞。向水祝曰水之神兮，但愿从今多生鲂鲤于洿池，令彼持去博官喜，我甘终日枯坐钓鱼矶。

在李庆辰在这首诗中，用平实无华的词句和层层递进的描写，无情地揭露了"大鱼吃小鱼、小鱼吃虾米"式的层层盘剥，还描写了老百姓善良、愚朴的形象，不是有深邃的观察和强烈的同情心是写不出来的。因此，他的这些诗是最接"地气"的，这也是他的诗作具有宝贵价值的地方。

二、描绘家乡的美景和遭受的灾难

李庆辰作为天津的诗人，对家乡的景致十分热爱，对家乡风土人情十分熟悉，对家乡遭受的灾难也十分悲伤，他将这些一一见诸笔端，写下了丰富的诗章。

(一) 叹为观止的胜景民风

李庆辰在《醉茶吟草》的许多诗章中，热情讴歌了家乡的诸多美景和独具个性的民风，令人叹为观止。特别是在《醉茶吟草》第一卷《海光寺观德国大钟歌》中记述了当年海光寺的盛况和德国捐献大钟的事情。这日清晨，李庆辰听到了前所未闻的钟声：

> 朝日飞空海云紫，海光古寺钟声起。噌吰振响殷如雷，音入茅庐似尺咫。忆昔古寺重楼台，兰若巍峨隔秋水。缁流晨夕讽楞严，斋鱼暮鼓而已矣。窗高日暖鸽听经，镈铎镭铙纷盈几。黄钟大吕渺无闻，何处元音来俗耳？凌晨步出归极门①，远望层楼涉兰沚。环垣矗立最高亭，碧瓦朱甍入云里。铸铜炼铁钮锁壮，梁悬宏钟大无比。观者咋舌称奇绝，青女黄童共点指。予亦摩挲识未真，弹指微扣声铿尔……

李庆辰十分惊讶好奇，经向僧人询问才得知，此钟来自德国，装船过海，行程万里，"涉险始得至中国。输诚敬献相国李。相国笑纳置海滨，留于古寺不迁徙"。李庆辰感慨道，"郡城鼓楼旧有钟，窾坎镗鞳差堪拟。鼍更鸣动晓鸡唱，金声宏亮满城市"。

关于这口大钟的来历，主流的说法是，该大钟系德国政府送给清政府的礼物，于清光绪四年 (1878 年) 由德国克虏伯兵工厂铸造，重 1.3 万斤，3 年后运抵天津，朝廷命李鸿章择地安置，李鸿章令将此钟悬于天津海光寺，并在钟上镌刻了《金刚经》全文。另外，还有一种说法也见之于资料，即称此钟系德国克虏伯兵工厂送给李鸿章

---

① 归极门，天津旧城的南门。

的礼物，但此说并无旁证。倒是李庆辰的"输诚敬献相国李""相国笑纳置海滨"之句，可以证明此说不虚。从诗句中看，虽未提及送礼人是谁，但受礼的肯定是李鸿章个人无疑，也只有如此，李鸿章才敢"笑纳"置海滨，如果是政府间的馈赠，李庆辰是绝不会用"输诚敬献"和"笑纳"这类词语来叙述的。李庆辰如是说，有很高的可靠性，极有可能颠覆主流说法！光绪二十六年（1900年），侵华的八国联军攻陷天津，海光寺毁于炮火，仅存这口大钟。日本驻屯军进驻（日租界）海光寺后，将此钟转送英租界工部局，作为消防警钟悬于维多利亚花园。1921年7月，英租界工部局又将该钟还回海光寺保存。1923年，南开大学八里台新址落成后，捐赠给南开大学，钟亭建于南开大学思源堂西南，每逢学校盛典或毕业典礼颁发毕业证书时，便鸣钟纪念。1937年7月28日，侵华日军占领天津，30日，大钟被日军掠走，从此下落不明。

李庆辰《醉茶吟草》第一卷的《角飞城怀古》诗，记述了漂榆城古迹，这是他怀古咏史的代表作。

> 驱车东去直沽路，碧海滔滔隔云树。荒郊曾有角飞城，云是后赵煮盐处。忆昔石勒据一方，磊磊落落比高光。渤海鱼盐甲天下，能令燕赵称富强。漂榆故地寻遗址，峨峨不见城百雉。晶盐堆积如雪霜，英雄割据今已矣。风云过眼年复年，沧海未变为桑田。登高眺望一长啸，依旧万灶飞浓烟。

李庆辰在诗中提到的漂榆故地、角飞城和后赵煮盐处，在南北朝时期北魏地理学家郦道元的《水经注》中早有记载。《水经注·淇水》载："清河又东，迳漂榆邑故城南，俗谓之角飞城。《赵记》云：石勒使王述煮盐于角飞，即城异名矣。《魏土地记》曰：高城县东北一百

里，北尽漂榆东临巨海，民咸煮海水，藉盐为业。即此城也。清河自
是入于海。"历代地理和历史学家都认为漂榆故邑即角飞城，在汉魏
时代的古天津地界，但具体在何处？说法不同，有的说在静海县北，
有的说在旧天津县北，有的说即为现今东丽区军粮城，有的说在河北
黄骅县歧口西，有的说漂榆邑可能并不存在。到底如何，还需专家论
证确认。然而，李庆辰在诗中说"驱车东去直沽路"才能到达角飞城
遗址，在他的笔记稿本中还特别记有"飘榆津，府城东"。李庆辰所
说的角飞城方位，也算是一家之言吧，但他作为时人，也许更准
确些。

李庆辰在众多诗篇中描绘了天津许多地方的胜景，如北仓、北斜
庄、西郊、杨村、新农镇、西沽、西淀、小直沽、七十二沽、七里
海、三岔河口、杨柳驿①、杨汾港②、渤海、演武厅、文庙、篆水
楼③、海光寺、南城水明堤外的古寺和驿楼、南郊的古寺、杨光仪的
书斋"碧琅玕馆"、卫安门（西门）外的贞节牌坊，等等。如：

小直沽即景

　　　小直沽前水气昏，水边萧寺闾朱门。浮梁近郭因成市，高屋
　　环城何处村。贾客危樯邀海燕，渔人疏网络河鲀。春风浩浩吹潮
　　落，两岸荒沙见旧痕。

小直沽是天津的七十二沽之一，大致在现今狮子林桥东南一带，
北至南运河故道，南至天津旧城的东门（见下图）。如诗中所述，小
直沽水旁有寺庙——萧寺，有"浮梁"即东浮桥。这一带因交通的便

---

① 杨柳驿，古代曾在杨柳青（现天津市西青区杨柳青镇）设驿站。
② 杨汾港，即今河北省霸州市杨芬港镇，其东邻为天津市西青区。
③ 篆水楼，李庆辰手稿《醉茶志典》记："篆水楼，在三岔河口"。

《津门保甲图·东门外图》[清道光十六年（1846年）绘]

利，致高屋环城，商铺接踵，商贾云集，船樯林立，相当繁华，已少见旧日痕迹。揣摩李庆辰的诗境，视乎在我们面前展开了一幅繁华市井小憩后的恬静画卷。

小直沽因三岔河口而成市。据《天津卫志》记载，"三岔河在津城东北，潞、卫二水会流"处。潞水即今北运河，卫水即今南运河，二水在今狮子林桥附近汇入海河，是为三岔河口。当年的三岔河口河道宽阔，水大浪急，一派大河景象。李庆辰某日站在岸边，极目远眺，感慨万千，写下了《三岔河遥望》一诗，收入《醉茶吟草》第一卷中。

岸远水流疾，峭寒晚更生。风催孤雁去，浪挟小舟行。霞彩云中断，天光树外明。和兰如向化，此地总澄清。

李庆辰在多篇诗作中还惟妙惟肖地描写了天津民俗，如《醉茶吟草》第二卷的《津俗》：

> 廛市环衢巷，帆樯接海滨。荒城三面水，小邑五方人。冠履羞从古，歌谣屡易新。迩来风俗异，罗刹动比邻。

李庆辰诗中的天津，集市商铺布满大街小巷，商船首尾相接直到海边，来自四面八方各色人等汇集在天津这个对外开放的大码头，久而久之，形成了不甘内敛守旧、追求标新立异的民风，穿戴打扮崇尚新潮、羞于传统；市井文化追赶流行，日益翻新。近来又有了新的风俗，等等。

这些诗章，是诗人热爱家乡的动情之笔，也是诗人热爱生活的情怀抒发，同时，也展示了昔日天津的绚丽风光，引起人们热爱家乡、热爱生活的共鸣。

(二) 惨不忍睹的天灾水患

家乡景色是秀美的，但天灾水患实在惨不忍睹。李庆辰在《醉茶吟草》第一卷的《大水叹》中，记述了光绪十六年（1890 年）五六月间天津及周边严重水灾①的情况：

> 六月之朔风怒吼，丰隆砰湃蛟螭走。银河倒泻飞洪涛，雨点落空大如手。须臾田野沟浍盈，南阡北陌成泽薮……

光绪十六年五六月间，天津地区连降暴雨，海河上游来水骤增，引发大洪水，全城被淹，田庐庄稼尽被冲毁，百姓荡析离居。李庆辰原以为天津发大水是这场大雨所致，水患可能不会持续很久，但一打听才知道，原来水患不仅仅是下雨，大水来自"漳卫"河和"北条山"洪，雨水和山洪汇到一起，苍龙白狗争为灾，一时间：

---

① 《大水叹》诗写作于光绪十六年（1890 年），认定该诗所描述的大水为当年五六月间的事件。

……长空横飞白羽箭，平地涌起玻璃堆。蚩氓仓卒急迁徙，
回头再视无乡里。村疃庐舍成巨川，十家湮没九家死。但得余生
即奔窜，湿衣掩胫无行李。远无车马近无舟，褓负其子来城市。
意谓城中是乐郊，那知亦在波涛里。环城垒土幸未没，去城咫尺
皆鱼矣……

李庆辰以前听说过山东、福建水灾的惨状，现在亲眼所见天津四
周的大水，真是惨不忍睹。李庆辰祈祷道，"何日众流俱入海，地成
乐土年岁丰"，届时"予将瓣香采萍藻，斋戒上谢碧翁翁"。

据史料记载，天津的大水，实际是海河流域北系洪水所致。光
绪十六年五六月间，北京地区降雨骤频，月总降雨量达到 825 毫
米，永定河水猛涨，堤坝多处决口，加上太行山、燕山山洪，形成
流域性洪涝灾害，海河流域被水地方达 110 个州县，天津是重灾区
之一。

李庆辰在多篇诗章中还记述了发生在天津的其他自然灾害。如
在《画晦》中，描写了某年五月大旱，庄稼受灾、人生瘟疫的惨状；
在《圮桥叹》中，描写了某年冬天突发大水，浮桥倾圮，行人车辆溺
水而亡，以及此前一年演武厅一带发生火灾，人死、墓毁、楼塌的事
件；在《苦雨》中，描写了某年深秋大雨连天，"居民愁筑室，农子
习乘船，叠叠菌生木，涓涓地出泉"的情景；在《悯灾行》中描写了
郊区闹蝗虫的情形。

李庆辰对天津当年"天灾"的描述，与对"人祸"的描述相呼
应，深刻地反映了普通老百姓生活在水深火热之中的事实，可谓是对
那个时代的全面控诉。

(三) 令人惊悸的罕见事件

李庆辰在《醉茶吟草》第一卷的《狼患》中，描写了天津发生罕

见的狼患，窃贼趁火打劫的情况。

> 嗟尔贪狼，尔胡为乎来哉。始犹藏匿郊垌之窟穴，继乃出没村疃之蒿莱，行人猝遇辄被噬，鸿毛性命殊堪哀，尔乃磨牙吮血肆猛厉，吞咽犬豕伤婴孩，蓬门荜屋日戒备，杯弓蛇影相惊猜……

李庆辰在诗中写道，天津地处华北平原东侧，濒临渤海，没有高山峻岭，也没有丛林荒原，只有栉比鳞次的房舍和拥挤的街肆，在天津这个地方，常见的灾患只有水与火，从未发生过野兽危害，此次恶狼为患实属罕见。狼患发生在何年，诗作中未作交代，但在其笔记稿本《獭祭癸编》中记有一篇故事，说的是守备古北口关隘的官员夜梦一位老者造访，老者云，"予奉命入关，有要事，明率子孙辈过此，望勿阻之"。第二天拂晓开关时，见有巨狼率众狼奔突过关，向关内而去。后面的"醉茶子曰"在议论了狼托梦于人的故事后说，"予乡向无狼患，忽自壬辰冬狼见于西郊，去城数里，至巳年则公然入城内南关伤犬豚"。如果李庆辰的记载是写实的话，诗作《狼患》所述之事应发生在壬辰年，即光绪十八年（1892 年），是年，狼始见于西郊，到了第二年，即"巳年"（癸巳年），狼群则入城，并在南关伤人害畜。《狼患》将狼为害的情景描写的十分详细，可以想见当年的恐怖。但诗中描写的比狼患还恐怖的是"人患"，即窃贼明目张胆地趁火打劫，"近来奇闻更骇听，梁上君子同谐诙，夜来登屋无忌惮，大呼家主索钱财"。更有甚者，受害者"含冤欲去报官府，大吏尽有包容才"。李庆辰在这里用了个"才"字，抑或是想用"财"字也未见可知。那些贪官污吏包庇窃贼，极有可能是受了窃贼的贿赂，说不定还是与窃贼约定分赃！狼患为害可能是偶然事件，人患为害才是李庆辰想要喊出的愤懑。

三、表达了对新事物的喜悦和对传统观念的反思

李庆辰所处的时代，是西方列强用坚船利炮打开中国大门的时代，也是西方先进科技渐入中国的时代，更是中国社会新旧碰撞的时代。在时代大潮的裹挟下，中国社会禁锢渐弛，士人阶层思想活跃，李庆辰敏锐地察觉到了时代的脉动，他在诗作中赞叹新生事物、反思旧的习俗，表现了中国文人的优秀品格。

（一）赞叹新生事物

李庆辰在《醉荼吟草》第一卷《津沽秋兴》提到"飞空急电走邮报""海门时泊上洋船"等津沽新事；在第二卷《拟杜工部秋兴八首》中，提到了电报："横空飞电代奔驰，万里音书片刻知"；在《夏日杂感七首录四》中，讲到了西医手术："剖腹观其肠，伐毛观其肌。瘿瘤快一割，奏刀惊神奇"，尤其是讲到了西洋历法："古历未尽密，历以西法精。设非南怀辈①，举世皆晦暝"等，反映了他对新鲜事物的极大关注和喜悦。

《醉荼吟草》第二卷之《新农镇观获稻歌》还倾情讴歌了李鸿章所部盛字军开辟的新农镇。

新农镇前新稻香，黄云拂水秋波长。时当秋获老农喜，检点穤穖皆登场。有客乘兴来眺望，携友踯躅游堤旁。天地寥阔忽变色，玻璃焜燿冲波光。波光汗漫驾舟人，持镰俯取红莲芳。缚枝折穗置艇内，满载深入水云乡。披蓑荷笠乘风去，一帆顺驶神扬扬。凫飞鹭散棹讴起，秧针不复森成行。千畦万畦净如扫，水

---

① 南怀仁（1623—1688），字敦伯、勋卿，比利时人，耶稣会传教士。清顺治十四年（1657年）来华，顺治十七年进京协助汤若望纂修历法。康熙朝任钦天监监正、特旨加工部右侍郎衔，卒谥勤敏。

田回顾青茫茫。尚忆春初试秧马，水滨远近栽青秧。手足沾濡勤灌溉，至此始得登仓箱。村村击鼓赛田祖，新农从此多余粮。

清同治九年（1870 年）发生了天津教案，英法美三国军舰集聚在大沽口外炫武扬威，清廷急调李鸿章的淮军近畿驻防，李鸿章遂派周盛传率领亲军营（盛字军）于次年移驻直隶青县的马厂负责防务。光绪元年（1875 年）初，盛字军除留马队仍驻马厂外，其余主力移驻大沽以西第 5 个小驿站所在地（军士们称之为小站）布防。为增强防区实力、改善军队生活，周盛传在军营南侧筑城，授名"新农镇"，并开垦稻田近 20 万亩，除由军队垦种一部分外，又迁民来垦区领种，开发出来闻名遐迩的"小站稻"。周盛传还在新农镇城内设"行营买卖街"，成为这一带的贸易中心，亦为天津新八景之一的"新镇屯田"，并形成了后来小站镇的雏形。

李庆辰在赞叹新生事物的同时，对国人的情况和偏见表示了深深的忧虑。《夏日杂感七首录四》之一写道：

木人能使走，木鸢能令飞。公输擅奇巧，制器非无机。创者既在前，继者殊叹稀。技艺特小巧，大雅多不为。汉儒考据精，宋儒理学微，有明讲心学，茫茫无所依。琐屑逊不能，转为能者讥。一语谢世人，儒当贤圣希。

李庆辰说，中国的能工巧匠早就制造出来了能走的木人和能飞的木鸢，但国人却不以为贵，"技艺特小巧，大雅多不为"，大家推崇"汉儒考据精，宋儒理学微，有明讲心学"，一起钻进故纸堆中，反而让洋人领先了。

（二）反思传统伦理道德

李庆辰作为那个时代的文人，对伦理道德是十分看重的，但在对妇女的所谓贞节问题，他始终抱着实事求是的态度，表现了对传统伦理道德的反思。他在《醉荼吟草》第一卷的《节义行》中写道：

> 东邻有寡妇，夫死遗孤儿。西邻有寡妇，夫死徒伤悲。东邻寡妇不顾子，感夫恩义继夫死。西邻寡妇闻颇哀，日携甘饵哺儿来。儿家惟有一乳母，厌恶儿贫弃儿走。孤儿孑然无所依，风悲月黑空啼饥。寡妇抱儿归其室，劬劳恩养如己出。转盼数载儿长成，犹闻茅屋读书声。

在这首诗作中，李庆辰对二位寡妇的行为没有任何褒贬，但读者可以很清楚看出其倾向性。东邻寡妇肯定是那个时代的贞节烈女，但李庆辰说她弃子殉夫时，并没有套上"节烈"的光环，而是说她"感夫恩义"，这样说来，"不顾子"还是情有可原的。李庆辰对西邻寡妇是否"节烈"未予评论，只是用生动的语言描写了她呵护东邻遗孤的母爱，最后还用"转盼数载儿长成，犹闻茅屋读书声"两句作了结尾，这明显是对西邻寡妇的充分肯定。

四、偶然又难得的文艺记述

《醉荼吟草》第二卷有一首五律《止宿杨村早发》：

> 止宿杨村驿①，征车戴月行。五更荒犬吠，四野乱虫鸣。远水喷沙响，妖星拔地明。观光殊未遂，谁识欲归情。

诗作说的是李庆辰跟车出津，一路向北行（诗中说是"征车"，

---

① 杨村驿，元代起，在杨村（现为天津市武清区杨村镇）设驿站，直至清末。

可能与官府征用的车辆有关吧，车载何物不得而知），这日夜宿杨村驿。第二天凌晨五更要启程出发，此时月亮还没有下去，四野一片寂静，只听得一声声荒犬吠，一阵阵乱虫鸣。突然，远处响起了类似于喷沙的声音，"妖星"拔地而起，照亮夜空。揣摩李庆辰的诗兴，当是他站在尚黑的驿站外，面对荒犬吠、乱虫鸣和"妖星"起的凄冷怪异的情景，勾起了思家之念，发出了"谁识欲归情"的叹息。应该说，李庆辰写这首诗并不是有意要描写突然看到的"妖星"，因此，诗中对"妖星"是怎么回事，此在何时？未予说明。

翻阅他的笔记稿本《醉经载记》，笔者看到了该诗的原稿，诗稿后注，"八月二十日东南四更出彗星，长数丈，自地起"。注释使我们了解到，诗中所说的杨村驿之晨是"八月二十日"，拔地而起的"妖星"就是彗星，出现彗星的方位在"东南"，时间是当日"四更"，形状为"长数丈"。据悉，对于彗星这类的天文现象，外国的文学作品多有描述，但在中国的文学作品中未见提及。李庆辰在其诗作和笔记中能提及并有所描述和记载，尚属首见，值得一探究竟。

李庆辰笔记《醉经载记》写作于光绪四年至九年（1878—1883年），他看到彗星的"八月二十日"具体为这个时间段中的何年？尚不能确定。于是，笔者在网络中搜索，发现有光绪八年（1882年）八月出现过彗星的资料。鉴于网络资料和李庆辰都说彗星出现在"八月"，可见，两者所说是一码事，由此可以认为，李庆辰所说"八月二十日"的年份，应该是网络资料所说的光绪八年。但是，网络资料未说明出处，是否可靠，不能认定，还要查到官方记载才可采信。

经查当年天津府、天津县的各版志书，以及《清史稿》的天文、灾异等篇，都未见有关光绪四年至九年间的某年发生彗星的记载。不过，柳暗花明又一村，在《清史稿·本纪二十三·德宗本纪一》（见下图）中查到了有关彗星的记载："八年壬午……八月丙辰……丁丑，

陸軍往簪辦是月賑安徽水災浙江西水災秋七月乙酉朔三巖野番就撫
乙巳懿旨損秋節宮費賑安徽浙江西三省災丁未吳長慶軍入朝鮮執其
大院君李昰應初遣新疆阿克蘇喀什噶爾亂平八月丙辰
諭科布多界務崇禎當與俄官議推展期後來此相安於丙辰
定新界布多界務崇厚始誤於前曾紀澤力爭於後茲訂新約應就原圖指辦的
甲子詔雲南布政使唐炯出關視邊防乙丑安置李昰應於保定有司愼嚴朝鮮亂王
乞釋歸不許丁丑彗星復見東南詔內外臣工修省九月乙酉河決山東惠民
商河濱州癸巳蘆林匪亂官軍剿平之是秋四川浙江山東陝西福建江西
貴州水災貴州火災臺灣風災水災十月乙卯諭京師嚴緝捕毋諱飾擾累
壬戌河決應城甲子詔王文韶連疏乞罷溫旨慰留十一月丁亥
臣王文韶首以養親乞罷許之命翁同龢爲軍機大臣戊子命潘祖蔭爲軍機大
河淀南新河壬寅以地震詔臣工勤職察吏庚戌詔中外保薦人才是月開天津塢
山縣煤鐵鑛十二月辛酉命游百川赴山東勘河工壬戌蠲免沿海電線乙
丑詔中外清理積案壬申自上月連旬雪至是雪是冬陝西
西霍煤免齊齊哈爾墨爾根歉地浙江州縣衛新舊屯地仁和等場貓蕩額賦
是歲朝鮮入貢

《清史稿·本纪二十三·德宗本纪一》

彗星复见东南，诏内外臣工修省。"《清史稿》明确记载彗星发生在光绪八年八月，方位在东南，其与网络资料和李庆辰记载高度契合，由此可以断定，网络的资料是可信的，李庆辰看到彗星的"八月二十"日，就是光绪八年的八月二十日。

年份和月份虽然对上了，但再进一步的推敲，还是有一个问题，即李庆辰看到彗星的八月二十日，为干支壬午日，换算成公历为1882年的10月1日，而《清史稿》记载的彗星是干支丁丑日，农历为八月十五日，换算成公历为1882年的9月26日，也就是说，李庆辰所记的日期比《清史稿》记载的日期晚了5天，对此如何解释？

查有关资料可知，光绪八年（1882年）出现的大彗星属于克鲁兹族，是长周期彗星，在天空中存在了三个多月（9月至12月），其亮度在9月1日达到顶点，在近日点时，可以被人用肉眼观测到，也就是说，在这个时间段里，人们都可以（而且是反复地）观测到这颗彗星。比如，当年外国的一些天文学家在9月7日、9月18日和9月20日都分别独立地观测到了这颗彗星；又如，《清史稿》记载的光绪壬午年丙辰月丁丑日（1882年9月26日）所见的彗星也是"复见"，即此前就观测到过；再如，1882年9月26日的上海《申报》也报道称，"彗星复见。中国美利轮船自海防驶回香港，在海上见东方出一彗星，去水面高约五度云"。因此，李庆辰所见与官方观测到的是同一颗彗星，即出现在1882年的那颗著名的大彗星，只是时点不同罢了。

李庆辰在其诗作和笔记中对1882年那颗著名大彗星的有关描述和记载，虽属偶然，也嫌简略，但很难得，也很宝贵！

第三节　足张一军的诗学造诣

五言近体瓣香杜陵／乐此不疲与将诗莫浪传／探囊易取及
师古不泥古

天津诗学起步较晚，但自清代康熙朝以来迅速崛起，遂闲堂张
氏①开风雅之先，水西堂查氏②继之高扬，寓游园李氏③延续风范，
梅花诗社梅氏重振雄风，到清中期，已达到了影响全国的高度④。道
光二十四年（1844年），主持梅花诗社的梅成栋去世了，由其子梅宝

① 遂闲堂张氏即张霖（1657—1713），字汝作，号鲁庵，晚年自号卧
松老衲，官至云南巡抚，落职归隐津门，后为芦盐巨商。张霖在天津城东
锦衣卫桥附近建问津园，园中主要建筑为遂闲堂。张霖在遂闲堂广交文人，
集结诗社，于天津文化兴起功不可没。《大清畿辅先哲传·张霖》载："天
津诗学实自霖倡之。"

② 水西庄查氏即查日乾（1667—1741），字天行，号惕人，芦盐巨商。
先建于斯堂，后与其子查为仁等在天津城西五里处建水西堂。水西庄是当
时全国三大著名私家园林之一，也是清中期天津文化史上十分著名的一座
古典园林。

③ 寓游园李氏即李承鸿（生卒年不详），字云亭，号秋帆，盐商。于
天津城东建寓游园，招待诗人聚会，延续津门诗坛。

④ 参见《中国地域文化通览·天津卷》。

璐维持诗社，活动渐显勉强。又过了几年，到了道光三十年（1850年），终因"星散云流"而使一代诗社成为历史记忆。此后，天津诗坛进入了杨光仪时代，他挑起了重振天津诗坛的重担，集同乡诸老结"九老会"于先，又与后生同学结"消寒诗社"于后，使天津诗坛再现辉煌。在杨光仪主持的消寒诗社中，李庆辰是主要成员之一，他以"津门诗歌流派之一脉"的成就，参与和支持诗社的活动，发挥着重要的作用。

天津乡邦文献出版家金钺为包括《醉茶吟草》在内的《天津诗人小集十二种》作跋。他在跋中写道："吾乡自遂闲堂张氏、水西庄查氏际会承平，扢扬风雅，诗人接踵辈出，其裒然有集、流播海内、为艺林珍重者颇数见不鲜，兹刻所录仅十二家之作，虽区区未足以尽大观，而二百年间风格之转变与派别之源流，即此亦可藉窥一斑矣。"他在这里所说的，实际是亮出了入选《天津诗人小集十二种》的标准，即入选者应是天津诗坛"二百年间风格之转变与派别之源流"的代表。那么，天津方志学家高凌雯选出的十二家都是谁？计有张霔、张坦、张勋、胡捷、周焯、胡睿烈、丁时显、查昌业、康尧衢、梅成栋、刘锡、李庆辰。这十二家中的梅成栋，是继遂闲堂张氏、水西庄查氏以后，津门诗坛最负盛名的泰斗，也是津沽诗坛复振风雅的第一功臣。这十二家中还有遂闲堂张霖之弟张霔等津门著名的诗人。这十二家显然是"区区未足以尽大观"，像杨光仪、梅宝璐、孟继坤等泰斗级的大家不在其列，这可能是高凌雯另有考虑，但《天津诗人小集十二种》所以收录这十二家之作，肯定是在遂闲堂张氏、水西庄查氏之后，代表了津门诗坛"二百年间风格之转变与派别之源流"。李庆辰与其他十一位同列，表明李庆辰及其诗作在津门诗坛"二百年间风格之转变与派别之源流"中占有一席之地，是为津门诗歌流派之一军。

一、津门诗歌流派之一军

《中国地域文化通览·天津卷》在论及天津文学发展轨迹时指出，天津的诗文显于明而盛于清，但其传统可溯源至汉魏建安文学和唐代边塞诗歌。由于古幽州燕北与古蓟州的地缘联系，唐代边塞诗歌之风劲吹到渤海之滨，其饱含着的关心国事、担忧边关安危和关注社会民生的情感，体恤民情、深入现实的视野，以及豪放、悠远、悲怆的诗风，在后来的津门诗歌中有着明显的遗韵和印痕，自遂闲堂张氏以来，包括李庆辰在内的津门诗人诗作，无不如此。

李庆辰作为津门诗坛的后来者，师法先贤，远规盛唐；潜心苦吟，时效西江；深沉刻至，意多独到，其诗作堪称津门诗歌流派之一脉。其特征主要有以下几点：

（一）五言发元音

据统计，《醉茶吟草》的 310 首诗中，五言有 188 首，占 60.64％，其中，五绝 16 首、五律 141 首、五言排律 31 首；七言有 89 首，占 28.71％，其中，七绝 18 首、七律 55 首、七言排律 16 首；新乐府、词有 33 首，占 10.65％。由此可见，五言诗是李庆辰诗作的主体。

五言诗较之七言诗，句子的字数少，句中的容量小，表现功能相对较弱，要写出意境悠远、言简意赅、情感动人、韵律优美的佳章，更需要字斟句酌、千锤百炼。李庆辰在这方面表现不俗。试举几首：

春日感怀

举国方多难，贫居况绝粮。兵戈何日息，愁思入春长。城阙旌旗暗，门庭井臼凉。寸心身世事，潸潸泪千行。

早秋偶成

快雨消残暑，凉风送早秋。客来逢酒熟，花谢有香留。床小常敧枕，帘疏懒上钩。吾庐书数卷，蝇蚋更何求。

出南郭作

严城霜雪里，村舍水云端。落日无余暖，狂风起暮寒。凶荒逢岁苦，饥饿迫人难。自顾囊羞涩，明霞讵可餐。

秋　日

日与痴儿伴，匆匆又及秋。厨空嗟鲜饱，衣垢益长愁。岁月离弦箭，功名逆水舟。故交殊落落，援系孰分忧。

秋夜感怀

小院落黄叶，悄然惊晚秋。贫居百感集，夜半起长愁。无语坐观月，一星天际流。开门筹七事，清况几时休。

这几首诗都是描写自己家境艰辛、累日长愁之作。诗作由凄凉的景物起兴，描绘自己生活窘境，感叹无望人生，倾诉真情实感，语言浅显而又富于文采，节拍搭配巧妙富于乐感，不愧"远规盛唐"的评价。

杨光仪对李庆辰的五言诗赞不绝口，他在前述《题李筱筠庆辰茂才醉茶诗草》的诗中写道："半生无别好，五字发元音"。语音是人们利用声音识别词义和句意，从而顺利实现交流的形式。正确的发音，尤其是元音音素的发音不仅是语言的美丽包装，更是具有区别词义的重要作用。杨光仪赞叹李庆辰用半生的精力钻研和创作五言诗，并用"发元音"来形容李庆辰五言诗的正统和独到，确实是一言中的。

杨光仪在一次诗友聚会上更即席赋诗，称赞李庆辰"诗善五言今苏李"。苏、李是初唐文学家、诗人苏味道和李峤的并称，苏味道和李峤的诗作绝大部分为五言近体，对唐代律诗的发展有很大的作用与影响。杨光仪将李庆辰赞誉为当今的苏味道和李峤虽有溢美之嫌，但总的来说，他是充分认可和肯定李庆辰在五言诗创作上的造诣和贡献的。有鉴于此，杨光仪在编辑《津门诗续钞稿》时，收录了李庆辰诗作146首。杨光仪编辑的《津门诗续钞稿》在津门诗坛具有重大意义，《天津县新志》评价道，在"庚子兵劫，前辈遗集多就失散"的情况下，《津门诗续钞稿》为道光朝以来的津门诗人保存了部分珍贵遗稿，"则功不在梅成栋下也"①，李庆辰的诗作就在其中，当属珍贵诗作之一。

（二）瓣香杜陵

高凌雯褒扬李庆辰的诗作，"远规盛唐，力求神似；五言近体，瓣香杜陵②"；《天津县新志》评价其诗"诗以盛唐为宗，五言尤近老杜……"，这些评价，充分肯定了李庆辰诗作饱含杜诗神韵的艺术风格。试举几首：

鹦 鹉

鹦鹉不能语，惊人时一鸣。岂因怀旧土，故尔秘新声。红豆有余恨，翠衿无限情。笼开终振翮，饶舌笑春莺。

古 剑

闻道咸阳未息兵，我观此剑意纵横。断残蛟首雄心在，舞向

---

① 《天津县新志》对《津门诗续钞稿》的评价，见卷二十三之二。
② 杜陵，即杜甫。后文的"老杜""少陵"等称谓，亦为杜甫。

鸿门壮士惊。万古英锋钦巨阙，千秋奇气出丰城。而今挂壁鸣寒水，留与人间削不平。

拟唐人塞下曲四首之四

饮马古城下，城空水呜咽。野旷寒草枯，日暮飞冰雪。天寒弓刀劲，铠铤鸣金铁。男儿从远征，岂屑伤离别。

录丁巳作

斜倚乌皮几，新书夜自看。壶温茶味苦，雪冷柝声乾。作客贫犹迫，思家梦亦难。兰缸光闪处，惟觉敞袍寒。

有　感

蓬窗一面向东开，静坐茅庐句自裁。最可结交是明月，不嫌陋巷却常来。

　　李庆辰的这些诗作深沉刻至、忧郁感慨，又不失豪放激扬，充满了现实主义的味道，渗透着"沉郁顿挫"的杜诗遗风。①

　　李庆辰的诗作之所以"瓣香杜陵"，首先是他十分喜爱和崇拜杜甫的诗。李庆辰的笔记稿本《醉经载记》中有许多印蜕，其中有一枚，文"杜癖"（见右图）。李庆辰自诩为"杜癖"，就是他对杜诗喜爱至深，崇拜之极，以致成癖的表白。

"杜癖"（原大约 16×13 毫米）

---

　　①　参见《中国百科大辞典》。中国百科大词典编撰委员会编，中国大百科全书出版社，2000 年 5 月。

李庆辰在《醉茶吟草》第二卷的《答小帆先生》中，明确表达了对杜诗的倾慕以及学好杜诗的努力与渴望：

先生作诗不学人，才力独能开法门。弟子学诗如学语，口角喃喃愁未真。昔时我家玉溪叟①，雄才独步少陵后。后来学杜者万千，独有空同②肖八九。我亦倾慕浣花翁③，自惭婢比夫人丑。杜陵遗编空揣摩，苦吟佳句殊无多。信知古人不能及，先生示我当如何。

李庆辰为学好杜诗而诚恳地请教孟继坤，其实，他对杜诗是有着深刻的理解和独到的思考的。他在学习、揣摩和师法杜诗中，善于思辨，提炼和总结了学杜中容易出现的"十失"④：

学杜者往往有十失：学其端重，易失之（于）木；学其朴质，多失之于俚；学其古干，多失于旧；学其悲慨，多失于衰；学其雄壮，多失于阔；学其凝练，多失于做；学其沉着，多失于平；学其典丽，多失于堆；学（其）随便，多失于率；学其格律，多失于拘。又有一弊，学其局势，必开口即是成感叹语，此通患也。不知杜诗未尝无鲜艳轻灵处等，人云杜苦，则皆习其苦，而（不）习其甘耳，不知言为心声，遭逢非差杜陵，何必代古人痛哭耶。亦（宜）学其长化其短而已。

---

① 玉溪叟，即李商隐（约813—858），字义山，号玉溪生，晚唐著名诗人。

② 空同即李梦阳（1473—1530），字献吉，号空同子，明代中期文学家、诗人。

③ 浣花翁，亦为浣花叟，指杜甫。

④ 记于笔记稿本《茶余杂记（一）》。

李庆辰认为杜诗有端重、朴质、古干、悲慨、雄壮、凝练、沉着、典丽、随便、格律等十大特点，并一一指出了学杜者往往会出现的"十失"，他还重点指出，学杜者学其"局势"时，"必开口即是成感叹语，此通患也"，可见其对杜诗研究至精，对师杜者观察至细，对师杜者的通患归纳至准。他强调，学习杜诗不能亦步亦趋，不能以偏概全，要学其长而化其短。大家都说杜甫的诗风凄苦，于是都模仿其苦，殊不知"言为心声"，师杜者的际遇如果不比杜甫差，就不必"代古人痛哭"，真是一针见血。

（三）时效西江一派

蒋兰畬在《醉茶吟草》的《序》中写道，当他接到由赵幼梅转来的李庆辰诗稿后，"亟读之，见其近体独宗少陵，亦时效西江一派"。蒋兰畬在赞成时人对李庆辰诗作"五言尤近老杜"看法的同时，还特别指出其诗作"亦时效西江一派"。

蒋兰畬所说的"西江一派"，即江西诗派。该诗派形成于宋代，以黄庭坚为创始人，因其成员多为江西（宋代江南西路）人而得名。该诗派的诗风崇尚苦吟，风格奇涩险怪。蒋兰畬认为李庆辰的诗作"沉痛刻至"，大概就是有江西诗派的影子。但李庆辰之于西江一派只是"时效"，诗作虽多沉痛愁苦，然字句并不奇涩险怪，而是崇尚真切，平实无华、绝少雕琢，如：

二鹰歌

隔墙小儿忽乱叫，长空飞下二苍鹰。一鹰扑地击凡鸟，一鹰振翮高飞腾。群儿欢笑争踊跃，欲缚健羽持长绳。道旁老翁急叱儿，追念往事空搥膺。两男自昔好鹰犬，弯弧射鸟云端能。前年从戎赴河北，健骨触断刀锋棱。将军谈笑全军没，血流寒水凝红冰。功成付东流，身死名谁称。我观此鹰意激烈，少年有力休自矜。君不见，长平猛士四十万①，至今白骨如邱陵。

杂　诗

仲翁不买宅，陶令爱吾庐。事迹虽各异，志趣皆欢如。沃产遗子孙，子孙日已疏。疏者既不亲，路人为嗟吁。路人至嗟吁，沃产不如无。谁能知此意，贤哉二大夫。

南郊寓目

薄暮南郊外，秋风刮地凉。河流来瀺瀺，海寺隔苍苍。法鼓空坛寂，洪炉制器忙。联吟惟昔日，不禁感沧桑。

宿南皮旅馆

此日离乡去，兵戈正满途。家贫谋食苦，世乱读书愚。白酒诗心瘦，青灯旅梦孤。明朝宿何处，仔细问车夫。

这些诗歌读来既词句晓畅、朗朗上口，又意境突兀、耐人寻味，可见其艺术功力。

简言之，李庆辰在长期的揣摩和创作中形成了自己的艺术风格，其诗作以五言近体为载体，炼字精到；以杜诗为楷模，言为心声；且时效西江一派，深沉刻至，但绝少雕琢，既能追溯其派别之源流，又能察觉其风格之转变，文字上既平实无华、语不浪抛，又用典考究、言少意丰，在津门诗坛上终能足张一军。

---

① 秦昭襄王四十七年，秦国军队在赵国的长平（今山西省晋城高平市西北）一带与赵国军队发生的战争，最终秦国获胜，进占长平，并坑杀赵国降兵 40 万人。

二、源于对诗的执着追求、敬畏和理解

应该说，李庆辰并不是职业诗人，作诗也不是他的吃饭工具，他所以能在窘迫的生活环境中力学安贫，半生耕耘，坚持诗歌创作，并最终达到"足张一军"的高峰，全在于他对诗的执着追求、敬畏和理解。

（一）乐此不疲

《醉茶吟草》第二卷有《昔日诗友皆归道山感赋五言数章》，怀念逝去的卢寿彤、赵印昙、孟继坤、梅宝璐、于光衰等诗友。在笔记稿本《獭祭余编》中有该诗原稿，并有《简杨香吟先生》的信稿：

> 书斋无事，忆昔年唱和之友多归道山，感赋五言数章，录呈删润，走笔为此，即乞赐和。自知蚍蜉（撼）树，窃不自量，然此时我津中有志上进者，多习举子业而不为此，不好此者更不为。此事本无益，第乐此不疲者惟（原文此处留有空白）与先生。平时作诗，苦于无题，今有此触动，不为无□，亦可以藉此发挥，至诗中有不妥处，即为指谬，尤厚望焉。

> 东野佳章未刊订，玉川遗稿久飘零。鸿归昔忆书传素，客至今无简寄青。此日书窗怀旧雨，当年诗友皆晨星。先生独竖骚坛帜，愿发元音洗耳听。

李庆辰在信中叙述了他写作该诗的背景和感慨，并乞杨光仪指谬、删润、赐和。他在信中特别谈到了津门诗坛后继乏人的情况，他说，津中有志上进的人，都忙于课业，参加科考，无暇顾及诗歌创作，而不好此道者更不沾诗歌创作的边，他对这种状况表示了极大的担忧，这可能就是"消寒诗社"以后，天津诗坛少有建树的缘由吧。李庆辰在信中说，"第乐此不疲者惟（原文此处留有空白）与先生"，他在此句中留有空白，也许是要列举几位"乐此不疲者"，这几位是

谁？未见下文，但肯定有他李庆辰自己。他自诩为诗歌创作的"乐此不疲者"，反映了他对诗歌创作的执着追求，对津门诗坛繁荣的拳拳之心，无怪乎他能成功。

（二）将诗莫浪传

杜甫在《泛江送魏十八仓曹还京因寄岑中允参范郎中季明》中有句，"见酒须相忆，将诗莫浪传"，表达了诗人对诗的敬畏之情。李庆辰在笔记稿本《茶余杂记（一）》中有一条记事，"拟镌印章将诗莫浪传"，后来镌就，钤在笔记稿本《醉经载记》的一页中（见右图）。

李庆辰将杜甫诗句"将诗莫浪传"镌刻成印，并钤在自己的笔记稿本中，绝对是源于他对诗的敬畏和热爱。诗作之于诗人，是精神的寄

"将诗莫浪传"印蜕

托，是思想的火花，是性情的抒发，是心力的结晶，甚至可以说是生命的一部分，绝不能轻率地、随便地、放纵地对待！

李庆辰在同一册笔记稿本中记有一次旅行经过（详见第四章第一节）。他在这次旅行中去了直隶定兴县（今河北省保定市定兴县），拜谒了唐代诗人贾岛①每年祭诗的地方，并赋诗《过定兴经浪仙祭诗处》，他在诗中赞道："朝吟暮诵以穷年，朝朝常不离诗坛。年终检点锦囊内，尽将一年所得之句祭华筵。祭华筵兮祭以酒，精神劳瘁于何有，满引一爵醉醄醄"，他想做千年后的贾岛，要像唐时贾岛那样，字字推敲、终年苦吟，并在每年除夕毕恭毕敬地供奉一年所作之诗。

---

①　贾岛（779—843），字阆仙（浪仙），唐代诗人，河北省涿州市人。早年贫苦，落发为僧，法名无本。与韩愈有"推敲"的佳话。还俗后屡试不第。唐文宗时任长江县（四川蓬溪县）主簿。有《长江集》10卷、小集3卷、《诗格》1卷传世。

李庆辰正是怀着这样的敬畏之情对待崇高的诗歌创作和神圣的诗作，对此，"乡人多能道之"①。

（三）诗者思也

李庆辰在笔记稿本《茶余杂记（一）》中，有一篇关于写诗的体会："诗者，思也。苟能无思，何须有诗！此千古风流人物所以以诗写思也"，"惟有思，故有诗。诗以写思，诗思不断"等。李庆辰将"诗"与"思"这两个读音相近的字联系在一起，并从中悟出了两者之间的内在关系：惟有思，故有诗，诗以写思，这些话道出了他对诗的理解。

他在同一册笔记稿本中还写有一篇《诗悟》，似乎为他对诗的理解作了诠释：

> 五月五夜，风雷怒吼。及晓，狂飙将息，訇然自半空来者，钟声也。声与风雷应，而予之会心生矣，因思诗境如此，则所谓"返虚入浑，积健为雄"② 者庶乎近焉。昔年作好炼字，今思之，诗当于雄浑处求之，炼意、炼格、炼句，炼字其次也，但能□得味外味，则胜于一二字之惊人。

李庆辰在这里说的"思"，或是指思想，或是指思维，或是指思索、思考、思绪等，其与"意"相通。也就是说，诗作必须言之有物、言之有思、言之有意，字精意丰。他认为一篇好的诗作，不应是华丽辞藻的堆砌，不必追求一二字之惊人，能流传于世的千古绝唱必须有思想，有情感，有意境，即如《尚书·舜典》所说，"诗言志，

---

① 语出蒋兰畲《醉茶吟草》之跋。

② 语出晚唐诗人、诗论家司空图的《二十四诗品》，"大用外腓，真体内充。返虚入浑，积健为雄"，为诗歌二十四种风格之首"雄浑"的意境。

歌永言"。在心为志，发言为诗，惟有思，故有诗，苟能无思，何须有诗！李庆辰是这样理解的，也是这样实践的。例如，在上节提到的《夏日杂感七首录四》第四首中，李庆辰在肯定西方历法和南怀仁的同时，也想到：

> ……何以唐虞时，有璇玑玉衡。分命各有职，定时亦至明。古人定甲子，后世莫能更。厥后推算法，历代有人能。齐末不齐本，井蛙见天惊。周髀①算法祖，西学所由生。中国有圣人，愿君视休轻。

李庆辰在诗中，既肯定了西方历法的先进，又指出了中国古历的先行；既赞扬了南怀仁的贡献，又疾呼中国有能人；既感叹中国"齐末不齐本，井蛙见天惊"，又提醒"中国有圣人，愿君视休轻"，其思想、情感、意境在诗中体现得淋漓尽致，即如蒋兰畬所说，其诗"意多独到"。

三、成于经年的学习积累和钻研实践

李庆辰之所以能成为津门著名的诗人，除了他自身的天赋之外，还与他善于学习、勤于积累、精于钻研和勇于实践是分不开的。在他的存世笔记稿本中，抄录有大量的名人名诗名句和说文解字，并有多篇诗歌创作的体会笔记，可见其刻苦治学精神和勤奋努力之一斑。

（一）探囊易取

笔记稿本《醉茶志典》，其主要内容是整理抄录的李白、杜甫、王维、孟浩然等人的经典诗句，以及对诗思意境的理解和提炼，这些内容占了该册有字页数的 93％；《探囊易取》则有一半的页数抄录了

---

① 《周髀》即《周髀算经》，中国最古老的天文学和数学著作。

141

杨光仪等人的诗作 130 余首；《历朝诗选》更是全部为李庆辰精选抄录的历朝诗词，共 1024 首，在其中的《津门诗选》下注，"择其诗近天籁者存之"，在《杜律寻味（卷上、下）》《杜古抄存》的首页，分别楷书签署"沽上李筱筠抄"（见下图）、"李筱筠精选"，并钤"筱筠"章，可见其郑重、认真之至。他将这些经典诗作分类整理、专册抄写，就像打造了一个硕大的囊袋，里面装满了他挑选的诗作精品，可随手拈来，一方面便于鉴赏和吟咏，另一方面便于借鉴和运用，正所谓"探囊易取"。

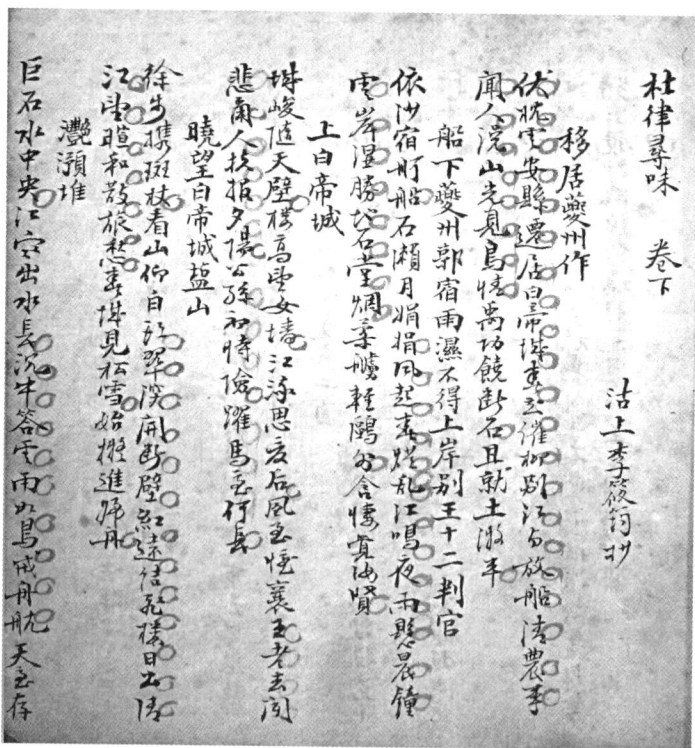

笔记稿本《历朝诗选》之《杜律寻味卷下》

李庆辰在抄录诗作经典时，十分注意归纳。在笔记稿本《醉茶志典》中，积累了描写干支、天时、地貌、动物、居室、花木等类的词语，如居室类的积累了纸屏石枕、蓬户桑枢、龙堂麟屋、月殿松门等几十个词语。《醉经载记》中积累了有"铁"字的词语，如铁网珊瑚、铁环在水、铁自能嵌、沉铁锁于龙潭、铁起四围之线等，还积累了带有"三十六"的词句，如三十六桥梁苑花、汉家离宫三十六、三十六湾秋月明、三十六窗明月夜等。在笔记稿本《獭祭余编》中，他将名人诗作中押韵"人"字的成句集中在一起，如"暂阻蓬莱阁，终为江海人 杜甫""猿啼万里客，鸟似五湖人 刘长卿""云山百越路，市井十洲人 包何"，等等。还搜集了"假花名"，如灯花、剑花、笔花、榜花、雪花、刀花、浪花、冰花、心花、肺花、剪花、蜡花、酒花……笔记稿本《獭祭甲编》中积累了各种扇子的名称，如麈尾扇、象牙扇、鹊翅扇、碧云扇、蒲叶扇、六角扇、桃花扇、蒲葵扇、牧母扇、鸾扇、凤扇、歌扇、舞扇等。这样的例子还很多，其目的只有一个，厚积薄发。

李庆辰在抄录名人名句中也有思考和见解。在笔记稿本《茶余杂记（一）》中写道，"李白诗云，山随平野尽，江入大荒流①。杜云，星随（垂）平野阔，月涌大江流②。一写昼景，一写夜景，一行舟暂视，一停舟细观，皆称雄健之作"。在《醉经载记》中写道，"关雎之诗乃宫人作也，若出自文王后妃之作，直淫诗耳"。对于李庆辰的这些见解，可以仁者见仁，智者见智，但他对诗学的留意与钻研之心，确实令人钦佩。

（二）师古不泥古

李庆辰笔记稿本《茶余杂记（一）》中有一段文字，以陶渊明的《责子》诗为例，阐述师古不泥古的观点。

---

① "山随平野尽，江入大荒流"，出自李白诗《渡荆门送别》。
② "星垂平野阔，月涌大江流"，出自杜甫诗《旅夜书怀》。

今人师古尚矣，然不可泥古。如陶诗责子①云：阿舒已十二，懒惰故无匹。阿宣行志学，而不爱文述。雍端年十三，不识九与七等语，今人法之，是何等语。

他在笔记稿本《獭祭壬编》之《拟萧大圜②言志并序》的《序》中还说道：

从来拟古之作，不必袭其词，蹈其意，宜自抒其机轴而已。大圜言志，大圜之志也。彼以高隐为心，若使千古才德之士俱洁身遗世，则视禹皋为多事……将民物苍生果谁属乎？

从这两段文字可以看出，李庆辰对师法古人的理解是十分深刻的：要学其真谛，不要只学皮毛；要理解消化，不要生吞活剥；要遵从自己的生活体验，不要东施效颦。以萧大圜言志为例，萧大圜志在高隐，这是他的选择，如果不学他立志的精神和毅力，只学他立志的方式和行为，以致大家都去高隐，那民物苍生又怎么办？说的真是入木三分！他在笔记稿本《獭祭庚编》写道，"……纪文达公云，唐诗不必人人皆李杜，晋字不必人人尽羲献，真达人语也"。李庆辰坚持师古不泥古，所以他十分赞赏纪昀的话。

（三）才情第一

李庆辰在笔记稿本《历朝诗选》中抄录有曹操的《苦寒行》，他在其后写有一段评论：

---

① 陶渊明的诗作《责子》，其原文为："阿舒已二八，懒惰故无匹。阿宣行志学，而不爱文术。雍端年十三，不识六与七。"

② 萧大圜（？—约581），字仁显，南北朝时期南朝梁简文帝第二十子，学者、文学家，著有《言志书》。

> 诗中如何巍巍、何萧瑟、何霏霏、声正悲、正徘徊未免犯
> 重，然而气体高遒，自是老瞒才情过人。

李庆辰所说《苦寒行》中的"犯重"，到底与诗作"气体高遒"以及曹操"才情过人"有什么内在关系？我们暂且不去讨论，就这段评论的要义而言，他认为，一首传世佳作，偶有瑕疵并不要紧，能体现诗人的才情才是第一位的。或者说，一首诗才情洋溢，可促使"气体高遒"，足以盖过微瑕，仍不失为佳作。

无独有偶，笔记稿本《獭祭辛编》中，还抄有赵瓯北的《赤壁》① 诗，李庆辰在其后亦评论道：

> 诗极熟而极不俗，皆由其才情富有，故随意拈来，便如弹丸
> 脱手。

这里也同样提到了诗人的"才情"，诗人富有才情，就能将大家都熟悉的典故，描写得不落俗套。

才情是才华的意思，但在才华之上又多了些感情的意味。蒋兰畲在《醉荼吟草》的《序》中说，李庆辰的诗或谓"过于愁苦，少潇洒自如之致"，是"盖其期望甚大，而困顿于时，郁郁者久，形之于言，莫能自禁。悲者之不能使乐，犹乐者之不能使悲，人情类然"。蒋兰畲认为，李庆辰诗作的"沉痛刻至"，固然有汉唐诗风的影响，但绝不是故意造作，而是他莫能自禁的真情流露，这种真情，也是才情的

---

① 赵翼（1727—1814），字瓯北，清乾隆时史学家、文学家、诗人。有诗《赤壁》："依然形胜扼荆襄，赤壁山前故垒长。乌鹊南飞无魏地，大江东去有周郎。千秋人物三分国，一片山河百战场。今日经过已陈迹，月明渔父唱沧浪。"

一种。李庆辰在诗作中敞开胸怀，袒露真情，也是其才情第一的表现。

(四) 推敲之功

李庆辰认为，诗歌创作中思想第一，炼字次之，是要厘清两者之间的关系，绝不是否认炼字的重要性，事实上，他还是特别重视炼字的。他在上述那首《过定兴经浪仙祭诗处》诗中，十分推崇贾岛"推稿 (敲) 曾向驴背边"的举动。他在自己的诗作中也炼字良苦，如《早秋偶成》之"快雨消残暑"句的"快"字，"帘疏懒上钩"句的"懒"字，《秋夜感怀》之"小院落黄叶，悄然惊晚秋"句的"惊"字，《小直沽即景》之"小直沽前水气昏"句的"昏"字，《杨村》之"野人闲种菜，村女自呼豚"句的"闲"字和"自"字，《夜》之"僧楼鸣冻鼓"的"冻"字，《旅馆》之"峭风欺病骨"的"欺"字，《宿南皮旅馆》之"白酒诗心瘦"的"瘦"字等，用字老辣，回味无穷，可见其炼字的功底。

李庆辰的炼字，不但在于吟咏中的推敲，还在于对字的随时关注。他的笔记稿本中也记有不少关于说文解字的内容，有的颇有意思。笔记稿本《獭祭壬编》有篇《字误》，说的是造字有颠倒的错误，比如，"矮"和"射"这是左右结构的两个会意合成字，如按"意符"相连来表达字面意思，应该是"寸身为矮，委矢为射，二字互易后，莫之辨也"。再有，原本"矢口为说，言兑为知"，现在颠倒为"矢口为知，言兑为说"了。这些探究，也是炼字的推敲之功。

第四节　诸家挚友的诗酒唱酬

与孟氏二位表叔和孟旸竹老师等长辈 / 与杨光仪、梅宝璐、
卢寿彤等诸家诗友 / 与华承彦、王守恂、高荫章等雅士名流

李庆辰于津门诗坛十分活跃，在消寒诗社活动以及日常创作中，
与杨光仪、孟继坤、梅宝璐等诸家诗友名流经常投赠唱和，写出了许
多令人赞叹的诗作，与诗友们结下了深厚的友谊。

李庆辰与诸家挚友的唱酬之作很多，《醉茶吟草》收入了 69 首，
占总首数的 22.3%，笔记稿本中还有 92 首，占笔记稿本中诗稿总数
的 16.7%。这些诸家挚友中既有杨光仪（香吟）、孟继坤（小帆）、
梅宝璐（小树）等津门诗坛领袖级人物，也有卢寿彤（绍棠）、孟继
埙（治卿、志青）①、徐士銮（沅青）、梅绍瀛（鹤庵）、刘济臣、赵
印昙、于莲孙、王竹生、王雪卿、李伯良、孟桂岩、华承彦（屏周）、
张体信（翔生）、王守恂（仁安）、金达澜（鹤山）②、李持庵、王少

---

① 孟继埙，字治卿、志青，孟继坤之弟。其简介见《天津县新志》卷二十三之二。

② 金达澜，字鹤山。其简介见《天津县新志》卷二十三之二。撰《鹤鸣山房诗稿》，未加诠次，梅宝璐、李庆辰略有评定，未刊行。

莲、黄献臣、胡玉堂、陈垲（挹爽）、高凌霄、高荫章（桐轩）、孟旸竹等诸多诗家、老师，以及倪鸿（字延年，号耘劬）、于光袠（阿璞）、王培新（造周）、史梦兰（香厓）等桂林、沧州、唐山的学者名士，共计 30 位之多。① 赏读李庆辰与他们的唱酬之作，可以从中了解他的朋友圈子，乃至当年津门诗坛的大致情况，并从一个侧面分析判断李庆辰在其中的地位和影响，这对于研究李庆辰及其《醉茶吟草》是很重要的一环。

一、与长辈前辈和启蒙老师的酬答之作

在上述这些人中，不乏李庆辰的长辈、老师和前辈，李庆辰与他们的酬答之作充满了仰慕、敬重和感恩之情，不时还有求教之请，情感真挚、诚恳，极尽晚辈、弟子之礼。

（一）与孟继坤、孟继埙

孟继坤和孟继埙两兄弟是李庆辰的长辈，李庆辰称他们为表叔（但年龄差不多，孟继坤生卒年为 1837—1896 年②，比李庆辰长一岁，但早去世一年，与李庆辰一样享年 60 岁）。孟继坤还是李庆辰的诗赋老师（李庆辰的启蒙老师还有 3 位，详见第四章第一节），两家都住在天津城南，对这些情况，李庆辰在笔记稿本《獭祭己编》中说得很清楚：

僦居城南距小帆先生故居甚近感而赋之

请业曾频至，先生此故居。浮云过卅载，当日惜三余③（予

---

① 这 30 位是李庆辰诗文和笔记稿本中有名的。李庆辰还有一位好友王樾，字荫侯，号云清（系王守恂的叔祖），王樾的诗集《双清书屋吟草》中多处提到李庆辰，但在李庆辰的诗文和笔记稿本中未见其名。

② 见《晚清民国志怪传奇小说集研究》。

③ 三余：冬者岁之余，夜者日之余，阴雨者时之余。

从先生学赋，曾冬夜听讲）。渐集论文友，先开问字车（予从先生最早，自予后门徒众焉）。蹉跎惊志大，惆怅倍伤予。

除上述这些情况外，据说，孟继坤之子孟广慧曾在李庆辰教书的塾馆就读过，是为李庆辰的学生，两家关系十分密切，李庆辰在《醉茶吟草》第一卷之《酬孟氏主人》的夹注中说，"小帆表叔曾寄予诗云，一日一见不厌数"（《獭祭余编》中抄有孟继坤原诗，题为《放歌行寄筱筠》），孟继坤在寄赠李庆辰的另一首诗中（抄录在《獭祭庚编》）还说，"爱我频贻锦带方，别来屡折九回肠。卅年老友君为最，二月春愁亦许长"，因此，二人的酬答之作自然很多。《醉茶吟草》中收录的有《送小帆先生之任抚宁》《孟小帆夫子索赋入刊并以诗寄作此答之》《酬孟氏主人》《和孟夫子原韵》《赠别小帆先生因以乞序》《咏怀用前韵柬梅孟两先生》等10首。

孟继坤著有《清发草堂诗文集》24卷，书成之时曾向李庆辰索赋入刊，并寄来邀请之诗，李庆辰此时正出差在外，见到书信即作《孟小帆夫子索赋入刊并以诗寄作此答之》，言语之间很是谦逊：

旅馆无多趣，萧条意未舒。忽惊珠玉句，倍重鲤鱼书。归信新秋后，怀人落月初。续貂原有志，赋敢拟相如。

李庆辰与孟继埙的酬答之作有《感怀书赠治卿表叔》《答孟治卿表叔》2首。从这2首诗中看，似乎孟继埙更是可听李庆辰倾诉之人，李庆辰将自己抱负与现实中的纠结一一道来。如：

感怀书赠治卿表叔

将帅南征日，簪缨气象新。年华如逝水，我辈尚儒巾。空羡九仙骨，徒伤多病身。君才远胜仆，博学莫忧贫。

李庆辰与孟继坤、孟继埙二位的酬答之作并不限于收入《醉茶吟草》的这些，在他的笔记稿本中还有 8 首。这些诗作大多显得情绪低沉，或者说是出门在外，倍感孤独；或是说不愿媚俗，冰火不容；或是说科考失意，再不作想，等等，总之是他真实情感的流露和抒发，这可能就是诗稿留存不发的原因了。如：

夏日有怀孟氏兄弟

草掩柴门铺翠茵，幽居宛似葛天民。厌问世事心长逸，纵览奇书乐自真。镇日狂歌惟有我，昔年良友更无人。龙山风雨燕山月，两地萦怀入梦频。

望都旅馆有怀孟小帆表叔

洒脱诗篇富，奇才总慕君。家风孟东野①，文字杜司勋②。双鲤何时到，孤鸿屯失群。旅灯红可爱，相对坐宵分。

接得孟筱帆先生诗即赋旅况寄之

好音今又听飞鸿，诗为情真觉句工。自笑酸咸皆领略，人多冰炭不交融。书生习气偏招怨，寒士家风不厌穷。惟有离怀抛不去，闲愁都付雨声中。

---

① 孟东野即孟郊（751－814），字东野，湖州武康（今浙江德清县）人，唐代著名诗人。

② 杜司勋即杜牧，唐代诗人、散文家，曾任司勋员外郎。李商隐有诗《杜司勋》："人间唯有杜司勋。"

寄孟治翁

卅载槐黄踏路尘，秋风结伴潞河滨。从今不作春明想，惟有难忘是故人。

翘首燕京日暮处，茫茫六载怅离群。明年我欲为冯妇①，不为名场为忆君。

到了光绪二十二年（1896年）以后，孟继坤等人先后去世，李庆辰悲痛忧伤，写下了《昔日诗友皆归道山感赋五言数章》5首（收入《醉茶吟草》第二卷），其中，为怀念孟继坤写道：

君才实博洽，士林名早知。未登拔萃科，郁郁多忧思。生平抑塞气，悉以发于诗。千篇积珠玉，宣泄应无遗。晚年为冷官②，榆关③钦人师。蓿盘殊未久，坎轲（坷）辄随之。沉疴致不起，道远何能医。邮筒寄书札，霭霭多妙词。秋风边外寒，鸿雁来何迟。嗟嗟断音书，从此长别离（孟筱帆外翰④）。

（二）与孟旸竹

李庆辰在笔记稿本《茶余杂记（一）》中有诗《旅馆遣怀即书寄孟孝廉》，说自己身在长芦（今河北省沧州市沧县，清代长芦盐运使司驻地），无聊之极，思念家乡，盼望来信：

---

① 冯妇，人名，典出《孟子·尽心下》。后常以"冯妇"代指重操旧业，有"又作冯妇""重做冯妇"成语。
② 孟继坤晚年被授直隶抚宁县（今河北省秦皇岛市抚宁县）教喻。
③ 榆关即山海关，在河北省秦皇岛市山海关区。
④ 外翰，明清时对举人的别称。

路远家书香，思家看远山。秋高寒水阔，天迥野空间。极浦鸿应到，长芦客未还。无聊倚林木，高唱大刀环。

这时的李庆辰才 30 多岁，正在为盐商做事，经常往来于天津和长芦之间。信中提到的孟孝廉名孟旸竹①，是李庆辰的启蒙老师之一。李庆辰在孟孝廉的教导下，学业长进，通过院试取得了生员的资格。李庆辰对这位孟孝廉十分尊重。他在笔记稿本《獭祭余编》的《记梦》篇中写了这样一件事，说的是，丙申年九月某天的午夜，睡梦中得一联，上联是"过山方见楼"，下联是"近水若无波"，时仿佛先师孟旸竹先生在座，李庆辰就教之，先生听后不悦，皱着眉头教训起来，斥责此联不妥。丙申年是光绪二十二年（1896 年），李庆辰时年已 59 岁，他在梦中见到老师还如当年般恭敬求教，可见老师在他心目中的地位和分量了。

（三）与史梦兰

史梦兰（1813－1898），字香厓，清代直隶乐亭（今河北省唐山市乐亭县）人，文学家、藏书家。举人出身，曾选山东朝城知县，以母老不赴。他少孤力学，尤长于史，藏书万卷，日以经史自娱，学识渊博，著述颇丰，被誉为"京东第一才子"。时任直隶提督学政的周德润以其学行举荐，朝廷下旨加史梦兰四品卿衔。

史梦兰长李庆辰 24 岁，享年 86 岁。李庆辰与他并未见过面，但对他仰慕已久，诗文酬唱很多，在笔记稿本中就有赠诗 20 首（其中《和史香厓七绝十五首原韵》1 题就有 15 首，但都未收入《醉茶吟草》）。如：

---

① 李庆辰笔记稿本《獭祭余编》之《记梦》篇提到，他的启蒙老师孟孝廉名字叫孟旸竹。

赠史香厓贺其八十荣寿五世同堂

与君未识面，得观清照如亲见（画师朱玉峰□其象）。与君未谈诗，得观大著惊妙辞（谓全史宫词）。闻君大名已数载，欲访高踪越山海。今知文星即寿星，熙朝人瑞增光采。我闻人杰因地灵，得母毓秀钟乐亭。榆关峨峨含瑞气，令予仰止龙山青。先生心胸罗列宿，宏才不仅夸锦绣。宫词全史细无遗，大笔淋漓包宇宙。煌煌钜制洵奇观，迥非岛瘦与郊寒①。少陵以后得诗史，而况置身青云端。才华词藻称绝妙，后贤器宇俱廊庙。高攀丹桂擢巍科，门庭绚烂金花诰②。同堂五世古来稀，簪缨累代何焜耀。君不见，香山老，洛下英，年高德劭人知名。何如富贵亦寿考，曾元③揖揖争光荣。鸾翔凤翥众仙集，献酬交错鸣银笙。贱子拜手遥祝罝，羡君真可比老彭④。

和史香厓重游泮宫元韵

夙负诗囊倩小童，今扶鸠杖入黉宫。旧交多半支离叟，新进咸钦矍铄翁。泮水重搴芹藻碧，秋风更摘桂花红。年臻耆寿犹纯孝，垂老无忘教折蓂。

由李庆辰与史梦兰的交往可以看出，诗人之间的交流和友谊全在于相互之间对学养、造诣和成就的认同与仰慕，并不限于谋面与否。

---

① 岛瘦与郊寒，即贾岛与孟郊。
② 古代以金花绫罗纸书写的赐爵封赠诰书，亦指妇人诰。
③ 元，应为玄，避讳玄烨而用元。曾玄，曾祖与玄孙。
④ 老彭，道家始祖老聃与彭祖的合称，亦指长寿的彭祖。

二、与诸家诗友的唱和之作

蒋兰畬在《醉茶吟草》的序中说，"时庸叟以宿学独主风骚，乡人与之唱和者小树、小帆及君三人尤著"，其实，李庆辰经常与之唱和者并不限于此，他与卢寿彤、于光宸、王培新、赵印昙、徐士銮、倪鸿等人过从甚密，互赠诗作也很多。

（一）与杨光仪

杨光仪之于李庆辰，既有提携之恩，又有力推之功，更有诗友之谊，因此，李庆辰在与杨光仪的唱和之作中，更多的是表达敬仰、解惑之情。收入《醉茶吟草》的有《梁间燕和香吟先生》《题碧琅玕馆诗集》《题香吟先生小照》3 首。其中，《题碧琅玕馆诗集》是李庆辰给杨光仪诗集的赠诗。

杨光仪撰《碧琅玕馆诗钞》四卷，于清同治十三年（1874 年）刊刻，张式芸①作序并题签，梅宝璐作前跋，徐士銮作后跋，梅宝璐、崔树宝（昌黎）、边守元（任丘）、于光宸（沧州）、华鼎元②、梅宝熊、王定中、于士祐③、李庆辰、王樾、孟继坤、杜官云、孟继埙赠诗。李庆辰赠诗刊刻在《碧琅玕馆诗钞》卷首（见下图），并收入《醉茶吟草》第二卷，题为《题碧琅玕馆诗集》。

> 今古千年事，包罗一卷中。好闲人不俗，埋首士何穷。予亦悲歌者，君真避世翁。披吟春夜短，剪尽烛花红。

---

① 张式芸，字书田，是杨光仪的老师。其简介见《天津县新志》卷二十三之二。

② 华鼎元，字问三，号文珊，天津诗人，撰《津门征献诗》八卷、《津门征迹诗》一卷。

③ 于士祐，字筠庵，天津诗人。其简介见《天津县新志》卷二十三之二。

碧瑯玕
詩鈔

同治甲戌小暑月

硯樵題

今古千年事包羅一卷中好閒人不俗埋首士何窮子

作騷壇主

津門李慶辰筱筠

我以一軍爲之輔會看晴空萬里煙卿雲臥酒吞花共

先生詩名噪齊魯此後茫茫誰接武大雅扶輪幸賴君

君雨詩名噪齊魯此後茫茫誰接武大雅扶輪幸賴君

言有物吟風嘯月情何長吁嗟乎吾鄉老崔梅堂誦梅樹念

詩史在一編投我輝琳琅令予展誦炫目光屬詞比事

射光采拉雜烽煙二十載杜陵憂國有同心留得千秋

惟吟哦性情涵泳得古趣願以風雅招天和夜半欹檐

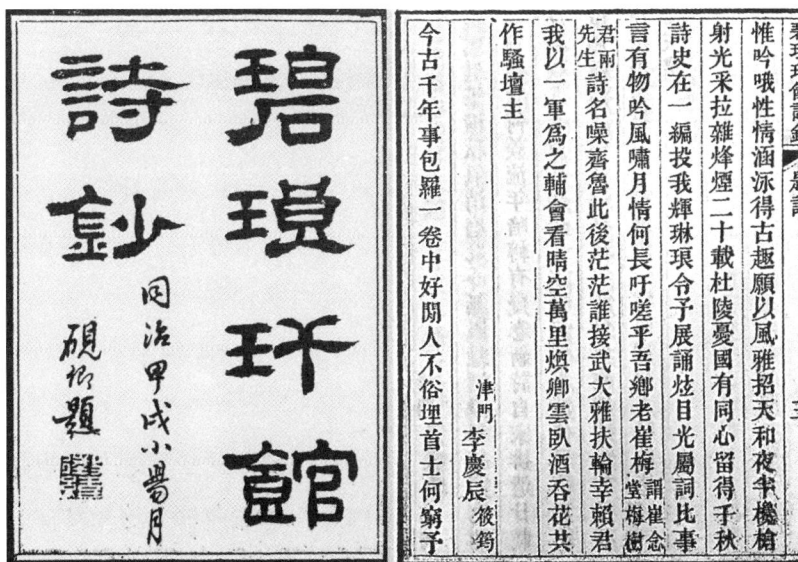

杨光仪《碧琅玕馆诗钞》之李庆辰赠诗

杨光仪在《碧琅玕馆诗续钞》中，也有《题李筱筠庆辰茂才醉茶诗草》诗一首："未许俗人爱，书窗拥鼻吟。半生无别好，五字发元音。风雨思亲泪，沧桑阅世心。往还几同调，沽上又题襟。"

关于杨光仪的诗集，李庆辰在笔记稿本《茶余杂记（二）》中还记载了一段趣事：

香吟先生诗稿刊成，予从友人处借观，集中有句云，"老蝎绿壁行，乘间肆其毒"。把卷沉吟，不觉眈睡，俄见壁上大蝎如琶，郭索而下，惊寤，戏成一律，且以索诗。

小窗花影太阑干，诗吟盘胸梦未残。恍有蛰虫来主簿，顿惊佳境出槐安。君真健笔追陶谢①，我爱雄词似杜韩②，此后洛阳传纸贵，可能分赠许尝看。

----

① 陶谢，东晋末年（南朝初）诗人陶渊明、谢灵运的合称。

② 杜韩，唐代诗人杜甫、韩愈的合称。

李庆辰在笔记稿本中还留有 3 首与杨光仪唱和的诗稿，其中不乏在"消寒诗社"上的即席之作。如《赠杨香翁即席答》：

老益耽吟兴致豪，从无激烈况牢骚。与人和霭神弥永，处世光明品自高。夙有妙文循古范，先成佳句冠吾曹。座中尽喜高山仰，共集消寒饮浊醪。

（二）与梅宝璐

梅宝璐在其父梅成栋去世后，主持梅花诗社达 6 年之久，也是津门诗坛的领军人物。他与杨光仪、孟继坤、李庆辰等人相知甚深，唱和不断。李庆辰《醉茶吟草》中有《咏怀用前韵柬梅孟两先生》《哭梅小树先生》等 3 首诗。在《咏怀用前韵柬梅孟两先生》诗中有"烂羊漫说功名易，老骥偏增岁月长。逢友殷勤搜异事，诸君络绎赠佳章"句，字句中，似乎是向梅宝璐和孟继坤讲述他写作《醉茶志怪》的情况，为什么向二位讲述？可能是梅、孟两先生询问了吧。

李庆辰笔记稿本中还有 6 首与梅宝璐唱和的诗作原稿，其中多有牢骚和无奈，看来，梅宝璐也是可以听李庆辰倾诉之人。如：

和小树元韵

浊酒难浇磊（垒）块胸，尘寰何处觅仙踪。桃符齐换新年彩，柳眼微苏旧日容。乡俗喜繁喧赛鼓，幽居习静警晨钟。春风渐暖人如故，回首穷愁又过冬。

再叠前韵和小树

头脑冬烘诒惹魔，别无长策且行歌。雪消竹径痕犹润，风入茅檐气未和。清兴羡君真旷达，佳章赠我耐研摩。穷居自率疏狂态，不合时趋可奈何。

梅宝璐于光绪十七年（1891 年）去世后，李庆辰作《哭梅小树先生》："凌晨闻噩耗，惊定辄还疑。前日相酬唱，今朝永别离……"表达了极度的悲痛。后来，又在《昔日诗友皆归道山感赋五言数章》中写了一首，不枉与梅宝璐交好一回。

诗人久零落，元音殊杳杳。君能倡风雅，立志何天矫。家学本渊源，箕裘称克绍①。罗浮万梅花，清梦入云表。与君迭投赠，高唱忘昏晓。自君归道山，予亦觉诗少。夜来重梦君，寒月照窗皎（梅小树外翰）。

（三）与卢寿彤

卢寿彤（生卒年不详），原名恩溥，字绍棠，天津人，拔贡生，官主事。李庆辰在诗中常用驾部、兵部、戎部、枢部等尊称之，可能是他在军队中任职，或是在军事部门任厩牧、驿传的官员。

李庆辰当年旅居燕京，与卢寿彤住隔壁，经常见面，交往甚密，因此与他的诗酒唱酬最多。在《醉茶吟草》中就有《春日有怀卢戎部》《冬日野望有怀卢绍棠》《相思词和卢绍棠》《奉题卢母姜太安人传后》《题绍棠诗草》《和卢绍棠元韵》《卢兵部以花笺见赠诗以报之》等 13 首。据《天津县新志》载，卢寿彤撰有《吟香馆诗稿》诗集，李庆辰赠诗 1 首，即《醉茶吟草》第一卷的《题绍棠诗草》：

---

① 箕裘称克绍，亦为克绍箕裘，典出《礼记·学记》，比喻能继承父祖的事业。

佳句如佳人，再索不可得。君何金屋中，荟萃尽倾国。山川
灵秀气，宣泄在楮墨。美质本天成，华彩更修饰。纱是西施浣，
锦自天孙织。遂令燕赵间，粉黛无颜色。

在李庆辰的笔记稿本中，还有 5 首与卢寿彤的唱和之作，多半是
表达推崇、欣赏、赞扬之意的。如：

忆卢绍棠

忆客京华日，卢君亦好诗。倾谭当永夜，展卷阅清词。拙句
曾劳选，良才美得时。鹏程飞鸟疾，翘首凤凰枝。

赠卢绍棠步其与诸公唱和韵

久美□标抵晋陶，多才何事不风骚。好诗想入八荒外，大笔
挥成五岳高。几净敲棋摧敌垒，灯明倚剑话戎曹。三秋阔别今重
握，不减当年兴致豪。

卢寿彤去世后，李庆辰在前述《昔日诗友皆归道山感赋五言数
章》中作诗悼念，简述了卢寿彤的诗学造诣，回忆了他与卢寿彤的友
谊，表达了失去卢寿彤的哀思：

玉川才有余，长吟不知倦。横空盘硬语，字句苦锻炼。忆予
客燕京，朝夕常会面。小饮辄同席，所居仅隔院。有子亦倜傥，
工书名独擅。君本善挥毫，子尤精绘绚。嗟嗟不见君，惟余一纨
扇（卢绍棠驾部）。

（四）与于光衰

于光衰（生卒年不详），字阿璞，直隶沧州（今河北省沧州市沧县）人，名士、诗人，"尤工香奁体①"。李庆辰曾与他一同赴北京参加乡试科考，"吟诗对孤影，渴想于沧州。幸遇矮檐下，当天片月流……坐久古槐响，更深明远楼②"。李庆辰与他关系很好，甚至在给王造周诗集的赠诗中还说到"老友于阿璞，言君善咏诗"。在《醉茶吟草》中，有《闱中遇于阿璞书句赠之》《有怀于阿璞茂才③》等3首唱和之作。

在笔记稿本《茶余杂记（二）》中，有一首与于光衰的唱和之作，即《寄于阿璞》，对他的香奁体创作，充分肯定，赞赏有加。

于阿璞善诗，尤工香奁体，曾有句云，"晓窗红晒凤头鞋"，每脍炙人口。又如"美人搴绣□，晓日照红妆"等句，皆艳色动人。

有一人兮，洵美且仁，自我不见兮，于今五春。条山歌啸惊神鬼，念我辄唤天边云。云开未得破空去，酝酿寒浆□秋树。日华照耀东海红，明霞何日随长风。山中望云老名士，笔吐云烟动满纸。字奇叠作鸳鸯文，令人一读一销魂。曾说红窗鞋晒凤，凤头可似端阳粽。若如太华峰头莲，知君名笔不屑传。读君艳词酷嗜好，瑶琴滥谱求凤操。高歌玉树后庭花，妖姬走出玉钩斜。飞燕腰肢窈娘足，香温玉暖不独宿。同心结子玉连环，粉高如塚脂

① 香奁体，一种专以妇女身边琐事为题材，多绮罗脂粉之语的诗歌体裁，又称艳体。
② 明远楼：清代科举的考场称"贡院"，亦称"闱"。贡院的考棚低矮，在考棚与公堂间置高楼，名"明远楼"，考试时，巡察官登楼眺望，监视考场，提防作弊。
③ 茂才，明清时对生员（秀才）另一个代称。

如山。腐儒敢来谈迂理，会须一怒拔剑起。

于光夔去世后，李庆辰在前述《昔日诗友皆归道山感赋五言数章》中写道：

> 沧州老名士，绮语如温李①。咳唾成珠玑，摇笔辄盈纸。往昔来郡城，赠答殊未已。返旆归中条，仍复遗双鲤。闻君抱风痹，卧床久不起。无处觅丹砂，勿药望有喜。胡为玉楼②召，天须才若此。君著节烈吟，幽光阐梓里。节烈千古芳，君身如未死（于阿璞明经）③。

（五）与王培新

王培新（生卒年不详），字造周，亦是直隶沧州人，亦未与李庆辰见过面，但二人相互敬仰，神交已久，唱和不断。王培新曾赋诗称赞李庆辰的《醉茶志怪》，"一编聊语怪，抒写性情真"，是李庆辰朋友中继杨光仪后仅有的第二人。

王培新撰《蓄墨复斋诗钞》诗集四卷，于清光绪二十二年（1896年）开雕，杨光仪作序（光绪二十年），史梦兰作跋（光绪十七年），梅宝璐、李庆辰、刘桂煜（盐山）、王正路（穆陵）、王佐（古越）、龚骏峤（合肥）、纪钜维（献陵）、刘之聘（沧州）、于光夔（沧州）、李心省（沧州）、王彬（沧州）、刘绅（沧州）题词。

李庆辰赠题词2首，第一首收入《醉茶吟草》第二卷，题为《题王造周培新蓄墨复斋诗稿》（见下图）：

---

① 温李，晚唐诗人温庭筠、李商隐的合称。
② 玉楼，传说中玉帝或先人的居所。
③ 明经，明清时对贡生（生员中的优等者）的代称。

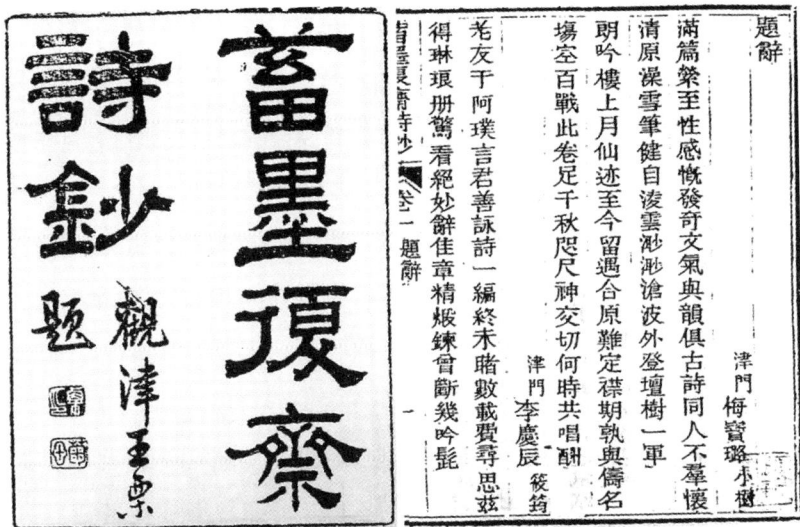

王培新《蓄墨复斋诗钞》之李庆辰题词

老友于阿璞，言君善咏诗。一编终未睹，数载费寻思。兹得琳琅册，惊看绝妙词。佳章精锻炼，曾断几吟髭。

第二首留在了笔记稿本中。诗中所说"何时相倡和"，应该指的是见面。

万古沧州道，中条山色新。从来多隐士，今更得诗人。吏部螯持蟹，麻姑爪擘麟。何时相倡和，共醉瓮头春。

王培新在《蓄墨复斋诗钞》中，有《答谢津门李筱筠庆辰见赐题辞二首》：

绝少苍苔印履綦，孤怀竟有素心知。半生我鲜逢真赏，数载君偏费梦思。卷展琳琅惭赠句，床联风雨好谈诗。神交无奈关津阻，云树苍茫望远时。

佳什香薰是醉茶（君稿名醉茶诗草），饮清绕润笔生花。辋川盛事成虚愿，太白仙才本作家。解渴何须寒食酒，寻春巳散武陵霞。瑶编倘许来鸿寄，早盥蔷薇待咀华。

李庆辰与王培新的交往唱和不断，直到垂垂暮年还互赠诗稿。笔记稿本《獭祭余编》中有《王造周以诗稿见寄诗以报之》诗，再次证明了诗人的交往和友谊，并不限于见面与否。

新诗一卷寄邮筒，细响筝琶迥不同。美酒宛如倾白堕，元音今得协黄钟。阅人论世辩章里，吊古伤时感慨中。子载少情人不作，中条山有□诗翁。

（六）与赵印昙

赵印昙，地方志无载。李庆辰在《醉茶志怪》第二卷之《金龟》篇提到过他："予友赵印昙……"李庆辰在《醉茶吟草》中有《怀印昙》《古镜篇赠印昙》等3首唱和之作，在笔记稿本《茶余杂记（二）》有《送赵印昙之任武强①教》：

良骥思千里，苍鹰奋九秋。闻君将秉铎②，何日动行舟。樗栎惭知己，滹沱忆旧游。故人如问讯，道我似黔娄③。

赵印昙去世后，李庆辰在前述《昔日诗友皆归道山感赋五言数

---

① 武强，直隶武强县，今河北省衡水市武强县。

② 秉铎，担任文教之官。

③ 黔娄，战国时期齐国著名的隐士和道学家，立志苦节、安贫乐道、洁身一世。

章》中写道：

> 肝胆向谁道，争美平原君。千金肆挥洒，富不如速贫。谏以
> 节俭辞，格格不愿闻。为诗得天籁，质朴殊不文。广平善咏梅，
> 冰雪春氤氲。游历湘湖间，孤鹤随流云。归来贫如洗，其气凌秋
> 旻。不解营生产，超超大雅群（赵印昙广文）①。

从李庆辰与赵印昙的唱和之作中可知，他的这位朋友有很高的
诗学素养，"为诗得天籁，质朴殊不文"，也很喜欢游历"游历湘湖
间，孤鹤随流云"。后来曾任直隶武强县的儒学教官，他对这个清苦
闲散的职位很是厌烦，李庆辰劝解他"广文休厌官曹冷，浊世真能志
气舒"。赵印昙的官饷虽然不多，但花钱却大手大脚，李庆辰"谏以
节俭辞"，但他"格格不愿闻"等。从李庆辰多次规劝的举动看，他
与赵印昙的交情不浅，可能是自幼就结下的友谊。

（七）与倪鸿

倪鸿（1829－1892），字延年，号耘劬，广西临桂（今桂林）人。
历官广西马亭巡检、广东番禺县丞等职，后去福建，襄办台湾军务。
40多岁以后去职，北上游历。倪鸿自幼习诗赋，后享誉闽粤诗坛，
著有《退遂斋诗钞》② 和《退遂斋续集》，其《退遂斋诗钞》还在日
本刊行过③，诗名颇盛。

从《退遂斋续集》的诗文可知，倪鸿曾来过天津三次。第一次是

---

① 广文，明清时儒学教官的代称。
② 《退遂斋诗钞》，光绪七年刊刻于福建泉州。
③ 《退遂斋续集》卷三有诗，其小序云："日本重刊余退遂斋诗集，远
贩来华……双鬓蓬飞，一官豆大，尚能结海外文字因缘，亦一段艺林佳话
也……"

光绪十年（1884），这年三月到北京，其间路过天津，并赋诗《天津》一首，但没有见任何人，就去了山东。不久，又回到天津，会晤了天津知县，赋《津门晤吕秋樵大令（增祥）招饮酒楼同赋》以记此事。也许是同僚吕知县的热情，倪鸿于光绪十一年（1885）冬再次来到天津，逗留了半年之久，且在天津过的（乙酉年）除夕，作《除夕书怀时客津门》。到了次年（丙戌年）的正月十七日，他与吕增祥、杨光仪、梅宝璐、孟继坤等人相聚欢宴。此后，倪鸿与梅宝璐、孟继坤、王樾、徐士銮等天津诗家多有晤面，一直到是年六月才离开，并赋诗《将去津门慨然有作》和《烟台舟次寄怀津门旧友》，表达了深切眷恋之情。

李庆辰早就知道倪鸿的诗名，且神交已久，他们第一次会面当是倪鸿于光绪十六年（1890）秋第三次来津时。李庆辰在《獭祭庚编》中记有 4 首诗稿，其后记写道：

> 耘劬先生博学能诗，知名久矣。每以未获拜识为憾。今秋来津，惠然肯顾，以瀛台观海图嘱题，勉赋四律奉赠，聊抒钦佩之忱。即书于图左，敬祈。

这 4 首诗中的前 2 首收入了《醉茶吟草》第二卷，题为《为桂林倪耘劬司马题瀛台观海图》，后 2 首留在了笔记稿本中。

为桂林倪耘劬司马题瀛台观海图

寂窦萧斋里，频年扑湿萤。我惭头渐白，君独眼垂青。湖海知名士，风云老客星。锦囊佳句富，万里送诗舲。

数载神交久，今朝始识荆。从戎南越国，毓秀古秦城。游览多奇迹，诗章仰大名。爱才劳惠顾，不弃太痴生。

昔与友朋集，同登湖上楼。品茶饶异味，把酒发清讴。蜃市探佳境，蛟宫豁远眸。扶桑朝濯足，浩浩水东流。

莽莽瀛台上，登临信大观。人谁飞鹬舫，君有钓鳌竿。鲸浪千重蠢，鹏风万里抟。好诗挥健笔，腕底助波澜。

这次见面似乎是李庆辰单独拜访。以后，李庆辰在一次宴会上又与倪鸿再次见面。倪鸿在《退遂斋续集》第三卷中写道："（辛卯年）正月十七日，招同杨香吟学博、徐苑卿①（士銮）吴南皋两观察、王云清王仁安两孝廉（守恂）、李筱筠茂才（庆辰），邓毅亭司马（廷昭）集三醉园，祝家云林高士生日同赋。"诗曰："元夕才过月尚明，闲园介寿集群英……"（见下图）。

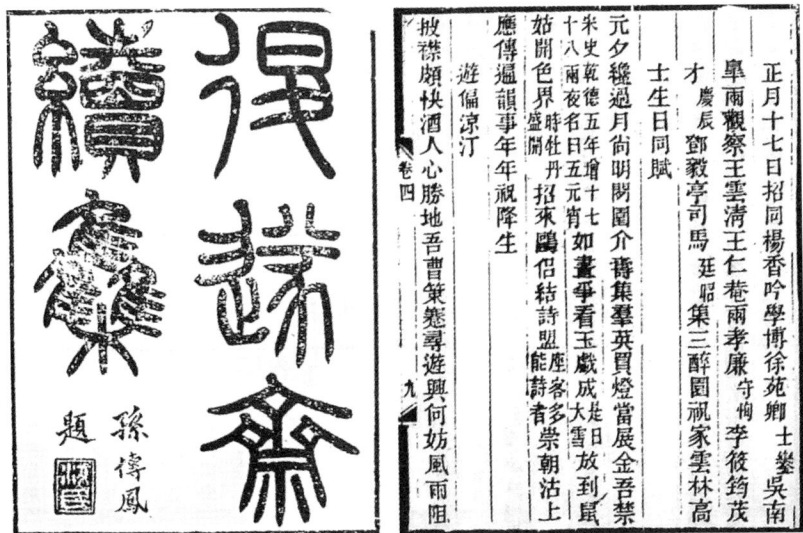

倪鸿《退遂斋续集》辛卯年正月十七日宴会诗

---

① 徐苑卿，即徐士銮，字沅青，又字苑卿。

李庆辰在宴会上赋诗《正月十七与倪云劬祝云林生日》二首：

宝鼎舞香烟，华堂设锦筵。投来无俗客，同此祝迁仙。古砚陈鸳瓦，新词萃蠹编。云林如感格，相视定怡然。

朱桥为清供，迎神复送神。烛辉前夕月，杯酌此时春。名士先题句，高人熟写真。明年重雅集，莫作未归人。

李庆辰对倪鸿在宴会上所作的诗欣赏有加，回来后，记录在笔记稿本《獭祭辛编》中，并步其韵作了2首诗：

和倪耘劬原韵

羡君冰雪净聪明，雅集堪推座上英。烟袅鸭炉①香早炽，诗题茧纸句先成。元宵已过风云会，酌酒仍联竹石盟，正是初春好天气，名园将见百花生。

再叠前韵

连夕灯光照眼明，名园今夜萃群英。金樽香沸酒初满，铜钵声轻诗未成。天酿微云飞小雪，人兼旧雨结新盟，风光虽过元宵节，会看群芳次第生。

在李庆辰的笔记稿本中，与倪鸿唱和酬答的诗稿共有7题16首之多，除了上述以外，在《獭祭癸编》中，有《和倪云劬原韵》6首，其中有2首以《和倪耘劬鸣鸟余音》为题刊入《醉茶吟草》，其

---

① 鸭炉，古代熏炉名，形制多作鸭状。

余 4 首留在该册中（下誊 3 首）。从诗中看，李庆辰对倪鸿不但有赞誉，还有同情与劝慰之意，可见二人交情至深：

> 诗酒论交已数年，闻君曾欲赋归田。宦游闽海风盈袖，料得无余挂杖钱。

> 姿如海鹤气如云，垂老才华倍逸群。二竖自应潜退避，让君博洽览三坟①。

> 衣锦何须忆故乡，先生传世有文章。长留退遂斋中稿，气壮虹霓万丈芒。

倪鸿这次（第三次）来津又待了半年多，于光绪十八年（1892 年）四月离津，经山东回福建，年底即去世了。

李庆辰在光绪十九年（1893 年）的笔记稿本《獭祭癸编》中，抄有《王守恂挽倪耘劬诗》，"匣中鸣鸟余音在，故纸重翻湿泪痕"。李庆辰在光绪二十一年（1895 年）的笔记稿本《獭祭余编》中有一诗稿，应是他的悼亡之作了：

倪司马云衢

> 足行万里路，胸藏万卷书。山川纵游历，豪气充江湖。微官驭长才，位卑终未舒。生平广交游，接纳多名儒。从军古越国，櫜笔登戎车。虎帐夜谈兵，吟咏犹不疏。随在得佳句，胜迹绘为图。孤鸿天外来，雪泥印津沽。择地祝云林，酬唱皆欢如。无端

---

① 《三坟》，伏羲、神农、黄帝之书。亦泛指古籍。

鸟鸣哀，泣然声泪俱。空留诗一卷，青气归大虚。

三、与其他名流挚友的投赠之作

李庆辰的《醉茶吟草》和笔记稿本中，还有不少与其他名流雅士的投赠之作，现举4例。

（一）与华承彦

华承彦，字屏周，是"天津八大家"之一"高台阶华家"的第10代。他虽然学养深厚，但终生未能出仕，遂继承祖业，一边营盐为业，一边读书吟诗，后与杨光仪等八位名士组织建立"九老诗会"，从事文学活动，并与国内各地文人交流联谊，一时传为佳话。华承彦只有华世奎一个儿子，家教严格，造就了津门一代大书法家。

华承彦喜好古青铜器的收藏和鉴赏，在收藏和鉴赏中凡有所获，必定请包括李庆辰在内的朋友们共赏。李庆辰在《醉茶吟草》中就提到两次。

一是第一卷有长歌《周东田耒镈①铜范歌》：

华君屏周藏有古铜器，乃周时耒镈范，铭曰：考工作东田耒镈以供老农用保永丰年。

华君在昔游山左，偶得古器于东田。土花剥蚀铜质古，苔斑锈渍蛟螭蟠。周围六尺余一寸，细辨有字铭不全。中凹外凸制朴厚，扣之以指声渊渊。乃知此物为铜范，鸳鸯分坼双成单。当年用以铸耒镈，供老农用保丰年。沉埋已阅千百载，惟存半壁形尚完……。古器自应得真赏，劝君续入学古编。

---

① 耒镈，古代一种形似锄的农具。

二是第二卷有歌《父乙鼎歌》:

> 古今彝鼎如渊薮，流落人间不多有。商周已历数千年，鸡彝龙勺同灰朽。倘有古器出风尘，俗眼亦能辨可否。我观此鼎迥不凡，铜质细腻如琼玖……华君得此殊郑重，向客清谈开笑口。云昔成周平祸乱，乃使微子承殷后。微子封宋得国初，报本追远祀商后。尊彝爵罍渺无存，惟有此鼎传诸久。华氏本为一派传，今得故物良非偶。我闻此言喜且惊，满引苦醵酌大斗，挥毫立就古鼎歌，请君持去聊覆瓿。

李庆辰在华家看到的耒铺和父乙鼎是否确为商周之物，已不可考，但华承彦邀请李庆辰一同鉴赏之举，说明二人的交往甚密。

在李庆辰的笔记稿本《獭祭癸编》中还有一首《赠华屏周》，赞扬了华承彦在《易经》研究上的造诣。

> 大易殊难测，君能探厥源。两仪纷变化，万理自乾坤。妙解足祛惑，心精善立言。然须付剞劂，庶使语常存。

(二) 与王守恂

王守恂，字仁安，早年负有诗名，学问文章见重于时，著有《王仁安集》《天津崇祀乡贤祠诸先生事略》等。他与高凌雯同为天津志局编修天津县新志的两主笔之一，他撰写的几章后来以《天津政俗沿革记》之名出版。晚年参与组织城南诗社和崇化学会，是天津近代著名文人。

王守恂生于同治四年（1865 年），比李庆辰小 27 岁，但李庆辰很看好这位青年才俊，在笔记稿本《獭祭癸编》中有《赠王仁安》诗稿，此时王守恂约 28 岁，李庆辰已 56 岁了：

年少登科第，神仙迥不殊。如何好吟咏，于此着功夫。倚马先成稿，探骊早得珠。木天原不远，翘首上林乌。

（三）与陈垲

据《天津县新志》① 载，陈垲，字挹爽，天津人，举人出身，官知县（似为福建省某县）。著有《津邑历科选举录续录》一卷，刻本，记录了自"顺治乙酉开科以迄光绪戊戌"间天津县籍（包括商籍②、灶籍③）人士科考选举名录，相当完备，很有考稽价值。

李庆辰在笔记稿本《獭祭癸编》有《赠挹爽大令④》：

君曾住南郭，老屋摊皋比。闽海为名宦，昌黎谒古祠。还乡联旧友，晦日课佳儿。庭有余闲地，栽花欲满地。

从诗中看，陈垲家住天津城南，可能与李庆辰家相距不远，这也许是他们相识的纽带。李庆辰在诗中对陈垲退休回乡后联旧友、课佳儿、种花草的寓公生活大加赞扬，并流露出羡慕之情。

（四）与高荫章

李庆辰笔记稿本《獭祭庚编》中夹有一张画像，画在一张对折的单页纸上，该纸展开约长 26 厘米，宽 12 厘米，相当于打开的两页笔

---

① 见《天津县新志》卷二十三之一。
② 商籍，明清时户籍的一种。即商人因经商而留居外省，其子孙户籍得以附于该省。
③ 灶籍，明清时户籍的一种。即灶户，沿海地方设灶煮盐之户。
④ 大令，古代对县官的尊称。

记，但其右边为斜边。该页右半边有题词："题醉茶叟像"、"脱有形似，独得其神。怡怡和悦，蔼然可亲"，字间带有句读圈点。左半边为一画像，从题词可知，画像为李庆辰无疑（见首页）。画像中，李庆辰面微右侧，宽额头、高颧骨、挺鼻梁、浓眉大眼、双唇微抿，两绺胡须过颌，而且还带有一丝蒙娜丽莎式的微笑，确是怡怡和悦，蔼然可亲。《獭祭庚编》成册于光绪十六年（1890 年），算来，画像应为李庆辰 53 岁时的样子。

这幅画像从何而来？《獭祭庚编》中有一首题为《高桐轩为画小照书此赠之即以题照》的长歌，道出了由来原委：

> 生平遇友多奇缘，笔墨交情尤缠绵。桐轩先生写生笔，大名早已闻幽燕。与君畅谈辄相契，为我写照晴窗前。面目逼肖骨格古，须眉生动神气完……

歌中讲明，李庆辰的画像为"桐轩"作。桐轩，即高荫章，字桐轩，晚清天津杨柳青著名年画画师，曾入清宫内廷如意馆供职，晚年在家乡开设"雪鸿山馆"画室，艺术成就颇高，是杨柳青年画史上的标志性人物。高桐轩生于道光十五年（1835 年），早李庆辰三年，卒于光绪三十二年（1906 年），晚于李庆辰九年，享年 71 岁。李庆辰与高桐轩是好友，笔墨往来频繁，交情深厚，高桐轩不但为好友画了像，还题了词。李庆辰的笔记稿本《獭祭庚编》中抄有《高桐轩为画小照赞》，从中可知，高桐轩的题词有二，一是"东坡说鬼①，干宝搜神，诙谐善谑，蔼然可亲"，二是"脱有形似，独得其神，怡怡和悦，蔼然可亲"。现在在李庆辰画像上只见后者，可能是李庆辰选择

---

① 据说苏东坡经常与鬼争辩。语出纪晓岚诗："平生心力坐销磨，纸上烟云过眼多。拟筑书仓今老矣，只应说鬼以东坡。"

的结果。

高桐轩在为李庆辰画像时运用了透视、光线等现代绘画技巧，可见其具有深厚的西洋画法功底。李庆辰对这幅画像十分喜爱，将画像拿给家人、门徒和朋友看，自己也自顾端详，他在长歌中接着写道：

> 持归示家人，少长惊顾喜欲颠。携出示门徒，诸生起敬瞻师筵。友朋相视尽怡悦，金谓毫发无不然。披图自顾亦惊喜，宛如明镜高堂悬。神妙至此称绝技，白描远胜李龙眠①。自愧冬烘旧头脑，君能落笔偏增妍……

李庆辰的画师朋友朱玉峰见了画像，从其眉宇间看出了精气神，题《为画小照赞》曰："老当益壮，穷且益坚，不卑不亢，凛然肃然。"孟继坤在题为《寄题筱筠小照》中写道："别后匆匆逾一载，思君迢递隔山海。馈图乞我遥题诗，想像须眉溢乎采……"想必是从画像中看到了阔别一年的李庆辰的风采。

李庆辰面对画像，思绪万千，在上述长歌中发出了感慨：

> 手把一编垂垂老，蹉跎已过半百年。长安不踏槐黄道，任人络绎先着鞭。己拼蓬门守寂寞，黄梁无梦图凌烟。感君雅意悲且喜，唾壶击缺歌长篇，此歌若能终不朽，与君名笔千载传。

据研究者称②，高桐轩为李庆辰作的这幅画像，"它是目前发现

---

① 李龙眠，即李公麟，字伯时，号龙眠居士，宋代杰出画家。传世佳作有《五马图》《龙眠山庄图》《洛神赋图》等。

② 参见《晚清杨柳青画师高桐轩研究》，天津大学冯骥才文学艺术研究院王拓博士学位论文，2015 年 5 月。

的高桐轩唯一的肖像画绘稿，为研究提供了珍贵的图像史料，具有很高的文献价值"。

无独有偶，在李庆辰笔记稿本《獭祭己编》中，还粘有一副画像（见下图），朱笔绘就，墨笔点睛，单线勾画，正面平视，神情严肃，老态龙钟。这幅画像是谁？考虑到此像系另纸绘画，后粘在册中，似有保存之意；再者，别人画或画别人都不会使用朱笔，由此，估计为李庆辰的自画像。

疑似李庆辰自画像

不过，此画像与高桐轩所绘画像判若两人，如果不是同为李庆辰笔记稿本中物，绝难想象画中可能会是同一人。如果两画像果为同一人的话，其造成形象差异的最大可能，一是两作者的绘画技巧高低悬殊，二是画像的角度正侧有异，三是他绘和自绘的观察点不同等。究竟如何，已无从考证，看在是百年前之物的份上，且放在这里，立此存照吧。另外，该页上还附着了一片植物叶子，色仍存绿，那可也是百年前之物哟！

从李庆辰与上述诗友的诗酒酬唱中不难看出，他以诗结友，范围广泛；互有投赠，往来频繁；感情真挚，友谊至深，足以说明李庆辰及其诗作在诗友心目中的分量，以及在津门诗坛的地位。

第三章

笔记稿本索隐

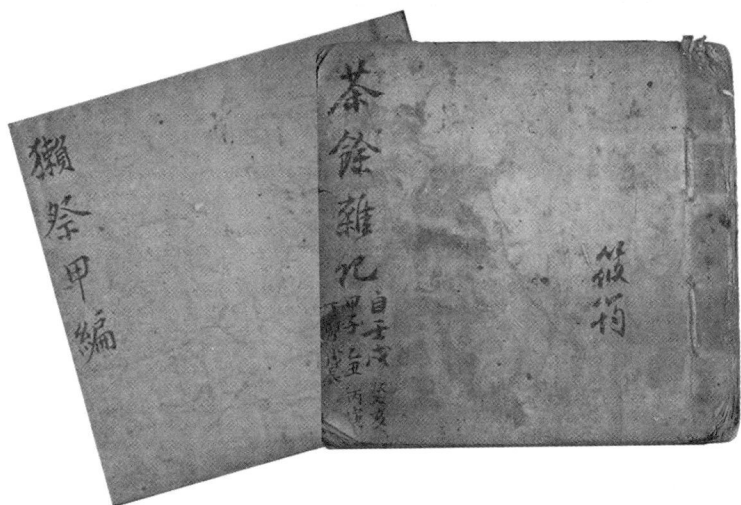

第一节　笔记稿本概况

20 册 100 万字／涵盖 35 年／题记信息／五个方面内容／与

刊本对比

李庆辰的小说《醉茶志怪》和诗集《醉茶吟草》早已流传于世，但是，他的手书笔记稿本却鲜为人知。这些存世笔记稿本记载的内容广泛，对于研究李庆辰其人、其事、其著，以及从中窥见当时天津的社会状况和风土人情都极具文献价值。

一、笔记稿本的样子

李庆辰的笔记稿本均为手书，共 20 册，横宽约 12.5 厘米，竖高约 11.9 厘米，近似于正方形。各册笔记稿本分别用线绳或纸捻手工装订，除个别册的装订为"四目式"外，其余各册的装订都很随意。

各册的封面用厚纸制作，在各册的左上角，有 15 册用墨笔楷书题写册名，有 4 册用墨笔行书题写册名，有一册似为后补的封面，用钢笔（简体字）题写书名。有 2 册署名"筱筠"。题写的册名、署名字体隽秀、刚劲，自是迄小习就的功夫。

册页纸张暗黄，页边已泛黑，略有磨损折角，一副岁月沧桑的模样。但其保存基本完好，没有水渍霉变，没有虫蛀鼠咬，可以想见当年李庆辰书写时的小心和后人保存的用心。

（一）笔记稿本的类型和册名

存世的李庆辰笔记稿本分为两类：

一类是一函笔记稿本。这函笔记稿本有蓝布面函套（这个函套应该是后配的），函套面左侧粘书签，墨笔楷书题名《天津李筱筠杂钞》。

这函笔记稿本共 11 册。各册名以甲、乙、丙、丁、戊、己、庚、辛、壬、癸、余字排序，并冠以"獭祭"二字，如《獭祭甲编》《獭祭乙编》《獭祭余编》等。"獭祭"一词出自《礼记·月令》，原句为"东风解冻，蛰虫始振，鱼上冰，獭祭鱼，鸿雁来"。"獭祭鱼"的原意是水獭捕到鱼后，会摆放在水边，如同陈列祭祀供品一般，似乎是要先赏玩一番再享用。后用"獭祭鱼"来比喻作文罗列典故或堆砌成文。想必李庆辰是按照"罗列"和"堆砌"的意思来命名这函笔记稿本的，不过，他在笔记稿本中的"罗列"和"堆砌"，却是弥足珍贵的。

另一类是单册笔记稿本。单册笔记稿本共 9 册，各册都有自己的名称，但没有先后顺序的标记。各册的册名，大部分直书本册内容的主体，如《历朝诗选》《奇文欣赏》《探囊易取》《醉茶志典》《茶余杂记》（两册）、《茶余志医》《醉茶志医》等，有的则寓意考究，如《醉经载记》。

《醉经载记》的第 1 页有题记：

此予戊寅至癸未所记也，共三册，今删繁就简订为一编。题曰《醉经载记》，并非禀经酌雅、考核精深也。诗云，"小阁书声醉六经"，醉经二字颇雅，且经之数为六，予六载笔记，隐寓其意云。

该题记既说明了这册笔记稿本整理的情况，又解释了册名的由来，让我们想见到了李庆辰诗书烂熟于胸，佳句随手拈来的样子。题记中说到"经之数为六"，是指儒家的六部经典，即《诗经》《尚书》《礼记》《乐经》《周易》《春秋》（包括《春秋左传》《春秋公羊传》《春秋穀梁传》），统称"六经"。其中的《乐经》早在汉代以前即失佚了，所以，此后通常说"五经"，很少提"六经"了。

（二）笔记稿本的页数和字数

各册笔记稿本的册页为毛边纸对折成一页，清点 20 册笔记稿本，共有 1748 页。鉴于笔记是双面书写的，现按 1 个单面为 1 页计算，计有 3496 页（以下所说页数，均为单面）。其各册页数如下表：

名　称	页数	备　　注
茶余杂记（一）	260	
茶余杂记（二）	187	夹一纸（打开相当于两页），为楷书抄写的《黄鼠》篇
醉经载记	178	夹二纸，一纸钤二印，一纸（打开相当于两页）为朋友来信
醉茶志典	171	
探囊易取	86	夹一纸（打开相当于六页），似为某人试卷草稿
奇文欣赏	139	一页中插衬纸一张
历朝诗选	240	
茶余志医	265	
醉茶志医	217	三页中各插衬纸一张
獭祭甲编	212	
獭祭乙编	99	
獭祭丙编	210	夹二纸（44×22 厘米），似为李庆辰学生孟毓淇的试卷
獭祭丁编	181	
獭祭戊编	141	
獭祭己编	149	一页中插衬纸一张。夹有毛纸质圆片两片及一片植物叶
獭祭庚编	235	夹一纸（26×12 厘米），为李庆辰画像
獭祭辛编	154	

续表

名　称	页数	备　注
獭祭壬编	104	有一处文字不连贯，可能缺 1 页
獭祭癸编	144	夹一纸条，写关于"癸"字的字体演变
獭祭余编	124	二页中各插衬纸一张
合计	3496	

注：各册页数不含封面、封底和夹纸，含空白页共 142 页。

各册笔记稿本的每页上密密麻麻地写满了字，那么这 20 册共有多少字？我们按照下述方法做了计算：在笔记稿本《獭祭已编》《獭祭余编》和《醉茶志医》3 册里，各在几个折页中插有衬纸，衬纸画有蓝色方格或竖条，方格衬纸为横 20 行、竖 17 列，共 340 格；竖条衬纸为 17 列，这显然是李庆辰为了书写规整而制，事实上，李庆辰也基本上是按衬纸所画方格或竖条书写的。如果按衬纸所画格条书写，且四边不留空白，每页最多可写 340 字。不过，李庆辰在书写时，大多在页上方留出二行空白，其余三边抵边书写，则最多可写 306 字。现按每页写 306 字、20 册笔记稿本有字页 3354 页（总页数 3496 页减去空白页 142 页）计算，全部笔记共约有 1026324 字。如果再减去空白半页、空白行等所占的字数（不再详细统计），笔记稿本手书总字数也应在 100 万字以上。

（三）笔记稿本的书写

李庆辰各册笔记稿本的内容为墨笔竖式书写（个别文字朱笔书写），字体以行楷为主，兼有行草，基本规整，潦草难辨之处不多。文字都是繁体字自不必说了，其中还有大量的生僻字和异体字，辨认和誊抄非借助工具书不可。其书写的文字中有一个有趣的现象，即不少字看似现代的简体字，其实这是繁体字的草书，现代的简体字有不少是由繁体字的草书楷化而来。

笔记稿本中，不少地方的文字右侧有朱笔圈点，单独的圈点应为句读，连续的圆点应为圈画的文字重点或要点。

二、笔记稿本的写作年代

李庆辰 20 册笔记稿本中，除《历朝诗选》《醉茶志医》《茶余志医》3 册外，其余各册都有年份记载或可以推测出写作年代，其时间从清同治元年至光绪二十二年（1862－1896 年）共 35 年，其间年年衔接，并无断档。

需要说明的是，李庆辰各册笔记稿本并不都是实时书写的，有的笔记稿本是几个年份的整理合订本，其中的内容亦为几个年份分别所记。为叙述方便，不论是当年实时记载还是几年的记载合编，我们权且都称其为"写作年代"。各册笔记稿本写作年代的认定依据如下：

（一）封面已标明了写作年代

一是李庆辰单册笔记稿本中，有 2 册同名，即同名《茶余杂记》，区别是，一册《茶余杂记》封面写有"自壬戌　癸亥　甲子　乙丑　丙寅　丁卯　戊辰"7 个干支纪年；另一册《茶余杂记》封面写有"己巳　庚午　辛未　壬申　癸酉　甲戌　乙亥　丙子　丁丑"9 个干支纪年（见下图），为便于识别，我们将前者称为《茶余杂记

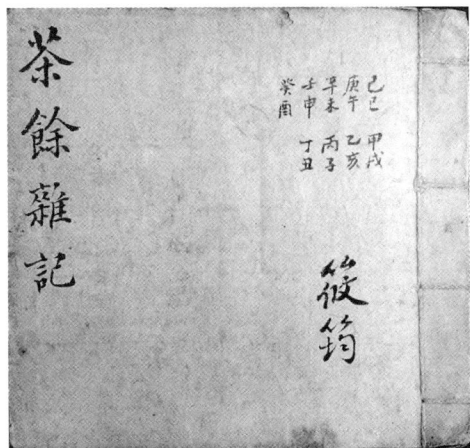

《茶余杂记（二）》封面

（一）》，将后者称为《茶余杂记（二）》。这 2 册笔记稿本的写作年代已在封面标明，依次是清同治元年至七年（1862－1868 年）、同治八年至光绪三年（1869－1877 年）。

二是前面提到了单册笔记稿本《醉经载记》其实有两个封面，即写有册名的封面后面还有一个封面，这第二封面题写的册名为《茶余杂志》，并写有"戊寅 己卯 庚辰 辛巳 壬午 癸未"6 个干支纪年（见下图），该封面应为该册的原封面。原封面标明了该册的写作年代，即光绪四年至九年（1878－1883 年）。

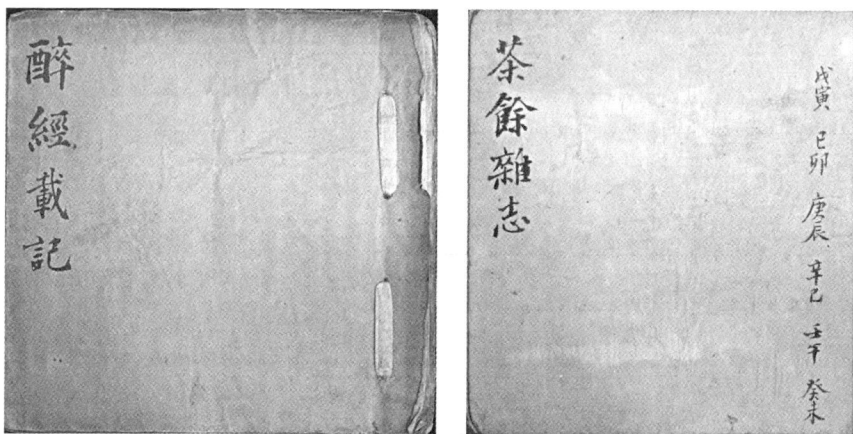

《醉经载记》封面和第二封面《茶余杂志》

这 3 册笔记稿本应属于同一系列，其写作年代衔接，即从同治元年（1862 年）至光绪九年（1883 年）共 22 年，这 3 册笔记稿本是李庆辰 22 年笔记的合编本，也是他存世笔记稿本中年代最早的。

（二）由排序确定或推定写作年代

《天津李筱筠杂钞》一函 9 册笔记稿本均没有写明写作年代，但《獭祭丙编》《獭祭丁编》和《獭祭壬编》3 册在题记或文中有表明该册写作年代的内容，如《獭祭壬编》中写道，"壬辰十月十四日着裘，是月十八日大雪节，天气颇寒，有闰月故也……"，这条记载所称的"壬辰"年与该册《獭祭壬编》的名称相契合，由此，不但可以认定这 3 册的写作年代分别为丙戌年、丁亥年和壬辰年，还可以看出一个规律，即各册名称即表明了写作年代，如《獭祭甲编》是甲申年（光绪十年，1884 年）写作的，《獭祭乙编》是乙酉年（光绪十一年，1885 年）写作的，以此类推，就可以知道其他 6 册的写作年代，这一函 9 册笔记稿本应书写于光绪十年至十八年（1884－1892 年），一年一册。

这一函 9 册笔记稿本应为当年的实时笔记，但也不排除每年末或次年初整理装订，并补记一些内容的情况。如《獭祭癸编》，从上述各册笔记稿本的命名规律看，《獭祭癸编》的写作年代应为癸巳年（光绪十九年，1893 年）无误。但该册倒数第 2 页有"十一月初六日翁林溪生日，是日着大毛袍"，"二十年二月初三日，脱大毛袍，换小半袄"，"二月二十三日脱小毛袍"等记载，其中提到"二十年"，即甲午年（光绪二十年，1894 年），两年的事为何写在了一册中？可能的情况是，该册被跨年使用，在册尾的余页中连续记载了岁尾年头的一些关联事务，使之后延到了甲午年的前一段时间，但这并不影响该册写作年代的认定。

与《獭祭癸编》相似的还有《獭祭余编》。《獭祭余编》是一函笔记稿本中的最后一册，其封面写有"乙未""丙申"两个干支纪年，即光绪二十一、二十二年（1895、1896 年），这两年应为该册的写作年代，事实上，其记载的内容也主要是这两年的事情。但细读这册笔记，可以看出两个问题，第一个问题是，这册笔记的"乙未"年与上册笔记《獭祭癸编》的"癸巳"年中间隔着"甲午"年（1894 年），这是否意味着李庆辰手书笔记稿本断档了？回答是否定的。理由是，《獭祭余编》中写有甲午年十月至丁酉年二月的着装记载，可见该册的写作年代还应延伸到甲午年的后一段时间；已知《獭祭癸编》的写作年代后延到了甲午年的前一段时间，因此，《獭祭癸编》和《獭祭余编》共同承记了"甲午"年的事情，"甲午"年虽然没有单独成册，但内容上并不断档。那么，李庆辰在"甲午"年做什么了？他在笔记稿本《探囊易取》的题记中透露，甲午年患病了，所记笔记寥寥数则，才出现了上述现象。第二个问题是，上述着装记载还写了"丁酉"年（1897年）初的事："丁酉三月初一日脱大毛，着小毛"，这意味着《獭祭余编》的写作年代不但延伸到甲午年的后一段时间，还后延到丁酉年初，因此，该册的写作年代应为光绪二十年后一段时间（1894年后一段时间）至光绪二十三年（1897年）初，跨四个年头。李庆辰在这年（光绪二十三年，1897年）的三月以后与世长辞了，《獭祭余编》应是李庆辰的绝笔之作。

（三）从记载的事项发生时间推断笔记写作年代

在这20册笔记稿本中，有一些没有写明写作年代，且不能从排序中确定写作年代，但是，从其记载的事项中可以推断其写作年代。

一是《醉茶志典》。单册笔记稿本《醉茶志典》无写作年代显示，但册中记有天津的"新八景"，其中的"竿传飞电"和"铁桥横渡"两景有确切的建造年代，由此可以推断《醉茶志典》的写作年代。"竿传飞电"应指光绪五年（1879年）架设的大沽至天津的电报线（这是首次架设的电报线，所以称为"新景"。1881年又架设了天津至上海的电报线，就不能称"新景"了），但这一年并不是《醉茶志典》的写作年代，因为在其后还有"铁桥横渡"。光绪十三年（1887年），在现今天津河北区北营门外大街北口与北河口之间，即北运河和子牙河将要汇合的地方修建了第一座单孔拱式铁桥，即"大红桥"①，"大红桥"的建成形成了"铁桥横渡"之景（见下图）。据此

---

① 大红桥，此处原有一座木桥。清光绪十三年（1887年）改建为单孔拱式铁桥，1924年被洪水冲毁。1933年筹建新桥，1937年竣工，为开启式三孔钢桥，仍称"大红桥"。

"大红桥"今貌（摄于 2017 年 6 月）

推测，《醉茶志典》的写作年代（或者说是截止年份）应在"大红桥"建成之时，即光绪十四年（1888 年）左右，其与笔记稿本《獭祭戊编》同时期。

二是《奇文欣赏》。单册笔记《奇文欣赏》亦无写作年代显示，但其中有李庆辰为五弟募捐的告白。其五弟在中日甲午战争期间，于光绪二十年（1894 年）十月战殁于九连城虎耳山，布告中称之为"去秋"。由此推断，《奇文欣赏》的写作年代当在"今年"，即光绪二十一年（1895 年）前后，其与笔记稿本《獭祭余编》接续或有交叉。

（四）题记说明了写作年代

单册笔记稿本《探囊易取》第 1 页的题记写道："……乙未夏因将探囊集并订一卷以资记载云尔"，说明《探囊易取》写于（整理于或截止于）"乙未"年，即光绪二十一年（1895 年），其写作时间与《獭祭余编》和《奇文欣赏》接续或有交叉。

综上所述，可将李庆辰 20 册手书笔记稿本的写作年代列表如下：

	纪　年		
	干支	年号	公元
茶余杂记（一）	壬戌	同治元年	1862
	癸亥	二年	1863
	甲子	三年	1864
	乙丑	四年	1865
	丙寅	五年	1866
	丁卯	六年	1867
	戊辰	七年	1868
茶余杂记（二）	己巳	同治八年	1869
	庚午	九年	1870
	辛未	十年	1871
	壬申	十一年	1872
	癸酉	十二年	1873
	甲戌	十三年	1874
	乙亥	光绪元年	1875
	丙子	二年	1876
	丁丑	三年	1877
醉经载记	戊寅	光绪四年	1878
	己卯	五年	1879
	庚辰	六年	1880
	辛巳	七年	1881
	壬午	八年	1882
	癸未	九年	1883
獭祭甲编	甲申	光绪十年	1884
獭祭乙编	乙酉	光绪十一年	1885
獭祭丙编	丙戌	光绪十二年	1886
獭祭丁编	丁亥	光绪十三年	1887
醉茶志典／獭祭戊编	戊子	光绪十四年	1888
獭祭己编	己丑	光绪十五年	1889
獭祭庚编	庚寅	光绪十六年	1890
獭祭辛编	辛卯	光绪十七年	1891
獭祭壬编	壬辰	光绪十八年	1892

续表

	纪　年		
	干支	年号	公元
獭祭癸编	癸巳 甲午	光绪十九年 光绪二十年上半年	1893 1894 上半年
獭祭余编	甲午 乙未 丙申 丁酉	光绪二十年下半年 光绪二十一年 光绪二十二年 光绪二十三年初	1894 下半年 1895 1896 1897 年初
探囊易取 / 奇文欣赏	乙未 丙申 丁酉	光绪二十一年 光绪二十二年 光绪二十三年初	1895 1896 1897 年初
历朝诗选 / 茶余志医 / 醉茶志医	未显示亦无从推测写作年代		

三、笔记稿本题记透露出的信息

李庆辰 20 册手书笔记稿本大都在册首写有题记，其中有对册名作注解的（如前述《醉经载记》），有对当年情况发感慨的，有对一些重大变化作概述的，总之，其中透露了不少信息。

（一）《獭祭甲编》的题记

尽意经营　待九转丹成①　故美君得意；精心雕镂　看几条红勒　殊令我灰心。

这则题记采用的是对联形式，其内容似乎与某人有关，好像是说自己在与某人的竞争中处于下风，在看到某人"得意"的同时，也产生了某种沮丧的心情。至于为何处于下风？可能是受到了"几条红

---

①　九转丹成，道家语，指炼得九转金丹。后常比喻经过长期不懈的艰苦努力而终于获得成功。

勒"的限制，尽管自己"精心雕镂"，但终究争不到"九转丹成"。该册写于光绪十年（1884 年），是李庆辰教私塾的最初几年，也许是"职场"有些不顺？抑或还有其他不顺心的事情？那几条红勒是什么？现在已不得而知了。

（二）《獭祭丙编》的题记

　　　丙戌岁设帐河东杨氏，渐有著作钞录亦集一编，以雪泥鸿爪之迹，惟是无多佳况，得饱览纪文达集与船山诗草，殆快事也。

题记告诉我们，李庆辰于光绪十二年（1886 年）在河东杨氏家塾教书，自己在这一年里"渐有著作钞录"，并集成了这一编笔记，也算是留下了一些痕迹。而且，闲暇之中得以饱览纪昀（纪文达）和王夫之（王船山）① 的著作，感到十分惬意。这时的李庆辰想必在塾师的岗位已经干得得心应手了，但还是感觉一年来"无多佳况"，情绪并不高。

（三）《獭祭丁编》的题记

　　　丁亥设帐于东关外魏氏，公余之暇亦颇涉猎，岁终积此一编。明年遂东西分手，嗟乎！萍踪无定，草□仍留，忽忽年华，光阴虚度，鸿泥印雪，人鬓堆霜，真堪一叹耳。

这则题记字数不多，但有多处修改的痕迹，还很可能是两次写成的。从字迹墨色上看，第一次书写的是"丁亥设帐于东关外魏氏，公余之暇亦颇涉猎，岁终积此一编。明年遂东西分手，嗟乎！萍踪无

――――――――――

　　① 王夫之（1619－1692），字而农，号姜斋，又号夕堂，晚年隐居于石船山，自署"船山病叟"，后人遂称其为"船山先生"。为明末清初三大思想家之一，中国朴素唯物主义思想的集大成者，启蒙主义思想的先导者。

定，忽北忽南，亦深无谓耳，以是编为雪泥鸿爪可也"。以上文字，墨色饱满，书写工整，说明他在光绪十三年（1887 年）这一年已经离开河东杨氏家塾，转到东关外魏氏家塾教书，不过，明年还要换地方，"工作"总是飘忽不定，倒也无所谓。这一年在教书之外，利用闲暇时间博览众书，年末积累了这册笔记，也算是留下痕迹了。文字中虽流露出忧伤的情绪，但心境还算平和。不久（也许没有几天），李庆辰可能遇到了很大的烦心事，当他又翻开这册笔记时，有感而发，用笔上淡淡的残墨圈去题记中自"嗟乎"以下几句，很潦草地改为，"草□仍留，忽忽年华，光阴虚度，鸿泥印雪，人鬓堆霜，真堪一叹耳"。这第二次删改之间，形象地反映了他"期望甚大，而困顿于时"的糟糕处境和心境。

（四）《獭祭辛编》的题记

此编分三集，著作记载为上集，考核钞录为中集，抄写医书为下集。渺渺驹阴，离离鸿雪，真转瞬一年。

通读该册笔记稿本可见，其中确有著作记载、考核钞录和抄写医书这三部分内容，但分"集"并不明显，只是在第 5 页有"辛编上集"4 字，以后再无"集"的文字。题记中提到的"考核钞录"，系指李庆辰抄录在笔记稿本中的学海堂考核题目，有关情况将在后述。

（五）《探囊易取》的题记

甲午年就馆王氏，患病及秋始至馆，所有笔记寥寥数则。乙未夏因将前探囊集并订一卷，以资记载云尔。

题记说，李庆辰在光绪二十年（1894 年）又到王氏家塾教书了，但因病一直到秋天才去。这一年也没写什么东西，所以没有单独成册的笔记，这个情况已如前述。到了光绪二十一年（1895 年）夏天，他整理了《探囊易取》笔记，将几册合订为一册，以资记载。

四、笔记稿本的主要内容

我们说李庆辰的存世笔记稿本极具文献价值，是因为它内容涉猎广泛，相当丰富，主要有五个方面。

（一）有大量的《醉茶志怪》故事原稿

李庆辰的 20 册笔记稿本中，有 13 册写有故事原稿，统计可见，这 13 册中共写有故事 424 篇，经过逐篇核对，可见其中有 259 篇选入了《醉茶志怪》，占 61.08％；还有 165 篇未选入，占 38.91％（见下表）。

	原稿篇数（篇）	选入刊本（篇）	其中				未选入刊本（篇）
			一卷	二卷	三卷	四卷	
茶余杂记（一）	13	4		3	1		9
茶余杂记（二）	123	117	9	104	3	1	6
醉经载记	93	69			69		24
獭祭乙编	2	2			2		
獭祭丙编	1	1				1	
獭祭丁编	1	1		1			
獭祭戊编	9	5				5	4
獭祭己编	26	20				20	6
獭祭庚编	16	13	1			12	3
獭祭辛编	20	11			1	10	9
獭祭壬编	23	16	16				7
小　计	327	259	26	108	76	49	68
占比（％）	100.00	79.20	10.04	41.70	29.34	18.92	20.80
獭祭癸编	59						59

	原稿篇数（篇）	选入刊本（篇）	其中				未选入刊本（篇）
			一卷	二卷	三卷	四卷	
獭祭余编	38						38
合　　计	424	259					165
占比（％）	100	61.08					38.91

注：笔记稿本中有重复的故事原稿，已剔除，未统计入篇数。

在上表中，我们将 13 册笔记稿本分成了两部分，一部分是"小计"以上的 11 册，另一部分是"小计"以下的 2 册。所以做这样的划分，是因为《醉茶志怪》刊行于光绪十八年（1892 年），在此年以前 11 册中的故事原稿，都有可能选入《醉茶志怪》；而此后 2 册的故事原稿，肯定与《醉茶志怪》无缘了，因此，计算笔记稿本中故事原稿选入《醉茶志怪》的篇数，就不应该包括后 2 册。按照这样的划分再看统计数据，可见在《醉茶志怪》刊行前写作的 11 册笔记中，有故事原稿 327 篇，李庆辰选用了其中的 259 篇收入《醉茶志怪》中，占 79.20％，还有 68 篇被筛选下来，占 20.80％，也就是说，在《醉茶志怪》截稿期以前的故事原稿，有约五分之四被选用了，剩下约五分之一，即 68 篇，是李庆辰按照自己的标准筛选下来不用的。对这 68 篇以及后 2 册笔记中 97 篇故事原稿的情况，我们将在后面的章节中研究分析。

（二）有部分《醉茶吟草》诗歌的原稿

李庆辰的 20 册稿本笔记中，除《茶余志医》的内容全部为抄录的医书、医案和验方外，其余 19 册都写有诗歌作品，但《探囊易取》《奇文欣赏》《历朝诗选》《醉茶志典》这 4 册中的诗歌，都注明了作者或出处，系李庆辰抄录历代名儒大师的经世之文、千古绝唱以及经典掌故，没有李庆辰的作品。其余的 15 册中，记载了大量的诗作（其中《醉茶志医》的主要内容也是关于医学的，只是在册尾有一首诗，应为李庆辰诗作），但有迹象表明，这些诗作也不完全是李庆辰所作，有一些是他抄录的诗友之作（可能是熟知，所以未注明作者）。为搞清这 15 册笔记稿本中李庆辰作品的数量，我们通过网上查询和与有关资料核对的办法，逐首进行了甄别。经过甄别，可以基本确定为李庆辰作品的有 343 题，计 633 首（有不少一题多首诗的情况），其中，选入《醉茶吟草》的仅有 71 题，计 122 首，即在李庆辰笔记稿本中可见《醉茶吟草》诗作原稿的题数和首数，分别占笔记稿本中作品总数的 20.70% 和 19.27%（见下表）。

	合　计		选入诗集		未选入诗集	
	题	首	题	首	题	首
茶余杂记（一）	64	153	16	21	48	132
茶余杂记（二）	60	74	16	25	44	49
醉经载记	32	56	8	10	24	46
獭祭甲编	7	47			7	47
獭祭乙编	7	27	1	1	6	26
獭祭丙编	22	42	1	4	21	38
獭祭丁编	7	8	1	2	6	6
獭祭戊编	3	4	1	1	2	3
獭祭己编	23	35	8	15	15	20
獭祭庚编	34	74	9	22	25	52
獭祭辛编	18	21	1	4	17	17
獭祭壬编	10	13	2	4	8	9
獭祭癸编	29	38	4	6	25	32
獭祭余编	26	40	3	7	23	33
醉茶志医	1	1			1	1
合计	343	633	71	122	272	511
占比（%）	100	100	20.70	19.27	79.30	80.73

（三）有 13 年的学海堂考核题目抄录

在李庆辰的 20 册笔记稿本中，有 11 册抄录了学海堂（天津问津书院的学堂名，见后述）的考核题目，并写下了大量的与这些考核题目相关的儒家典籍书目、宿儒论述、名家注释以及其他资料。这些抄录涉及 13 年，共计 108 期，并无间断。

（四）有大量的医书、医案和药方的抄录

在李庆辰的 20 册笔记稿本中，《醉茶志医》《茶余志医》2 册的内容全部为抄录的医书、医案和药方，在其他各册中，也都有大量的抄录。此外，还有自己学医的心得体会，以及自己实践的案例记载。值得一提的是，在这类内容中，还搜集记载了许多民间验方和保健方法，甚至还有一些涉及疗病的巫术，可谓洋洋大观。

（五）有大量的读书笔记和其他记载

在李庆辰的 20 册笔记稿本中，还记有大量的读书笔记，其所读书籍涉猎广泛，除医书以外，还有儒家经典、历史典籍、文学巨著、科技译作，以及上海《申报》和天津《时报》等，读书笔记有叙有议，表述清楚，观点明确，值得品味。

在李庆辰的 20 册笔记稿本中，还零星记有自己的日常活动、生活起居、家庭情况等，有关内容将在相关章节叙述。

五、笔记稿本中故事诗作与刊本的对比

李庆辰 20 册笔记稿本中记载的故事原稿，有 61.08% 收入了《醉茶志怪》；记载的诗作原稿（首数），有 17.95% 收入了《醉茶吟草》，其原稿与刊本有何不同？现仅以笔记稿本中的故事原稿与《醉茶志怪》刊本为例做些对比，以见端倪。

（一）自序的对比

笔者在关于《醉茶志怪》写作经历的分析中已经推断，李庆辰在《醉茶志怪》刊行前约 17 年（即光绪元年，1875 年）就起草了自序，其证据，一是在笔记稿本《茶余杂记（二）》中记有几段文字，意思并不连贯，但细读之下可以发现，其与《醉茶志怪》刊本之自序中的语句极其相似，如："则欲聚米而为山，居然成裘于集腋""遂使青林黑塞，燐火增辉，泉路夜台，幽魂生色""谓夫千年华表，狐信能烹，三尺荒坟，鬼真能唱""信以传信""传记降神""易占载鬼""吮墨笼香，挥毫落纸，记新闻之诡异，识故鬼之烦冤"等，这很可能是李庆辰在酝酿构思自序时，随手记录下来的得意语句。二是此后更有一篇无标题的文字，应是《醉茶志怪》的自序初稿无疑。

17 年后，到了壬辰年，即光绪十八年（1892 年），李庆辰在笔记稿本《獭祭壬编》中写了一篇"醉茶自序"，其内容与《醉茶志怪》刊本自序相同（仅有 9 处文字修改）。这应当是自序的定稿了。

现将两册笔记稿本中的自序定稿与初稿都誊抄于下：

《獭祭壬编》的自序定稿	《茶余杂记（二）》的自序初稿
《醉茶自序》	《（无题）》
一编志异，留仙叟才迥过人；五种传奇，文达公言能警世。由今溯古，绝后空前，此外之才人，纵能灿彼心花，终属拾其牙慧。盖创之匪易，捷足者既已先登；而继之殊难，后来者莫能居上。言念及此，兴致索如。然而人各有怀，甘苦不同其际遇；士非得志，穷愁每见于词章。惟文字厌弃夫平庸，故搜访乐闻夫鬼怪。性有偏好，口诅能缄；文不求工，狂且弗顾。辟彼自鸣其天籁，岂能尽合乎人心。编中事迹，有与前贤仿佛者，乃词非虚构，事本直书。弃之何以生新，留之转如袭旧。有关风教，奚避雷同，知不免为博雅君子所指摘矣。虽然，传记降神，易占载鬼，煌煌经史，昭著古今，固不同桑号子明，龟呼元绪，螺壳或藏彼美，鹅笼或寄书生也。	镂金错采，南北朝艳丽无双；范水模山，东西京才华有几。自矜博洽，技擅雕龙，雅号宏通，文成绣虎，宜其炼都十稔，而名重一时也。经世之文，固足贵矣，至若探奇索隐，缀笔成篇，托狐鬼之词，以抒抱负；假神仙之论，而写胸藏，言海若而心驰，赋洛神而意永，甚至红螺壳里，幻出佳人，白鹅笼中，淹藏秀士，而桑呼元绪，龟唤子明，愈出愈奇，匪思所及，此又文人好奇之故，而述异诸编所由作也。某才惭浅薄，时复迍遭，叹学海之渊深，罔登彼岸；悲砚田之萧索，不遇丰年。敢以寡闻孤陋之胸，为乌有子虚之说哉。

《獭祭壬编》的自序定稿	《茶余杂记（二）》的自序初稿
辰半生抑郁，累日长愁，借中书君为扫愁帚。故随时随地，闻则记之。于是二三良朋，时来蜗舍，此谈异说，彼述奇闻。谓夫华表柱信可烹狐，鲍家诗真聆鬼唱。信以传信，清谈增鬼火之光；元之又元，雅谑生幽魂之色。再忆昔年游历，悉供今日搜罗。始欲米聚而为山，久遂裘成于集腋。维时风萧雨晦，人静夜凉，茶烟留古鼎之香，兰炷吐秋灯之焰，濡毫吮墨，振笔直书，则此中之况味，真有不堪为外人道者也。吁嗟乎！高山流水，几多岑寂之人；弄月吟风，半是牢骚之客。东坡说鬼，言诡无稽；干宝搜神，意原有托。而况兰因絮果，尽得风流；贞木贪泉，微加月旦。事或关乎报应，词不背乎圣贤也。知我者其谅之哉。	奈终年抑郁，忧愁实多，借中书君为扫愁帚。故随时随地，所见所闻，辄载于编，而要以怪异者为多趣。于是二三知己把袂时来，各说奇闻，共谈异事，遂使魍魉队里，磷火增辉；黑黯乡中，夜台生色。再忆昔年之游历，悉供今日之搜罗。则欲腋集于裘，居然山成聚米，维时雨晦风萧，夜凉人静，兰缸凝焰，古鼎飞香，莲漏沉沉，未觅骷髅之梦，蓬庐寂寂，拟为傀儡之吟，乃彼野鼠城狐，依稀嗥叫，山精木怪，佛彷往来，振笔直书，会心独远，则此中况味，真有不堪为外人道者也。吁嗟乎！高山流水，几多岑寂之人，低唱微吟，半属离骚之客。东坡说鬼，言诡无稽；干宝搜神，意应有属。而况兰因絮果，尽得风流；木让松贞，微加月旦。事或关乎报应，言岂畔乎圣贤。知我者其谅之哉。

从内容上看，这两篇自序稿都可大致分为两部分，前半部分都是从历史上文学创作的辉煌说起，然后谈到自己的创作；后半部分都讲了《醉茶志怪》的写作心路。对比之后可以看出，两者的后半部分基本相同，而前半部分修改较大。在前半部分中，自序初稿是以评论者的口吻，大段地谈论了南北朝时期"经世之文"以及"述异诸编"的创作繁荣与成就，然后简单地说自己"敢以寡闻孤陋之胸，为乌有子虚之说"，斗胆写了《醉茶志怪》。自序定稿则将自己摆了进去，他在开头提到了蒲松龄的《聊斋志异》和纪昀的《阅微草堂笔记》，但没有深入地评论，而是直接得出了这两部文学巨著"空前绝后""后来者莫能居上"的结论，并由此与自己联系起来，想到蒲松龄和纪昀的成就，对创作《醉茶志怪》就兴致索然了。但话锋一转，尽管兴致索然，但还是要继续写下去等等。这样修改，使对创作《醉茶志怪》心

路历程的叙述，更显得诚恳与真实。

待到《醉茶志怪》刊行时，其自序较之定稿，仍可见 9 处文字修改，如自序定稿中有句"谓夫华表柱信可烹狐；鲍家诗真聆鬼唱"，在《醉茶志怪》之自序中改为"谓夫千年华表，信可狐烹；三尺荒坟，真聆鬼唱"，等等。至于自序定稿中"元之又元"句，实为"玄之又玄"，这是当年李庆辰为避"玄烨"之讳而改的，其在《醉茶志怪》原刊本中也是这样。不过，在现代的几种点校本中，已写为"玄之又玄"了。

（二）故事的对比

李庆辰在《醉茶志怪》之自序中说，书中的故事是他"随时随地，闻则记之"而来的，而且"词非虚构，事本直书"，这是可信的。从笔记稿本中故事原稿与刊本的对比看，故事的文字修改并不多，大部分甚至一字未改，究其原因，可能是李庆辰搜集的故事素材本来就质量较高，"闻则记之"即可，但主要的是，他在记录和整理素材时就已经对文字做了加工修饰，刊行时已无须大的修改。当然，小的修改还是有的，这也是精益求精使然。

如《牛龙》篇。

笔记稿本《獭祭丁编》有篇故事稿，无标题，原文是：

> 李某者贸易山海关外，晚自市归。天忽暴雨，见田畔有牛三头卧草隙，牛颔下垂长髯尺许，其色或青或红，怪之。归语同人，或云是龙也。未几，空中电雷訇砰，金光射目，人都见云中尊龙，□□云。

在 5 年后的笔记稿本《獭祭壬编》中，有标题为《牛龙》的故事稿：

山左郭某贸易于山海关，一夕从他处归，将近村，暴雨骤至，暝色四合，虽未淋漓，而林啸风萧，云埋月镜，甚觉恐怖。见畴陇畔卧巨牛四五头，其色有青有黄，惟颌下长须竟尺许，如山羊状。归语同人，怪牧人懒惰，故天色昏黑尚不驱归。识者曰，此龙也。不久当大雨，已而果然。

很显然，上述两篇是同一个故事，前者当是"随时随地，闻则记之"的故事素材，后者当是修改稿。相比之下，后者显得更丰满，故事性更强。这篇故事后来以《牛龙》为题选入了《醉茶志怪》第一卷。刊本所见的文字较之《獭祭壬编》故事稿还有些许修改，例如，将"山海关"改为"榆关"，将"一夕从他处归"改为"一夕归稍晚"，将"暴雨骤至"改为"暴雨欲至"，将"虽未淋漓"改为"虽未倾盆"，将"怪牧人懒惰，故天色昏黑尚不驱归"改为"怪牧人懒而物主疏也"，将"不久当大雨，已而果然"改为"俄而，震雷走空，天雨如注"等，可见，李庆辰对作品的文字推敲还是很细腻的。

第二节 未刊故事分析

自作主人公的梦幻 / 真实人物的异闻 / 昏官断案的离奇 / 寓劝诫于其中的志怪 / 生人对鬼的四种态度 / 对异常自然现象的思考 / 颇具功力的文字

李庆辰从 20 来岁起就开始搜集和积累故事素材，在其后的 30 多年间，他随闻随记，笔耕不辍，其笔记稿本中写满了故事。到光绪十八年（1892 年）刊行《醉茶志怪》前，笔记稿本中已有故事 327 篇，他挑选了其中的 259 篇收入书中（又从别处收入 87 篇，共 346 篇），从而造就了他的传世之作，其余的 68 篇留在了笔记稿本中。在《醉茶志怪》刊行后，李庆辰并未停止搜集故事素材，一直到他去世时，又创作了 97 篇故事，如果他能长寿，也许还能再出版一本续集。遗憾的是，他于光绪二十三年（1897 年）去世了，这些故事原稿也就永远地留在了笔记稿本中。细读这两个时间段留在笔记稿本中的共 165 篇故事原稿，无论是故事情节，还是文学及社会价值，都不逊于《醉茶志怪》已刊的故事，尤其是载于《獭祭癸编》《獭祭余编》的故事原稿，长篇居多，故事性很强，很值得一读。另外，这 165 篇故事原稿大都有一种另类的味道，这个另类味道之于筛选下来的 68 故事，可能是已经触及了某种标准或底线，成为落选的主要原因；至于无缘面世的 97 篇故事，由于已经没有了刊行的压力，也不必为某种标准去权衡，完全是随性而为，可能就是原汁原味了。

一、与自己有关的故事

《醉茶志怪》中的故事，不论是托兴鬼狐，或是描述冥界，还是记述传奇，其主人公都是他人，写的都是别人的故事，绝无李庆辰自己。但留在笔记稿本中的原稿，则有以他自己为主人公或与他自己有关的故事，当然，这些故事都隐罩在了奇幻的光环之中。

（一）梦境中的浪漫

《茶余杂记（一）》中有一篇故事（无题），说的是自己的一段梦中浪漫：

> 癸亥岁浴佛日①，梦至一处，厦屋高垣，朱扉洞启，仿佛兰若，额书"昙花观"三大金字。其中皆游廊，曲折不知多远，两旁皆葡萄蔷薇数顷，阴森蔽日，自顾身已僧矣。徘徊间则意中人携手而来，予虑其步弱，抱之行，轻弱乌灵，回不为累。至一室，蛛网败尘，狼藉床榻，细视几上，书帙烟具犹存，拂拭尘埃，见有尺牍诗词等，字皆端好，几傍器具精细，似昔有人居者。乃忆毛诗②云，"宛其死矣，他人入室"之句，不禁悲从中来，怅然遂悟，遂赋诗云，"镜花水之悟良缘，情漪何须一线牵。省识人生如大梦，穷通得失意萧然"。

---

① 癸亥岁为同治二年，即 1863 年。浴佛日，又称浴佛节、佛诞日等，为每年的农历四月初八，该日是佛祖释迦牟尼诞辰日。传说释迦牟尼降生时，九龙吐水为之沐浴。

② 毛诗即《诗经》，为西汉毛亨、毛苌辑注的古文《诗》。"宛其死矣，他人入室"句出《诗经·风·唐风·山有枢》。

李庆辰在《醉茶志怪》之自序中表白，书中所述"事或关乎报应""词不背乎圣贤"，但在这篇故事中，却迥然不同。李庆辰将自己置于梦境，并幻化为僧人，他竟然在这样的环境下，以这样的身份与意中人携手而来，而且恐意中人走不动，将其抱了起来，居然感觉轻弱刍灵，回不为累，此情此景何其温馨，何其浪漫。不过，李庆辰在这篇故事中所要表达的不仅是爱情的热烈，更有"镜花水之悟良缘""省识人生如大梦"的感慨。从李庆辰笔记稿本的记载中可知，故事中提到的"意中人"确实存在，他在同一册笔记稿本的诗作中就多次提到，这可能是他的初恋，但终因"家贫误一生"（有关详情，在下节中另述），留下终身遗憾。这篇故事所在的《茶余杂记（一）》是李庆辰最早的一册笔记稿本，写于同治元年至七年（1862－1868 年），时年 25－31 岁。这篇故事是他笔记稿本中记载的第一篇故事，像这样一篇表达自己浪漫情怀之作，自然会留在笔记稿本中，是绝不能选入《醉茶志怪》而面世的。

（二）亡魂的托付

李庆辰笔记稿本《獭祭辛编》有篇故事（见下图），无题，讲述了南门内一位烈女殉夫的事：

邑赵联捷之妻陈氏，陈永年之女也，寓南门内，家本清寒。联捷患病甚笃，氏祈祷颇虔，乃割股肉大如掌□医夫。夫卒不起，于十月初八日病故，氏哭之哀。其姑劝之曰：既青年，又无所出，待亡人殡后，归尔母家，再作身计。其小姑亦怂恿之。氏喟然曰，妾归赵氏，站者入其门，必倒者出其门，他何计焉。十二日早起，洒扫哭祭如故，从容入室，仰药而卧。其家知而救之，氏力止之。矢志□他，遂于十三日午刻逝世，时年二十一岁，呜呼，烈哉。

《獭祭辛编》之"邑赵联捷之妻陈氏"殉夫故事稿

　　这篇故事的下一页还记有一篇与之相同的故事，题目为《时报登记》，其情节描述比前者稍显直白和简略了些。有证据表明，前者是李庆辰应约为报社撰写的原稿，后者则是《时报》修改刊登后他抄录的报载文。其证据是，笔记稿本《獭祭壬编》中有一篇"醉茶子曰"，记述了这件事情的来龙去脉：

　　　醉茶子曰：邻家陈烈妇慷慨殉夫，仆为之达诸采访之局，使其流芳百代，良以彰善憎恶，我辈之责也。一夕，予自塾归，时已二鼓，适过陈之门，闻有人呼曰：以妾之故重劳先生矣。予回顾，阒其无人，然则陈氏之灵欤？……凡节烈之俦，非有近于怪异者，陋编不载，陈氏故露光怪，欲予为之记载，然问声无人，其为烈妇之魂可知，故为之详叙于编内。

李庆辰在"醉茶子曰"中表示，对于贞妇烈女这样的事情，如果没有怪异传说，他本来是不会写，也不会收入《醉茶志怪》的，不过，受陈烈妇之"魂"的托付，为了"使其流芳百代，良以彰善憎恶"的责任，也为了应对报社采访之邀，他还是写了，并投给《时报》刊载了。尽管他说还要将陈烈妇的故事"详叙于编内"，但最终并没有将该篇收入《醉茶志怪》，可能还是为了维护志怪传奇小说的特色吧。

(三) 怨妇吟的感染

李庆辰笔记稿本《獭祭辛编》中有一篇故事，无题。说的是他步怨妇吟之韵而和之的事情：

> 津门王莼甫世华，由郡城①往杨柳青，车中轻眠，梦入孤村。林木茂密，有丽人衣缟素，慕而从之。入林中而丽人不知何往，有茅屋岿然，中有吟诗声，甚怨楚，其词曰："清明雨，湿纸灰，离人一去不且回，尘埋玉色，酒涸金杯。清明雨，湿草痕，家家春色不开门，红垂树杪，绿拥篱根。"顿惊怪，时壬戌三月初七清明也。后陶仙舟告知卢绍棠，绍棠和之曰："清明雨，湿客愁，一丝离绪搁红楼，花残古驿，梦绕荒邱（丘）。清明雨，湿古坟，红妆旧冷石榴裙，春迷梦客，泪渍湘君。清明雨，湿柳烟，缟衣愁立薄寒天，魂消离别，恨入秋千。清明雨，湿杏花，幽魂思故客思家，吟寒庐影，臂冷窗纱。"予曾亦和之云："清明雨，湿落花，离人渺渺天之涯，愁堆翠鬟，歌冷红牙。清明雨，湿青苔，长杨飒飔风声哀，愁消剩粉，泪渍轻埃。"

---

① 郡城，即天津。

茅屋中传出的吟诗声，应该是怨妇吟，句句怨楚，意境凄凉。卢寿彤和李庆辰受其感染而和之，并无怪异而言，所以未选入《醉茶志怪》。后来，李庆辰将其中卢寿彤和他的诗作删去，又增加了荒坟、衰柳等情节，改写成《鬼吟诗》篇，收入《醉茶志怪》第三卷中。

二、真实人物的传奇

《醉茶志怪》故事中的主人公，不但没有李庆辰自己，也没有真实人物，都是以某甲、某乙、张某、李生称谓，即使有名有姓，也是无从稽考的小人物。但留存在笔记稿本中的故事，却有真实人物的传奇异闻。

（一）达官名人的异闻

李庆辰在笔记稿本《醉经载记》中，写有几位真实人物的异闻。

王肯堂

金坛王肯堂，太夫人结缡载余即独处，持斋绣佛，有孕，恶之，以二药丸堕其胎。梦神谓曰：此将来良相，乌可妄行攻堕。及肯堂生，左右手各持药一丸。后举万历己丑进士，选庶吉士①，虽未跻台辅，而究心灵素，著有《证治准绳》。

故事匪夷所思，但王肯堂确有其人。王肯堂（1549－1613），字宇泰，号损庵，自号念西居士，明代金坛（今江苏省常州市金坛区）人。自幼因母病习医。万历十七年中进士，官至福建参政。万历二十年被诬降职，遂称病辞归，重新精研医理。历经 11 年编成《证治准绳》44 卷，另著有《医镜》等多部医学著作。今人辑有《王肯堂医学全书》。

---

① 庶吉士，翰林院中官职名，号称"储相"。

无 题

　　徐用锡太史未遇时，偶如厕，见大肉块，遍身有眼，知为太岁，因忆记载言，鞭太岁者，转祸为福，遂击之，每一击，遍身眼皆闪烁而动。是岁领乡荐①，连捷成进士。

　　"太岁"的传说很普遍，徐用锡遇之而获福，使之更加"可信"了。徐用锡（1656－1736年以后），字坛长，号画堂，清代宿迁（今属江苏宿迁市）人。康熙四十八年进士，官至翰林院侍讲（亦称太史）。

无 题

　　朱秋崖先生云，宝应西北七十里名张公铺，属大长县，康熙四年二月，其地人见平地忽拥出官舰数十帆，樯楼橹具备，船首大蠹，仪卫森然，所过之地迅速如鸟飞，草木皆靡，竟不知是何祥。

　　朱秋崖，即朱克生（1631－1679），字国桢，号秋崖，清代清江南宝应（今江苏省扬州市宝应县）人，诗人，有《朱秋崖诗集》。朱秋崖所说，似是"海市蜃楼"，对"海市蜃楼"的景象怎么描述都不为过，但说其过之地"草木皆靡"，就肯定离谱了。

　　李庆辰将听到的这些达官名人的传奇异闻记录下来，却不宜端出去，按现在的话说，这里有个"名誉权"问题。

　　（二）天津好官的赞歌

　　清代初期，天津为"卫"。雍正三年（1725年），天津卫先升为由河间府管辖的"州"，后又升为由直隶省管辖的"直隶州"。雍正九

---

　　①　领乡荐，乡试中举。

年（1731 年），朝廷以天津直隶州为水陆通衢，五方杂处，事务繁多，遂升其为天津府，同时"置附郭县"。所谓"置附郭县"，就是在天津府治所的天津城郭内附设天津县，于是，在天津城内既有天津府衙也有天津县衙，既有知府又有知县，当然，天津府管辖天津县，同时还管辖静海县、青县、沧州（不辖县的散州）、南皮县、盐山县、庆云县。① 旧时的天津人习惯将天津府辖称为"郡"，将天津县辖称为"邑"，以示区别。李庆辰在笔记稿本《獭祭癸编》中，有《王青天》篇，讲述清咸丰年间，天津县知县王大猷廉明清正，断狱机巧的三个故事；还有《卢龙甲》篇，赞扬天津知府石赞清在任卢龙县②知县时浩然正气，勇斗鬼邪的故事。

王青天（誉其一）

邑侯王公大猷③，廉明清正，折狱如神。偶过米肆，有卖鸡人拦舆呼冤，云：米铺主人欲买鸡，曾捡一尾付之，彼持去久不出，向伊索值，伊不但不偿，反污小人为讹赖，适府宪④经此诉之，竟被责矣，小人冤哉！公呼主人询之，对云：鸡原某所素畜，实非彼物。公问：汝饲以何物？对云：以红粱。又问卖鸡人，对云：小人贫苦，仅饲糠耳。公曰：是不难知。令役剖鸡验之，糠犹满膆，间杂红粱少许。公谓主人曰：此诚卖鸡之物也，膆中多糠，是彼所素畜者也，间有红粱，是汝新饲者也，且鸡瘦

① 天津府领六县一州：静海县，现为天津市静海区。沧州，现为河北省沧州市。青县、南皮县、盐山县，均为现河北省沧州市管辖的县。庆云县，现为山东省德州市庆云县。

② 现河北省秦皇岛市卢龙县。

③ 王大猷，湖南石门人，举人出身，道光十七年任天津县知县。

④ 府宪，对知府的尊称。

而多骨，岂尔米肆仓廪充实，独不能饱一鸡哉？主人词穷。公
曰：尔巨商贪鄙乃尔，亟命重笞。主人叩头乞免。公曰：既不受
杖，须当受罚。某唯唯，急出钱二千付鸡人。公曰：此罚尚轻，
府宪照壁将颓，令汝修葺，否则受责。某叩首应命。次日鸠工，
府署前大兴土木。一日余，府宪烦幕友向公劝止焉。

这则故事中，王大猷剖鸡探朕，以事实说话，其断案的智慧与公
允，已令人拍案叫绝，而其不惧上司，勇纠错案并巧妙批评上司的胆
量与机智，更令人佩服不已。在王大猷之前，卖鸡人曾拦住知府大人
的轿子告状，知府大人不辨皂白，竟然将卖鸡人斥责一番，使有理者
蒙冤，无理者得逞。王大猷问明前情后果后，一是不"绕过去"，义
无反顾地接下案子，并公正判决，纠正上司错判；二是在罚米铺老板
赔偿卖鸡人损失后，又加罚其去修葺府衙照壁，借以提醒或批评知府
大人。幸好知府大人也不是坏官，或与王大猷交好，因此，没有找茬
反击，只是知趣地"烦幕友向公劝止焉"。否则王大猷会"吃不了兜
着走"的。

《卢龙甲》篇说的是，卢龙某甲，娶妻不久。这一夜，妻子在睡梦
中被丈夫的呼号声惊醒，秉烛视之，只见床前一摊鲜血，丈夫不见了。
妻子唤来公婆，公婆怀疑儿媳是凶手，将其扭送县衙。儿媳鸣冤道：
房屋门窗紧闭，并无外人，我一妇人，纵然能杀夫，焉能藏匿？现在
并没有找到丈夫的尸首，怎么能判定我是凶手？县官听其所述有理，
且未找到某甲尸首，只得将其暂行释放，责其回家赡养公婆。此案从
此挂了起来，几年下来，县官也换了数任，始终未能理清结案……

……适石侍郎赞清宰是邑，稽察存牍，见此案甚为诧异，乃
拘集人众细讯。妇云：自归夫家后，每夜间隐隐远有哭声，遂不

觉亦为之悲感，复哭声渐至窗外，一夜陡然入室，则一披发白衣妇人，堂中跳舞，以物击之，悲号而去，此后闻啼声似在村外。公乃拘地保访诸居民。或云有担粪者，每早起，往往闻坟中有哭声，久而不以为怪也，盖村外久有一无主荒坟。遂令于坟外扎席棚，使无微缝，留一小门，以便出入，遣僧道于棚内诵经，公着朝服坐门外，左持印，右持剑以镇之。如是数昼夜，无效，人意寝衰，公犹不懈。一夜时交三鼓，忽自坟中出一女鬼，白衣披发，面目血污，与妇所见者相同，绕棚跳跃，似欲逃避，甫至门，公以印击之，如烟而没。因破坟开棺，有一妇人尸，身被凶服，遍体生毛，是僵尸已为妖矣。棺外得某甲尸，肉未尽腐，肢体无伤也，令其家殓葬焉。命火焚女尸，案乃结。卢龙民感公之德，为悬"驱鬼除妖"之额云。马广文莲溪先（生）为予言。醉茶子曰：石侍郎守吾郡时，有古大吏风。及闻其宰卢龙时，判此奇案，可见公浩然正气足以胜邪。把剑握印，公岂专恃是哉。

这则故事是马莲溪讲给李庆辰的。故事中称赞的"石侍郎赞清"，是晚清的一代名臣。石赞清，字襄臣，清代贵州省黄平县旧州镇人。生于清嘉庆十年（1805 年），自幼刻苦读书，道光十五年（1835 年）中举人，道光十八年（1838 年）中进士，即用分发直隶省，先后在 4 个县任知县。石赞清能公断讼案、如实裁决，有"石一堂"之美称，《卢龙甲》的故事就发生在他任卢龙知县的时候。石赞清是否真能"驱鬼除妖"，另当别论，但他身着朝服，把剑握印的浩然正气，足可以震慑世间一切妖魔鬼怪。

咸丰六年（1856 年）五月，石赞清补天津知府，在任 4 年多。期间正值第二次鸦片战争时期，他先是发动民众抵御英法俄美侵略军，设法保全孤城，至《天津条约》签订时，天津城内几乎未受外兵侵扰。及至《天津条约》签订后，石赞清拒不让出府衙，被英法联军劫至敌营，他坚贞不屈，大义凛然，慷慨陈词，痛斥敌酋，并拒绝进食，充分显示了中国人的民族气节和大无畏精神，后敌军无奈，被迫将其送回。天津人民编歌颂其为"爱国为民天津府，刚毅不挠胸有主"。石赞清为官政绩卓著，史评"中外皆有政声"，后几经擢升，同治六年（1867 年）补授都察院左副都御史，再补工部右侍郎。

这两篇故事写于《醉茶志怪》刊行后，自然无缘收入《醉茶志怪》，否则，《卢龙甲》篇绝对能与读者见面，但《王青天》篇，虽然故事精彩，却没有怪异情节，读者就不一定见得到了。

三、明镜高悬下的荒唐

旧时的官府大堂都挂有"明镜高悬"匾额，但匾额下所坐的官吏昏聩贪婪，所断之案荒唐不经，也是屡见不鲜的。李庆辰的笔记稿本中就写有几个昏官庸吏胡判乱断的故事。

（一）令人质疑的断案

《獭祭辛编》有《借躯二则》篇，讲了两个故事，后一个故事就"恐非信谳"：

> 乡人李某，殂谢已久。忽有山右①人驾双车至，所携财物甚丰，云，系李借躯还魂，今返故乡。呼李家人某某皆相识，并言其生平事，无不吻合。其妇四旬余，某见之痛哭，妇亦感泣。听其言，半操西音。其家人力逐之，某无奈，暂寓客邸。访其旧友某为之调停，友与不识面，某言其交好往来事迹，具不谬。好事者欲为赞成，而其家人亦有相纳意。有李之族长，老儒也，力阻不可，后兴讼，官未准。其山右之家人随之至者，劝其归，不

---

① 旧时山西省的别称。

听。后不知作何究竟。此咸丰初年事。又，深州①某，客死他乡，其弟扶柩归，殡葬已久。忽某自他乡至，衣裳甚富，形貌照常，其家人以事近怪异拒不纳。或云，恐棺中者非。及经官开视，骸骼虽在，莫辨形容，官亦无如何，判离。其人悻悻，载其囊赀②而去。此二案相类，窃以为，乡人一则是借尸还魂，事或有之，认体不认魂，古人已有定案，所断甚是。若深州某，不无情弊，苟非其弟亲视含殓，云时曾否有余财物？皆宜根究，县判为离，恐非信谳。

李庆辰赞同对第一个告诉的判决，因为"还魂"之躯不是本人，古代早有"认体不认魂"的审判原则，所以他认为"所判甚是"。但他对第二个告诉的判决给予质疑，深州某携资回家，只因其弟说他已客死他乡，且殡葬已久，家人竟然不顾本人站在面前的事实，就以事近怪异而拒不接纳，而官府也在开棺验尸没有结果的情况下判其离婚，这是经不起推敲的判决。李庆辰的质疑是，其弟是否亲见其兄尸入殓？或者说其弟所见入殓之尸是否确为其兄？其兄"死"时是否留有财物？没有解决这些疑点的判决"恐非信谳"。

（二）匪夷所思的判决

《獭祭癸编》有篇故事，无题，说的是：信都县差役某，住在城外二十里的山中，每当差值班时，不能天天往返，需在城里住五天才能回家，其妻某氏耐不住寂寞，与村中某甲私通。这年寒冬某日，差役某离家进城当差，某甲溜进其家，刚要脱衣与某氏共枕，忽听敲门声，某甲急忙藏于床下，某氏开门一看，原来是差役某返回来了，说是走了数里后，忽然想起家中没有粮食了，返回来送钱，放下钱就走

---

① 深州，今河北省衡水市深州市。

② 赀，同资。

了。某氏关上门，唤某甲出来，不想差役某又敲门，某氏开门问何事，差役某说天气寒冷，把我身上的皮袄给你留下吧，放下皮袄又走了。等差役某走远，天色已晚，某甲才从床下爬出来，连说，危哉，危哉！某氏问，有什么危险？某甲说，他倘若不走了，我在床下岂不冻僵了，或者被他发现，更祸不可测！谁料某氏说道，"是何难哉，俟其睡熟而杀之，何患焉"。某甲听后沉吟不语，暗自思忖，"尔夫虑尔饥寒，遗钱留衣，不惮冒寒往返，可谓恩情备至，汝尚欲杀之，此等黑心妇留而何待"，遂觅刀将某氏杀死。第二天径直去县衙自首了……

> ……官察其情实，诘之曰：妇既不良，绝之可也，杀之胡为？甲云：此妇心如虺蜴，杀夫之念已坚，恐终不能免，予纵与绝，保不再交他人，而其夫亦死，又焉知不恨我而遗祸，且既私我而杀，便次私他人而杀，我反复思之，终属后患。小人为其夫除害，情愿抵焉。时役正侍衙前，乃登堂叩首云：妇谋杀夫，法所不宥，是小人未能为者，彼代为之，此烈士也，不可杀之。今幸公文未详，请宽其死，杀人之罪小人以身任之。甲犹力争，官以"为义薄责"而释之，二人遂订为生死之交，如廉蔺焉。惜未能识其名也。醉茶子曰：某言果实，固落落烈男子也。设使其因奸致杀而伪为此慷慨语，役□不加察而遽信之，妇不亦冤乎？邑宰公然开释，其取信安在哉！呜呼，人心不古，何可冒昧。为民上者，不难于折狱之决，而难于见事之明，可勿慎欤。

故事中，一个是先与有夫之妇私通后又将其杀害的某甲，一个是与妻恩爱后又与奸杀其妻的凶犯订为生死之交的某役，还有一个以"为义薄责"为名释放凶犯的某官，三人以"义"的名义置某妇于死地，真是一桩匪夷所思的判决！李庆辰在为妇死鸣冤的同时，对于某官在未辨真伪的情况下公然开释凶犯提出质疑，"其取信安在哉"！并指出"为民上者，不难于折狱之决，而难于见事之明"，可千万要慎重！是语十分深刻。

（三）儒雅机巧的贪婪

《獭祭癸编》有故事，名《某官》，讲了某官贪赃而不伤雅的机巧。

　　某官善于纳贿。所属有富室，人颇长厚，其先曾为人仆，忠于其主，后有余赢，则弃其业，公然一方绅士，深讳当年之事。某官欲贪其脏（赃），而无隙可击，遂赠一额，以示褒奖，文曰："义仆可风"，示以意，将鼓吹送之以悬于其门。富室闻之，深以为辱，急烦人私纳以重赀，姑免。噫，如此贪赃，真巧不伤雅。

儒雅机巧的贪婪，其实更无耻。而那个富室深讳当年之事，亦可圈可点。

（四）值得商榷的善举

《獭祭余编》有故事名《义阡①》，对官府设立义阡的"善举"，提出自己的一些看法。

　　丙申岁，邑官绅捐资立义阡于海河东岸野，凡城关内外无主材木坟茔，示其领取，不来取者，即迁之义阡瘗之。城内西南隅乱塚丛杂，其中多有苇葬者，遣役夫掘土捡骨，盛以小棺而瘗于义阡。其处久为晾粪之所，夜有数人担粪来往，或见有白衣人盘桓其处，问之不答，或就前视之，无有人也，惊毙。众见某不

---

① 义阡即义冢，旧时收埋无主尸骸的墓地。

起，即前视之，即昏不知人。救醒询之，自述所见如此。

鬼，归也。俗云以入土为安，指骸暴露埋之可也。若已埋
者，何必复掘出而更瘗之，颠倒而更迁瘗之哉。世云之鬼，不必
枯骨之于□，向使□者不安于夜台，亦殊非善举也。

李庆辰认为，官府将乱尸岗中已掩埋的骸骨掘出迁瘗的做法"殊
非善举"，从入土为安的世理角度看，也是有道理的。

《借躯二则》写于《醉茶志怪》刊行前，信都县差役某和《某官》
的故事写于《醉茶志怪》刊行后，这三个故事形象而深刻地反映了官
府的荒唐、昏聩与贪婪，但都没有怪异情节；《义阡》虽有鬼怪描写，
但其表达的意思是对善举的商榷，因而未能（无缘）选入《醉茶志怪》。

四、视角独到的劝诫

《醉茶志怪》中的故事，虽言志怪，稍寓劝诫，即劝诫不是板起
面孔的说教，而是寓于光怪陆离的故事之中。李庆辰"稍寓劝诫"的
范围很广，视角独到，下面这几则就很有意思。

（一）抨击扶乩召神的评论

《醉茶志怪》中，讲述因果报应、托生投胎、物老成精的故事很
多，李庆辰对这些不可思议的怪异，大都表示了一定程度的认可。如
"天道好还，理自不爽，似不可尽以为诬""托生投胎之说，儒者勿
讲，然其理终不可谓乌有子虚也""天下太肖人者，日久必为怪。木
瘿①肖人，久则成为木魅②；怪石肖人，久则成为山魈③，自古皆

---

① 木瘿，树木外部隆起的瘤状物。

② 木魅，传说中老树变成的妖魅、树怪。

③ 山魈，传说中的山里独脚鬼怪。动物界有山魈，灵长目，猴科，山
魈属，常栖于非洲热带雨林中。

然①""堪舆之说或有其理焉"② "镇餍（魇）之术良可畏矣"③，等等。但是，他对巫术、扶乩之类是持否定态度甚至是厌恶的，皆因巫术诈财、扶乩骗人，而毫无劝诫的意义。《醉经载记》有《扶乩》篇：

> 扶乩召神，未必实有其神也……尝观今世所召之神仙，率皆世俗习见习闻之神，夫即习见习闻之神，亦皆最尊无比，岂能听人呼唤？况天上神仙，未必即世俗所传者而尽该之也，何以不知者不来，而所来者皆其素所传说之神耶？此不待烦言而解矣。不第神也，即当世名将相，其为人所共知者，聊聊数十人，而不知者多于其所知者，推而言之，神仙亦然，不能尽为所知，故降乩者皆其所知者，此足证扶乩者之伪托也，人奈何不误哉？

李庆辰在故事中先提出了两个问题：一是扶乩者所召之神，都是世人所熟知且无比尊贵之神，这些神仙怎么会听人呼唤？二是天上的神仙很多，大多数不为世人所共知，就像当世的名人将相那样，为什么所来者都是"熟人"，不知者不来？他由此得出结论，扶乩者和大家一样，都是凡夫俗子，之所以"降乩者皆其所知者"，是因为他也不知道更多的神仙，"此足证扶乩者之伪托也"。

这篇故事的提问直指要害，辩论深刻有力，结论今人信服，是一篇好"论文"，不过，没有时间、地点、人物和情节，算不上是传奇故事，这可能是《醉茶志怪》未选的原因，我们只能在笔记稿本中了解他的真知灼见了。

---

① 见《獭祭己编》之《（无题）》。
② 见《獭祭癸编》之《落鹰台》。
③ 见《獭祭癸编》之《朱氏茔》。

（二）长生不老的悲哀

世人都期盼长生不老，于是修炼者有之、炼丹者有之。李庆辰笔记稿本《獭祭癸编》有《比邱》篇，描写了一个修炼成长生不老的人，但其境况是十分悲哀的。

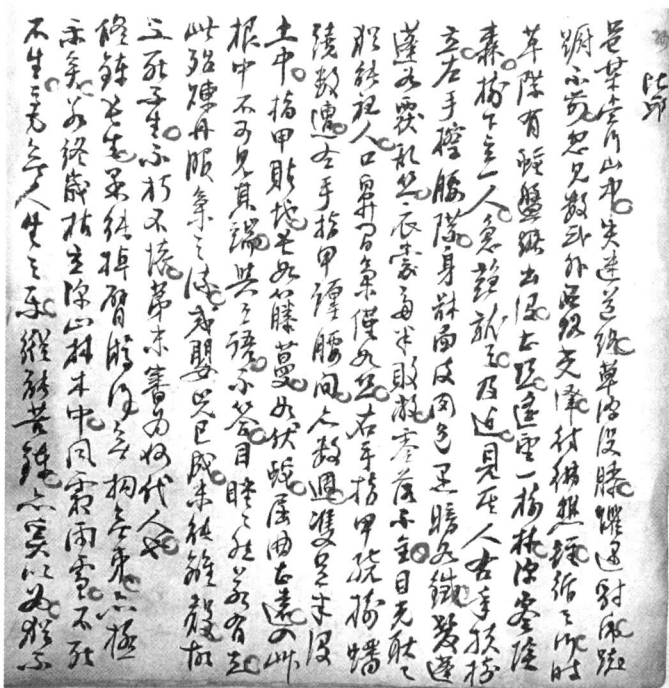

《獭祭癸编》之《比邱》篇

邑某尝行山中，失迷道路，草深没膝，惧遇豺虎，踟蹰不前。忽见数武外石路光泽，仿佛樵径，循之行，时草际有蛇出没，甚恐。遥望一树林，深密阴森，树下立一人，急趋就之，及近，见其人右手扶树立，左手擦腰际，身体面皮肉色黑暗如铁，发蓬蓬如覆乱丝，衣裳多半败敝，零落不全，目光耿耿犹能视人，口鼻间气仅如丝，右手指甲挠树蟠绕数遭，左手指甲缠腰间亦数周，双足半没土中，指甲贴地，长如藤蔓，如伏蛇屈曲甚远，入草根中不可见其端。与之语，不答，目瞠瞠然若有知，此殆炼丹服气之流，或婴儿已成未能离壳，故不死不生，不朽不坏，第未审为何代人也。修炼长生，果能掉臂游行，无拘无束，亦极乐矣。若终岁枯立深山林木中，风霜雨雪，不死不生，毫无人生之乐，纵能苦练，亦实以为犹不如死之速朽也。

相信读完这篇故事的人，都会在惊愕感叹之余，对长生不老的意义有了更清晰的认识。李庆辰关于长生不老如果意味着不死不生，毫无人生之乐，"犹不如死之速朽"的观点，亦发人深省。不过该篇写于《醉茶志怪》刊行后，其高论也就无缘与世人交流了。

（三）执迷不悟的后果

笔记稿本《醉经载记》有篇故事名《燕南屠户》：

　　燕南屠户，日以宰杀为业，数年家道小康，犹不改。夜梦二役勾至冥府，冥王曰：汝已家道充裕，尚不改行，贪得嗜杀无忌，何所底止？屠曰：猪羊鸡鸭本人间食料，杀之非罪，且操术者不止我一人，何独归咎于我？冥王拍案怒曰：操术不仁，尚利口强辩！一邑所卖之肉，多半自尔一家货出，非尔厉阶谁耶？遣鬼卒拉下赴刳肠①狱。霍然遂醒，次日欲罢其业。众云，妖梦何足为凭。如是，又月余，夜起饲猪，目忽昏眩，跌于槽内，猪大肆嚼嚼，皮肤破烂，肠出腹裂而死。

燕南屠户不听冥王告诫，执意以屠杀为业，终遭报应。故事的本意应在劝人向善，但若公开刊出，屠宰专业户惧而纷纷罢业，百姓恐怕要吃"混毛猪"了。

---

①　刳肠，剖腹摘肠。

（四）轮回报应的场景

人们都确信善有善报、恶有恶报，那么，善恶有报是怎么实现的？李庆辰笔记稿本《獭祭癸编》有篇故事，无题，写的是中州士人章义被误勾拘至阴间，冥官知是错拘，就说："汝既来，可登台一览，庶警世人"，于是派青衣鬼役引章义登上一高台，来到"人畜分界"牌坊前，使他看到了善恶有报的具体场景。

> ……其台仅二三亩，不甚广，人众拥挤甚伙，有荷□负枷者，狼狈而登者，大抵至台上过坊即不复睹。怪而细顾，人至坊后台边即自堕落。俄有一类官，朝衣朝冠，□负舆至，甫到台前，众役曳出，褫其袍裙，鞭挞而上，既逐至坊，役以足蹴之，翻然堕台下。章就台边俯视，见浓烟黑雾，深不见底。青衣人曰：此下畜地狱，来世转生畜类，各随其孽而自致之。即止，其勿前，恐其目眩于之俱下。又见一老妪，白发龙钟，步履蹇涩，众扶掖登台至坊前，则冉冉升高过于坊，凌霄而去，仰望霞光五彩，瑞霭缤纷，及不可见而没。青衣人（曰）：此登天堂而为神，不入轮回矣。闻其言不禁爽然而悟……

李庆辰借错拘至冥界的章义之眼，让世人看到了阴间"人畜分界"的场所，看到了坏官被鬼役揪出轿舆，褫夺袍服，鞭挞登台，被踢入畜界的过程。还看到了一位白发龙钟的老妪，由鬼役搀扶登台，冉冉升空，霞光异彩，登天为神的场面，这活灵活现的描写，足可以发人深思，警示世人，促使人们弃恶行善，以争取死后不下地狱而升天堂。这篇故事是典型的因果报应宣传，如果写于《醉茶志怪》刊行前，肯定会入选的。

（五）也有扰人的钟馗

据古籍记载及专家学者考证，民间传说中被尊为"赐福镇宅圣君”的钟馗，确有其人，其人姓钟名馗字正南，是唐初雍州终南（今陕西省西安市户县）人，据说是进士出身，他学富五车、才高八斗、才华横溢、满腹经纶，至于相貌如何，无考。民间传说的钟馗，铁面虬髯，相貌奇异，能打鬼驱邪除祟，其作为勇敢正义的化身，一直受到了世人的崇拜和爱戴。然而，在《獭祭余编》中有一篇故事，无题，却“揭发”了钟馗为怪扰人的劣迹。不过，故事是从“画妖”的角度讲的。

画妖之说，曾见载籍，独世之画钟馗者，皆为辟邪，未闻钟馗而为祟者也。像多以硃砂为之，盖硃砂系一种宝石，人视之色朱，鬼视之如火，火阳而鬼阴，阳能克阴，理或然也……近有一事，某家厅壁悬一钟馗像，已有年矣，其家幼妇于夜间见虬髯朱衣伟人，持剑自厅出，状甚猛悍，遂惊倒，死而复苏。后每闻庭内蹈舞声，隔窗私窥，恍惚□之。一夜，有偷儿踰（逾）垣入，至墙隅倒毙，为其家所获，自言，方欲入室，有朱衣人状如冥判，持剑逐之，遂惊倒云。益信钟馗有灵也，焚香祝之。后乡邻有邪祟，借去悬之，怪辄去，愈宝之。后夜出居然离纸，遣人瞰之，俟其他出瞰之，素纸一悬而已。渐出为祟，惊扰邻人，共劝毁之，其家以为有神，恐获咎，乃匣藏之。有道士寓村中玄都观，其往谒之，言及此事，道士曰：妖也，何神之有？与一符使粘匣上，物不出，或闻其呼曰：闷煞乃公。家人益恐，风声鹤唳，草木皆兵，日无宁晷。又问计于道士，道士曰：易耳。至其家，并匣火之，怪绝。

这篇故事并没有否定钟馗，因为扰人的是假钟馗，即“画妖”。不过，故事也许还表达了另一层意思，即好人也需要不断地加强修养锻炼，不断地改造"主观世界"，好人办坏事，照样要受到谴责。这篇故事中"画妖"以钟馗的面貌作祟扰人，焚之而绝，毕竟视角独特，挑战了世人的传统认识，如果写于《醉茶志怪》刊行前，也不会面世的。

五、庶民对鬼怪的不同态度

旧说，"人所归为鬼"，即人死了为鬼，而死人的阴滞之气伤活人，所以人们历来怕鬼为害。但是，即使在古时，也有不怕鬼、不信邪的，李庆辰当在此列，所以在他的故事中，描写了人们对鬼怪的不同态度，可谓蔚为大观。

（一）以和为贵

《獭祭癸编》之《宁某》篇写道：宁某，宁波人，寓居于津。夜间，院中窸窣有声，如犬逐物，穴窗视之，见有物往来奔逐。

> ……某叱詈之，物作人语云：我行于院，尔息于室，尔动于昼，我出于夜，是风马牛之不相及也，不图怒詈也，何故？某云：扰我清眠，使我不得安寝，再奔逐，则以火器击之。物云：我若恶作剧，恐尔不能防也。某犹骂不止，物作人笑声，旋不见。次日，夫妇并卧，则中间隔一冷人，无形无声，而骚扰不已。延术士则祟愈甚。术人方作法，忽有秽掷其面，不知何自来，旋闻空中笑声，术人惭，自去。一夕延巫，方焚香于炉，香忽倒，旋复自起矗立，而香火亦灭，方取火燃之，则非香也，一巨驴阳挺然炉中，妇惭而退。后宁某颇自憾悔，祈祷任咎，誓以不敢再肆毒骂，始不复扰。

这篇故事的主题应该是正确处理矛盾，以和为贵。不过，李庆辰的篇后批语还说到另一层意思："邪祟之来，以正气胜之，则不敢干。

修德或可胜妖，未闻以骂折之者，其自取辱实宜矣。女巫蛊惑，藉以诳财，故宜奉以驴阳。狐之善谑，亦因人而施也，岂真好扰人哉。"

（二）不怕鬼

《獭祭余编》之《捕鬼》篇写道，乡邑前辈叶孝廉，夏月乘凉，与同窗好友某人步出南关，去南郊外月下散步，南关外一片旷野，渺无人烟。正信步间：

> ……忽觉身后有人越过，视之，高约二丈许，白衣白冠，如庙中所塑之无常也，阔步从容，向西而去。叶二人年少胆壮，追之，终不可及。时月色如昼，地下有影相随，叶思，此辈若无形何以有影，既有形影，必有归处。乃拾土块力掷之，物不回顾，连掷之，如烟而没，影亦渺然。二人归，亦无恙。

叶孝廉二人看到的这个人有影相随，有影即有形，按迷信的说法应该不是鬼。但高约二丈许的身形和白衣白帽的打扮，足以让人联想从而害怕。叶孝廉非但不怕，反而拾土块力掷之，恐怕不仅仅是年少胆壮，而是原本就不怕鬼。

（三）勇战鬼魅

笔记稿本《獭祭辛编》有篇故事，无题，说的是南门内有一处凶宅，居者每见怪异，却无所措。邻里有李七者，勇悍有力，好争斗，人们想请他帮忙，但怕他不肯，故以言语激之，李果然慨然独往。

> ……居数日，无他异，窃笑其妄。一夜漏尽三鼓，四无人声，忽庭中砰然作响，似悬巨石而堕者，怪而起视，见帘际如电飞落一巨鬼，头如斗，眼射金光，口鼻喷吐烈焰。李持械与斗，相近咫尺，觉灼体如受烙炮，乃大呼曰：尔所恃者火耳，我何畏

焉！突以枪猛刺之，鬼似欲避，又连刺之，鬼嚅嚅怒号，口吐烟焰如灶，火星迸飞，李衣几为所焚。乃拾巨石，力击庭前水缸，缸破碎，水泥激射满庭，鬼顿失所在。次日备水数桶以御之，鬼竟不至，从此遂安。

醉茶子曰：坐定之理，水能胜火，人尽知之，拙能胜巧，人不知也。鬼出没不测，烈焰横飞，而李独能以勇力胜之，机巧卒为其所败，是知造物恶巧而不恶拙也，信夫？

李庆辰笔下的李七勇于担当，敢于争斗，且有智谋，大败巨鬼，长了活人的志气，灭了鬼魅的威风，大快人心！他还总结出"造物恶巧而不恶拙""拙能胜巧"的道理，值得深思。

（四）人帮鬼

笔记稿本《獭祭癸编》有篇故事，无题，说的是乡人某甲，贩药到郑州，在客店认识一妓女，相与甚欢。某甲海誓山盟要娶女，女感动非常，不但应允，还把可观积蓄悉数给了某甲。某甲诡称先回家安顿一下，然后返回来接人。女信以为真，在客店等候。谁知某甲一去不复返，女悟到被蒙骗，悔恨交加，悬梁自缢了。自此始，客店经常闹鬼。

……一日，有武夫某往投逆旅，主人以客满辞，武夫强之，主人云：有屋恒见怪异，客如勿嫌即安之。某以胆气自诩，遂下榻。夜有女子披发立榻前，某曰：冤各有主，我与尔素无仇，何必作怪惊人？吾固不畏鬼也。女子云：妾焉敢祸君，且仰君豪侠，能济困扶危，窃有所求，未知肯慨许否？武夫问所求何事，女子泣云：妾名秋罗，埠上之妓也，欲寻仇人，为关隘鬼卒拦阻，不得前往。闻君欲诣津，君肯匿妾携之同行，则事济矣。武夫问：固乐为顾，我何以匿卿？女曰：君所携之乌枪，请拔其塞，妾匿其中，每逢关津过渡处，则呼妾名，即随行矣。如其教，次日骑马出店呼之，马汗淋漓似载重物，一路呼唤不绝。至津入西关内，有药店临衢，武夫下骑提枪而拔其塞，低声呼某某，可自寻仇也。乃入店托购砂仁。交易未终，□店中人呼曰，主人中恶矣，见主人状如瘫痪，数人扶入内室，武夫自去。后数日访闻主人，于次日毙矣。

李庆辰在"醉茶子曰"中说："羞恶之良，人皆有之。陷于烟花，而复乐此不疲者固有，然身不自由，求离水火而未能者居多。积藏多金，本为出苦海而享安乐计。乃昧良之人竟于苦海中罪人之手，劫夺其财，是与御人国门之外者①，更重一层罪案矣。呜呼，九幽十八狱正为斯人设也。"李庆辰不但痛斥某甲该下"九幽十八狱"，还对那个妓女给予了充分的理解和同情。

（五）鬼救人

笔记稿本《獭祭癸编》有《鬼救人》篇，说的是：粮食商贩赵某，北仓人，一次南下贩粮，行至一村，日将落，准备找客店住下。见前有一家，有一中年妇人在院门外站立，遂上前打听。那妇人说，我们村没有客店，往前走数里地才有。赵某犹豫间，妇人说，客人如不嫌寒舍狭陋，可暂止宿。我家男子俱外出，我可去邻家借宿，客人尽可宽心。赵某忙道谢，随妇人进屋，妇人安顿了食宿，返身关门而去。赵某吃了饭，亦展被就寝。

……至三更许，忽墙隔震响，声甚厉，赵惊窹，苦无灯烛，

---

① 语出《孟子·万章下》，"万章曰，今有御人于国门之外者"，其原意是：今有一个在国都郊野拦路抢劫的人。

视之不甚了了。未几又响，视屋角立一席筒，仿佛人立，细视既久，月已满窗，忽席自倒，有一女子披发立，血污满面，不觉骇汗满身，以被自覆。闻人语曰：客不速行，祸踵至，勿恐怖也。赵急起拔关，则门从外锁，牢不可开。张量间，又闻空中语曰：破窗可出。遂推其窗跃出，极力奔波。行约半里，忽思遗落钱橐，虽无多财物，而橐书字号住址俱详，恐有执名之累。不得已，复返，仍从窗入，幸无人知，急捡之而出，时天已将明矣。遥闻铃铎于东，就之，有人御赢车行，言其情，求匿车内，车夫许之。甫行数里，有持械者数人，追问见有负橐之客否？车夫诡对之：南去。数人遂返，赵得幸免。后半载，访闻是村有某甲，与其子外出，其妻与村中地保有私，迫其子妇相从，子妇固贞烈，而甲妻恨而凌虐之，妇不堪其苦，自缢，匿尸未殓，适逢赵至，妇招致其家，以嫁祸焉。赵得鬼救幸免，其事遂不能掩，为村人共愆，报官而抵命焉。

李庆辰在这篇故事中讲了鬼救人的传奇，同时也阐述了一个道理，他在篇后批道："……天网恢恢，疏而不漏，若于此妇益信。"

以上这几篇故事充分体现了李庆辰"对同类人和事反差强烈的描写"的写作特点，但这些故事写作于《醉茶志怪》刊行之后（"勇战鬼魅"的故事写于前一年），无缘与读者见面了。

六、多角度的思辨

李庆辰的笔记稿本中还写有一些故事，严格说来并不是典型意义上的志怪传奇故事，而是一些反常的自然现象，但能引发他的思考，思路清晰，辩论有力，结论明确，如下列三篇。

（一）《獭祭余编》之《化生》篇

一书生杨某，夏日早起，喜欢在屋后池塘边乘凉，常见水中有虫如螳螂状，俗呼为"水鳖子①"，漂泊在萍藻上，脱壳化为蜻蜓，伏草枝上，半晌始能飞，习见而不怪也。

　　……一日，见水际无数虫，以次化蜻蜓而去。中有一虫，杨注意不令其速化，视其浮出，即以苇管拨之入水，旋又出，则又拨之，如是相持甚久，时已近午，又浮起，挣扎甚急，杨复拨之，则牢抱草枝不去，俄背裂努力而出，殆非蜻蜓，乃飞蜈蚣一尾，辗转奋翼而去。

　　醉茶子曰：物理之难测若此。使杨不拨，则必为众虫之化蜻蜓矣，乃因拨而遽化蜈蚣，是则凡能化蜻蜓者，皆能化蜈蚣矣。若不拨不化，天下飞蜈蚣无数，又谁拨之，谁化之耶？吾恐天下多事者，不尽如杨生，即杨生亦不过偶尔多事，未尝有旋乾转坤之手、变化不测之术，每能拨之即化也。谓不因拨而自能化，何他虫不然，独此虫则然？岂此虫本应化蜈蚣，而杨生适与之巧遇耶？是不可解矣。

　　李庆辰对此现象反复思考，并没有得出答案。但其善观察、好提问、喜思考的习惯，倒是志怪传奇小说作家所应该具备的素质。

　　(二)《獭祭癸编》之《(无题)》篇

　　这年，邑有疏浚河道工程，掘河中挖出二个大缸，缸中有僧首，想必是昔年圆寂的和尚吧。事本不奇，但后来有传言，说是缸边有一碑碣，碑文为汉相诸葛武侯之作，但碑文奇涩难解，遂相传为异。这些传说：

---

　　① 水鳖子，学名"鲎虫"，系水生甲壳动物，不能羽化成蜻蜓。能羽化成蜻蜓的叫"水虿"，在水中发育为成虫，从水中爬出，蜕皮，成为蜻蜓。

……不思武侯佐蜀汉在四川，正三分多事，尽瘁鞠躬，何暇更作此无益之举，虑及千百年后无足轻重之事哉！公即精于数学，亦断不出此。且公生平战功所到之处，南征曾渡泸水，北伐未至燕云，胡为勒石作碑，使舟车装载至此，埋之于地，以待千百年后出以示人哉。此不待智者即知其伪矣，而读书之士亦称道勿衰，是可叹矣。

李庆辰虽然是志怪传奇小说作家，但还是有底线的，对托古人之名作伪者一概嗤之以鼻。他在篇后接着说，"从来作伪者，非托名诸葛，即托名明刘文成①公，皆因二公俗传精于数学故也。然则如三国时'当塗高②''大讨曹③'等谶，又托名于何人耶？真堪哂矣"。

(三)《獭祭余编》之《人异》篇

古云，社日④作胎，生子则皮肤眉发俱白，俗谓之"天老"。然亦不尽然也，有某氏生数子，而白者居其半。其邻妪与之昵，询之，妇初不肯言，妪又责以贪淫无节，不知避忌，妇始云：每月信至，有落红时，有落白时，其白之来，与血无异，过时即无，故所作之胎，如遇红时则生常人，遇白时则生"天老"，亦安能尽逢社日，社日不应如是之多，事亦不应如是之巧，何必归

---

① 刘文成，即刘基（1311－1375），字伯温，谥文成，元末明初军事谋略家、政治家、诗人，辅佐朱元璋完成帝业，被后人比作诸葛亮。

② 当塗高，汉代谶书中魏代汉的预测隐语。

③ 《资治通鉴·魏纪五》载，三国魏黄初四年（223年），张掖地区柳谷口发生泥石流，在流下的一块酷似灵龟的石头上有"大讨曹"字样，是为异象预言。

④ 社日，古代祭祀土神的节日。宋代以前日期各有不同，宋代起，定为立春、立秋后第五个戊日为社日。

罪于社日哉。按医书所论，"白带"乃带脉中湿热之病，焉能作胎。而此妇独异于常人，而白带亦按月而潮，殆牝阴牝阳，气血各有所偏也，必执常理以解之，则天下事有出乎理之外者，是古人亦有未见及者矣。况妇有水分、血分①之说，盖血或变水，水或变血，水与血□合之为一者也。然则此妇之白，即谓此妇之血可也。

这篇故事从医者的角度分析了人的"天老"现象，以及个体差异带来的特殊情况，医者肯定对这篇故事感兴趣。

这些故事都写作于《醉茶志怪》刊行之后，且没有志怪传奇情节，但从中可见李庆辰思想意识之一斑。

七、有身临其境之感的美文

李庆辰笔记稿本中还有一些文字，既不是故事，也不是评论，只是对某物某事的记述，但观察细致、描写细腻，使人有身临其境之感，可谓精妙绝伦的美文。

（一）《醉经载记》之《迷仙洞》篇

房山崖下有洞，土人呼为迷仙洞。洞口如井，向下深入数武，宽润约数十亩，有石竹如林，粗者如梁，细者如指，根节枝叶俱备，望之森森然如入修篁。丛林密处有石龛，中坐石观音像。座下有穴，伏身入，蛇行数十步，起立高仅及顶。又十余步，有小石阶，下阶则复宽广，漆漆然黑暗不辨物。以炬灼之，上下连亘如葡萄架，亦石生成。寻途再入一洞，其穴先窄后宽，亦复如前，而洞较前愈广，有石猕猴大小千万计，不可胜数，坐

①　水分、血分，中医妇科病症名。

者、卧者、立者、叠肩而攀援者，目不能穷，指不胜屈，口不能彷佛。东南隅一穴再入，则有石塔蠹空，四旁瞻瞩，一望无极，皆玲珑塔之，而层次□□，虽鬼斧神功不能雕斫，犹奇者，大则寻丈，小仅尺余。好事取石断其小者，塔脆然断，其空如瓶，已破残，无足珍矣。又入一穴，奇花异草，四园丛杂中有一石床，平坦如砥，绕床有小渠，深半尺，润水中流，清泉涓涓，或掬饮之，甘冽沁齿。床前小石坛，高与床等，或投以石子，砰砰然其深不可测，听其声，半晌始落至底。又得石门，群入觇之，有石铙石鼓诸乐器，鼓可击，铙可敲，或言若携一物出，则迷惘不识路，故仍置故处，亦不敢毁。再寻得一门，约在半空，攀入较难，或以火灼，忽风扑灭，于是众人俱馁，莫敢再入矣。若穷其境，必更有佳胜也，惜人莫敢入耳。

(二)《獭祭癸编》之《鼠异》篇

邑张茂才家多鼠，有蜜半罐为之啖去，恶之。案上有大瓶，高二尺许，藏蜜于中，意鼠不能入也。一夕，忽有群鼠奔窜瓶下，似有所营。未几，众鼠麋至，累累甚伙，细辨中有一大鼠，外四小鼠，各衔其一足，前二鼠各衔其一耳，后二鼠衔其尾，或推或挽，或负之以行，累累登案，置瓶旁而环伺之。大鼠向众吱吱唧唧若相告语，众目眈眈，然各懔听，未几，哄然散去，惟余大鼠在案，伏不动。视大鼠身圆如鹅蛋，长约六寸余，四足与尾皆长半寸，硕腹贴地，足蹩不能行，须众鼠背负之，如狈附狼。众鼠去后，倏又来二大鼠，形如常鼠无稍异，狰狞环绕，类辅弼然。群鼠忽复来，各衔秫秸一枝，置圆鼠前，鼠作口啮状，众纷纷并啮秫秸，每秸上离隔一寸许咬一孔，咬毕又视圆鼠，鼠仰视瓶吱吱而叫噪，众知其意，各衔秫秸立瓶外，一點鼠捷足先登，立瓶口下视，圆鼠又向之鸣，點鼠乃衔一枝置瓶中，伏瓶口呼其众，众鼠纷纷藉藉并登入瓶中。半晌，每鼠出则衔蜜至圆鼠前，以口茹喂之，待圆鼠食讫而后去，众俱饱餐，又集前，欲负圆鼠以归行。张拍案大叫，众鼠惊窜，纷纷鸟散，惟余圆鼠笨伯不能去，遂为所擒，置诸玻璃瓶中宛转不能出。又来二大鼠似将奔救，生啗之，始去，圆鼠在瓶中气闷而毙。鼠之种类最多，而此鼠形较异，不知其名，以俟博物君子。

上述两篇美文，颇见李庆辰的文字功力。这些美文不是志怪传奇小说，在《醉茶志怪》中是不能看到的，只有在笔者介绍其笔记稿本的未刊故事中才能欣赏到。

第三节 留存诗作透视

针砭时弊 / 呼号愁苦 / 描写社会百态 / 拟学海堂考题 / 同样精彩的长歌 / 楹联及其趣闻

李庆辰的《醉茶吟草》是在他去世 39 年后才刊行的，这意味着，他的诗歌创作贯穿了一生，直到去世为止。笔者在第二章第一节说到，李庆辰一生创作了 482 题、822 首诗歌，其中有 343 题、633 首可以在其笔记稿本中看到原稿，这虽然不是他的全部作品，但基本上反映了他诗作的全貌。遗憾的是，笔记稿本中的诗稿，只有约二成，即 71 题、122 首（题占 20.70%，首占 19.27%）选入了《醉茶吟草》，还有约八成，即 272 题、511 首（题占 79.30%，首占 80.73%）留在了笔记稿本中。如果说，选入《醉茶吟草》的诗作是李庆辰的"精锐之作"，那么留在笔记稿本中的诗作就是他的"难得之作"。

其实，李庆辰的全部诗作"精锐"也好，"难得"也罢，就其艺术水准而言，都是一样的，都能足张"津门诗歌流派之一军"；如果说到不一样，那就是选入《醉茶吟草》的诗作是按照某种标准做了筛选的，在筛选者看来，所选之诗于时局于个人都无大碍，比较符合当年的时宜。而留在笔记稿本中的诗作，则较之不同，这些诗作或是属于"不合时宜"之作，或是揭露过于尖锐之作，或是袒露浪漫情感之作，或是呼号愁苦之作，等等，这些应该是诗作存而不选的内在因素。另外，留在笔记稿本中诗作的体裁多样，不仅有许多首超过 100 字的五言排律，还有许多乐府、新乐府诗和词，这些诗作如果过多地选入《醉茶吟草》，可能会冲淡李庆辰五言近体"足张一军"的艺术风格，这可能也是这类诗作留在笔记稿本较多的原因之一吧。

一、针砭时弊之作

李庆辰留在笔记稿本中的针砭时弊之作，上关乎国家大事，下涉及官府行为，都是敏感的话题，且观点鲜明，言辞犀利，这样的诗作在当年是不宜扩散与流传的。

（一）痛陈中国科学研究和基础教育的弊端

李庆辰笔记稿本中一题多作的诗歌不在少数，但选入《醉茶吟草》的多是其中的一首或几首，如《夏日杂感》。《醉茶吟草》第二卷有题为《夏日杂感七首录四》的 4 首五言排律，分别就中西方在机械、医学、伦理和历法方面的状况及差距作了简练而深刻的对比，并由此发出了感叹。但在笔记稿本《獭祭辛编》中可见，《夏日杂感》并不是《醉茶吟草》所收入的 4 首，也不是题目中所说的 7 首，而是 13 首，也就是说，《夏日杂感》有 4 首选入《醉茶吟草》，有 9 首留在了笔记稿本中，其中有 2 首痛陈了当年中国科学研究和基础教育的弊端，以及由此造成的危害。

杂感一

格物与致知，吾儒分内事。今儒多不学，泰西①逞奇异。推我中华士，亦非甘自弃。自幼诵诗书，既长攻时艺。恃此博功名，

---

① 泰西，旧时泛指西方国家。

无暇有他志。落落豪杰流，扰扰逐名利。此则务词章，彼则夸腹笥。制艺指能工，急欲求一试。迨至战屡北，湮没以没世。所嗟者宿儒，无非多识字。若重格致学，畴不能强记。朝廷无此科，能者不足贵。设使如西法，取士以制器。吾知聪颖才，格致固易易。

诗中所说的"格物与致知"，源于儒家"欲诚其意者，先致其知。致知在格物，物格而后知至"的思想。① 这段话后来演变为成语"格物致知"，也被省称为"格致"或"格物"。《中华语海》② 对"格物致知"的释义是，"穷究事物原理，从而获得无限知识"。当年，国人从西方引入"physics"学科时，按照其研究事物原理的学术内容，将其意译为"格致学"（或"格物学"），"格致学"就是我们现在所熟知的"物理学"，就是现代"物理学"的早期汉语意译。

李庆辰认为，儒家经典对穷究事物原理的"格致学"早有论述，研究和实践"格物与致知"，本来是"吾儒分内事"。但遗憾的是，"今儒多不学"，只是依靠能工巧匠去做，以致"泰西逞奇异"，造成在抵御外辱的战争中，不敌洋人的坚船利炮而屡战屡败！他分析道，其原因并不是中国的学者没有能力去研究"格致学"，也不是在研究学问上甘愿自弃，主要原因是"朝廷无此科，能者不足贵"，国家不重视这方面的研究，使得中国学者自幼苦读，只能走拼科考、博功名的独木桥，无法也无功夫去穷究事物的原理以及相关的技艺，久而久之，在中国学者中形成了"此则务词章，彼则夸腹笥"的痼疾，最终只落得个"所嗟者宿儒，无非多识字"。李庆辰感慨地说，"设使如西法，取士以制器"，以中国人的聪明才智，迎头赶上并很快超越泰西，是轻而易举的事。

---

① 语出《礼记·大学》。

② 《中华语海》：盛晓光、赵宗乙主编，黑龙江人民出版社，2006 年 4 月。

杂感三

童蒙初就傅，宜择博通士。世俗谓幼童，未便读经史。初学由浅入，畴不能指使。执兔园一册①，来就村夫子。讹竟承帝虎，误莫辨亥豕。先入即为主，一错直到底。譬如建高楼，根基自此始。荆公②难执拗，斯言有至理。

李庆辰在这首诗中描述了当年中国基础教育的情况，即先生只是"村夫子"，教材只有"兔园册"，教学质量低下，甚至以讹传讹，使孩童"帝""虎"不分，"亥""豕"莫辨，先入为主，一错到底，再也板不过来。他指出，"童蒙初就傅，宜择博通士"，以便夯实学业的基础，这有如建高楼之打地基，只有地基牢固，高楼才结实。否则，不但耽误了蒙童的前程，甚至会动摇国家民族的人才根基。

李庆辰笔记稿本《獭祭乙编》中还有一首诗，题为《题徐星伯太守唐登科记考③》，开头虽然说"自古重选举，取才无偏颇"，但重点对中国科举制度的历史积弊做了反思，发出了"策帖阄英雄，苦未工，鬓已皤"的感叹。

自古重选举，取才无偏颇。唐因隋旧制，甲第崇巍科。诸家竞载记，著作原无讹。崔氏④失真本，赵序⑤空编摩。姚李⑥均

---

①　即兔园册，指浅近的书籍。

②　荆公，即王安石。

③　徐松，字星伯，清代历史、地理学家，官至嘉庆朝礼部郎中，著有《登科记考》。

④　崔氏，失其名，唐代学者，著有《显庆登科记》5 卷，亡佚不存。

⑤　赵序，崔氏著《显庆登科记》，赵儋作序。

⑥　姚李：姚康，唐代学者，著有《科第录》16 卷；李弈，唐代学者，著有《唐登科记》2 卷，均亡佚不存。

有著,景伯①尤不磨。至今考文献,浩瀚费搜罗。我朝徐太守,墨海兴文波。纵观唐一代,硕彦何其多。太宗媲汤武,辅弼定干戈。学士共登瀛,造士追菁莪。房谋与杜断,笙磬鸣相和。不必拘考贡,相业炳山河。继起代有人,瑞应登嘉禾。芙蓉耀镜彩,霓裳咏大罗。群贤重席负,岂屑安乐窝。师旦重令器,张王归涧迈。卓哉龙虎榜,欧阳诚不阿。昌黎为大儒,观绛名巍峨。长庆②下明诏,朋禁休欺诓。钱徽既坐贬,郑等嗟蹉跎。关节与佞倖,斯能辨缕饨。孔赵与洵直,同时鸣玉珂。回忆鲁公第,天宝时已过。厥后立大节,正气荡群魔。元白及崔获,才华出水荷。更能明体用,岂独善吟哦。莫谓珊瑚纲,遗才多坎坷。策帖阆英雄,苦未工,鬓已皤。

李庆辰在《杂感一》中痛陈了当年中国科技研究的弊端,在《杂感三》中则细数了当年中国教育基础的缺失,在《题徐星伯太守唐登科记考》中对中国科考制度的演变作了历史的考察,这些诗说到了中国积贫积弱的病根。他在诗中将矛头直指"朝廷",精神是何等的勇敢;对中西方的状况作了比较,视角是何等的高远;痛陈"今儒"之腐,剖析是何等的精准;指出蒙童教育缺失之害,分析是何等的深刻!此等忧国忧民的情怀,也许连李庆辰诗作的筛选者都会为之动容。

(二)抨击贪官恶吏的暴虐与贪婪

《醉茶吟草》收入的李庆辰诗作中,不乏揭露官府腐败、官军横行之作,而留存在其笔记稿本的诗作中,这类题材的诗作更多,前者是画龙点睛之笔,后者则描写得更具体、更深刻。笔记稿本《獭祭余

---

① 洪适,字景伯,南宋金石学家、诗人,官至同中书门下平章事兼枢密使,重编《登科记》。

② 长庆,唐穆宗李恒的年号。

编》有两首诗，描写了李庆辰日闻官衙中"刑比"声声的感受。

今岁就馆吕氏居乡县街日闻刑比声感赋

敲比①声何苦，焉知是与非。法严民益狡，刑滥隶先肥。贪吏腰缠重，蚩氓血肉飞。寄言当路者，施惠胜施威。

又听刑比声作

俗吏用刑比，得情喜不休。威严凭赤绩，搜括到青楼。岂是关民膜，无非累狱囚。讼词能早决，敢谓宰悠悠。

载有这两首诗的笔记稿本《獭祭余编》写于光绪二十一年（1895年）前后，这年前后，李庆辰在吕氏的塾馆教书。吕氏宅院在"乡县街"，与官衙为邻，他经常能听到官衙中刑讯、拷问人犯的"刑比"声。李庆辰愤愤言道，官府捉拿"人犯"后，还不知其确有罪否，就野蛮敲比，严刑逼供，打得"蚩氓血肉飞"，而其意还不在"人犯"供出是非，实则为敲诈钱财，"刑滥隶先肥"。他们一旦得到供词，更是喜出望外，更加不择手段地扩大成果，他们这样做"岂是关民膜，无非累狱囚"，只有这样，才使"贪吏腰缠重"。李庆辰奉劝他们，还是收手吧，如果真是为民做主，最好是"讼词能早决""施惠胜施威"。

李庆辰诗中提到的"县乡街"在何处，附近有何衙门，还需要细索，但经常传出"刑比"声的衙门肯定就在塾馆的附近，他对贪官恶吏的暴虐与贪婪是耳闻目睹的。

---

① 敲比，（官衙）杖击威逼，刑讯、刑罚。

二、呼号愁苦之作

李庆辰诗作"过于愁苦,少潇洒自如之致",是因为他"困顿于时,郁郁者久"的缘故。他的"郁郁"是多方面的,既有精神情感上的惆怅,也有物质生活的煎熬,对此,他"莫能自禁"而"形之于言",对这样的诗作,筛选者自然会考虑留去的比例,免得诗集"超"愁苦。

(一)情思眷恋伤无缘

李庆辰的《醉茶吟草》中,表达个人情感的作品不在少数,但绝大部分是表达对亲人和朋友的思念与友谊之情,只有第二卷《拟相思词》《杂诗》等少数诗篇,似乎表达了对"妹""意中人"的感情。然而,在其笔记稿本中,表达情思之作却屡见不鲜,且伤感之意甚浓。在《茶余杂记(一)》中有4组19首诗,可能是写给初恋情人的。如:

> 香闺消息近如何,我为思卿别绪多。可作昨宵清梦否,纸窗斜倚绣红罗。

> 薜荔墙如万仞山,当时何必遇朱颜。此生此事不能遇,何事人间相见湾。

> 贫等梁鸿①亦有情,慕君不独貌倾城。半生落魄无知己,无限香思总为卿。

> 叹予踪迹等飘萍,卿亦穷愁熟眼青。纵使黄金高北斗,何时惠及女牛星。

---

① 梁鸿,字伯鸾,东汉高士,家贫而崇尚高节。娶妻孟光,有"举案齐眉"故事。

　　无言无语总含情，应叹金人缄口铭①。记得相逢北窗下，几番带笑欲呼卿。

　　云鬟雾鬓本多姿，记得相逢一笑时。十二年来浑似梦，年年春柳系情思。

留有这些诗稿的笔记稿本《茶余杂记（一）》写作于同治元年至七年（1862－1868 年），李庆辰当时 25－31 岁，这些诗作描写了初恋之情的甜蜜以及与恋人无缘牵手的悲伤，是他年轻时情感世界的真实记录。

到了晚年，李庆辰还有一些表达情感的诗作，如在笔记稿本《獭祭余编》中有诗《私地弄花枝》，写得既情思洋溢，又诙谐有趣，不似年轻时那么悲伤了。这时，伤痛已经基本抚平，只留下深深的记忆，化作淡淡的浪漫。

　　未免多情感，花开正满枝。笑拈原佛法，私弄恐人知……小试偷香手，空怀赠万思……梵宇春归早，禅关夜睡迟。愿登欢喜地，我佛本慈悲。

李庆辰的这些情思眷恋之作，与其诗作的基本格调以及后来的身份、地位不符，虽是他情感的真实表达，但也只能作为记忆留在笔记稿本中了。

---

　　①　金人缄口铭：据《孔子家语》等记载，孔子到周太祖后稷庙参拜，见石阶右侧有一个"金人"——铜人，就把其嘴封上，又在背上刻写："古之慎言人也。戒之哉！戒之哉！无多言，多言多败。无多事，多事多患。"这段话后来被称为"金人铭"或"缄口铭"，为官场上的座右铭之一。

（二）贫病交加哀奈何

李庆辰留在笔记稿本中的诗作，有大量的描写自己贫病交加、生活无着的哀叹之作，较之《醉茶吟草》所载，更加悲切。如"念我一何弱，支离多病身。贪心惟爱药，愁思不因贫"，"门无扉，床无衾，大雪压庐风搅扑，酷寒侵人骨欲折，而况病体愈难禁。冰霰敲窗不肯息，抱膝危坐更漏沉。娇儿畏寒啼不寐，荆人抱起泪涔涔"，"投赠酬知己，囊空唤奈何。巷穷朋益少，衣敝虱偏多"，"终岁穷愁竟我曹，奋飞无计且牢骚"，"筹画米盐难免俗，参稽书籍亦徒劳"，等等。他在笔记稿本《醉经载记》中更是奋笔疾书，一口气写了6首诗，无题，前有小序：

戊寅，春间病疫几危，既起，则残春已过，暑雨经旬，才觉秋凉，又逢冬令，光阴虚掷，抑郁无聊，卒赋七言以寄慨。

春来潦倒不胜愁，鄙事劳人菽水谋。董奉①谅非贪果腹，韩康②不易说埋头。敢云绝技经三折，空愧虚名付九流。检点青囊思济世，烦冤终恐鬼啾啾。

无端抱恙卧深帏，蓄艾纫兰计总非。谁遣乡傩驱疠气，空留竖子煽余威。耳鸣自合宫商雅，目眩犹生金碧辉。和缓不逢泉路近，漫云骖马尽轻肥。

贫病缠绵亦可哀，病瘳贫更逼人来。身强懒着游山履，步健先登避债台。伏枕不知三月暮，卷帘惊见百花开。梁间燕子多情甚，几度衔泥下绿苔。

---

① 董奉，字君异，东汉末年至三国时期名医，与华佗、张仲景并称为"建安三神医"。

② 韩康，字伯休，东汉高士，卖药三十多年从不接受还价，遂以"韩康"借指隐逸高士，亦泛指采药、卖药者。

匆匆又过杏花天，长日炎炎似小年。放胆著书成我傲，折腰投刺耻人怜。柴门冷落谁题凤，草桥逍遥独听蝉。深服蒙庄①探物理，鲲鹏变化不期然。

闲愁黯淡小窗中，坐看盆荷褪粉红。囊涩岂真消士气，厨空无奈是年丰。牵萝补屋营三窟，结柳为车送五穷。天老我才应大任，长歌未敢效梁鸿。

连朝风雨送新秋，落叶萧萧与耳谋。岁月顿惊增马齿，功名何日烂羊头。自怜谰语同干宝，谁复传神识陆游。细阅茶经参妙悟，放怀休抱杞人忧。

李庆辰的这6首诗写于光绪四年（1878年），记述了他这年春间大病几危、生活无着、功名无望、抑郁无聊的状况和心境。这些诗作未选入《醉茶吟草》是对的，否则更显愁苦了。不过，他在这几首诗中也有自我解脱和鼓励的意思，如"耳鸣自合宫商雅，目眩犹生金碧辉""放胆著书成我傲，折腰投刺耻人怜""天老我才应大任，长歌未敢效梁鸿""细阅茶经参妙悟，放怀休抱杞人忧"，等等，这也是他无可奈何的转思吧。

李庆辰在这几首诗中提到"放胆著书成我傲""自怜谰语同干宝"，这与他写作《醉茶志怪》有关，他还提到"细阅茶经参妙悟"，与他"嗜茶不嗜酒"，取号"醉茶子"相合。

三、描写社会百态之作

留存在李庆辰笔记稿本中的大量诗作，从不同角度反映了当年的社会百态和众生相，说这些笔记稿本是小百科全书，一点也不夸张。

---

①　蒙庄，即庄子。

（一）天灾人祸何时休

《茶余杂记（二）》有歌，无题，说的是当年天津的天灾人祸。

　　辛未腊月念五日二更，火燎城北楼，烈焰飞空烛天赤，祝融①鞭策神龙游。当时火未起，将军队住城楼里，上蓄火药下积薪，狂风煽火势难已。一声霹雳震地裂，大厦即倾路人死。何异昔年火焚演武厅，摧残梁栋飞朱甍，古冢崩圻髑髅碎，夜台冤鬼啾啾鸣。吁嗟乎，昔逢乐岁尚多难，而况今岁种种灾流行。六月苦霖雨，家家屋圮倾，七月禾稼伤，云霾犹未晴，八月四境成渤澥②，漭漭巨浸连太清。饥民无家更无食，嗷嗷行乞来荒城，何时火灾不作水患息，我将手舞足蹈歌升平。

　　这首歌说的是清同治十年（1871 年）天津的情况。这年，先是六月以来大雨连绵，沥涝成灾，房倒屋塌、庄稼被淹，至八月间四郊仍是汪洋一片，灾民无家更无食，一路行乞涌入天津城。到了十二月二十五日，城北楼又突发大火，"烈焰飞空烛天赤"，"狂风煽火势难已，一声霹雳震地裂，大厦即倾路人死"。如果说六月的大水是天灾，那么十二月的大火则是人祸。城楼中"上蓄火药下积薪"，本来就存在严重的火灾隐患，城楼里又住着官军，用火不慎，便酿成大祸，就像当年火焚演武厅一样。李庆辰无奈地祈祷，"何时火灾不作水患息，我将手舞足蹈歌升平"。

（二）嘲笑愚昧志以诗

《獭祭丙编》有诗两首，题为《嘲》，前有小序，并罕见地署了名：

----

　　①　祝融，本名重黎，中国上古三皇五帝的五帝之一，号赤帝，后尊为火神。

　　②　渤澥，古代东海的一部分，即渤海。

赁居城南屋，庭有枯树，或以为钱神所凭依，众颇祈祷之。乙酉除夕，邻家童子见有老叟坐树颠，诗以志之。

嘲　筱筠

恐予志怪少新奇，树露精灵树有知。暴客未曾来陌巷，老翁何故上枯枝。送穷愧我无长策，祈福嗤人闷费词。是鬼是仙还是盗，眼前傀儡太支离。

皓首庞眉恍露身，无端惊喜动比邻。世间宁有摇钱树，天下何多妄想人。尔欲保身须匿影，我将纵斧即摧薪。松能不老椿能寿，浪说仙灵恐未真。

清光绪十一年（1885 年），李庆辰赁居城南，庭院中有一棵枯树，不知从什么时间起，人们认定枯树为神仙所居，纷纷跪拜祈祷。无巧不成书，这年的除夕夜，邻家小孩说是看见一位白发老翁坐在树上，一时轰动四邻，大家认定老翁是"钱神"，更是祈祷唯恐不及。李庆辰嘲笑道："恐予志怪少新奇，树露精灵树有知""世间宁有摇钱树，天下何多妄想人""是鬼是仙还是盗，眼前傀儡太支离""松能不老椿能寿，浪说仙灵恐未真"。李庆辰不信这一套，他准备将这棵枯树砍了当柴烧，并警告"钱神"赶紧躲起来，否则性命不保。关于这件事，他还写成故事（附有上述两首诗），即《醉茶志怪》第四卷的《树怪》。

（三）众生百态唱竹枝

《茶余杂记（一）》有题《消夏竹枝词》，共 54 首诗，把众生百态描写得活灵活现。现誊抄 20 首：

雪青马褂亮如油，住着高房大瓦楼。一有花钱游荡子，人云家败出猴头。

广土熬膏分外香，玻璃灯罩影辉煌。向人闲话真扬气，笑指床头是老枪。

窄鞋薄底滚皮毽，双袖宽肥摔不休。三五成群街上走，老天四海好朋俦。

年轻少妇作巫婆，摆尾摇头意态多。白二柳三皆顶到，今朝来的傻哥哥。

水烟火纸较前多，闲坐床头笑语和。各样蔗糖吃不了，丈夫学会跑洋河。

时闻法鼓响冬丁，不到天明手不停。两步一敲三步住，教他别会不能行。

姑娘待嫁貌非常，三五媒婆乱主张。说是那家财主甚，顶箱大柜亮汤汤。

才从亲戚告帮回，眼似鸂鸡面似煤。蛤片托来烟一滴，吃完不够又搓灰。

洋布衣衫灿如霞，绒球掩映鬓边斜。只因要露平三套，来在门前唤卖花。

在礼原来最可怜，好人硬不教吃烟。摆斋撑的成停滞，大块茶膏嘴里填。

驱鬼除妖出大言，声声师傅口中喧。磕头磕的疙瘩起，不问而知天地门。

长衣破帽走街前，到底文人字眼酸。见了同行才举手，先生借与一文钱。

津门过会最无情，耍笑神仙罪岂轻。手举知万向门写，反云善事必须听。

伐木丁丁在祖坟，可怜坟地剩荒榛。卖完死树卖活树，活树卖完掘树根。

拿罐提盆唤小童，商量要去斗寒虫。岂知得意扬扬去，到了圈中即送铜。

小班队队貌倾城，行到人前百媚生。折扇一开请爷点，莫非爱听想多情。

时当端午好晴天，一伙西商到戏园。三十余人一官座，算来费不许多钱。

攒目凝眉坐柜台，衣衫首饰费疑猜。分明一件新皮袄，光板无毛写出来。

七八童蒙坐屋中，宛如飞鸟困樊笼。忽闻天际蒲弓响，个个轮流去出恭。

> 香筒香炉大佛花，无缘无故磬常挝。青头紫脸何神像，云是
> 胡黄五大家。

李庆辰在笔记稿本《醉经载记》中，就"竹枝词"写过一段说明，"词曰竹枝，不同柳枝之必切定柳，所以道风土人情也。自香山为诗老妪能解，后人效其体者，率多鄙□□，亦殊失风雅之遗意，然词太文则意不能达，太俗则体亦不称"，所以"竹枝词"并不容易写好。李庆辰的上述54首《消夏竹枝词》，读来既通俗易懂，又不失风雅，应属高水平之列。李庆辰在这些诗歌里使用了许多民间俚语，提到许多社情风俗，如誊抄的这20首就有"告帮"（请求帮助）、"平三套"（旧时女子发髻式样名）、"在礼"（在礼教，即在理会，又名白衣道教，一民间会道门。旧时直隶、山东、奉天均有，天津尤甚）、"天地门"（一民间会道门）、"过会"（民间习俗之一，在每年的岁时节令举行。天津尤以天后宫过会为最盛）、"胡黄五大家"（民间信奉的狐狸、黄鼠狼、蛇、刺猬、老鼠五家"大仙"）、"跑洋河（为妓女拉客）"，以及烟馆用"蛤片"作卖烟膏的容器，而烟鬼吃完不够挫烟灰等，对了解天津旧时风情很有参考价值。

四、拟学海堂考核题目之作

李庆辰《醉茶吟草》中的诗作，其题目大部分是原创的，但也有一些是出自于学海堂定期考核学生的试题（有关学海堂的情况，详见下节）。李庆辰既是津门著名的诗人，又是一位极其称职负责的塾师，他在教书过程中，曾按期抄录学海堂公布的考核题目，一方面辅导学生写作，一方面自己也作，尤其是诗词歌赋的考核题目更是如此，他或许是想率先垂范，或许是想亲身体验，或许是对这些题目（都是学界翘楚出的）本来就十分感兴趣，总之，他做了不少，甚至有一题数作、十数作、数十作的情况。

如《路水新开直河櫂歌七绝》，此题是著名学者李慈铭为光绪十年（1884 年）三月二十五日的师课所拟的考题之一，其缘于光绪八年（1882 年）发生在北运河上的一件奇事。此前，北运河的苏庄至姚辛庄一段河道弯环曲折，"弯环空计路途多"，"舴艋似来还似去，隔堤帆影共徘徊"，对漕运舟行极为不便。据《清史稿》（志一百二·河渠二·运河）记载，光绪八年（1882 年），伏秋大汛，北运河苏庄至姚辛庄段被洪水冲开一条新河道，长七百余丈，令人惊奇的是，冲开的新河道其上下口竟然与旧河相接，这段新河道不但顺直，河水顺畅而下（旧河道自行断流），而且比旧河道（长六千四百余丈）短了五千七百余丈，只为旧河道的十分之一强。只是因为新河道系自行冲开，河床深浅宽窄不一，还不能顺利通航。光绪九年（1883 年），"直督李鸿章饬制新式铁口刮泥大板，在两岸拖拉"，很快解决了这个问题，使航运一律通畅，"一夜东风帆力劲，平明舟已到张湾"。洪水冲出了"新开直河"，可谓鬼斧神工、鬼使神差，一时引起了社会极大的惊喜和广泛的关注。就连天津问津书院的考课，都给出了有关此事的题目，除光绪十年（1884 年）"三月二十五日师课"外，光绪十一年（1885 年）的"四月初四日督宪课"考题，仍然有《潞河棹歌七绝十首》之题。李庆辰对斯事斯题十分兴奋，先是以《路水新开直河櫂歌七绝》为题作了 11 首，后以《又十首随》为题又作了 10 首，再以《又十首》为题再作 10 首，先后共计作了 31 首。李庆辰在这些诗作中：

一是感叹了"新开直河"的通畅便利。如：

曾记扬帆过潞河，弯环空计路途多。而今稳渡苏庄外，一带天光浸白波。

还从西北望青山，点点沙鸥水上闲。一夜东风帆力劲，平明舟已到张湾。

东吴络绎进粮艘，从此无忧运转劳。春雨暗添新涨绿，直流无恙点兰篙。

多少沙索舟往还，片帆遥入白云间。潮平北上直如矢，不似潞河弯复弯。

屈指何须记水程，卫河浪浊潞河清。讴语漫谓无人知，时有鸬鹚洲上鸣。

鼓枻鸣榔响绿波，舟行不厌水程多。愿君细认苏庄路，知否新河接旧河。

二是描绘了船家舟行"新开直河"的轻松愉快。如：

风烟远接绿杨村，两岸犹余疏浚痕。舟子加舷歌未歇，波光摇动月黄昏。

桂楫轻支画桨摇，潮平风正榜人骄。高歌一曲浑无拍，未解红牙谱绿腰。

大都路上卸征鞭，更指新河把钓竿。渔妇只知波作镜，月明溪上白漫漫。

芦芽出水起轻沤，春涨桃花漫漫流。北土原谙种香稻，秧歌未听听渔讴。

浅渚渔翁泊钓船，春风不暖不寒天。鲤鱼捕得两三尾，咿呀清歌学采莲。

三是讴歌了"新开直河"两岸风光绚丽多彩。如：

雨润犹余两岸河，茫茫芳草接天涯。轻舟日暮停桡处，遥望青山万仞斜。

杨柳村边柳欲围，桃花市口见花飞。渔人有女颜如玉，偶坐船头自浣衣。

矶上何人理钓丝，桃花水暖捕鱼时。春风一夜春潮长，流到杨村竟不知。（天津有"潮不过杨"之谣）

昔曾西淀听渔歌，偶驾扁舟过潞河。惟有青山终不老，巍然西北叠青螺。

小舟渡过水清沦，风卷青帘倍有神。村店杏花红似锦，欲停兰桨去沽春。

李庆辰大量的学海堂定期考核题目之作中，有一些收入了《醉茶吟草》诗集，如《拟苏东坡石鼓歌》《海光寺观德国大钟歌》《津沽秋兴》《拟老杜诸将诗》《角飞城怀古》《拟唐人五律八首》《大水叹》

《新农镇观获稻歌》《萧后梳妆楼怀古》《拟唐刘廷琦奉和圣制瑞雪篇原韵》等，但留在笔记稿本中的更多，例如《萧后梳妆楼怀古》。在笔记稿本《獭祭丙编》中抄录有"七月十三日师课"的考核题，"生①题"和"童②题"各5道，其中都有《萧后梳妆楼怀古》诗题。李庆辰就这个题目做了8首，都写在了《獭祭丙编》中，其中有3首以原题目选入了《醉茶吟草》中。留存在笔记稿本中有5首。

　　傅粉搓酥惹御烟，当时萧后斗婵娟。而今芳泽无遗迹，空对琳宫③塔影圆。（其楼址相传即山半白石塔处）

　　春深琼岛锁苍烟，怅望妆楼意惘然。断腕古碑今在否，当时拓本满宫传。

　　石榴枝好照金杯，曾说敦煌献舞来。颁得五丝长寿缕，琼花深处有楼台。

　　宫女争鸣小画弓，花团锦簇聚昭容④。谁知萧后梳妆美，天半高楼照水红。

　　清溪三五鹭成行，不复朱楼贴水香。曾说晓窗莲漏⑤转，高

---

　　① 生，即生员。童生参加省级考试（院试）合格者，称为生员。生员有资格入官学学习（入泮）。
　　② 童，即童生。在私塾学习的孩童，参加县级或府级考试合格者，称为童生。童生有资格参加省级考试（院试）。
　　③ 琳宫，即仙宫，亦为殿堂的美称。
　　④ 昭容，古代嫔妃等级之一。
　　⑤ 莲漏，即莲花漏，古代计时器的一种。

盘螺髻称宫妆。

诗中所说的萧后，即萧太后萧绰（953—1009），辽景宗耶律贤的皇后，辽圣宗耶律隆绪的母亲。景宗去世、圣宗继位后，遵其为皇太后，摄政 17 年，是辽国著名的政治家、军事家和改革家。学海堂出的考核题目未指向萧太后的武功文治，而是让学子们从"梳妆楼"说开去。李庆辰拟作的这几首诗充分发挥了丰富的想象力，既浓墨重彩地描绘了萧太后的梳妆美，又在美的描述中透出一股豪气，展现了"女强人"之美。

再如，《茶余杂记（二）》的《芥园辅仁课题①限庄字》4 首：

> 烟树环城望渺茫，芥园仍是水西庄。林泉昔作徽歌地，灯火今为礼佛堂。艳雪楼高临别浦，藕香榭古挂斜阳。郊原极目情无限，牧笛悠扬过道旁。
>
> 津沽四月好风光，泛水西来访旧庄。桃柳有情环画阁，燕莺无限入雕墙。园开一亩花同艳，地辟三弓芥亦香。终是老莲歌舞地，千秋此地总留芳。
>
> 吟风弄月齿生香，查氏芳徽尚有庄。金碧一时成佛国，楼台终古属诗场。苍苔经雨过墙秀，翠柏摇风隔院长。西淀老渔歌不断，扁舟来此一乘凉。
>
> 曾忆西郊演武场，宜亭有柳绿成行。何如水榭凌波起，犹有奇花枕石香。铜鼓堂深藏径曲，珠凤阁峻枕流长。枣香村好游仍远，到此寻碑问古庄。

---

① 辅仁课题，意即该题为天津辅仁书院的考课题目。

又如，《獭祭甲编》的《水晶盐　得晶字　五排十六韵》：

积雪飞霜处，盐偏似水晶。岂真山石出，端是海波成。皎洁
冰痕结，玲珑玉影明。赤非砚火井，红撒漫丹城。盛以玻璃碗，
调宜翡翠羹。渠穿泥不滓，畦引浏原清。晒借金乌①转，堆成白
虎形。土花膏皓皓，珠粒倍莹莹。莫说寻常味，须谙至宝名。酒
休斟绿酿，饭不佐□精。螲蛤征求当，莼鲈别念萦。登筵随黍
稷，入市等瑶璜。粟非黄鸟啄，鲙许素鳞烹。色异桃花艳，烟飞
若木轻。立论虽同铁②，分甘或类饧。宿沙③遗古法，醯务至
今行。

这些拟学海堂考核题目之作，尽管每首都是好诗，却也不能都收
入《醉茶吟草》，大多数还是留在了笔记稿本中。

五、叙事长歌之作

李庆辰诗擅五言，故《醉茶吟草》中收录的五言诗居多。但在其
笔记稿本中，叙事长歌也不少。如：

（一）《醉经载记》中的《君子馆砖》

道光年间，肃宁苗仙露④于郊外得古砖，上有"君子"二

---

①　金乌，太阳的别称。

②　《盐铁论》，西汉时一部政论性散文集，原为汉昭帝时盐铁会议的记
录，后为桓宽整理成书。

③　宿沙，传说中炎帝（一说黄帝）的干臣，最初煮海制盐者。

④　肃宁，现河北省沧州市肃宁县。苗夔，字先麓、仙露，肃宁人，清
代语言学家。

字，知为河间献王①所立君子馆②砖也。献王立君子馆，博士毛
苌③居之。

河间郊外得古砖，苔侵土蚀日久斑驳然。上有古字略可辨，
银钩铁画形蜿蜒，细视二字曰君子，质为金石声渊渊。苗君获此
如拱璧，欲穷源委搜陈编。白头野志识轶事，乃云此砖已历千余
年。昔汉文景重儒学，名流辈出相争先，献王好学亦好士，授餐
适馆延英贤。日华宫④阙极壮丽，乐陵台榭涛云烟，陋儒碌碌不
足数，俗士纷纷着比肩，侧闻毛公凤博古，扬抠风雅三百篇，经
师人师两无愧，能发奥□精□研。君子馆成馆君子，贤王折节情
缠绵。人事代谢成往古，空留韵事传幽燕，骚人怀古迹终渺，油
油禾黍连陌阡。郑重持归胜铜瓦，琢为宝砚明窗前，五鹿双鱼⑤
莫能比，墨光的煤凝清泉，宝藏位置翡翠匣，愿尔子孙永保焉。
吁嗟乎，古人不复作，古器空留连，君子故馆在何处，献王高冢
遗道边，万春山⑥下一翘首，但见桃花红遍高峰巅。

---

① 河间，现河北省沧州市河间市。西汉时为河间王刘德领地。献王，
刘德（公元前171－公元前130年），汉景帝之子，封为河间王，都城在乐
城，即今河北省沧州市献县县城，谥献王。刘德毕生致力于古籍的收集和
整理，《毛诗》和《左传》得以流传后世，为其功劳。

② 君子馆，为西汉刘德所建，其遗址在今河北省沧州市河间市诗经村
乡君子馆村。

③ 毛苌，《诗经》的注释和传授者。曾在刘德所设的君子馆讲学。其
遗址在今河北省沧州市河间市诗经村乡诗经村。

④ 日华宫，刘德建，在都城乐城南，遗址在今河北省沧州市泊头市富
镇严铺村（为刘德领地）。

⑤ 五鹿双鱼，清末著名学者俞樾书有一联，"汉瓦双鱼大吉祥，晋砖
五鹿宜孙子"。镌有双鱼、五鹿图案的汉瓦和晋砖，都是价值极高的文物。

⑥ 万春山，在今河北省沧州市献县河城街镇小屯村，是为一巨大的汉
代墓地，现名万层山。

（二）《獭祭丁编》中的《端午大沽口观海军竞渡词》

古人好竞渡，锦标夺得去不顾。今人善驾船，铁甲迅速行飘然。车战马战复船战，每随时代互更变。炮石飞空崩惊雷，坚城硬垒无不摧。纵能挽强弓，猛士遇之技亦穷。纵能驰怒马，悍将当之气亦下。戈矛剑戟浑无用，百战不如火一纵。而况水战兼火攻，烈焰透水光熊熊。海军尽劲旅，绝技难枚举。驾船队队无弱兵，火轮翻转波涛横。更有上将精训练，夺涛蹴浪迅追电。时当长夏逢瑞阳，较技何殊戚继光。大船鼓荡凌烟走，倒翻海底乖龙吼。小船挈楫冲风来，横飞水面争喧豗。大船小船一齐放，洪流立起数十丈。勇者捷足谁先登，凌云直欲习飞升。纷纷竞进猛如虎，炮声未息丰隆鼓。临敌此足见一斑，楼船丛集桅如山。倏然斗罢各归去，碧海滔滔不知处。

（三）《獭祭己编》中的《义仆》

某甲有仆，忠信刚直，临财不苟，交友尚义，予深许焉。因其为役，故讳其名，然其行事侃侃，有士大夫所不能者，亦何可没其美耶。聊作韵语，代其传云。

某氏有义仆，后昆光门闾。彼苍报善人，其理洵不诬。当年事其主，欣戚与之俱。临财不苟得，立志无诏谀。主人将逝世，俨托□尺孤。位卑万难处，卒能告无辜。设使避嫌怨，剥床将及肤。主殁悍族骄，纷纷多异图。委曲御灾患，正气绝觊觎。家业不堕落，幼主赖匡扶。视仆为心腹，族党皆不愉。幼主年稍长，朝夕好摴蒱。宵小复煽惑，窥伺如於菟。幼主慕小艾，柳巷求美姝。匪徒复诱引，左右多媚狐。年少轻挥霍，一掷万青蚨。歌馆朝闻曲，酒肆夕提壶。老仆力箝制，懔懔严步趋。谤言遂鼎沸，蕙茝为明珠。昧者诮其私，智者笑其愚。老仆若未闻，切切防穿窬。延师教幼主，数载知读书。学虽未成名，家幸免邱墟。恒产绵一线，仓库粮有余。为主择佳偶，亲迎驱锦车。闺门鱼水协，百年得安居。老仆叩首辞，从此归田庐。主长多智慧，仆老休充芋。在昔戒贪鄙，何虑囊空虚。清风吹两袖，志趣何欢如。幼主闻之悲，洒泪牵其裾。昔非得尔力，沟洫亡身躯。父母俱没世，戚党亲者疏。童年好游戏，惟知贪欢娱。若非尔训导，失足宁由予。汝今弃我去，忘义人讥吾。仆闻亦感泣，劳瘁仍如初。力尽继以死，依旧供驰驱。忠义出于仆，顽石有瑾瑜。信之生质美，不以贵贱殊。天爵人人有，而况士大夫。立朝果如此，侃侃称名儒。惜哉不多见，能无愧此奴。

(四)《獭祭辛编》中的《题郭汾阳①富贵寿考图》

狡兔死，走狗烹，谁能始终全功名。淮阴②自居不赏地，非必汉高真不情。汾阳功勋高千古，汉唐名将谁与伍。当时两京俱覆没，手披荆棘扞豺虎。天下安危系一身，七八年间静鼙鼓。有唐重整旧山河，勋业巍巍不震主。吁嗟乎！我服公之忠兮，不幸危而邀君。我服公之量兮，不挟怨而仇人。我服公之德兮，容群小之谗口。我服公之智兮，能明哲以保身。位重则亟思勇退，失宠则殊无怨瞋。二十四考③中书令，八子七婿皆朝臣。一门忠孝

---

① 郭汾阳，唐代名将汾阳王郭子仪。
② 淮阴，指汉代开国功臣韩信，因他是淮阴人。
③ 二十四考：郭子仪出任中书令久矣，主持官吏的考绩达二十四次，而朝不忌，君不疑。

获福报，晞曖卓绝超群伦。我今披图殊诧异，那有天星下平地。
公之修为自有真，富贵寿考天原赐。若果修德不如公，吾恐天星
不轻至。

李庆辰笔记稿本中的这些叙事长歌，情节完整、详略得当，文字
简练、语言朴实，押韵灵活、音调和谐，情感充沛、寓意深远，叙事
抒情两相宜，可见其诗学造诣和艺术功力。

六、楹联之作

值得一提的是，在李庆辰笔记稿本中，还写有大量的楹联，包括
通用楹联和专用楹联（春联、婚联、贺联、挽联等），甚至还有灯谜。
楹联是中文语言独特的艺术形式，其在对仗、韵律、比兴、用典等方
面的要求，与诗歌相同。因此，楹联创作也可视为诗歌创作，也浸透
着与诗歌创作同样的底蕴和造诣。赏读李庆辰的楹联之作，可以从一
个侧面了解他的诗歌创作情况。不过，笔记稿本中所写的通用楹联，
大部分没有注明作者，不能辨别哪些是李庆辰作品。倒是贺联、挽联
等，由于其专属性，可以看出哪些是李庆辰作品（个别有署名）。当
然，楹联毕竟不是诗歌，不属《醉茶吟草》选入范围。

（一）贺联和挽联

贺李君治亭寿

岂弟君子殖殖其庭①筑室于兹百堵皆兴有记有堂求其友声
（李君堂名友声）；八月在宇酌彼兕觥②兄及弟矣每有良朋以祈寿

---

① 殖殖其庭，语出《诗经·雅·小雅·鸿雁之什·斯干》，意思是：
庭院宽阔平而正。
② 酌彼兕觥，语出《诗经·风·周南·卷耳》，意思是：姑且让我大
杯饮酒吧（只有这样才不会永远伤悲）。

考福禄寿成

贺戴莲溪

有奇才斯建殊勋请看竟扫狼烽学与蛾术泉开鹿井路辟蛇湾数年来黎庶欢腾伟望无惭；文彦博□惟大德乃登上寿堪美龙章锡宠鱼袋叨荣儿罕称觞鹤筹添算一门内衣冠华贵

代布商挽母作

撒手竟何归叹一朝命断如丝安得长斋依绣佛；抚心空自恨嗟数载业勤抱布愧无修随奉慈亲

有六十岁失偶烦予代作挽联云

老泪为君流数十年家计徒劳未获晨昏同白首；中途辞我去三四日沉疴莫起竟抛儿女赴黄泉

挽张鹤宾先生联　筱筠

奇文雅好髯苏①忆前番座上风生别有会心谭赤壁；古篆能追史籀悲此日袖中石冷更无余兴剧青冥

挽孟东园先生联

壮志讵云消半生来创业维艰君原儒素承家幸有兰枝钟秀气；沉疴终不起旬日间英风顿杳自愧岐黄之术空悲药圃少灵苗

李庆辰撰写的这些贺联和挽联，似乎因循套路，无多惊奇，但言

---

①　髯苏，宋代著名诗人苏轼的别称。

简意深，对仗工整，平仄协调，比兴得当，用典考究，可见其胸藏万卷、随手拈来的素养和功底。

（二）对联故事

李庆辰笔记稿本中写有几则对联故事，例如，在《茶余杂记（二）》写道：

> "山中习静观朝槿，石上题诗扫绿苔"。梦中忽忆此二句。
>
> 丁丑三月下旬梦寐朦胧中，忽得此一联，虽不甚工，然皆成句，姑录以志之，见一时之灵，上联王右丞句，原诗云，"山中习静观朝槿，松下清斋折露葵"，下联白香山句，原诗云，"林间煮酒烧红叶，石上题诗扫绿苔"。

李庆辰于光绪三年（1877 年）三月下旬某天，在梦中所得的一联，醒来才意识到，此联的上下两联分别为唐代两位大诗人名篇中的佳句，前者是王维（王右丞）《积雨辋川庄作》中句，后者是白居易（白香山）《送王十八归山寄题仙游寺》中句。李庆辰梦中将王维和白居易诗中各一句并凑为一联，既可见他一时之灵，也可见其深厚的学养。

又如，《獭祭壬编》之《巧对》，记述了津门一件趣闻，其中记有一巧对：

> 我邑城中东隅有三处彼此相望连手房屋，稠密始隔断耳。有人作对云："葫芦观里六根竿儒释道"。盖贡院傍有草厂庵，僧寺也，对面水月庵，道观也……而城西有倭瓜园，其左右相近有三座寺，曰红寺白寺黑寺，即有人属对云："倭瓜园外三座寺黑白红"，亦天然巧对。

　　在刊行于道光二十六年（1846 年）的《津门保甲图·县城内图》（见下图一）上可见，在城内东南角，有一水坑，在水坑北沿，画有3 个建筑，贡院居中，坐北朝南；草厂庵在东，坐东朝西；水月庵在西，坐西朝东，是为儒、释、道三教；三个建筑前都竖有两根旗杆，是为"六根竿"。不过，该图绘于道光年间，且未绘民居，所以看不出"连手房屋"的葫芦状。在《津门保甲图·天津城厢图》（见下图二）上看，在城外西北方向（铃铛阁正北）绘有三座庙，均坐北朝

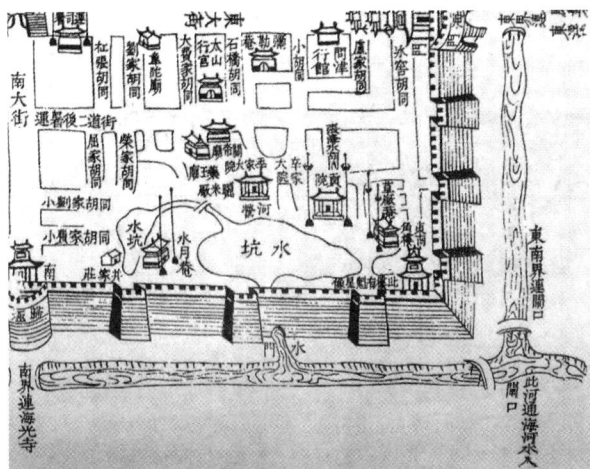

图一　《津门保甲图·县城内图》城厢内东南部局部

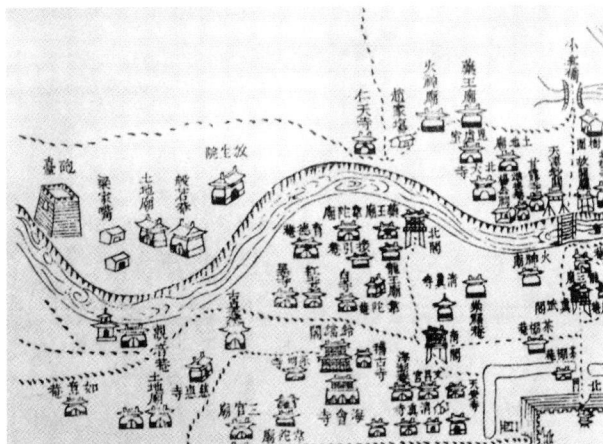

图二　《津门保甲图·天津城厢图》城厢外西北部局部

南，从东至西一字排列，依次为白寺、红寺、黑寺（但图上未标注此地为"倭瓜园"），是为"倭瓜园外三座寺黑白红"。这些建筑早已不存，但这两处景致构成了一副巧对，留在了李庆辰笔下，使我们可以了解一些当年的景况。

在李庆辰笔记稿本中记有不少佳联巧对，如"冰冷酒一点两点三点；丁香花百头千头万头"（旧时常将"冰"写作"氷"）"六木森森松柏榆槐杨柳；泉水淼淼湖海河汉江淮""磨砺以须问天下头颅有几；及锋而试看老夫手段何如"（剃头铺），"天所生以为社稷；人之望有若神仙"（督辕对联）等。

再如，李庆辰在《獭祭余编》中还记有一则关于春联的笑话：说的是，明洪武年间，太祖朱元璋于某年除夕前传旨公卿士庶，门上加春联一副。除夕夜，朱元璋微服出行，想看看各家写的春联如何。走到一家门前，看到这家独无，一问方知，这家是阉猪铺，还没来得及请人撰写春联。朱元璋心血来潮，提笔写道，"双手劈开生死路，一刀割断是非根"。书毕出门，继续巡查。"嗣帝复出，不见悬挂，因问故，云，知是御笔，高悬中堂，燃香祝圣为献瑞之物，帝大喜，赐银五十两。"

第四节　私塾课徒一瞥

13 年的 108 期考核题目 / 官府对私学的管理与监督 / 应试的课程与实用的策论 / 敬业为人师

李庆辰 20 册笔记稿本中，记载的内容涉及面广，信息量大。其中，在《醉经载记》中第一次记载了如下内容：

光被四表解

动静交相养赋

项羽无本纪论

长芦考

拟陆士衡君子有所思行

紧接着上述记载，还有如下的相似记载，不过，这第二次记载开始有了日期和注明（见下图）。

四月十七日师课

敷文德格有苗辨

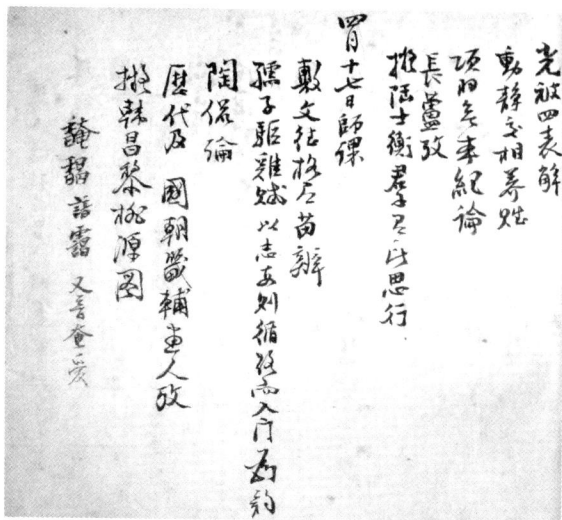

《醉经载记》中第一、二次抄录的考核题目

孺子驱鸡赋　　以志安则循路而入门为韵

陶侃论

历代及国朝畿辅画人考

拟韩昌黎桃源图

……

自"四月十七日师课"的第二次记载之后，《醉经载记》中还有12次相似的记载。从这些记载的内容看，其肯定与某种教育学习有关，或者是塾馆学堂的授课题目，或者是它们的考试题目，那么，到底是什么？本章第一节说过，在李庆辰笔记稿本《獭祭辛编》中有题记说："此编分三集，著作记载为上集，考核抄录为中集，抄写医书为下集……"，查其中所说的"考核抄录"，就是该册中的"二月二十六日稽古课题""三月初六日督宪课"等16次记载。由此完全可以断定，李庆辰在笔记稿本中的这些记载是抄录的考核题目。

一、考核题目的数量与出处

李庆辰在笔记稿本中抄录了多少考核题目，这些考核题目出自何处？经过统计和研究，可以得出以下答案。

（一）13 年 108 次的考核题目

李庆辰笔记稿本自《醉经载记》开始，至《獭祭癸编》止共 11
册，册册都有其抄录的考核题目，从未间断，时间从光绪四年至十九
年（1878－1893 年），计 16 年。不过，《醉经载记》写作的时间跨度
是 6 年，抄有考核题目的是后 3 年，因此，准确地说，李庆辰不是在
16 年，而是在 13 年间抄录了这些考核题目，累计达 108 次。

各年的抄录情况如下表：

笔记稿本名/次数	日期/注明
《醉经载记》/14 次 辛巳至癸未 光绪七年至九年 （1881－1883 年）	第一年：无日期（有题目）、四月十七日师课、十月十六。 第二年：二月二十六、三月初六日运宪课、四月初八日师课、七月中堂课、（无日期）府课经文策题、八月初八日师课、九月初六日、十月初八日官课、十一月初九日师课。 第三年：三月初八督宪课、四月二十五日师。
《獭祭甲编》/10 次 甲申 光绪十年 （1884 年）	本年：三月初八日督宪课、三月二十五日师课、四月初八日运、五月初九日师课、闰五月初四日师课题、六月十一日经古师课题、七月初八日督宪课题、八月初八日师课题、九月十二日经古师课题、十月初八经古课题。
《獭祭乙编》/6 次 乙酉 光绪十一年 （1885 年）	本年：四月初四日督宪课、四月十四日补行三月师课、四月二十九日补经古官课、无日期（有题目）、九月十二日师课、十月十七日。
《獭祭丙编》/10 次 丙戌 光绪十二年 （1886 年）	本年：三月廿日督宪课、四月初十日、四月二十八日、五月十七日经古师课、七月十三日师课补六月、九月初一督宪课、九月十六日补试八月师课经古题、十月十五补九月经古师课题、十一月初三日补试十月官课生童经古题、无日期（有题目）。
《獭祭丁编》/8 次 丁亥 光绪十三年 （1887 年）	本年：三月二十四日课、四月二十四日经古课、闰四月二十四日经古题、五月廿八日经古斋课、六月二十八日师课、七月十六日督宪课、八月初五日师课、十月十八日课。

续表

笔记稿本名/次数	日期/注明
《獭祭戊编》/10 次 戊子 光绪十四年 （1888 年）	本年：三月二十日稽古课题、四月初二学海堂督宪课、四月二十日稽古课题、四月廿一学海堂师课题补三月、五月二十日稽古府课题、五月二十四学海堂经古课、十月初五经古题十四日交、十月廿五学海堂经古课、十一月二十日稽古官道课、十一月廿六日稽古县课。
《獭祭己编》/11 次 己丑 光绪十五年 （1889 年）	本年：二月二十稽古中堂课题、三月十二日学海堂督宪课、三月二十五学海堂课题、六月二十九学海堂课、九月二十稽古课廿四交、十月十六日稽古道课十九交、十月十九学海堂师课、十一月二十日稽古课题、十二月初十日稽古县课、十一月廿八学海堂经古师课、十二月初一日稽古府课题。
《獭祭庚编》/20 次 庚寅 光绪十六年 （1890 年）	本年：二月廿日稽古课题、三月初六学海堂督宪课、三月十九学海堂经古题、三月二十日稽古、四月二十稽古课题、五月二十稽古府课、五月二十九学海堂经古课、六月十四日学海堂经古课、六月二十日稽古课题、六月二十六日学海堂经古课题、七月初四日学海堂督宪课经古题、七月二十稽古督宪课题、七月二十八日学海堂课题、九月初三日学海堂课题、九月二十四日学海堂课题、十月初九稽古道课、十月二十二日稽古海关道课、十一月初一日稽古府课、十一月二十日稽古县课、十（一）月二十五学海堂经古课题。
《獭祭辛编》/16 次 辛卯 光绪十七年 （1891 年）	本年：二月二十六日稽古课题、三月初六日督宪课、三月廿六日经古师课、四月初十稽古道课题、四月二十日稽古府课题、四月二十一学海堂官课题、五月十七日学海堂课题、五月二十稽古海关道课、六月二十稽古县课、九月二十稽古督宪课题、十月十五日稽古道课题、九月十九日斋课经古虽未考亦录其题、十月初四日经古题、十二月廿五稽古关道课。 次年：二月二十日稽古开课题、三月十六日学海堂开课题。
《獭祭壬编》/2 次 壬辰 光绪十八年 （1892 年）	上年：七月十七日学海堂课题。 本年：四月二十日稽古关道课。
《獭祭癸编》/1 次 癸巳 光绪十九年 （1893 年）	本年：十月卅日交学海堂经古卷二十一课运宪。

从抄录的考核题目所记时间看，每年的第一次考核，最早的是农历二月，如《獭祭己编》《獭祭庚编》《獭祭辛编》中抄录的"二月二十日稽古（中堂、开题）课题"，《醉经载记》《獭祭辛编》中抄录的"二月二十六日稽古课题"等。而最后一次考核，最晚则到了农历十二月份，如《獭祭己编》中抄录的"十二月初一日稽古府课题"、《獭祭辛编》中抄录的"十二月二十五日稽古关道课"等。也就是说，每年除农历正月以外，每月都有考核，相当频繁。

（二）考核题目出自学海堂

李庆辰在 13 年间中抄录的 108 次考核题目出自哪里？回答是出自学海堂。依据：

一是李庆辰抄录的一些考核题目日期后已注明"学海堂课题"。如《獭祭己编》中抄录的"三月十二日学海堂督宪课""三月二十五学海堂课题""六月二十九学海堂课""十月十九学海堂师课""十一月廿八学海堂经古师课"等，这是考核题目来自于学海堂最直接的证明。

二是晚清著名学者李慈铭[①]的日记与李庆辰笔记的互证。光绪十年（1884 年），李慈铭接受李鸿章的邀请来天津主讲问津书院，他在《越缦堂日记》中记载了一些教学情况，如在光绪十年三月二十四日的日记中写道："明日北学海堂小课，命题为'九族考''张居正论''竹外桃花三两枝'……"李慈铭在《越缦堂日记》中记载的情况，在李庆辰笔记稿本《獭祭甲编》（光绪十年，1884 年）中也有相同的记载，日期和内容完全吻合，证明他抄录的考核题目来自学海堂无疑。

---

① 李慈铭（1830－1894），字𬣙伯，号莼客，晚年自署"越缦老人"，清代浙江会稽（今浙江绍兴）人，官至山西道监察御史。晚清著名文史学家，书室名"越缦堂"，著有《越缦堂日记》，三十余年不断。

三月二十五日师课　内课五名　外课①二名

九族考

张居正论

竹外桃花三两枝赋以题为韵

拟唐懿宗追谥李德裕卫国忠公制

路水新开直河擢歌七绝不拘首数

李庆辰抄录的学海堂考核题目，是学海堂为定期考核学生而出。学海堂对学生的考核，其实叫"考课"，且有"季考月课"之分。"月课"每月进行一次，李慈铭说的光绪十年三月二十五日"小课"，应该是"月课"，而李庆辰抄录的所有考核题目中，肯定既有"月课"，也有"季考"。

（三）学海堂与北学海堂

李庆辰抄录的考核题目注明的是"学海堂"课，而李慈铭说他为"北学海堂"出考题，为什么名称不一样？"学海堂"或"北学海堂"又是一个什么样的机构？对此，《续天津县志》和《重修天津府志》都有概要的记述。《续天津县志》（卷四·学校　附祠庙）记载："问津书院，在城内鼓楼南，乾隆十六年，芦商查为义呈输废宅地址，运使卢公捐资，建屋五十九间，延师选士，为肄业讲学之所，撰文勒石，名曰问津书院，尚书钱公题其堂曰'学海'。掌教束修②、馔金③及课艺诸生膏奖④、供役工食等费，皆由闲款生息项内支

---

① 内课、外课：书院学生的类别。"内课"生相当于寄宿生，"外课"生相当于走读生。此外，在书院学习的还有"附课"生为试读生，"列附课"生为旁听生。

② 束修，即干肉。古时学生送给老师的见面礼，后泛指老师的薪金。

③ 馔金，即伙食费。

④ 膏奖，即膏火和奖金。膏火代指学生的费用。

取……"原来，"学海堂"是天津问津书院的讲堂名。

问津书院始建于清乾隆十六年（1751 年），由长芦盐商查为义捐地，长芦盐运使卢见曾捐资，报请直隶总督方观承、长芦盐政高恒批准建立的，性质为"肄业讲学之所"。其书院山长（院长）和老师们的薪金等费用，由长芦盐运使司衙门从闲款生息项内支取。其"学海"堂额由直隶学政、尚书钱陈群题写，为与广州的"学海堂"相区别，天津的"学海堂"又称"北学海堂"，也就是说，天津的"学海堂"与"北学海堂"是一回事，而学海堂与问津书院亦为一体（以下叙述凡无必须，只用"学海堂"一个称谓）。

二、清代教育体系与学海堂考课

中国是历史悠久的文明古国，历来十分重视教育，很早就形成了行之有效的教育体系。《礼记·学记》记述西周的教育体系时就说，"古之教者，家有塾、党有庠、术有序、国有学"，也就是说，在公元前 1046 年—公元前 771 年的西周时，就有了塾、庠、序、学等不同级别的教育机构了。中国古代的教育体系经过历朝历代的锤炼，不断改进完善，到了清代已经相当完备。据《中国教育通史》①讲，清代雍正、乾隆朝以后，中国已经形成了以科举制度为引领的，十分庞大、缜密的教育体系。这个教育体系由官学和私学两大系统组成。

（一）清代的官学系统

清代的官学系统包括中央官学国子监、满族官学和府州县地方官学三类，这些官学由中央和地方各级官府主办，是国家的教育机构，所以称之为官学。其中，地方官学（有文学和武学两科，校址多不在一起，以下所述均为文学科）是分布最广的官学。地方官学也称

---

① 《中国教育通史·清代卷（中）》，本卷作者马镛，北京师范大学出版社，2013 年 8 月。

儒学、学宫，按隶属也可分别称府学、州学、县学，其校址与府州县治所在地的文庙（孔庙）连在一起，形成了"左庙右学"的标准格局。清代的天津城厢内，既有天津府衙，又有天津县衙，与之相对应的，既有府文庙，也有县文庙，因此也就有了府学和县学两个官学。天津的府学和县学东西相邻，均在城厢东门里北侧，东靠东城墙，南临东大街（见下图），其旧址现已辟为天津市文庙博物馆，地址是南开区东门内大街 1 号。

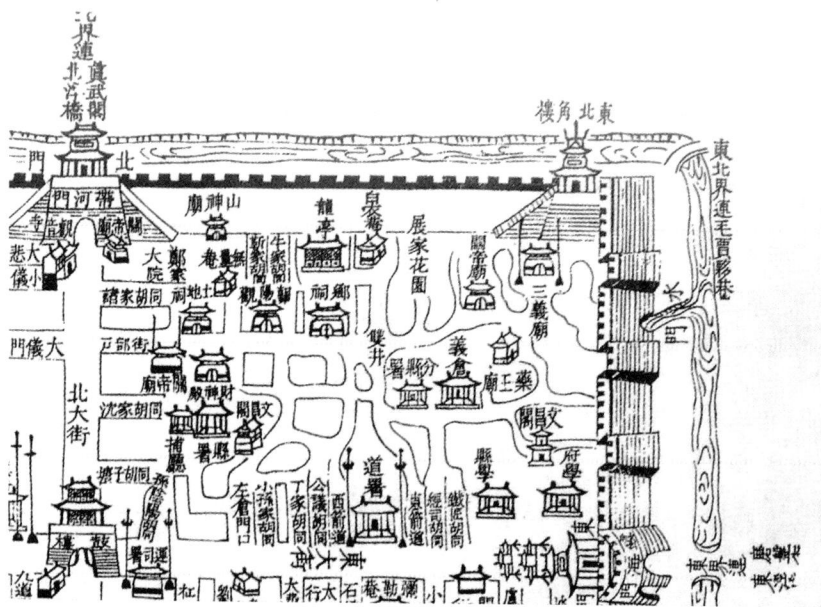

《津门保甲图·县城内图》城厢内东北部局部

各级地方官学的学生名额由国家分配，《续天津县志》（卷四·学校附祠庙）记载，咸丰三年，天津府学文学额为 26 名、武学额为 31 名；天津县学文学额为 21 名、武学额为 18 名，由此可见，地方官学的学生员额极其有限。地方官学的学生虽然不多，但它是中国科举考试生源的主要供应基地，其学生也是各级官员的后备军。

（二）清代的私学系统

清代的私学系统由书院和蒙学（下述）构成，其中，书院是十分重要的部分。书院由民间举办，所以称之为"私学"。书院出现于唐代，发展于宋代，是"聚徒讲学，研究学问"之所，江西庐山的白鹿洞书院、湖南长沙的岳麓书院、河南登封的嵩阳书院、河南商丘的应天府书院等著名的四大书院就是其佼佼者。到了清代，书院仍然由民间举办，并不属于官学系统，但朝廷强化了控制，使书院逐步官学化，其性质从基本上"与科举无涉"的学问研究场所，改变为"一切为了科考"的准官学；其学生也从原来有相当水平的青年才俊，降为进不了各级官学的童生和生员，从而使书院成为地方官学的重要补充，尤其是省级的大书院还填补了省一级地方不设官学的空白。书院与地方官学一道为科考提供了大量的生源。

天津最早的书院是开办于康熙五十八年（1719 年）的三取书院，自此以后，又陆续开办了问津书院、辅仁书院、会文书院（专课举人）、崇文书院、集贤书院、稽古书院和津东书院等，这些书院的开办，使天津文化教育事业得以快速发展，科举取士在全国名列前茅，令世人瞩目。

（三）学海堂的考课办法

前面提到，清代以来，书院虽然仍为民办，但朝廷对书院强化了控制，其措施之一，就是由地方各级官府衙门轮流监督书院考课。以天津的学海堂为例：天津的《时报》在光绪十二年十一月二十一日（1886 年 12 月 16 日）的《京津新闻》栏目刊载了一则通知（见下图），通知称："学海堂课。本月学海堂经古师课定于二十三日考试。经长芦运宪周都①转牌示，问津、三取两书院肄生童并备取生

---

① 长芦都转盐运使周馥，光绪十二年任，从三品衔。

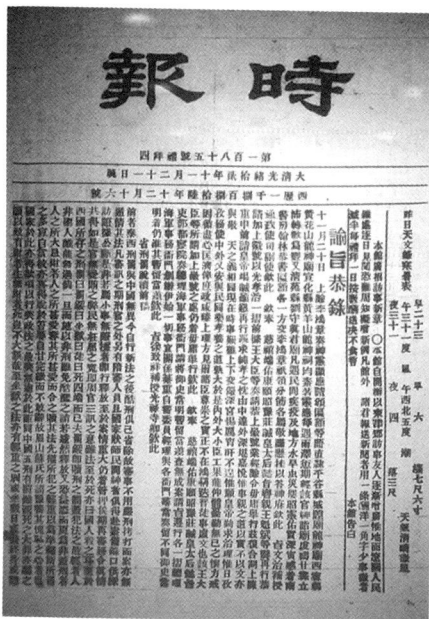

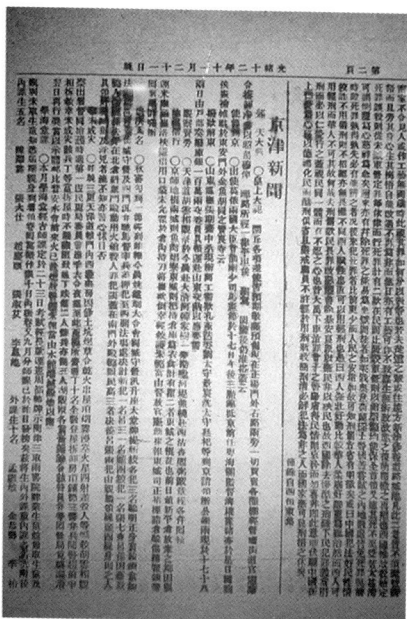

1886 年 12 月 16 日《时报》第一百八十五号

童及甄别未取生童知悉，届时亲身到署领卷，回寓缮作，限十日内缴卷……"

通知中的这次考核，是"经古师课"① 的考核，其对象是问津书院和三取书院②在校修业的、备取的和甄别未取的童生和生员，考核的办法是开卷考试，应考的生童要到长芦盐运使司衙门领取考卷，回家答作，10 日后交卷。他们为什么要到长芦盐运使司衙门领取考卷？因为这次考课是由长芦盐运使司衙门督考的。事实上，长芦盐运使司

———————————

① 经古师课，经古课和师课的合称。经古课是书院授课的科目之一，主要是讲授儒家经典。

② 三取书院为天津第一间书院，建于清康熙五十八年（1719 年），位置在天津城的东北角、三岔河口东岸，由津人王又朴发起、天津士商捐资建成，书院日常费用由长芦盐商捐款支付。曾于乾隆四十四年（1779 年）、嘉庆六年（1801 年）重修，同治六年（1867 年）迁址重建，此后，其费用改由长芦盐运使司衙门支付，一如问津书院。

衙门只是参与书院督考的官府衙门之一。据《建立会文书院碑记》记载，书院考课办法是，每岁课试日期，按运司①、津海关道、天津道、天津府、天津县轮转，"每课奖赏，各官自备"。也就是说，驻天津的这些官府衙门轮流监督书院考课，并负责相关费用和奖金的筹措。在李庆辰抄录的学海堂考核题目的日期后，大都注明督宪课、府课、道课、海关道课、县课等，就是各个官府衙门轮流督考的证明。各级官府衙门对书院学生的考课，既组织又监督，既掏费用又出奖金，大大提高了控制书院的效果。

三、学海堂课程与考题特点

当年天津的学海堂（问津书院）是在直隶最高行政长官的支持下设立的，其地位层次很高，师资力量雄厚，教学成绩斐然，社会声望很大，这些，从其课程设置和考题特点就可看出。

（一）学海堂的课程设置

书院的课程设置是一个专业性很强的研究课题，这里仅以李庆辰抄录的考核题目为线索，罗列学海堂的一些情况。

李庆辰抄录的考核题目中，除注有"督宪课""府课"等轮值督考的衙门外，大都还注明"经古课""稽古课"，这就是学海堂设置的基本课程。

所谓"经古"，可以理解为"古经"，即用秦代以前籀文书写的儒家经典，据认为其为儒家经典的原版（与之对称的是"经今"，即西汉初年用隶书书写的儒家经典，据认为其为儒家经典口述记录版）。"经古课"即为教习古文经书的课程，其以"训诂名物、考镜典章为

---

①　运司，清代"都转盐运使司"的简称，设于各产盐省份，负责地方盐务事宜，其长官为盐运使。负责直隶长芦盐区的运司全称为"长芦都转盐运使司"，其衙署原驻沧县长芦镇，康熙年间移驻天津，仍用原名称。长芦盐运使从三品官阶，简称"鹾宪"，可能就是文中所说的"督宪"。

主"。学海堂筹建之初，钱陈群提议"于制艺①、试帖②外，增设经古课"，这可能是学海堂教授和考核"经古课"的由来。

所谓"稽古"，即考察古代的事迹，"稽古课"即考察古代的事迹，以明辨道理是非、总结知识经验，为今所用的课程。

学海堂在"经古课""稽古课"之外，还有"课艺"的课程，教习作文、书法、诗赋等内容。不过，到了清代后期，各地的书院大都不再系统地授课，而是给学员出大量的试题，每月进行考试，以考试引导教学，实际上成为对学员参加科考进行强化训练的机构。在这方面，学海堂成绩斐然，为天津"数十年来，科第之胜，甲于他邦"做出了巨大贡献。

（二）学海堂的考题类型

从李庆辰抄录的考核题目看，学海堂对在学的生员和童生均按月进行考核（准确地说，书院对生童的考核有德行考核和学业考核两块，这里只叙述后者），题量相同，一般每次都是五道题，但分别命题，或一并命题而注明生童各做何题目。如光绪十二年（1886 年）四月初十日考题共有 8 道题，后注"童卷'飞'赋、'飞'诗外，加津桥春望七绝，不必作经解史论"。光绪十四年（1888 年）五月二十四日考题共有 9 道题，后注"生作两经文两对策兼作诗赋者听之。童作两赋一论两诗共五艺"等。

纵观李庆辰抄录的考核题目，可知考题大致有以下类型：

一是"解"，即对儒家经典的解释和说明。"解"是考核题目的主体类型，如"光被四表解""仪礼昆弟兄弟解""虞庠在国之西郊或作

---

① 制艺，亦称制义，即八股文，是明清以后科举考试的主要文体。

② 试帖，以帖经试士。多用于科举考试，即将所考试经书的内容掐头去尾，中间只留一行，在这一行中留出几个字，要求默写全文，以考背诵记忆能力。

四郊解""包茅缩酒解""北播为九河同为逆河解""禘祫大小解""阴
厌阳厌解"等。

二是"辨"，即对儒家典籍中不同的说法进行区分和辨别。"辨"
在考核题目中比重不大，如"敷文德格有苗辨""冬祀行祀井辨""石
鼓文是周非后周辨"等。

三是"说"，即对儒家经典重要观点的理解。如"周官冢宰后世
分为六说""笙诗说""墓祭有尸说""月令五时服食名义说""昏礼不
贺说""媵侄娣左右贵贱说""大学格物说"，等等。

四是"论"，即对历史人物和事件予以论述、评论，并以人或事
论理。"论"在考核题目中也具有主体地位，如"张居正论""项羽无
本纪论""陶侃论""魏华歆王朗蜀许靖三人优劣论""夏少康优于汉
高祖论""宋绍兴隆兴两次和战论""元魏迁都洛阳论""荀子言性恶
论"等。

五是"考"，即对古代事迹进行考察、稽考和推求，如"九族考"
"长芦考""历代及国朝畿辅画人考""大夫以上昏礼与士礼不同考"
"周召分陕考""祥禫考"等。

六是"议"，即论事说理，陈述意见。如"河北徙南徙利害议"
"开通马颊河分引黄流议"等。

七是"问"（"策"），对策。如"问，六经之传易为最古"，"问，
行省分置始于元，自明迄今迭有更易，自东三省、新疆、台湾外，皆
虞爰以来州、部（郡）道、路之所治也。各省得名之由，能详稽史传
而溯其缘始欤"，"问，南北史列传多以家世类叙，不复限断朝代，或
识为私家谱系之体，有乖史法，或谓得史记合传之意，未可厚非，褒
贬各异，能折衷以归一是欤"，以及"驭夷策""备涝策"等。

八是"赋"，即以经史子集语、前人诗句或成语为题，并规定韵
脚的作诗（赋得）。如"赋得落花与芝盖齐飞得飞字五言八韵""赋得

炉烟添柳重得烟字""赋得小池寒欲结冰花得池字""竹外桃花三两枝赋以题为韵""孺子驱鸡赋以志安则循路而入门为韵"等。

九是"拟",即以古代佳章名诗为蓝本的仿作。如"拟唐懿宗追谥李德裕国忠公制""拟韩昌黎桃源图""拟陆士衡君子有所思行""拟陈伯之复邱希范书""拟秦中士女上蹋青鞵履启""拟问津书院增祀汉唐经师议""拟杜少陵秋兴""拟唐人五律八首"等。

十是"书后",即类似于撰写读书感想。如"书瀛环志略后""书元佑会计录后""书汉书匈奴传赞后""书朔方备乘后""书神农本草后""书集古录目后"等。

这 10 个类型的考核题目,大致可以看到科举教育的经解、史论、策问和拟作四大内容。

在各种类型的考核题目中,不乏歌功颂德的内容,如"慈禧端佑康颐昭豫庄诚皇太后①五句万寿颂""东陵随扈 用老杜行次昭陵②体韵""端午大沽观海军竞渡词不拘体韵"等,这是可以理解的。

李庆辰抄录的学海堂考核题目具有内容上的递进性,如以 13 年为一个周期看,则童生与生员年年次次必考经解、史论和诗赋,到中期以后,开始增加了拟作、书后的考题,到后期,才出现策论题,这也许就是课业学习循序渐进的体现吧。

(三)考核题目的特点

学海堂由名师宿儒任教,其拟出的考核题目质量很高,且具特色,以"问"题为例:

---

① 慈禧端佑康颐昭豫庄诚皇太后,慈禧在光绪二年至十五年(1876—1889 年)的徽号(尊号),以后屡有增加。光绪三十四年(1908 年)十月慈禧去世后,其尊号全称为"孝钦慈禧端佑康颐昭豫庄诚寿恭钦献崇熙配天兴圣显皇后"。

② 老杜,即杜甫,《行次昭陵》为杜甫作品。

一是考核题目既有知识点，又有以考促学的作用。例如，李庆辰在《獭祭戊编》（光绪十四年，1888年）中抄录的三月二十日稽古课考题，其中有如下一道问答题：

> 问，许叔重在东汉与马融、郑康成不甚相先后，而说文所著引用经传多与经文不同，如易夕惕若厉，说文厉作夤；乘马班，班作驙；书暨皋陶，作臮咎繇；方鸠孱功，方鸠作旁述；草木渐苞，作蔪苞；诗鸾声哕哕，作钺钺；亦有和羹，作鬺；春秋传太子忽，忽作曶；六鹢退飞，鹢作鵙；礼记腐草为萤，萤作蠲；质明而始行事，质明作晢明等。类其字异而义同欤？或义不同属而取诸形声假借欤？古人谓识字必先通说文，其悉举而详辨之。

题中所说的许叔重，即许慎（约58－约147），字叔重，东汉经学家、文字学家、语言学家，与马融（字季长，东汉经学家、文学家、教育家）、郑玄（字康成，东汉经学大师，遍注儒家经典）齐名，有"五经无双许叔重"之美誉。许慎著有《说文解字》，是中国首部字典。但这道考题中指出，许慎在《说文解字》引用的经文中，有一些字与大家所读的经文不同，比如，《周易·乾》中"夕惕若厉"的"厉"，《说文解字》作"夤"；《周易·屯》中"乘马班（如）"的"班"，作"驙"；《尚书·舜典》中"暨皋陶"，作"臮咎繇"；《尚书·尧典》中"方鸠孱功"的"方鸠"，作"旁述"；《尚书·禹贡》中"草木渐苞"的"渐"，作"蔪"；《诗经·小雅·鸿雁之什·庭燎》中"鸾声哕哕"的"哕"，作"钺"；《诗经·商颂·烈祖》中"亦有和羹"的"羹"，作"鬺"；《春秋公羊传·桓公十一年》中"太子忽"的"忽"，作"曶"；《春秋公羊传·僖公十六年》中"六鹢退飞"的"鹢"，作"鵙"；《礼记·月令》中"腐草为萤"的"萤"，作"蠲"；

《礼记·礼器》中"质明而始行事"的"质",作"晢",等等。考题在举例后问道,上述不同,是字不同而义相同,还是义不同而取字形以借发音?考题要求考生再举出一些例子并详细地辨析作答。这道问答题有几个特点,一是考题举例很充分,使考生很容易理解题意,便于迅速进入状态。二是考题指出了儒家经典的差异,可以促使考生认真读书、深钻细研。三是考题不但提问,还说明了作这道题的意义,就是古人说的,识字必须先弄通《说文解字》,这是很巧妙地寓教导于考核之中。

二是密切结合天津的实际。如《獭祭壬编》(光绪十八年,1892年)抄录的"四月二十日稽古关道课"考题,其中的问答题是:

> 问,天津海河近年淤垫过甚,有谓海口高仰者,有谓河身停淤者,有谓南北两运河上游减河过多者,何说为得其实?宜何以何法治之?铁把用以疏河,挖泥船用以浚河,其效何若?于古有所见否?士生长于斯邦,熟知利弊,其详晰而究言之。

这道题与其说是考试题,倒不如说是问卷调查题,对于学生来说,虽然所问与经史诗文无关,但可以考察其对社会的了解程度以及解决问题的思路及能力,尤其是"士生长于斯邦,熟知利弊"句,还有呼唤学生对家乡事务责任感的意义,值得称道。这期考核是由关道(津海关道)督考的,而且出题人对海河的淤垫情况十分熟悉,对各种治理对策和措施也相当清楚,由此可以假设,这道题是津海关道与学海堂商量后出的。津海关道的职责与海河的关系十分密切,海河"淤垫过甚"可能是他们相当头疼的问题,借督考之机,听一听学子们的意见,也是很有可能的。类似这样的考题还有"开通马颊河分引黄流议""江防海防相为维系策"等。这些考题既有知识性,又有实用性，不但可以考核学生掌握知识的程度和解决实际问题的能力，还可以达到集思广益，为官府出谋划策的效果，其做法可谓一举两得。

三是重在考察学员分析和思考的能力。

如《獭祭庚编》中的二月二十日稽古课题：

　　问：滹沱①源流，水经已阙。汉晋故渎当从今何处分流，会河水②入河归海，能疏通而澄明之欤？

又如《獭祭辛编》中的二月二十六日稽古课题：

　　问：西汉自孝武③之后，崇尚儒术，至于哀平④百余年间，士之以儒生进用，功业志气可纪于世者，不过三四，而武夫文吏皆著节当世，其业与儒者远甚。及至东汉，虽光武兵革之后，而儒者遂显，其后世道陵夷，其所以扶危持颠，皆出于学者，而他人不与。夫两汉之用儒，其实无以相过，而士之优劣相远，如此何也？

再如《獭祭辛编》中的四月十日稽古道课题：

　　问：《汉书·食货志》述井田制最详，其言公田止八十亩及余夫等受田之法，果与周官孟子⑤无抵牾与？北魏迄唐口分世业⑥

---

① 滹沱，即滹沱河，源出山西省繁峙县，流经太原，入河北省西部。
② 河水，古代指黄河，或黄河下游的一条河流名。
③ 孝武，西汉武帝刘彻，尊号孝武。
④ 哀平，即哀帝刘欣、平帝刘衍。
⑤ 周官孟子，《周官》和《孟子》。
⑥ 口分，按人口分田。世业，世代承耕的田地。

之制，或谓法本未善，失井田本意，能悉陈其得失欤？井田行于三代①，废于暴秦，而复略行北朝隋唐之间，然终皆听民买卖，一无限制而后已，岂法犹疏漏，抑事势所推激固必至于是与。王安石之方田、贾似道之推排，与孟子之经界，法相类者也，而利弊顿殊，其异同得失，诸生其各畅所见，毋袭陈言。

第四《獭祭辛编》中的四月二十一日学海堂官课题：

问：国家得失，系乎用人，用人之方，视乎选举。三代后孝秀功曹，变为中正，其敝流为门选，沿及唐初，兹风未革，裴光庭②之为吏部也，始用资格，选法至此而公，选法亦由此而坏，然卒无以易之者何欤？台有长官，得自除吏，德宗□自除之，私滥争之者乃以为至公，公私之辨能衷一是欤？通榜取士，不免于谒而得人亦多，宋人糊名易书善矣，而目迷五色，王文正苏文忠且不免焉，所失何人，可得闻欤？先去七等之法③，信可以弥缝其后欤？……明初用人，三途并建，及其中叶，柄用者莫非甲科④，史无停止之文，事有废阁之实，其故安在？张璁⑤出身不

---

① 三代，即夏、商、周。

② 裴光庭（678—733），字连城。唐玄宗开元十六年任吏部侍中时，推行"循资格"的选举方法。

③ 宋仁宗庆历四年，欧阳修进言，建议采取层层淘汰的办法举士，先考试策论，"择其文辞鄙恶者，文意颠倒重杂者，不识题者，不知故实略而不对所问者，误引事迹者，虽能成文而理识乖诞者，杂犯旧格不考试者，凡此七等之人，先去之"。

④ 甲科，考取进士的代称。

⑤ 张璁（1475—1539），字秉用，号罗峰，后为避明世宗朱厚熜讳，改名孚敬，赐字茂恭，官至内阁首辅。但其入仕前七次科考不第，后于明武宗正德十五年中二甲进士，才进入仕途，年已47岁。

由翰院，及其秉政，馆选皆改部曹，其不改者何人，必欲并改者何故，能并举欤？……我国家官方澄叙，举必当才，参历朝选政之至公，监胜国甲科之偏重，士非知古不能通今，各述源流，觇异日施行之效焉。

这些问答题涉猎广泛，交代详细，提问深刻，并且指出了认真回答该问题的意义和重要性，"士非知古不能通今，各述源流，觇异日施行之效焉"，还要求"诸生其各畅所见，毋袭陈言"，值得借鉴。

四、敬业尽职的先生

李庆辰与当年的所有读书人一样，寒窗苦读，一心指望通过科考走上仕途之路。但他时运不济，一辈子仅为诸生，始终与仕途无缘。为生活计，只好以课徒为业。从其笔记稿本的记载看，他应该是在津门乡绅富户的家塾中教书。

（一）私塾教育概略

在清代的教育体系中，蒙学教育是私学系统中的主要部分，其任务是对孩童实施启蒙教育，其追求的目标是使孩童递次取得童生、生员资格，进而迈入官学或书院的门槛，为踏上仕途打基础。

蒙学教育有社学、义学和私塾三种办学形式，但从数量和质量看，私塾始终是蒙学教育的主体。所谓私塾，是私家学塾的简称。其实在古代，其名称叫"学塾"，还有教馆、书房、书屋、民学、书馆等称谓，并不加"私""私学"等表示属性的前缀。将学塾改称为私塾，是近代以后的事情了。光绪三十一年（1905年），清政府废除科举制度后，开办了各级新式学堂，其中也包括孩童启蒙和初级教育的小学堂，为表示区别，遂将民间办的学塾，称之为私家学塾（简称私塾）了，久而久之，"私塾"还成为一个社会常用词汇。

按照清政府学部的划分，私塾有义塾、族塾（村塾）、家塾、自设馆四类。各类私塾一般在每年农历二月中旬开馆，到冬月才散馆，塾师较稳定、教材较系统、教学时间长，学习的内容也多，个别的私塾，其教学质量与书院可有一"拼"。

孩童经过私塾的启蒙教育，进而会参加县或府（州）举行的考试，考试合格者称为"童生"，"童生"始有资格参加"院试"（亦可选入书院学习）。"院试"是省级的考试，主持考试的官员是各省的学政，亦称提督学院，因此该考试称为"院试"，"院试"合格者称为"生员"（俗称"秀才"，或称"茂才""庠生"等），至此，私塾教育就完成了使命。李庆辰在笔记稿本《獭祭辛编》中抄录的二月十一日"院试"考题，就是私塾教育最后一试的情况：

> 二月十一日　院试童古题
>
> 小垒谓之坎赋，以其垒之小者别名坎为韵
>
> 帘寨月露钩，得钩字
>
> 韩信垒，
>
> 汉武台
>
> 拟陆士衡君子行
>
> 二月十一日入场，十二日出榜，取十名：周常炳、华学涑、孟广慧、陈恩荣、陈寿钧、陈春泗、李秉允（元?）、赵以敬、樊荫慈、李鹤鸣。
>
> 又算学一名华世彤，以上皆天津人。

上述抄录说的是光绪十七年（1891 年）二月十一日直隶省举行"院试"的情况：考生是直隶各地的童生。出了五道考题。十二日出榜，有 11 名天津籍童生考核合格，取得生员资格，其中有孟继坤之子，后来成为天津四大书法家之一的孟广慧。这 11 名天津人很可能

是（或有的是）李庆辰的学生，所以，他在抄录了"院试童古题"后，详细记录了考试时间和考取情况，以为纪念。

（二）尽心竭力的塾师

笔者注意到，光绪十七年这次院试的考题中有"拟陆士衡君子行"一题，该题曾出现在光绪七年的学海堂考核题目中，由此可以想见，学海堂的考核题目有如"题库"，其在县（州府）试和院试命题时，采用的概率很高，因此学海堂出的考课题目，就像现在的名校试卷一样，备受各个私塾关注。李庆辰在13年间不间断地抄录了学海堂的考核题目，并在笔记稿本中写下了大量的与这些考核题目相关的儒家典籍书目、宿儒的论述、名家的注释以及其他资料，想必是洞见学海堂考核题目的意义，因此，坚持不懈地抄录，一方面自己钻研备课，一方面辅导学生们去做，以便保证和提高自己的教学质量。

李庆辰在抄录学海堂的考核题目后，并不是简单地、被动地"传声"，而是溯源正本、一探究竟，切实弄清题目来源，以便正确理解题意。笔记稿本《獭祭庚编》有一篇题为《开卷有益》的文章：

> 醉茶子曰，向学海堂以少康优于高祖命题，未知其由也，昨读三国志得之矣。三少帝纪曹髦传注，魏春秋曰，帝宴群臣，与荀顗、崔赞、袁亮、钟毓、虞松等论帝王优劣……

李庆辰说，他在抄录学海堂的考核题目时发现，学海堂经常出"少康①优于高祖②"的稽古考题，这是为什么？他阅读了《三国

---

① 少康，即姒少康，夏代的第6位君主，其父亲姒相被害后，夏王朝曾一度泯灭，经过少康的奋斗，夏王朝又复兴，史称"少康中兴"。

② 高祖，即汉高祖（高帝）刘邦，东汉王朝的创始者。

志·魏·三少帝①纪》中高贵乡公曹髦传的《魏氏春秋》注后，才有了答案。原来，曹髦于甘露元年（256 年）二月的一天，在太极东堂宴请群臣，并请他们讲述《礼典》，其间说到了历代帝王优劣的话题。曹髦"问群臣曰，有夏既衰，后相殆灭，少康收集夏众，复禹之绩。高祖拔起垄亩，驱帅豪隽，芟夷秦项②，斯二主可谓殊才异略，命世大贤也，考其功德，谁宜为先?"于是君臣有了一系列的对话。最后，曹髦提出了"少康优于高祖"的观点，并深入阐述论证，使群臣折服。李庆辰虽然是从"开卷有益"的角度讲这件史事，但其对学问深究细研的治学精神令人钦佩。

李庆辰自己止步于"生员"，没有走上仕途之路，便把希望寄托在学生身上，他经年不断地抄录学海堂考核题目，勤奋做学问、敬业为人师，堪称是尽职尽责的模范"教书匠"。李庆辰抄录的这些考核题目，无意中为我们打开了一扇窗户，使我们得以窥见当年教育和科考的一些细节，尤其是从考核题目中可以看到当年书院教学内容的具体构成，这也是他存世笔记稿本的文献价值所在。

---

① 三少帝，即三国曹魏的三位少年帝王——齐王曹芳、高贵乡公曹髦、陈留王曹奂。

② 秦项，秦国和项羽。

第四章

生平家世揭秘

◎ 跌宕起伏的生平经历

◎ 极具个性的品格嗜好

◎ 平凡多舛的家庭家事

◎ 绵延流长的家族渊源

第一节　跌宕起伏的生平经历

生卒年佐证 / 快乐读书考取生员 / 家庭巨变谋生盐行 / 理想失落课徒为业 / 事业有成著作传世

李庆辰是晚清津门著名的小说家和诗人，那么，他的生平经历如何？《天津县新志》说他："襟怀旷逸，力学安贫"；杨光仪在《醉茶志怪》的序中说他："落拓一衿，寒窗坐老"；蒋兰畬在《醉茶吟草》的序中说他："期望甚大而困顿于时，郁郁者久"。时人的描述，从不同角度反映了李庆辰坎坷的一生，但遗憾的是，这些描述过于简约，不足以使我们了解李庆辰其人其事。所幸的是，笔者在研究他的《醉茶志怪》《醉茶吟草》和存世笔记稿本中，发现了不少有关其生平的零碎记载和线索，将这些记载和线索串联起来，可以粗线条地勾勒出他跌宕起伏的一生。

一、生卒年佐证

关于李庆辰的生卒年，《天津县新志》等方志未载，因此，现代的研究文章著作大都说其"生卒年不详"，只有《晚清民国志怪传奇小说集研究》做过专论称：李庆辰约生于道光十八年（1838年），卒于光绪二十三年（1897年），但一个"约"字，也表示作者对其结论还有存疑的地方。笔者在研究中也特别注意了对李庆辰生卒年的考察，从找到的一些相关材料看，还是可以为上述结论的可信性做些佐证的。

（一）关于生年

张振国先生在其著作《晚清民国志怪传奇小说集研究》中，对李庆辰的生年作了考证，他经过对有关资料的对比分析，得出了"李庆辰约生于道光十八年（1838年）"的结论（《中国地域文化通览·天津卷》也是这样注明的）。不过，张先生感觉这个结论还不够圆满，主要是李庆辰的好友王樾在题为《接来信闻李筱筠同年已故追悼》①的诗中，提到了他与李庆辰是同年。王樾的生年有明确的记载，为道光二十三年（1843年），那么与他同年的李庆辰也应该生于这年，如果是这样，则李庆辰的生年将晚于结论约5年。张先生从"同年"的概念出发，表示对李庆辰生年的结论还有存疑之处。

笔者在考察李庆辰生年的工作中，虽然对王樾与李庆辰同年一说不能予以澄清，但还是找到了李庆辰"约生于道光十八年（1838年）"的佐证。李庆辰笔记稿本《茶余杂记（一）》中有一首诗，题为《感怀呈卢戎部②》，并少有地署名"筱筠"，诗中写道：

> 拔萃诚无术，驱愁幸有诗。生年已三十，富贵待何时。爱日心偏热，观云意若痴。徘徊对秋色，桂仰茁高枝。

李庆辰在诗中表明，他写这首诗时，已经30岁了。但是，该诗

---

① 《接来信闻李筱筠同年已故追悼》：诗曰，"远道经年噩耗闻（戊戌春闻信自上年已归道山），乡关回首恨离群。旧交已似晨星少，志友无多又失君"，诗载《双清书屋吟草》。据《天津县新志》载，《双清书屋吟草》一卷，王樾撰，原为抄本，民国十一年（1922年）出刻本。该集存诗200余首，前有杨光仪、孟继坤、孟继埙、李庆辰等人的题词。

② 卢戎部，即卢寿彤。

并没有注明写作日期，而该册笔记稿本的写作年代又是清同治元年至七年（1862－1868 年）共 7 年，那么，他是哪一年写的这首诗，或者说他哪一年 30 岁？对此还需要做一些推断。笔者注意到，该册共 266 页，该诗写在倒数第 10 页的地方，如果推断该诗写于同治六年（1867 年），应该是合理的，也就是说，同治六年（1867 年）时，李庆辰 30 岁（暂不考虑虚岁）。由此倒算，正合李庆辰的生年为道光十八年（1838 年）的结论，有此佐证，应该说张先生的结论是可以采信的，而且还可以在李庆辰生年的表述上去掉"约"字。

（二）关于卒年

张先生在《晚清民国志怪传奇小说集研究》中认为，李庆辰约卒于光绪二十三年（1897 年）（《中国地域文化通览·天津卷》和齐鲁书社出版的点校本《醉茶志怪》之"点校说明"也是这样注明的），但都没有说明依据。其实，依据就在王樾的《接来信闻李筱筠同年已故追悼》诗中。该诗第一句"远道经年噩耗闻"后有一注，"戊戌春闻信自上年已归道山"（见下图）。查"戊戌"为光绪二十四年（1898

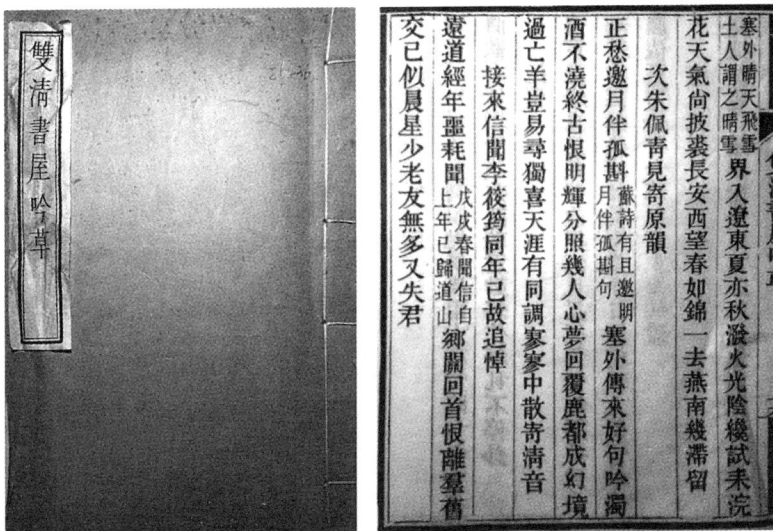

王樾《双清书屋吟草》之《接来信闻李筱筠同年已故追悼》

年），王樾在这年春闻信，得知李庆辰于上年去世，即李庆辰在光绪二十三年（1897 年）去世了。

但是，受同年说的连累，是否也应该质疑王樾对李庆辰卒年的记述？难道李庆辰不会早于光绪二十三年（1897 年）去世吗？研究李庆辰笔记稿本中的零碎记述以及其他一些材料可以否定这个质疑。

一是，李庆辰笔记稿本《獭祭余编》有题为《长怀》的一首诗，他在诗中写道：

> 如醉如痴六十春，何须有我一流人。不谙世务惟藏拙，未合时宜且率真。慨俗独醒发慧眼，苦吟赢得一闲身。频年颇好灵枢术，试遍奇方不疗贫。

诗中已写明，他"如醉如痴六十春"，这起码可以确定，李庆辰活到了 60 岁。

二是，该诗所在的《獭祭余编》是李庆辰笔记稿本的最后一册，写作于光绪二十年后一段时间至光绪二十三年（1894 年后一段时间至 1897 年）初，自此之后，再未见李庆辰一纸一字，因此，认为他在光绪二十三年（1897 年）稍晚些时候去世是合理的。所谓"稍晚些时候"，起码应在三月以后，因为他在《獭祭余编》中记有"丁酉三月初一日脱大毛着小毛"。

三是，李庆辰的诗友王培新于光绪二十二年（1896 年）刊行了诗集《蓄墨复斋诗钞》，李庆辰为之题词两首以表祝贺，王培新亦赋诗《答谢津门李筱筠庆辰见赐题辞二首》，两人的这几首诗都辑入了《蓄墨复斋诗钞》，可见，李庆辰的卒年不会早于光绪二十三年（1897 年）。

二、快乐读书的少年时代

李庆辰的幼年和少年时代，生活中充满了阳光。快乐生活、勤奋读书，是他这个时期的主旋律。

（一）幼时家道殷实，生活优裕快乐

在李庆辰著作和笔记稿本中，有不少关于其幼时家道殷实、生活优裕的描述，一是《醉茶志怪》第一卷有《宅仙》篇，说："昔予家盛时，有仙为守仓廪……其或有外盗至，则盘桓不能去，及晓必为众所获，皆仙之力也。以故予伯高祖惠远公举囷中粮，悉济乡邻。"二是在第二卷《宅仙》（此为河北点校版的题目，原刊本为《宅仙二则》）中写道："仆幼时，随乳母张氏游戏花园中。"三是《醉茶吟草》第一卷有两首诗提到故居，其中一首《过故居》写道："去国逾三载，重为此地行。可怜亭畔树，相见若为情。"四是笔记稿本《茶余杂记（一）》还有一首诗稿，题为《重过故居》，诗中写道：

溪色浓于酒，难浇块垒胸。空亭余碧瓦，老树有青松。古壁何等饰，寒云此日封。所嗟门外水，不许驻萍踪。

从上述诗文的描写看，李庆辰的祖上（高祖）肯定是富人，业兴家盛，仓粮数囷，还不时开仓济邻。因为有善举，得到了神仙的庇佑，甚至还为他家守仓廪。祖上家道殷实，必建造豪宅。李庆辰幼时，宅院门前有小溪，影壁（或照壁、墙壁）修饰考究，住宅肯定是宽敞豪华，宅后有花园，园中亭覆碧瓦、树老松青。他经常由乳母带着在花园的亭中玩耍嬉戏。李庆辰在这样的家庭中生活，必定是衣食优裕，快乐无忧，非比寻常家。

（二）少年发奋读书，取得生员资格

李庆辰笔记稿本《茶余杂记（一）》中有一篇《痴生传》（见下图），该篇惟妙惟肖地描绘了"李醉茶"的言行，其实，这就是李庆辰对自己年轻时一些情况的自述。该篇开头，首先记述了自己从师受业和刻苦学习的情况：

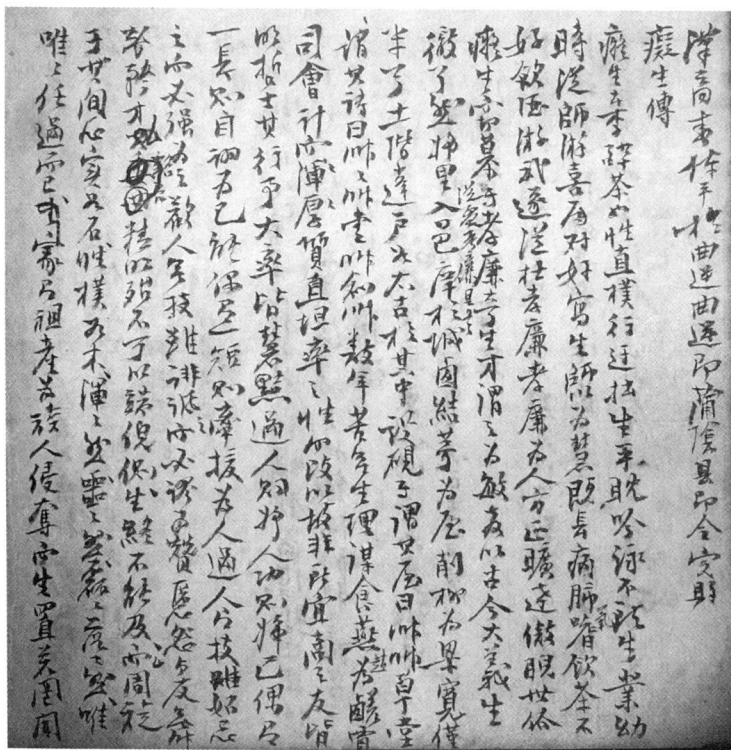

笔记《茶余杂记（一）》之《痴生传》

　　痴生者，李醉茶也……幼时从师游，喜属对，好写生，师以为慧……游武遂，从杜孝廉，孝廉为人方正旷达，傲睨世俗，痴生窃慕焉。孝廉夸生才，谓之为敏，教以古今大义，生彻了然。归里，从孟孝廉，是冬入邑庠①。于城西结茅为屋，削柳为梁，

---

　　① 邑庠，即县学。

宽仅半分，土阶蓬户如太古，于其中设砚焉，谓其屋曰"草草草堂"。

李庆辰告诉我们，他的启蒙老师有三位，第一位未知姓名，是他幼时的启蒙老师，曾带他外出游历，这时的李庆辰"喜属对，好写生"，老师夸奖他聪慧。第二位是杜先生，举人出身，这位老师不但传经授业，教以古今大义，还带他游历了武遂，他十分敬仰这位"方正旷达，傲睨世俗"的老师，老师也十分喜爱这个有才气又机敏的学生。第三位是孟（旸竹）先生，也是举人出身，李庆辰在孟先生的教导下，学业大进，通过院试，取得了生员资格，这年冬天以生员身份入县学学习。

那么，入县学的"这年"是何年？文中没有说明，需要推测一下。李庆辰在前述那篇记述王建屏给他讲奇闻的笔记中说道："时年方二十余，攻举子业"，攻读举子业为 20 岁，那么他 19 岁即取得了生员资格，否则是不会攻读举人学业的。李庆辰 19 岁时，应该是咸丰六年（1856 年）。即李庆辰于咸丰六年（1856 年）19 岁时，取得生员资格并入县学深造。受入泮县学的鼓舞，李庆辰更加发奋读书，他自己还在城西盖了个小茅草屋，取名"草草草堂"，他在此发奋苦读，向往着考取功名，实现所有读书人都有的愿望。

（三）彰显心智个性，取别号"醉茶子"

李庆辰在《痴生传》的开头写道，"痴生者，李醉茶也"，这是在他的笔记稿本中第一次出现"醉茶"的称谓，也可以认为，此时李庆辰已取别号"醉茶子"了，其时间应与他考举子业前后脚，即在咸丰七年（1857 年）左右。

李庆辰取别号"醉茶子"时，才 20 岁左右，正是心高气盛、意气风发的年龄，他为何起了这么个老夫子式的别号，而且还独钟于

"茶"？从其笔记稿本的零散记载看，起码有三个原因：一是出于健康的考虑。李庆辰在《痴生传》中写道："……既长，病肺氧，嗜饮茶不好饮酒"，在《獭祭余编》之《题高凌霄画酒坛图》诗中，他在惊叹高氏所绘酒坛逼真传神的同时，也表白"予不嗜酒偏嗜茶"，他不嗜酒而嗜茶，首先是出于养生保健的选择。二是对茶文化的深刻理解。国人饮茶很普遍，但他却独能如醉如痴，达到"嗜"的程度，说明他对茶的认识已经超出了物质的享受而升华到精神境界。在《茶余杂记》（一）中，记有几句诗："辨雄茶亦醉，篆古石生香""茶亦醉人何必酒，书能超俗况于诗"，不过，这几句诗不是李庆辰所作，而是流传很久的两副茶联，其在现今福建省南平市诗词楹联学会编纂的《中华茶联选》中还有记载。① 李庆辰将这两副茶联抄在自己的笔记里，可见，他认同"辨雄茶亦醉""茶亦醉人何必酒"的说法。三是由此及彼的感悟。中国人饮茶，讲究一个"品"字，即品尝、鉴别和评价。李庆辰从小就喜好搜集异闻奇事，这实际也同品茶一样，是在时时品尝、鉴别和评价社会与人生，他将这两种"品"联系起来，可能是他取别号"醉茶子"的主要原因了。

"醉茶子"这个别号既高雅别致又彰显个性，为李庆辰所钟爱，并被广泛使用。起初，他将"醉茶子"的别号作为自称使用，比如，在记述他与术士谈论炼丹问题的笔记中，就用"醉茶子曰"代替"我说"来谈看法。其他如"醉茶子曰，向学海堂以少康优于高祖命题，未知其由也""醉茶子曰，性之有善无恶者其常也"等，都是如此。

后来，李庆辰将"醉茶子曰"的自称用到了他写的故事点评或批语上了，不过，这种做法是逐步形成的。通过笔记稿本中故事原稿与刊本的对比可以看出，在《獭祭己编》（写于光绪十五年，1889 年）

---

① 见《茶叶机械》，2002 年第 2 期。

及此前的各册笔记稿本中，有的故事原稿后面已经有了点评或批语，但没有用"醉茶子曰"的形式，而是在故事后面留出两个字的空格，再写"批"或"按"。他用"醉茶子曰"做点评或批语的名称，始自笔记稿本《獭祭庚编》的《剃发匠》，时在光绪十六年（1890年），该篇选入了《醉茶志怪》第四卷。即使在此以后，也不是所有的"醉茶子曰"都为故事所专属，有时，他根据需要，将单独写就的一些评论文字移作故事的点评或批语，并冠以"醉茶子曰"。在笔记稿本《獭祭庚编》中，有一篇关于"报应之说"的议论文字：

> 报应之说，儒者勿讲，然旷观往事，善恶终有其报，天道好还，理自不爽，似不可尽以为诬也。仁义之道可以教贤哲，果报之理可以警恶顽，佛经果报之说正可以补儒者所不足……

在此文后，写有一篇名为《孽报》的故事，这两篇文字各自独立成章，看不出有任何关系。但在《醉茶志怪》刊本中，稍有修改的"报应之说"被冠以"醉茶子曰"之称，与《孽报》故事联系到一起了。分析认为，"醉茶子曰"与故事融为一体的这种形式，是在《醉茶志怪》成书时最终固定下来的。《醉茶志怪》346篇故事中，篇后写有"醉茶子曰"的有105篇，占30.35％，这些"醉茶子曰""尤如当头棒喝，发人猛醒"，为《醉茶志怪》增色不少，成为该书的一大特色，尤其是大大增强了它的思想性，值得细细品味。

李庆辰除了将"醉茶子"用作自称，并以"醉茶子曰"的形式阐发自己的见解之外，还将其小说和诗集都冠以"醉茶"；他的20册笔记稿本中，有6册用"茶"或"醉茶"命名。另外，他还将"醉茶"用在了书房的名称上，曰"醉茶书屋"。

李庆辰的"醉茶子"别号使用广且久，为津门学界所普遍认同和接受。笔记稿本《獭祭辛编》中抄有《时报载太憨生寄沽上醉茶老人秋怀诗》4 首，作者（太憨生）称李庆辰为"醉茶老人"。可见，在他晚年，"醉茶子"的别号已经叫得很响亮了。当然，这是后话了。

三、家庭巨变的青年时代

李庆辰 20 岁后的几年，家庭生活还算稳定，但已经潜伏了不可逆转的危机，不久后终于爆发，家庭发生了巨变，从此改变了李庆辰的命运。

（一）一次愉快的旅行，平生绝无仅有

李庆辰在发奋"读万卷书"的同时，也不忘走出家门"行万里路"，他在同治元年有过一次旅行。笔记稿本《茶余杂记（一）》中详细记述了这次旅行的行程和情况，这是李庆辰笔记稿本中唯——篇有确切日期和详细经过的记载：

> 予壬戌正月十三日自津入都，十五日到都。十九日自京入省，廿二日到省。经过卢沟、新店、良乡县①，饮美酒，约去京百余里，又经窦店②、涿州③、新城县④、高碑店，定兴县⑤唐贾岛里，有岛祭诗⑥处。北行六十里即到安肃县⑦，又五十里即

---

① 良乡县，已撤销，现有北京市房山区良乡镇。
② 窦店，现有北京市房山区窦店镇。
③ 涿州，现有河北省保定市涿州市。
④ 新城县，已撤销，现有河北省保定市高碑店市。
⑤ 定兴县，现有河北省保定市定兴县。
⑥ 岛祭诗，即贾岛祭诗。据说，贾岛每年末，将一年所作之诗陈于案，虔诚拜祭。
⑦ 安肃县，已撤销，现有河北省保定市徐水县安肃镇。

到保定府。廿八自省回津，经任丘①、文安王家口②晾网庄。涿州汉昭烈帝张桓侯之故里③也，有桓侯祠，当年故井在焉。曾谒桓侯庙，咏一绝句，付录于后。

庙貌何严肃，英风自飒然。一生真气节，宛许后人传。

李庆辰说，他于同治元年（1862 年）一月十三日从天津出发去北京（文中或称都、京），走了两天（算头不算尾，下同），十五日到了北京。在北京呆了四天，十九日离开北京去保定府（文中或称省，直隶省省治驻保定），三天路程，二十二日到保定。在保定盘桓六天，二十八日离开保定，回到天津。他这次旅行共 16 天，走过了现今天津、北京、河北的许多地方，一路上赏美景、品佳酿、赋诗歌、题壁诗，兴致盎然，大开眼界。《茶余杂记（一）》中记下了他一路走来写下的几首诗：

良乡县早发

峭风吹不住，征客此乘骖。晓日染山紫，春冰透水蓝。高空悬石塔，窄径隐茅庵。匆匆复何事，清醪一斗甘。

安肃题壁

一碗醇醪溅齿香，清歌宛转度韦娘④。笑予奔走缘何事，赢得新诗半锦囊。

---

① 任丘，现有河北省沧州市任丘市。

② 文安王家口，王家口原属河北省的文安县，现属天津市静海县，有王口镇。

③ 张桓侯之故里，三国时蜀汉桓侯张飞故里，在今河北省保定市涿州市。

④ 韦娘，即杜韦娘，唐代著名歌妓。后用作一般歌妓的美称。

咏 花

颜色纵枯香尚在，肯教脂粉堕涂泥。

任丘客舍作

东去西来笑我忙，新春未半又离乡。客途艰险剑三尺，病体支离药一囊。美酒味酣添睡兴，名花色艳触诗狂。知人心事惟明月，作赋能无忆谢庄①。

过定兴经浪仙祭诗处

驱车孔道天将曙，山光如画云如絮，矮碑卧地字模糊，题是贾岛祭诗处。忆昔贾浪仙，高吟诗千篇，推稿（敲）曾向驴背边，半生瘦等孟东野，路逢京兆②思逃禅。朝吟暮诵以穷年，朝朝常不离诗坛，年终检点锦囊内，尽将一年所得之句祭华筵。祭华筵兮，祭以酒，精神劳瘁于何有，满引一爵醉酶酶，知人甘苦惟仁友，长江一卷留世间，至今犹诵于人口。吁嗟乎，我读君诗想见君容兮，但恨我生千载后。我读君诗愿步后尘兮，但恨我无造楼手。我过君里尤欲拜君之墓兮，采石矶远隔山阜。我谒君祠尤欲铸金以事兮，萧条逆旅情难久。美君好诗情偏奇，今我祭君仍以诗。千百年后同一痴，贾浪仙，知不知。

李庆辰这次旅行究竟是为何事，未见说明，但从上述记述和诗作看，他的心情是不错的，字里行间透露出高昂的情绪，尤其是到了定

---

① 谢庄（421—466），字希逸，陈郡阳夏（今河南太康县）人。南朝宋文学家，以《月赋》闻名。官至中书令，加金紫光禄大夫。

② 刘栖楚，唐代敬宗时任京兆尹，曾遇贾岛冲撞。

兴县，游览了唐代诗人贾岛每年祭诗的地方，他触景生情，诗思澎湃，赋诗抒怀，呼唤贾岛："千百年后同一痴，贾浪仙，知不知"，着实做了一次"时空穿越"。算来，李庆辰这年应是 25 岁，这次旅行是他一生中唯一一次，也是最后一次愉快的旅行。这年以后他家发生了巨变，他的生活从此冰火两重天。

（二）家生巨变，被迫赁房迁居

同治初年，李庆辰的家庭突然发生了巨变，使他本来优裕稳定的生活和攻读举子业的前景陡然发生了变化。他家发生了什么事情？主要是他父亲在经营盐业时，因亏空被抄家（或因败赌被追偿），家道从此迅速败落。

为生计，李庆辰家只得将豪宅租赁给他人①，以换取租金维持生活，从此再也没有回来。住宅由此变成了"故居"，才有了前面提到的 3 首关于故居的诗："可怜亭畔树，相见若为情""溪色浓于酒，难浇块垒胸""所嗟门外水，不许驻萍踪"，这些诗句道出了他对现下困苦生活的哀叹，也流露出对故居和幼年生活的眷恋。

李庆辰一家从豪宅搬出后，开始租赁房屋居住。也许是房东的原因，或许是节省租金的缘故，他家经常搬迁，几乎居无定所，而且居住条件越来越差，这种情况一直持续到晚年。他在笔记稿本《獭祭庚编》之《春日述怀柬梅孟两先生》的诗稿中写道：

　　赁庑迁移似泛舟，比邻人杂五方稠。城添庐舍都无地，水拥帆樯欲断流。何日畅怀伸骥足，终年脩脯仅蝇头。买山无力囊羞涩，垂老生涯尚牧牛。

---

① 李庆辰在《醉茶志怪》之《宅仙（二则）》篇讲，"予故居赁住邵姓时……"，在《蓝衣媪》篇讲，"予故居赁于夏姓"，说明其故居几经倒手。

这首诗写于光绪十六年（1890 年），李庆辰时年已 53 岁，他还在经受"赁庑迁移似泛舟"之苦，感叹"何日畅怀伸骥足"的渺茫。那么，他家都在哪里赁居过？在《醉茶志怪》之《树怪》篇中透露："乙酉夏，移居城南第"，"乙酉"是光绪十一年（1885 年），李庆辰时年 48 岁，这时他家迁移到城南居住（距孟继坤故居甚近），这次移居是否是最后一次？已不得而知。不过，他在笔记稿本《獭祭壬编》中讲到南门内陈氏殉夫的故事时，说到他家与陈家是邻居，由此可知，李庆辰晚年住城南南门内无疑。

（三）为谋生入盐行，不屑与盐商为伍而辞工

李庆辰家赁出豪宅、节约用度等仍然解决不了生活问题，他只好打工挣钱，养家糊口。他在《痴生传》中写道："数年苦无生理，谋食燕赵，为醝贾司会计。"即李庆辰为取得生活来源，不得不到"燕赵"谋生。他所说的"燕赵"，可能就是当年直隶省的沧州一带，他在那里入了盐行，为盐商（醝贾）当账房先生，并经常随盐车出差往返于天津与沧州之间。在《醉茶吟草》第一卷有诗《将至望都道经赵北口作》说道："频叹歧途苦，盐车耻受羁……"，就是这种职业生活的写实，这样的旅行之苦与壬戌年去北京、保定的旅行之悦已是天壤之别了。

李庆辰在盐行中，亲眼看见了人性中丑陋的一面，他在《痴生传》中接着写道："商之友皆明哲士，其行事大率皆慧黠过人……，偶有一长则自诩为己能，偶有一短则牵援为人过，人有技虽妒忌之而必强为之欢，人无技虽诽谤之而必谬为赞"。而李庆辰的性格"浑浑厚厚，质直坦率"，他看不惯这些人的作为，可能还受了不少窝囊气，但又不得不周旋于他们之间，痛苦不堪，既久，则"心实如石，性朴为木，浑浑然，噩噩然，磊磊落落然，惟唯唯任过而已"。这段经历对李庆辰的影响很大，以致对盐商、盐伙深恶痛绝，他在《醉茶志怪》第四卷《伍明伦》篇的"醉茶子曰"中痛斥道：

天下之恶习染人深者，莫过于盐务。故昔人云，"务者，误也"，言误人也。其充商者故勿论，即如盐伙，其劣尤甚，故又谓之"盐毒"。毒者，深入膏肓，不可救药……种种恶习，难以枚举……呜呼，天下谋食之道甚多，何必为此哉。

李庆辰不堪忍受，也不堪与之为伍，决意不干了，朋友劝导，甚至对他侮谩："生慨然曰，吾何必为几串钱下气于竖贾哉！"过了一年以后，李庆辰辞工回家了。

（四）无力为生计奔波，却还振振有词

李庆辰辞工回家，生活来源顿失，接着又发生了"家有祖产为族人侵夺"的事情，是何情况？他在笔记中没有再说详情，但对他家来说，无疑是屋漏偏逢连夜雨！李庆辰对此却"置若罔闻，不与之较"，熟人朋友说他迂腐，劝他据理力争，他非但不听，反而"痴癖尤甚，锱铢皆不较"，"日坐草屋，抱饥常终日"。于是"长者詈于堂，妻孥怨于室，家人诟谇声尝不离耳"，而李庆辰只是含笑不语，并不与家人辩解，甚者躺在床上装睡，家人撼之醒，他不是朗吟古人句，就是涕泗交作，谁也拿他没有办法。长此以往，家人和朋友都说他"痴"。

李庆辰为什么会这样？首先，他对自己有个基本认识，这就是他在《痴生传》中所说的，自己"性直朴，行迂拙，生平耽吟咏，不顾生业"，"力不足以震物，谋不足以养身，才不足以服众，明不足以治产，心思直劲，不屑乞怜，手足怠惰，不能操作"，不如此又能怎么样？他自己认命，惟终日"咿唔哦咏，虽冻饿而不悔"。精神上的"不悔"，毕竟不能替代物质上的"冻饿"，李庆辰大半生是在贫病交加中度过的，在其诗集和笔记稿本中有大量的诗作描绘了其悲惨境况，这里不再赘述。

至于家人和朋友说他"痴"，李庆辰有自己的见解：

世之人以虚诈为才干，以奸巧为聪明，以刻薄为能为，以猛烈为勇往，以便佞为词华，以攻发为正直，以伺察为明断，陷溺其心，卑污其行，较之痴生之痴不更痴乎？今之所谓能人，古之所谓罪人也。生也，直朴迂拙，听天顺时，心不役于贪佞，身不劳于奔走，痴之甚，哲之最也。岂真痴乎！吾敢断之曰，生也，非痴。

李庆辰在文中直抒胸臆，痛斥世人之虚伪，认为今之所谓"能人"，就是古时所说的"罪人"，其丑陋言行才是痴，是世俗之痴！而世人说自己痴，是偏见，如果认为这也是痴，那么"痴之甚，哲之最也"！这段文字思维独到，铿锵有力，一气呵成，酣畅淋漓，不得不令人拍手称快。

四、理想失落的中年时代

李庆辰的中年时代，不但生活毫无起色，而且科举再无进步，只得当了一名私塾先生，终身以课徒为业，鸿鹄折翅，再不做奋飞之想。

（一）无缘仕途，愤然告别科考

前面已经说过，李庆辰幼年从师受业，受到了良好的启蒙教育，稍长又发奋读书，很早就取得了生员资格，并进入县学攻读举子课业，走上仕途的起步不错。

在当年的科举制度下，走上仕途的第一个门槛，就是通过省里举行的乡试，取得举人资格。李庆辰从 21 岁起就攻读举子课业，即使在家生巨变的情况下也没有放弃努力，一次次地赶考乡试。比如，在《醉茶志怪》的《说梦》篇说到他赴京参加乡试，"昔予在京邸，秋闱，出二场后，倦惫非常……"（日期不详）。又如，《鬼市》篇中，还记有一次日期明确的乡试，"庚午乡试后，与二三友人结伴同行，至通州，买舟旋里"。庚午，即同治九年（1870 年），这年他 33 岁。

再如，在《醉茶吟草》第一卷中有诗《闱中遇于阿璞书句赠之》一首，诗中有"幸遇矮檐下""更深明远楼"等句，这可能说的是他参加过的另一次乡试。他到底参加过多少次乡试，已无从稽考，但李庆辰考了20年，始终没有迈过乡试的门槛，"岁月离弦箭，功名逆水舟"①，他对科举考试心灰意冷了，在参加了最后一次考试后，在考场墙壁上题写了《闱中题壁》②：

> 驰逐轮号二十春，棘闱甘苦已尝频。谅难柳绿黏衣袖，莫再槐黄走陌尘。此后绝为门外汉，那堪常作个中人。桂林收拾吴仙斧，沽水清涟理钓纶。

这首诗写在《茶余杂记（二）》的尾部，时在光绪三年（1877年），李庆辰40岁。他在诗中说，他参加乡试20年了，尝尽了科考的甘苦，但始终未能中举，恐怕今后再无希望，从此与考场诀别，回家闲钓去了。这显然是他告别科考的宣言。

李庆辰"闱中题壁"后，是否真的与考场诀别了？有迹象表明，他并没有放弃。在前述致孟继埙的《寄孟治翁》第一首诗中有句，"卅载槐黄踏路尘"，说他参加科考30年了，这比《闱中题壁》的"驰逐轮号二十春"多了10多年。第二首有句，"明年我欲为冯妇，不为名场为忆君"，其中似有想重操旧业，明年再返考场的意思。前者可能确实如此，而后者可能仅是表达了一种愿望，因为他此时已经50多岁了（《寄孟治翁》载笔记稿本《獭祭庚编》，该册写于光绪十六年）。但无论李庆辰如何努力，他始终没有如愿，一生仅为诸生。

---

① "岁月离弦箭"句，见《醉茶吟草》第二卷《秋日》。
② 《闱中题壁》，载笔记稿本《茶余杂记（二）》。

（二）无奈当了私塾先生，终生课徒为业

李庆辰在笔记稿本《茶余杂记（一）》中抄有他人的一首诗作，名《先生诗》："糊口偏从笔下谋，风尘奔走几时休。有茶有□斯文仆，无锁无枷自在囚。终日收笼同鸟雀，一年计路抵军流。若非阴雨逢天赦，那许先生半刻游。"他抄录这首诗时，大约是 30 来岁，正处于其家庭生活转折期。此时的李庆辰既不顾生业，又做不了官，为了养家糊口，无奈之下开始关注私塾先生的职业。不过，他知道做教书先生的艰辛，"风尘奔走几时休""无锁无枷自在囚"，因此并不看好，也没有立即选择这个职业。

当他对科考彻底失望以后，身心受到极大刺激，于光绪四年（1878 年）春大病一场。为生活计，只得"糊口偏从笔下谋"，最终还是做了私塾先生，这毕竟比为盐商当会计强。那么，李庆辰的教书匠生涯始于何时？研究分析显示，当在光绪七年（1881 年）前后，即李庆辰 44 岁左右时，因为在笔记稿本《醉经载记》记载的 6 年中，从第 4 年开始，就抄有学海堂考核题目了，他课徒为业应该始于此时。李庆辰从 44 岁左右起，就先后在天津城东赵家①、河东杨家②、东关外魏家③、王家④、乡县街吕家⑤等地设帐授徒，但其收入相当微薄，即如前诗所说，"终年脩脯仅蝇头"。他在笔记稿本《茶余杂记（一）》题为《消夏竹枝词》的诗中，有一首描写了教书先生的生活境

① 见《醉茶志怪》之《清灵子》篇："予昔馆于邑城东赵家……"

② 见《獭祭丙编》："丙戌岁设帐河东杨氏……"写于光绪十二年（1886 年）。

③ 见《獭祭丁编》："丁亥设帐于东关外魏氏……"写于光绪十三年（1887 年）。

④ 见《探囊易取》："甲午年就馆王氏，患病及秋始至馆"。

⑤ 见《獭祭余编》："今岁就馆吕氏居乡县街……"写于光绪二十年（1894 年）。

况，就是自己当了塾师后的写照：

> 荆钗裙布旧家风，盼到清明不解穷。师母亦甘粗糠饱，大夫
> 无奈是先生。

李庆辰作为教书先生，虽然收入不多，但却相当尽职尽责。如前
所述，在他的笔记中，不但经年不断地抄录了学海堂的考核题目，还
为了理解这些考题而抄录了大量的资料，尤其是对儒家典籍中的一
些语句，不但抄录了各版本的原文，还抄录了各大儒的注释，细读这
些资料，可以使人了解该语句在原文中的前后叙述，不致断章取义；
可以了解各大儒对该语句诠释的异同，清晰流派纷争；还可以了解有
关意思的变化情况，掌握发展全貌，其做学问之细致，教学生之负
责，令人折服。

五、事业有成的晚年时光

40多岁以后的李庆辰，虽然无奈做了私塾先生，倒也是一份受
人尊敬的职业；尽管"终年脩脯仅蝇头"，却也有了稳定的生活来源。
有了这个物质基础，再加上年龄的增长和阅历的丰富，李庆辰心性逐
渐平和下来，他一边悉心教书育人，一边潜心创作，晚年桃李满天
下，并成为津门著名的小说家和诗人。

（一）教书很有成就，门生弟子很有出息

李庆辰在教书上付出的心血没有白费，笔记稿本中记录了不菲的
成就。一是前文已经说过，李庆辰在笔记稿本《獭祭辛编》中抄录了
光绪十七年（1891年）二月十一日"院试"考题，并记载有11名天津
籍童生取得生员资格的结果，这11名天津人很可能是（或有的是）李
庆辰的学生，这些人中有一些后来成为天津的名人，李庆辰的启蒙教
育功不可没。二是李庆辰在笔记稿本《獭祭丙编》中夹有二页纸（长

约44厘米，宽约22厘米），题目为《五世矣》，署名"李宗师科试天津县学四名　孟毓淇"，行楷书写，字间有圈点（见下图），应为李庆辰学生的试卷（或试卷的抄录件），该生考了第四名，这是对老师辛苦的回报，也是对老师努力的奖赏，所以，李庆辰将学生的试卷作为自己的"奖状"收藏起来了。三是李庆辰在《高桐轩为画小照书此赠之即以题照》的长歌中写到，他将画像"携出示门徒，诸生起敬瞻师筵"，可见，这时的李庆辰已经是门徒众多，名望高企的老先生了。

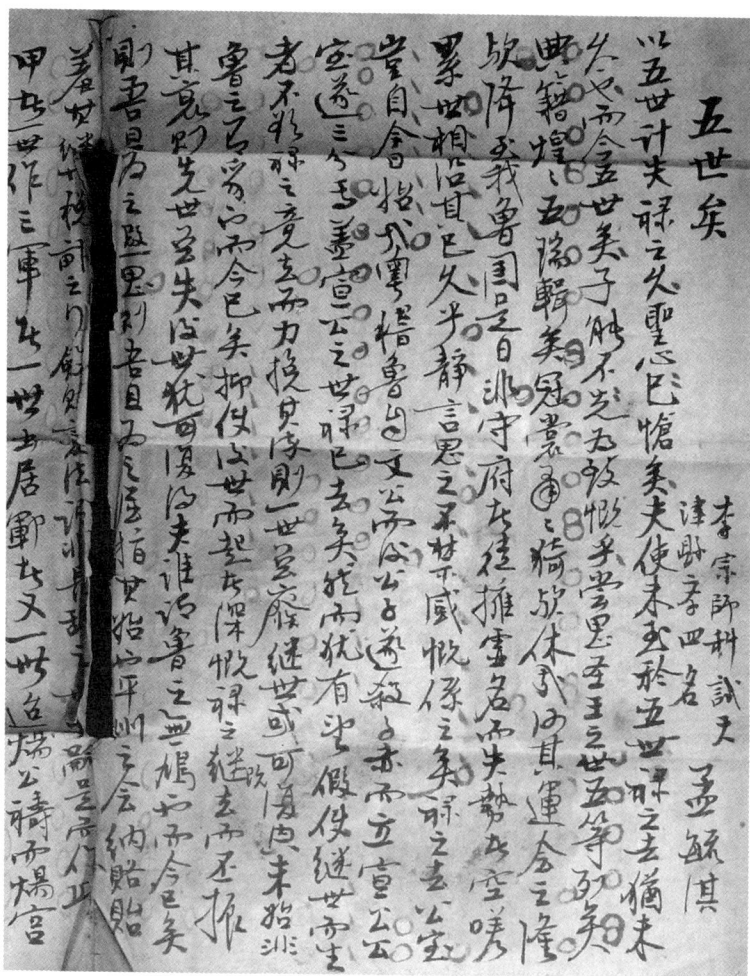

《獭祭丙编》夹页之《五世矣》局部

（二）出版了小说集，晚年已为津门名流

到了光绪十八年（1892年），李庆辰的《醉茶志怪》出版了，他的诗集《醉茶吟草》也以抄本的形式流传，天津的《时报》还不断地约稿，晚年的李庆辰不但是众多门生弟子的"宗师"，在社会上也有了"醉茶老人""诗翁"（笔记稿本《醉经载记》中夹有一篇诗稿，题为"丙申花甲用碧琅玕馆六十初度韵十首呈筱云大兄大人诗翁指谬"）的美誉。这时的李庆辰与津门的大家宿儒诗酒唱酬、过从甚密，在津门学界颇有声望，可称得上是津门名流了。

（三）社会地位提高，生活状况有很大改善

李庆辰的社会地位不断提高，生活上自然也有了明显改善。笔记稿本《獭祭余编》记有他在甲午、乙未、丙申、丁酉（1894—1897）4年冬春的着装情况，从中可见一斑：

甲午十月初二着棉裤，时棉大袄。十二着棉袍，前日立冬。十一月初五着裘。

乙未三月初五脱大毛，二月间其冷非常。初九脱小毛，天忽热。五月初三日凉，尚着薄棉裤，是日稍煖。九月着棉裤。十月二十六日着大毛袍，是日大雪后五日也，大风甚冷。

丙申二月十九日脱大毛，廿四脱小毛着棉袍，热甚。九月廿九着大棉袍，棉裤初旬已着。十月三十日着皮袍，是日寒冷。十一月二日大雪。

丁酉三月初一日脱大毛着小毛。

上述记载中，棉裤、棉大袄、棉袍、小毛袍、大毛袍俱全，看来李庆辰晚年生活状况已经脱离了贫困。

第二节　极具个性的品格嗜好

*心思直劲和愤世嫉俗／嗜奇嗜诗嗜茶及嗜医嗜古／丰富的
精神世界*

李庆辰清贫潦倒的生活磨难、寒窗坐老的科考挫折、课徒授业的
职业辛劳和笔耕不辍的创作艰苦，磨砺了他的精神世界，锻造了他的
素养品格，在我们面前树立起了一个个性鲜明、嗜好独特、志趣广泛
的士人形象。

一、鲜明的个性

从李庆辰的诗文笔记中可以看出，他是一位个性极强的人，表现
在心思直劲、言辞直率、不屑乞怜、愤世嫉俗等方面。

（一）性放诞

"予性放诞"，是李庆辰在笔记稿本《茶余杂记（一）》中写的一
段话的开头。"性放诞"表现在什么地方？他接着写道，自己"往往
以言词忤显贵"，朋友们都为他担心，他倒觉得这样好，为什么这样
好？他继续写到，自己感觉"拘谨则情滞滞，情滞滞则病生，与其拘
泥而病，其何如放纵而情畅……"看来，李庆辰"往往以言词忤显贵"
是性格使然，这与他在《痴生传》中借"李醉茶"之口，所叙述的种

种情形是相互印证的。《茶余杂记（二）》记载了这样一件事：一日，他被一位太守请到官舍，落座奉茶后，太守说：

> 予头痛、足痛，劳先生医之。醉茶子赠以药，则医胸中之方
> 也。太守曰：噫，误矣，予所患者，首疾也、足疾也，何投以荡
> 胸之剂哉？对曰：仆之治疾也，犹公之治民也。公之患盗，修城
> 郭、缮器械，而绿林中啸聚者日众，民之失物者率不绝，治非疏
> 也，未清原耳。若内戒贪而施惠不待，覆巢而惩之，盗自□矣，
> 愿太守之治民也，亦如仆之治疾也，揣其本焉可也。公曰：善。

这位太守是谁？可能就是李庆辰在诗文中经常提到的徐士銮（徐沅青），他是天津人，同治十一年（1872年）出任浙江台州知府，光绪七年（1881年）引疾归里，与故里诗人交往甚密，李庆辰与他常有唱和，还为其赋诗《题太常仙蝶图为徐沅青太守》。但当年，徐士銮是高官显贵，李庆辰借诊病之机指出他治民的缺陷，虽在"忤显贵"之列，但注意了方式方法，好言好语，效果还是不错的。

李庆辰对自己放诞性格的合理性找了个依据，他认为诗圣杜甫就是这个样子的。李庆辰在上述那段话中说道，他读《旧唐书》和《新唐书》，看到杜甫藐视郑国公严武一节，称赞道："其放纵狂诞如此，岂不痛快哉，是真我师也，拜服之，拜服之。"

李庆辰不仅在年轻时"性放诞"，即便到了晚年也是如此，他在晚年作的《长怀》诗中仍然说自己，"不谙世务惟藏拙，未合时宜且率真"。当然，随着年龄的增长、儒学的熏陶、阅历的丰富、事业的成就、生活的改善，特别是朋友圈中都是一些有社会地位的人，他的性情也发生了微妙的变化。从李庆辰的诗文中可以看到，他的诗友中除了当年曾任过知府的徐士銮外，卢寿彤是军官，孟继坤为直隶抚宁

县学官，赵印昙为直隶武强县学官，杨光仪等更是津门学界泰斗，他们对李庆辰是有影响的。到了晚年，李庆辰虽然依旧生活在社会底层，但已完成了由"愤青"向正统文人的蜕变。他在笔记稿本《獭祭戊编》的《家谱序》中大谈人伦宗亲、和族睦宗、诗书教化等，性情温和了许多。

（二）不事佛

李庆辰在笔记稿本《獭祭余编》中记载，他在乙未年，"自二月十三日"至"八月二十四日"敬诵金刚经一万遍，其所许之愿是，"敬求身体康健、钱财充裕"。到了丙申年，他从九月初一日至丁酉正月初四日又敬诵了一万遍，难道他是个虔诚的佛家信徒？其实不然。

在李庆辰的诗文作品中，多有对僧人讽刺、不屑的描述，如《醉茶志怪》中的《颠僧》《僧蛊》《定州僧》等篇，讲述的僧人都是癫狂不堪、荒淫无度的形象。在他的笔记稿本里那些未面世的诗文中，更是对僧人言尖语刻：《茶余杂记（一）》之《消夏竹枝词》中有句，"木鱼敲得响丁东，口里喧经气象雄，本是募修五藏庙①，反云佛殿要兴工""岂耐庵中贝叶翻，花良月夕最销魂，尼姑自古多贞洁，只是僧敲月下门"。《獭祭辛编》之《杂感八》中有句：

……延僧诵华严，注意为超度。佛法无佛心，俗僧态蔽痼。诵经只为钱，聊以混朝暮。即以参禅理，茫然均未喻，贪淫痴爱嗔，营营多他务……

李庆辰对僧人是如此，对佛祖也不客气。《醉经载记》有诗（无

---

① 五藏庙，即"五脏庙"。"五脏庙"常被用来代称自己的身体，有时也把吃饭称作"祭五脏庙"。

题）写到，"释迦娶妻耶伦佗，释迦有子摩睺罗，奈何欺世空桑子[①]，无妻无子诵弥陀……"他认为佛祖欺世，自己娶妻生子，信徒们无妻无子还要诵弥陀。

李庆辰更在《獭祭余编》中，借老僧之口叙述了佛门内幕，读来令人瞠目。

> 张某，北直[②]人，遭家不造，慨然作出世想。于近寺欲削发为僧。投师，师索其保，人无任之者，乃远游至四川界。登山遇一大寺，投之，有老僧相迎，询其来意，张悉告之，且求收录，愿剃度而为之徒。老僧问其出家何意，云：空门养静，与世长辞，人与我无关，我与人无累，万虑皆空，一了尘障而已。僧瞿然曰：君误矣。其志良佳，其行则不可。老僧曾身为宰官，半世出家者也，其初心未尝不与君相同，及至落发以后，则尘障更深，欲返初起而不能矣。入空门本欲空耳，请问，静坐枯禅，饮食用度从何来？必须财钱，钱财从何来？必须募化。寻常募化，无人轻信，必须用术。弟一言用术，则其中百般机巧，随时变诈，用尽心力。遇贵者善于逢迎，遇富者善于笼络，巧用贫者之力以供其猎取，巧籍强者之力以作其威福，种种诡谲，不一而足。于是，外装神佛，而内蓄利心。愚者信以为神，黠者疑其有道，遂籍籍相传，奉为佛祖，而金在我握中矣。焉有谨守清规有能修庙宇者乎？静坐参禅有能殖田产者乎？尝见有气体痴肥，斯

---

① 空桑子，和尚的自称。

② 北直，北直隶的简称。北直隶是明代直隶京师的地区，为区别于南京地区的"南直隶"而称"北直隶"，其管辖范围相当于现在的京津冀大部分和豫鲁小部分地方。清代撤销南直隶，将北直隶改称直隶省。现今为河北省（管辖地区有所不同）。

容猥琐，淫闲来往，密友如云，始而暗度花街，久则明游柳巷，且经卷不识，鼓铙莫设，贪财好色，酗酒纵赌，凡其所为，皆佛门所禁，然琳宫则金碧辉煌，梵宇则丹青炫烂，佛国生色，几乎布满金砖，向之破庙，今则靳然一新矣，此谓为佛门之罪人可，谓为佛门之功臣亦可，然复知空门迥不空也。老僧堕落此间，亦不能另辟法门，出人意志，明知罪累，亦继长增高，悔之已晚，奉劝即早回头，彼岸可登。观君面貌，颇似文士，何不谋一栖枝，聊以糊口，离家远游，亦避世之一道也。张言：苦无门路。僧云：明日为君设法。留宿，食以素食，张赞其精美，僧云：君来则素馔耳，若有贵官至此，山珍海错，数十筵指挥可办，寺后院鹅鸭鸡豚无不俱备，畦产美蔬，厨蓄精粮，禅门本不杀生，然敬贵客不得不烹羊宰牛，以为乐也。明日赠数金以作川资，与以荐信，乃遣之行。至山东督印，投信，立延入，待以客礼，为入幕之宾。后数载还乡，发已白，始述其所遇。

老僧之言是否可信，暂且不去管它，倒是张某听老僧劝，未入空门而入官门，结果还不错。李庆辰在这篇故事中要表达什么意思，读者大可打开想象之门。李庆辰何以有这样的情绪，还有待于深入研究。不过他借僧人之口说的话，可能表达了他对俗僧的某种体验。

（三）嫉陋俗

李庆辰虽然生活在社会底层，但他毕竟是传统文人，再加上他性格率直放诞，所以他对世俗百态有自己的看法，反映到他的诗文中，就是以独特的视角、尖刻的语言，无情地讽刺社会上的肖小丑态。在《醉茶志怪》《醉茶吟草》中如此，在笔记稿本中更是如此。《茶余杂记（一）》之《消夏竹枝词》的54首诗中，描写了纨绔子弟、烟馆烟鬼、半吊庸医、市井无赖、街头混混、衙门恶吏、大仙巫婆、穷酸文人、二洋鬼子、街边娼妓、无良僧尼、奸商掌柜、溜须伙计、仗势仆役、在礼信徒、拉纤媒婆等各色人等，其诗在第三章已有选誊，现再选誊几首：

荷灰脸旦富家郎，烟瘾缠人不可当。官座①听完馆吃了，商量要到喜红堂。

仿佛家中有贵官，旌旗銮驾赫观瞻。可怜牌上分明写，不过军功六品衔。

口效番音镇署前，洋枪在手尽争先。那能队队如鱼贯，三百铜钱混一天。

连声外路口中呼，救主堂前乐自殊。扫地开门挟板凳，居然一品大毛奴。

寻常寻日不磨枪，考试当前始着忙。宽泛文章交代了，三声大炮出头场。

寒食清明不上坟，旧家子弟少良心。偶来茔地生新意，打算将田当与人。

算盘拨得响丁当，眼去眉来意态狂。尽意要溜掌柜的，夜壶擦得亮油光。

---

① 官座，旧时戏园子里留给官家的不收费的座位。

李庆辰嫉陋俗不但表现在对社会丑态的讽刺，还表现在对一些社会公认俗理的挑战，笔记稿本《獭祭壬编》有一段文字，对"不拆人婚姻，胜造九级浮屠"的俗理大加鞭挞，语出惊人，但又合情合理，不由你不点头赞同：

> 俗云，不拆人婚姻，胜造九级浮屠，此特愚人见耳。若浮荡落魄之子，议婚之时，有访问者，不吐其实，恐拆散其婚而损德，遂使人家淑女异害终身，此等阴功，又何异取人卖儿帖妇钱造浮屠哉，所谓罪高浮屠矣。故不问事之轻重利害，人之亲疏厚薄，而认理不具，一概拘于俗例，君子弗取焉。

李庆辰认为，那些循着"不拆人婚姻"行事的人，实际上对良家妇女造成了危害，这不是积阴德去造浮屠，而是"取人卖儿帖妇钱造浮屠"，这是何等的尖锐。他呼吁，凡事要讲究个道理，遇事不问原委曲直，一概拘于俗理的行为，君子们应不齿。

（四）勤思辨

李庆辰笔记稿本中记有不少读书心得、思考偶得和体验感得，既视角新鲜，又富有哲理，不时还迸发出朴素辩证法的火花。

例如，关于说与做。他在笔记稿本《獭祭余编》中写道：

> 事后谈论颇易，事前策略殊难。纸上议论颇易，临事见计殊难。责人每易，责己殊难。空谈颇易，身践实难。文人论事，笔下虽有万言，胸中实无一策，古今大抵然也。开口便说轻生，遇难必多规避。出言即云仗义，临财必多贪污。

他说，古往今来"文人论事，笔下虽有万言，胸中实无一策"，这个认识似乎有些偏颇，但关于说与做的分析，倒是"古今大抵然也"。

又如，关于正确对人对己。在笔记稿本《茶余杂记（一）》有《述古》篇：

> 责人不责己，斯世比比然。班固①古博士，著作执史笔，简编鉴忠信，曾论司马迁。谓其才有余，智不能自全，所以蹈奇祸，蚕室②堪矜怜。固既明且哲，原宜无过愆，胡不避党恶，甘于窦氏联。范晔③论班固，智及守不坚，是以陷大狱，未获终余年。孰意晔谋逆，祸更惨于前。因思人一生，自责须当先。勿以事成败，而定愚与贤。

司马迁、班固和范晔都是我国历史上著名的史学家、文学家，其分别所著的《史记》《汉书》和《后汉书》（加上西晋史学家陈寿所著《三国志》，并称为中国的"前四史"），为记录中华民族悠久的文明史做出了不可磨灭的巨大贡献。这三位都是才智超群的人物，都能看清别人的毛病，遗憾的是都不能引以为戒，最后都招来了灭顶之灾。李庆辰为此发出了"责人不责己，斯世比比然"的感慨，并由此告诫自己，也告诫世人，人之一生"自责须当先"。

再如，关于读书的精与粗。在笔记稿本《醉经载记》中有一篇文字：

---

① 班固（32—92），字孟坚，东汉著名史学家、文学家。著有《汉书》《两都赋》和《白虎通义》。后受窦宪密谋叛乱的株连，被下狱，后死于狱中。

② 蚕室，养蚕的房间，引申为受宫刑的牢狱，代指宫刑——古代残忍的五种刑罚之一。

③ 范晔（398—445），字蔚宗，南宋著名史学家、文学家，著有《后汉书》。后因参与刘义康谋反，事发被诛。

> 读书之道，当取其精而遗其粗。古人所谓观其大略者，非疏忽也，其用心不在寻章摘句之间也……

李庆辰在这里赞成读书要取精遗粗，但事实上，他在读书时既取其精义，也留意于寻章摘句，这在他的笔记中有充分的体现，也许，他有自己的分寸吧。

第四，关于留名与无名。笔记《獭祭丁编》有篇：

> 天下事，有幸、不幸，古今同一概也。均是尽忠报国，有名垂万古妇孺皆知者；有湮没而人不知者。如王允诛董卓，人皆知之矣，同时与允合谋诛卓者有士孙瑞，则人不知之也……

李庆辰这是在为无名英雄鸣不平。古往今来，英雄辈出，有留名的，也有无名的，李庆辰认为无名英雄是不幸的，似乎有些偏激，应该说英雄不论留名还是无名，他们都是英雄。

二、独特的嗜好

李庆辰有三大嗜好：一是嗜奇，他性有偏好，奇闻命笔；二是嗜诗，他"生平好读李杜诗"①，仰慕贾岛贾浪仙，立志做"千百年后同一痴"；三是嗜茶，他以"醉茶子"为别号，成为极具个性的标识。除此之外，李庆辰还嗜医、痴古，凡此种种，为他成就为晚清津门著名小说家和诗人，奠定了坚实的生活基础和深厚的文化底蕴。

（一）嗜医

"醉茶子嗜医""频年颇好灵枢术"，这是李庆辰在笔记稿本《茶余杂记（二）》和《獭祭余编》中的自述。李庆辰嗜医的原因，一是

---

① "生平好读李杜诗"，载笔记稿本《茶余杂记（一）》。

久病成医。他自己从年轻时就罹患肺病，为解自身病痛，潜心学习和钻研医道。二是他将医道同仁孝联系起来了。他在《醉茶吟草》之《夏日杂感七首录四》的第二首中写道，"医本仁者术，事亲须知医"，他认为医道医术，本来就是"好生爱人"的仁学之术。尤其是，一个人如果有一些医学知识，遇有家人病困，就近诊治，可以提高事亲行孝的水平和质量，即如唐代诗人王勃说，"人子不可不知医"①。三是他认为良医必是大儒。在笔记《茶余杂记（一）》有一段评论，说的是贾耽镇守滑台②时，有百姓患虱瘤，即虱子寄生在人肌肤形成的瘤子。贾耽说，此病无药治，唯千年木梳烧灰及黄龙浴水乃可疗。李庆辰设问："然则，公何以知之？"他自问自答道，是"其殆穷理格物之功耳"，并由此得出结论："吾故曰，古今之良医皆古今之名儒任矣。"

醉茶子嗜医，此言不虚。在前述《杨香翁即席赠作第四集消寒会》中，杨光仪说他"方书读罢心如佛"。在他的 20 册笔记中，有 18 册记有大量的医书、医案、药方和行医心得体会，它们伴杂在故事、诗歌、学海堂考核题目之中，比比皆是，想必是随时随地记载抄录的。比如，《茶余杂记（一）》用 14 页记载了 27 个脉相名称，以及切脉的位置、手法、特征及涉及的症候等，还记有诗歌式的口诀，如"体状诗""相类诗""重病诗"等，可见其用心之专、嗜好之深。

在李庆辰的笔记稿本中，更有《醉茶志医》《茶余志医》两专册，全部为医道的内容。从这两册的目录可知，当时的中医已有妇科、幼科、喉科、齿科、眼科、骨科、外科等细分，李庆辰逐科整理研究，每一科都分别写了典籍和名医论述、诸症表现、部位所在、诸症脉

---

① 清代乾嘉年间医学家黄凯钧著《友渔斋医话》载："唐王勃尝谓，人子不可不知医"。

② 贾耽（730－805），字敦诗，唐代著名地理学家，德宗朝官至宰相。滑台，古地名，即今河南省滑县。

辨、诊断要点、基本用药和配伍及禁忌等内容，可谓详细备至。尤为可贵的是，在上述内容后面，多处有"醉茶子按""醉茶子曰"的思辨和评论文字，在《醉茶志医》中，更有《醉茶医论》专章，对古医书中一些病症的医方提出了自己的看法，其涉及淋血溺血、水鼓腹胀、血分水分、阴症、淋症、燥症、喘症等 20 多种病症。李庆辰在该专章前写有一段序言式的文字：

> 古今方书，汗牛充栋，何可胜言。但平时读书得见，有古人言不尽意之处，窃附管见，申说其理，以发前人所未发，于斯道未必无小补云。

《醉茶志医》中还有一首诗（无题），表达了同样的意思："力挑鄙见何嫌予，非薄庸流自诩强……寒温攻补奚容混，砥柱中流我自当"。李庆辰表示，他不但学医、行医，还要"发前人所未发"，讲"古人言不尽意之处"，弥补斯道之不足，决意"力挑鄙见""非薄庸流"，自己要当中流砥柱，其志向已超越了嗜好。在《茶余志医》第一页钤有两方印章，其一为"李氏家藏"（见前图），可见他对医学笔记的珍重程度，非性有嗜好是绝不能做到的。

李庆辰嗜医，还表现在以下几个方面：

一是十分关注西医的情况。他在笔记稿本《醉经载记》中抄录了毛祥麟所著《墨余录》① 中关于西方的照画、油井、鱼雷、气毯、西

---

① 毛祥麟，字瑞文，号对山，上海人，生于嘉庆壬申年（1815 年），官至浙江候补盐大使，著有《墨余录》，于同治九年（1870 年）出版。《墨余录》主要记叙了清道、咸、同年间江浙地区的政治、经济、文化、教育、社会风俗等各方面的情况，为研究鸦片战争后清王朝的历史提供了宝贵的资料，是认识近代中国社会的一部有价值的著作。

医、听肺术等新鲜事，在《听肺术》题下，李庆辰用朱笔记道："泰西医士有听肺术，长不过尺，遇患肺疾者，一头依病者胸前，医者枕其一端而听之，随听随移，审其呼吸，辨其部位，能知病之所在而施治云"。李庆辰在一些诗作中也多次描述了"剖腹视其肠""伐毛观其肌""瘿瘤快一割"的西医外科疗法，并惊呼神奇，可见他对西医十分关注，并有初步的了解。

二是了解人体解剖学知识。笔记稿本《茶余志医》在"喉科总论"的开头写道："咽喉者生于肺胃之上，咽者，嚥也，主通水谷，为胃之系，长一尺六寸，重六两。喉者，空虚，主气息出入呼吸，为肺之系，凡九节，长一尺六寸，重十二两，故咽喉虽并行，其实异用也。一有风邪热毒蕴积于内，传在经络，结于三焦，气凝血滞，不得舒畅，故令咽喉诸症而发"。李庆辰说的咽与喉，应该是食道和气管，他从人体器官入手去了解病变，从而诊治，真是难为了这个非专业的郎中。

三是民间传说的疗法也注意搜集。《獭祭癸编》记有"治产难方"，后注明："此方传于王氏。其家有妇患产难，有乞儿登门求乞，阍者以有病人辞之。乞者问何病，告之。乞者曰，予善治此。抽笔书方与之，煎服得奇效，厚酬乞者而去。后凡有此病，服之无不奇效如神。"此事虽有些离奇，然而还与医道沾边。更有甚者，《獭祭癸编》记有"治疟病咒"，曰："吾从东南来，路逢一池水，水里一条龙，九头十八尾，问伊食甚的，只吃疟病鬼。"其后还记有施行方法，并写道："此法十次八九无药处可救人。"念咒治病近乎荒唐，不过，李庆辰记载这些荒诞不经的事，也可看作是他嗜医的表现吧。

四是不断思考和总结。李庆辰在《茶余杂记（二）》中写道："醉茶子素患齿痛，一日，落一，齿空，其中出细虫焉，始悟齿之痛虫所致也""乃齿落而痛亦顿止"。他以此为例，得出结论，齿落而虫亦尽去，虫去而痛亦顿止，"是知齿落而虫无所托，则虫不但不能贻患于齿，且齿不能贻患于人矣。除恶务本，其是之谓乎"。在这里，他把牙齿当作牙疼的根源，认为牙掉了自然就不疼了，而不追究侵蚀牙齿"虫"的罪恶，肯定是本末倒置了，不过"除恶务本"的思考还是很有哲理的。

五是绝非纸上谈兵。李庆辰嗜医，其医术如何？在他的笔记中，记有多个经他诊治起死回生的成功病例。例如，《醉经载记》有篇《医谈》，说的是庚辰夏，他的七岁幼侄忽患搐搦，即所谓惊风。家人延医诊治，服药后病情略有好转，大夫再诊后认为，病童无虚症，于是又开出了苦寒之药。不料，服药后"眼益上调，气息奄奄，手足冰凉，腹中如石"，呈现"坏症，万无生理"。李庆辰立即前往诊治，切脉后断定，前医诊断有误，"虚寒之症显见"，于是投以"桂附地黄汤"一剂，立即见效，三剂后大好，又辅以"安神补心之药"，则痊愈如初，"此死而复生之症也"。由此可见，李庆辰的医术还是很高明的。

（二）好古情近痴

"好古情近痴"，是李庆辰在《醉茶吟草》之《拟苏东坡石鼓歌》中的自我表白。"好古情近痴"反映在《醉茶志怪》和《醉茶吟草》中，就是对古物多有描述和吟咏，如商代的父乙鼎、周代的耒鎛铜范、汉代的铜镜、三国曹魏的古砚、唐代的铁锚、五代后梁的铁叉、元代的官印、明代的茵陈木和水缸、天津鼓楼的铜钟、文庙的石鼓、杨青驿何家的古磁瓶、东光的铁佛、静海张家的古剑、天津北仓赵家的古磁缸、良乡的古瓦罐，等等。

李庆辰在《古瓦罐》篇中讲了这样一个故事：良乡一个农民，掘地挖出一只瓦罐，里面装满了汉代五铢钱，人们争相购买，没有几天就卖完了。涿鹿一位文士欲购不得，转念一想："钱为五铢，器必汉窑"，于是，赴良乡找到那个农民，要买瓦罐。让他意想不到的是，农民告诉他，"钱已货尽，以瓦器无用，凿破其底，作为烟突，今置诸檐端矣"。李庆辰在文后的"醉茶子曰"中说："器埋没数千年，一旦复见天日，则瓦缶真胜金玉，与商彝夏鼎何殊！"他还进一步说道，由于识货的人不多，才使得伪宣炉、假铜瓦等充斥人间。表达了他对古物的理解和珍爱，以及对赝品假货的忧虑和愤懑。

李庆辰"好古情近痴"，有一个比较独特的视角，就是十分看重古董在当年的社会价值和实用价值。他在前述的《周东田耒铸铜范歌》写道：

> 忆昔成周重农粟，稼穑作宝民为天。耒耜之利遍宇内，井田画界无陌阡。自来耰锄利耘籽，攻金范土农器坚。奈何斯世尚机巧，古法湮没无人传。而况今更殊嗜好，非求汉瓦即晋砖。东家或夸有周鼎，西家或谓得殷盘。铜雀未央皆赝作，瓦缶直欲如琅玕。必不能有以为有，轻其易得重其难。布帛菽粟本足贵，我观此范堪宝焉。

李庆辰所以将耒铸铜范视为宝物，并不是否定周鼎、殷盘、汉瓦、晋砖的价值，而是表达了更深的含义。他说道，"布帛菽粟本足贵"，因此才有"攻金范土农器坚"，这是周代统治者重农粟的必然，他十分怀念"稼穑作宝民为天"的时代。

李庆辰"好古情近痴"，特别钟情于金石考证，他在《獭祭癸编》中立章"金石考"，似乎是要分省考察整理，不过，只写了陕西、北直（今河北省）、南直（今江苏省）三地。在陕西名下记有：唐张旭草书千字文残缺过半、唐智永草字千文一行真一行，草后有大观己丑薛昌记、唐怀素草千文大小三种、藏真帖伴公帖有宋景祐三年马丞之题草书三十三字亦妙、怀素圣母帖、唐草书心经、宋僧彦修草书、晋谢灵运草书、金赵秉文草书、唐草书屏风碑太宗书石横长二丈在县堂后壁等等。

特别值得一提的是，李庆辰对古钱币有特殊的喜好，他不但购买（《醉茶志怪》之《泥桃》篇说，他曾从房山一农民处购得汉代"五铢"钱数百枚），而且还有比较系统地研究。一是在笔记稿本《獭祭癸编》中有题为《钱币》的两页文字，概要地记述了自周至唐1700年间中国钱币在钱法、称谓、形制、品质等方面的演变进化。有意思的是，文中将有唐一代铸行的钱币，按"旋读"钱文的方式，将之称为"开通元宝"，这与后世按"直读"钱文的方式，称之为"开元通宝"不同。不过，这不是笔误，《旧唐书·食货志》载，唐代钱币"其词先上后下，次左后右读之。自上及左回环读之，其义亦通"。《旧唐书·食货志》所说的前者，即是"直读"方式，后者即是"旋读"方式，可见，两种读法都是可以的。二是在《獭祭丙编》中记有关于元朝准卢世荣①行钞法的文字（有元一朝，停行金属铸币而行纸钞）。三是在《醉经载记》中，李庆辰还整理出来了详细的《钱式图》，列出了宋、元、明以及辽、金、西夏各朝代所行94品钱币的名称和始铸年代，还列出了同时期3个伪政权（刘豫、张士诚、陈友谅）、6个地方割据政权（徐寿辉、韩林儿、南明、吴三桂、耿精忠、吴世璠）、3个农民政权（李自成、张献忠、孙可望）的17品钱币，并附列了外夷（日本、朝鲜、越南）的18品钱币，可谓完整齐全。四是现代钱币界对北宋徽宗朝所铸"崇宁重宝"钱的一段轶事广泛流传，李庆辰在笔记稿本《茶余杂记（二）》中早有

---

① 卢懋，字世荣，元代大名（今河北省邯郸市大名县）人，在元世祖忽必烈朝任中书省右丞。他提出的整顿钞法、增加课额等一系列经济政策和手段，为朝廷增加收入做出了重要贡献。

记述：

> 崇宁钱文，徽宗令蔡京书之，笔画从省，崇字中以一笔上下相连，宁字不写中心字，当时谓京，有意破宗，无心宁国，后更之。

三、志趣广泛

李庆辰的志趣广泛，既钟情古迹美景，常发思古之幽情，又关注新鲜事物，视野与时俱进；既留意"大道之源"的八卦，探索中华文明之根，又挥毫丹青，描绘自然世界之实，反映了他精神生活的丰富。

（一）钟情大好山河

李庆辰因生计所迫，困顿乡里，并未远足，但他钟情于华夏大好河山之情跃然纸上。

一是搜集记载天津的古迹美景。李庆辰作为津门士人，对家乡的古迹名胜喜爱有加，在多册笔记稿本中都有记载，《醉茶志典》记载最多，计有：

> 飘榆津，府城东。
> 雍奴水。
> 马蹄泉，杨家岑沙陵旁，水深尺许，围二丈余，泉皆咸，独此甘可饮，用之不竭。
> 角飞城，即飘榆故城。
> 当城，在杨柳青，此宋城。
> 军粮城，果园。
> 豆子，菜园。

吕彭城，吕布、彭越皆屯兵于此，在县西二十里。

挂甲寺，世传曾有兵于此挂甲，在城东南十三里，寺有八景……

富家庄，去城南二十里，董永卖身处。

浣俗亭，郎中汪必东建。

问津园，张鲁庵建，在锦衣（卫）桥。

一亩园，张氏别业。中有垂虹榭、绿宜亭、红坠楼、遂闲堂，在城外东北隅。

篆水楼，在三叉河口。

老夫村，闸口下，龙氏别业，旧名宁园。

宜亭，在西门外演武厅，天津道朱士杰建。

帆斋，张笨山别业。有琴海堂、茶圃、欸乃书屋、旧雨亭、蝶巢、艳雪龛、诗星阁。问耕堂，卧松馆，俱张氏。

水西庄，查氏别业，有揽翠轩、枕溪廊、数帆台、藕香榭、花影庵、碧海浮螺亭、泊月舫。

虚舟亭，□海光寺近，宋氏。

枣香村，城南五里，童氏别业。

艳雪楼，诗人佟铉妾赵氏居之。

浣花村。

杨园。

郭园。

问莲浦，城西二里。

七十二沽草堂，在锅店街，临大河，梁氏建。

李庆辰在多册笔记稿本中还记载了"天津八景"。在《醉茶志典》中记道：

天津八景在挂甲寺

拱北遥岑、安西烟树、镇东晴旭、定南禾风、吴粳万艘、百
沽平潮、天骥连营、海门夜月。

李庆辰所记"天津八景"，系明代大吏、诗人李东阳所作 8 首七
律的题目①（顺序有别），也就是说，这八景为明代的天津风光。从
李东阳诗作看，所描写的风光应是作者从天津城四个城门向外眺望
以及在码头、海门等地所见，地点不在一处，李庆辰为何记为"天津
八景在挂甲寺"？这是他照搬照抄的缘故。《天津志略》的点校者②在
"挂甲寺"条目下注："八景乃就天津总体而言，旧志将此系于挂甲寺
之下恐为抄写之误，此则真误矣。"

李庆辰在上述笔记稿本中还记载了"又八景"和"新八景"：

又八景，见张志奇诗

七台环向、三水中分、浮梁驰渡、广厦舟屯、溟波浴日、洋
艘骈津、南原樵影、西淀渔歌。

新八景

铁桥横渡、长堤栽柳、石路通衢、新镇屯田、池引清泉、碧
塔撑云、竿传飞电、朱楼镇海（该册有两处记有新八景，略有不
同。在另处记载的新八景中，没有"长堤栽柳"和"新镇屯田"，
而是"机房烟直"和"古寺钟鸣"）。

---

① 李东阳的诗作载于《天津县志》卷之二十二·艺文志。
② 《天津志略》，民国宋蕴璞辑，收入《天津通志·旧志点校卷（下）》，
点校者副主编李福生。

天津的"又八景"在《天津县志》有载①，这八景是乾隆五年
（1740 年）由时任天津县知县的张志奇拟定的，张志奇为此作七绝 8
首以赞之。这八景应该是清代中期的天津景色，其中"七台"是指环
绕天津城外的 7 座炮台，"三水"为三岔河口，"浮梁"说的是当年在
海河和运河上修建的浮桥，如钞关浮桥、盐关浮桥等，"广厦"即停
泊皇帝龙舟的"皇船坞"，"溟波""洋艘""南原""西淀"分别是大
沽海口、海外贸易、南郊和西郊。这八景较之明代的八景，除了描写
防务和自然美景的一如既往以外，增加了皇家景色、对外贸易和改善
交通的内容，从中透露出天津地位显著提高和对外贸易迅速发展的
信息。

天津的"新八景"出自何人？尚待查找，但从内容上看，"新八
景"应是清代晚期，即李庆辰所处时期的天津景象。"新八景"中的
"新镇屯田"，应指光绪元年（1875 年）李鸿章的周盛传部率军在小
站建"新农镇"练兵屯垦的景象。"竿传飞电"，应指光绪五年（1879
年）最早架设的大沽至天津的电报线（天津至上海的电报线是 1881
年架设的）。"铁桥横渡"，应指始建于光绪十三年（1887 年）的大红
桥，这是天津建成的第一座钢结构大桥，原桥于 1924 年被洪水冲垮，
1937 年在其西约 0.5 千米处建新桥，仍称"大红桥"。另处提到的
"古寺钟鸣"，应为光绪七年（1881 年），在海光寺悬挂的德国大钟。
"新八景"中的新镇屯田、铁桥横渡、竿传飞电，有了更多的现代气
息，是天津走向现代大都市的写照。

二是放眼华夏大地。他在笔记稿本《茶余杂记（一）》中汇集整
理了"历代都会"："庖犧氏都陈，今开封府。神农氏都陈，而别营于
曲阜。黄帝都涿鹿，今涿州（可能有笔误）。少昊都曲阜。颛顼都商

---

① 见《天津县志》卷之二十三·艺文志·艺文续志。

丘，今山东濮州。高辛都毫，今河南偃师县，河南江南界地。尧都平阳。舜都蒲坡，今山西平阳府蒲州。夏都安邑，今平阳府夏县。商初都毫……明都应天，旋都顺天，以应天为南京，顺天为北京。"在"历代疆界"中写道："人皇氏依山川土地之势，度为九州……州有九土……东南神州曰农土，正南次州曰沃土，西南戎州曰滔土，正南（为西之误）弇州曰并土，正中冀州曰中土，西北台州曰肥土，正北济州曰成土，东北薄州曰隐土，正东阳州曰申土……"又如，他在同册笔记中还写有"通鉴纪略"，并正楷署"沽上李篠芸编"，看来是准备编辑成书。开篇先写了"汉纪"，尚未写完，空了几页，又改写了疆域，但也只写了山西省、山东省所辖各府及下辖各县，包括府县的治所、山川、河流、名人、故迹等。其实，李庆辰抄写编撰的这些东西，在史籍中都可以找到，但他还是不惜功夫笔墨，反映出他对中华大好河山的钟情。遗憾的是，他只能纸上谈兵，而无缘涉足。

三是咏叹古迹感慨兴衰。李庆辰钟情山河古迹的怀古诗作很多，其中不仅仅是发思古之幽情，更有对发生在古迹中的古事的评论。如《醉茶吟草》第一卷有《邺台怀古》诗：

> 吁嗟乎，前有筑台者魏武，铜爵成灰余荒土。后有筑台者慕容，金虎无迹烟埃空。中间季龙更奇异，高筑三台供游戏……

他在诗中细致地描绘了当年邺台三台的金碧辉煌、宫人的精干妩媚、筵宴的奢华费縻和季龙的骄奢淫逸，然后写道：

> ……吁嗟乎！伪朝荒幻何足论，至今台无片瓦存。徒有腥秽汙史策，可怜膏血竭中原。千秋遗恨洗不尽，茫茫漳水流朝昏。

乌鸦乱飞麋鹿走，几株乌柏换荒村。

李庆辰在诗作中感怀的邺台，其遗址在现今河北省邯郸市临漳县西南 20 千米处，包括南北衔接的邺北城和邺南城两部分。据史料记载，临漳古称邺，因是颛顼（黄帝之孙）孙女女修之子大业的居地而得名（西晋愍帝建兴二年，为避愍帝司马邺讳，又因邺城北临漳河，故将邺城改名为临漳）。东汉末年曹操击败袁绍进占邺城，并在此建造王都城，即邺北城。在修建邺北城西北角城墙时，曹操令在其上建筑了三个高大的台榭，即铜雀台、金凤台和冰井台，成为曹操和宾客们饮宴赋诗的场所，这就是李庆辰诗中所说"前有筑台者魏武"。到了东晋十六国时期，临漳（邺城）先后做过后赵、冉魏①、前燕②、东魏③、北齐④五朝都城，其中为前燕都城时，曾重修过铜雀三台，因此李庆辰说"后有筑台者慕容"。李庆辰在诗中说到的"中间季龙更奇异"的季龙，即石季龙⑤，后赵皇帝石勒的侄子，后来夺了石勒儿子石弘的位子，自立为帝。公元 581 年，隋文帝杨坚下令焚烧邺城，千年名都夷为废墟，铜雀三台亦废。据说，明朝中期三台遗迹还存在，明末被漳水冲没，荡然无存。现今，邺城原址地表以上仅存金凤、铜雀二台遗址，但在邺南城宫城区域（在现今临漳县倪辛庄

---

① 冉魏，十六国之一的魏，汉族人冉闵所建，史称冉魏。都邺城。

② 前燕，十六国之一的燕，鲜卑族人慕容皝所建。为区别同时期慕容庞所建的燕，史称前燕。慕容皝先定都龙城（今辽宁省朝阳市）。其子慕容儁继位后，迁都蓟（今北京市），再迁都邺城。

③ 东魏，南北朝时期北朝之一，从北魏分裂出来的割据王朝。元善见（孝静帝）所建，都邺城。

④ 北齐，南北朝时期北朝之一，高洋（文宣帝）取代东魏所建。都邺城。

⑤ 季龙，即石虎，字季龙，因避讳，只称其字。

村）地下，新勘探出东魏、北齐时的 6 座殿址①。

四是好古有底线。笔记稿本《獭祭戊编》中有《辨伪》篇，记述了这样一件事：

> 津门志乘屡修，乡先辈蒋玉虹最善搜罗故事，近来增修，其全稿未之获也。有乡人藏其稿者，中载一条云，邑城中水坑中有赵太祖骨，雨后时尝出见，其骨节近琥珀色，较时人之脽骨②长数寸云云。愚按，宋太祖都汴，其陵寝离渤海甚远，予乡旧属海滨，何以葬骨于此？且多年之骨，又无碑碣，又何以知其为宋人？传言之讹不可妄信，志乘为传信之书，未可揽入。

李庆辰认为，志书是要流传后世的，所载之事必须可靠，以取信后人，像天津城内水坑中有宋太祖赵匡胤骸骨的讹传，毫无根据，实在荒谬，志书切不可揽入。他对这件事的看法，从一个侧面反映其好古有底线、不妄信讹传的认真态度。

（二）关注新鲜事物

李庆辰所处的时代，国门已被西方列强的大炮轰开，西方国家的先进知识和科技，伴随着经济与文化的侵略涌入中国。李庆辰对此并不是盲目地排斥，而是随着志士仁人的眼睛看世界，对新鲜事物深入了解，并对中国现状不断反思，这对于一位生活在社会底层的传统文人来说，是十分难能可贵的；但对一位嗜好奇闻的人来说，又是情理之中的事。

例如，李庆辰在笔记稿本中记载了许多中外达人撰写的自然科

① 见 2016 年 1 月 30 日《天津日报》"邺城遗址新勘探出 6 座殿址"。
② 脽骨，即尾椎骨。

学书目，如《醉经载记》中写有徐继畲①撰写《瀛寰志略》的简况：

> 道光癸卯，徐松龛因公驻厦门，晤米利坚人雅裨理，能作闽
> 语，携有地图，粗知各国之名。明年再至厦门，郡司马霍蓉生又
> 得地图二，并得泰西杂书数种，皆汉字，久之成帙，至道光戊申
> 书成。

又如，在《獭祭辛编》中，记载了大量的书籍名并注明作者，如
《农政全书》明徐光启撰、《泰西水法》明西洋熊三拔撰、《数学九章》
宋秦九韶撰、《测圆海镜》元李冶撰、《乾坤体义》明西洋利玛窦撰、
《表度说》明西洋熊三拔撰、《天问略》明西洋阳玛诺撰、《测量法义》
明徐光启撰等等，这些书籍涉及农业、算术、天文等自然科学。可以
猜测，这些书籍李庆辰未必都看了，但他记下这些书名，起码显示了
他对这些书籍的关注。

再如，在该册中李庆辰全文抄录了天津《时报》刊载的《论中国
宜求格致之学》（见下图）和署名"金竺山农②"的《再论格致》两
文。在众多的自然科学领域中，李庆辰对"格致学"即现代的物理学
特别关注，其实也是他对中国积贫积弱状况以及奋发图强方向的
关注。

---

① 徐继畲（1795－1873），字健男，字松龛，别号牧田，书斋名"退
密斋"，山西代州五台县（今忻州市五台县）人。历任广西和福建巡抚、闽
浙总督、总理衙门大臣，首任总管同文馆事务大臣，又是近代著名的地理
学家，是中国近代开眼看世界的伟大先驱之一，著有《瀛寰志略》。

② 金竺山农，英国传教士，天津《时报》（光绪十二年创刊）中文版
主笔李提摩太的笔名。

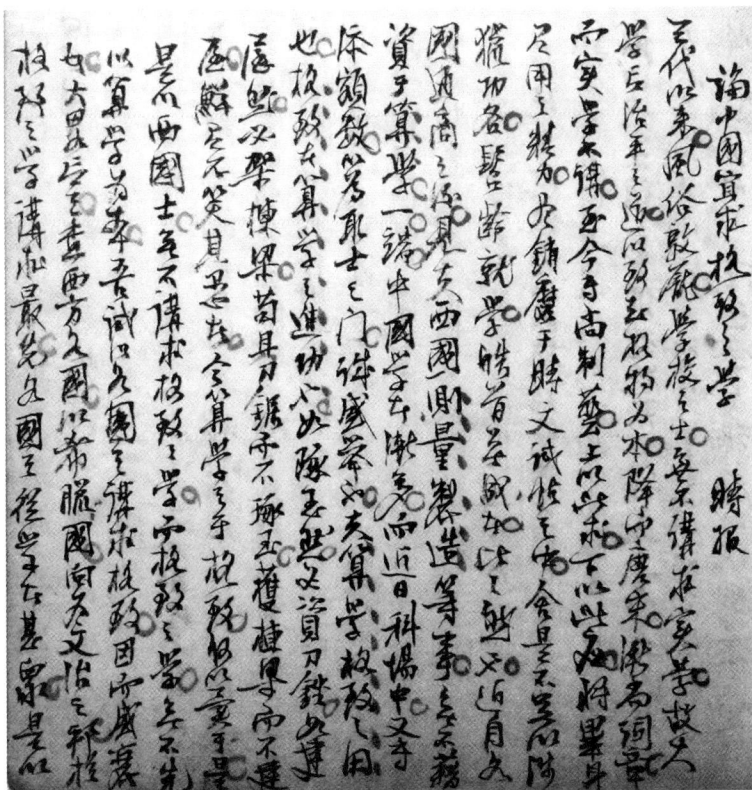

《獭祭辛编》中抄录的《时报》文《论中国宜求格致之学》

在笔记稿本《獭祭庚编》中有一篇《飞龙岛记》，系李庆辰抄录上海《申报》"本年六月二日"的一篇报道，说的是上海新创立的飞龙岛公司的情况：飞龙岛公司系洋人"麦问枭"在上海虹口创办的游乐场，由旧时的马戏棚改建，从报道描述的场景看，场内建"高脚铁路"，形如龙曲，上下蜿蜒，上有车厢，有座位五排，每排二人，人坐车上，车沿铁路快速前行，急上急下，很像是现在的过山车。查上海书店影印本《申报》，这篇《飞龙岛记》刊登在光绪十六年六月初三日（1890 年 7 月 19 日）《申报》一版，标题是《飞龙岛游记》（见下图），为"高昌寒食生"于"六月二日"记。李庆辰连这样的事都抄录在笔记中，其关心新鲜事物真是无所不至。

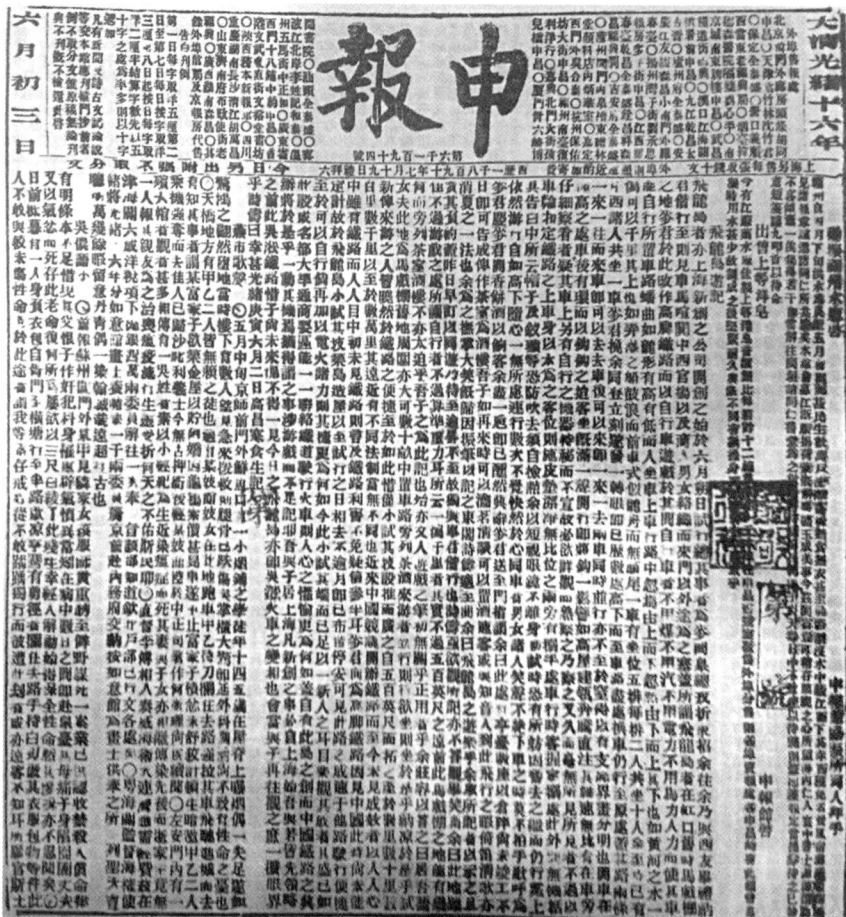

光绪十六年六月初三日（1890 年 7 月 19 日）6194 号《申报》

　　不过，李庆辰关心新鲜事物是有选择的，他对洋人先进的科学技术和产品赞赏有加，但对西洋的绘画艺术却是嗤之以鼻。他在《獭祭余编》的诗稿中，两次表达了这个意思。这可能是缘于他看到了"申江"画家用西法绘制的一幅画，他认为，"申江名士遵洋法，不合时趋作此图"。他在《题高凌霄画酒坛图》中，更进一步说道，"申江"的画家"不遵古范法泰西，欹斜黑影愈形丑"。李庆辰推崇的是"道子山水画嘉陵，至今妙笔终不朽"，这也许就是中国文人坚守传统文化阵地的情怀。

（三）留意"大道之源"

李庆辰在多册笔记稿本中都有学习易经的笔记，在《獭祭庚编》中，更是用 14 页集中记载了有关八卦的内容，并绘有《六爻变自相错图》（见下图），计有乾坤相错、兑艮相错、离坎相错、震巽相错，等等。李庆辰基于什么原因去了解八卦，我们不得而知，不过八卦是中国易文化的代表，是中国文化的基本哲学概念，了解八卦有益于辩证地看待世界空间时间各类事物的关系，李庆辰肯定能从八卦中得到许多感悟。

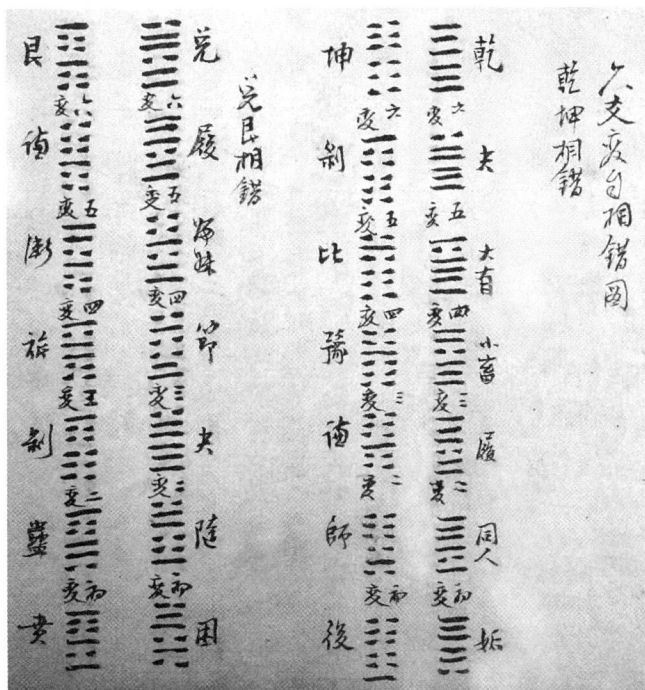

《獭祭庚编》中的《六爻变自相错图》

（四）描绘现实世界

李庆辰在《獭祭余编》等几册笔记稿本中都有绘画（见下图），这可能是他幼年时"好写生"的延续。其水平如何，应由方家评论，我们只是从中了解到李庆辰的志趣广泛，也涉足绘画。

《獭祭余编》中绘的山松图

《獭祭余编》中绘的山水图

《醉茶志医》中山水画

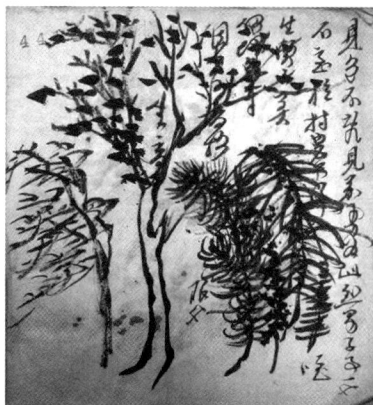

《獭祭余编》中绘的树木图

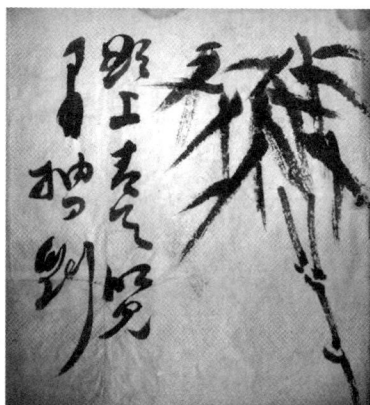

《醉茶志典》中绘的墨竹

第三节 平凡多舛的家庭家事

父母的信息很少 / 兄弟五人 / 曾有意中人 / 两任妻室 / 二儿三女

李庆辰是津门历史上很有成就的小说家和诗人，因此，研究其著作的学者不在少数，并发表了不少的研究文章，但对其家庭家事鲜有涉及，即便偶有提及，也只是说"生平家世不详"，更不用说深入研究了。其实，不仅是当代，就是此前，对李庆辰家庭家事的记载也基本是空白，如民国时期刊行的《天津县新志》说，李庆辰"没后子亦病废。家世陵夷，遗稿莫知所在"，记载的既不准确，也不翔实。究其原因，是缺乏资料和疏于挖掘之故。笔者根据新收集到的资料，加上旧谱回忆，经过反复研究分析，对李庆辰的家庭家事做了些梳理，以发之未见。

一、父母

在李庆辰的《醉茶志怪》和《醉茶吟草》中，未见对其父母的记载和描述，这也许是为长者讳，也许是没有什么可说的，也许是根本就不想说什么。但在他的笔记稿本中尚有些许信息。

（一）唯一一处说到其父

李庆辰在《醉茶吟草》第一卷中有诗《伤女七儿作》，共 3 首，在其笔记稿本《茶余杂记（一）》中有该诗的原稿，且前有小序，说到了其父：

> 七儿生周岁矣，性颇灵，家严珍爱之，适予入都时犹无恙也，归而不见，家人云已亡矣，悲从中来，爰歌以代哭。

"家严珍爱之"，这是李庆辰在笔记稿本中唯一一处提到其父亲，但只尊称"家严"，无名讳；只说到其对孙女十分珍爱，再无其他信息。

据旧谱回忆，李庆辰的父亲名平章，字云州，继承祖业，经营盐务。一直以来生意兴隆，盈利颇丰，买房置地，家道殷实，为儿时的李庆辰营造了优裕的生活条件和环境。后来，其父因亏空公款被抄家（或因败赌被追债），李家遂一贫如洗，并从此一蹶不振，给李庆辰留下了一副穷摊子，致使贫穷跟随了他一辈子。父亲经营盐业的底子，可能就是李庆辰早年入盐行为会计的缘由，也是他能深入了解盐商行为并深恶盐商劣迹的主要原因。李庆辰辞工不干后，再与盐业无涉。

（二）其母（外祖父家）姓郭

关于李庆辰母亲的情况，他在《醉茶志怪》和《醉茶吟草》中也无涉及，只是在笔记稿本《獭祭余编》一副题为《悼亡》的挽联（见下图）中有一丝线索，但也留下了诸多疑问。《悼亡》挽联写道：

> 积十八年家计艰难，事遵妇道，我母在远方，汝谋迎养，我兄均析箸，汝劝同居，论孝友两端，闺闾庶几明大义。
> 历四五月床帷盘屈，卒赴泉台，诸女稍年长，谁示□规，诸

子皆稚龄，谁深呵护，叹凄凉万状，幽冥何处唤归魂。

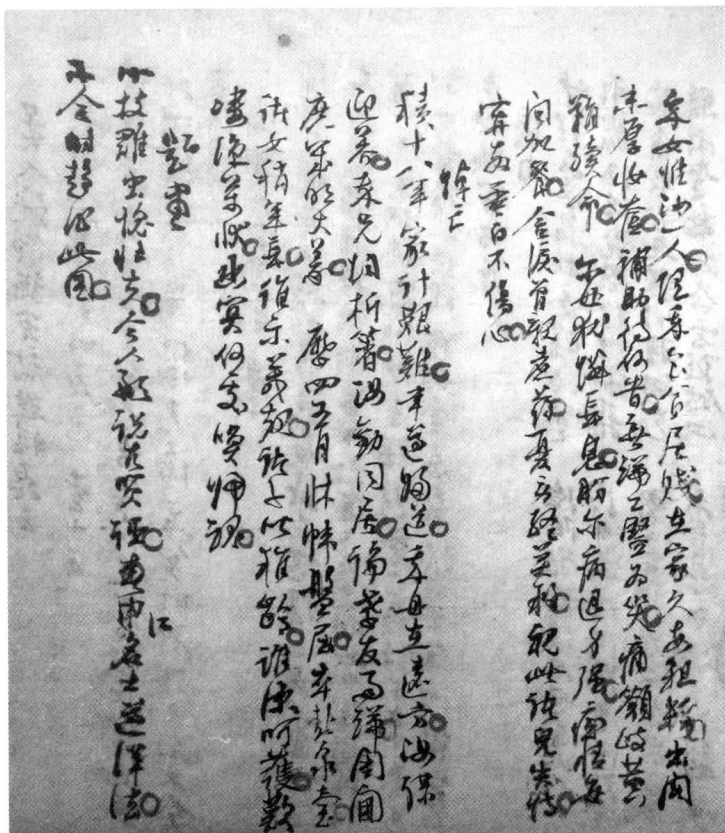

《獭祭余编》之《悼亡》挽联

《悼亡》挽联是李庆辰为悼念亡妻而作（有关其妻的情况将在下面叙述）。挽联在描述妻子贤惠时，有"我母在远方，汝谋迎养"句，此句表明，李庆辰的母亲不在天津，而是身处距离天津很远的地方；且不是去远方短暂的旅行，似乎是长期的留居；母亲在外地已经无人奉养，生活遇到很大的困难。李庆辰的母亲为什么会在距离天津很远的地方留居，为何已无人奉养，为何需要天津的儿子谋划迎回？这些疑问都有待发掘考证。

有关李庆辰母亲的情况虽然仅此一条，但关于其娘家的信息却不少。李庆辰在《醉茶志怪》的多篇故事中提到，"予舅郭公苇堂"①"予戚郭公理堂"②"予表弟郭式如"③ 等，还写有这些亲戚的传奇，由此可知，李庆辰的舅舅分别叫郭苇堂、郭理堂（长幼次序不详），李庆辰的表弟叫郭式如（不知是哪一位舅舅的儿子）。故事中提到的舅舅和表弟是真实的吗？从《醉茶志怪》的写作特点看，基本上可以认定是真实的，最起码可以认定其姓氏是真实的。另外，李庆辰在笔记稿本《茶余杂记（二）》中记有《郭宅履历》，也是佐证：

郭宅履历

小陶公名汝璁，嘉庆乙卯科謄录，由国史馆④议叙，选授湖北襄阳府督粮通判，钦加五品衔，外祖。

候，游府名谦，外曾祖。

户部员外郎，讳执政字品三，外高祖。

钦加布政司衔湖北按察使司，讳秦，字秀齐，外高高祖。

李庆辰在自己的笔记里记录郭宅履历，肯定与自己有关。联系到李庆辰在《醉茶志怪》故事中说到的郭姓舅舅与表弟，可以断定，两处说到的"郭"，实际是同一家人，也就是说，郭宅诸公是李庆辰母亲的娘家人，李庆辰的母亲姓郭。上述记载注明了郭宅诸公的关系辈分，由此可知，郭汝璁（字小陶）为李庆辰的外祖父，官至五品衔湖北襄阳府督粮通判，其他各人位分别为李庆辰的外曾祖、外高祖、外

---

① 见《醉茶志怪》第二卷之《僧蛊》篇。

② 见《醉茶志怪》第二卷之《红衣女》篇。

③ 见《醉茶志怪》第二卷之《衣怪》篇。

④ 清代的国史馆是纂修清朝历史的常设机构，康熙二十九年（1690年）设立，宣统三年（1911年）被北洋政府接管。

高高祖等，他们也都是朝廷命官。

在查找郭宅情况的过程中，发现售书网有推介古籍《本草三家合注》者，该书为"临汾郭汝聪小陶集注。天津袁浩养源阅定。宛平李佐尧小亭校勘"。由此分析，郭汝聪为山西临汾（现山西省临汾市）人，其女儿远嫁天津李平章，为李庆辰之母。如是，则"我母在远方，汝谋迎养"句可解释为：李庆辰母亲或为避祸，曾回山西临汾的娘家居住，后因故不能继续留居娘家，李庆辰妻子张罗迎回奉养。

《醉茶吟草》中有题为《梦大母将之山西予垂泣苦留哭既醒矣能不怆怀诗以志之》（第一卷）和《梦大母》（第二卷）的2首诗，诗中深情地表述了"大母"对他的疼爱和他对"大母"的眷恋。这两首诗中提到的"大母"是李庆辰的何人？《茶余杂记（一）》有题为《旅馆记梦》的一首诗给出了答案。诗中写道，"伏枕寻归梦，梦至故乡土。入家各喜悦，登堂拜大母。大母喜孙归，泪落转如雨……"李庆辰在诗中称自己为"孙"，那么"大母"即为祖母，查资料可知，将祖父、祖母称为大父、大母是有出处的，在古人诗文中多有使用，只是现今的人们早已不使用罢了。从这两首诗看，大母去的是山西临汾（"莽莽平阳道"，临汾旧时别称"平阳"），并且在临汾去世（"不知死已别""死者已无言"），李庆辰的大母22岁守节，是抚养其子李平章、疼爱孙子李庆辰的李寿祺夫人朱氏（见下节），朱氏为什么去山西临汾，且去世在异乡？似不可解。但是，如果李庆辰所说的大母不是祖母而是外祖母，即是郭汝聪的夫人，就一通百通了。不过，这只是笔者的推测，留存待考吧。

二、兄弟

在《醉茶志怪》中，没有发现关于李庆辰兄弟的线索，但在《醉茶吟草》和几册笔记稿本中有一些零碎记载，整理后可知，李庆辰兄弟五人，其上有大哥，其下有三、四、五弟，他自己行二。

（一）大哥分家另过，生活孤独

在上述《悼亡》挽联中，李庆辰在描述其妻贤惠时，还有"我兄均析箸，汝劝同居"句，"析箸"，即分家析产，该句的意思是说，李庆辰的兄长已经分家另过，但后来可能是生活拮据，或是已丧偶鳏居，生活困难，弟媳劝其与兄弟一起生活。由此可以推断，李庆辰有位大哥。需要注意的是，句中有一"均"字，似乎是说李庆辰的兄长不止一位，但从现有资料看，李庆辰只此一位大哥，这是存疑的地方。据旧谱回忆，李庆辰的大哥名"庚辰"，字不详，生平亦不详。

（二）三弟从军远征，渺无音讯

李庆辰在《醉茶吟草》第一卷中，有两首诗提到三弟，一是《三弟从戎数载因闻警忆之》，二是《忆三弟》，诗曰：

三弟从戎数载因闻警忆之

烟尘迷日月，吾弟近如何。天外音书少，襟边涕泗多。元戎仍待诏，群盗未投戈。莫作封侯想，归来冀恐旛。

忆三弟

闻说荆州戍，王师屡进兵。可曾亲战斗，即此得功名。数载音书绝，只身性命轻。风沙吹大纛，嗟汝远从征。

从这两首诗中可知，李庆辰有位三弟，他从军在外（似乎是在湖北荆州一带）已多年，数载音书绝少，不知近况如何，兄长对他十分惦念，最近听说荆州起刀兵，担心他为功名而不顾性命，祈盼他好自珍重，早归故里。其三弟叫什么名字？诗中没有提到。可喜的是，在笔记稿本《茶余杂记（一）》中，有《忆三弟》诗的原稿，题名《忆三弟福辰》，由此可知，李庆辰的三弟叫"李福辰"，字不详，这是在李庆辰诗文和笔记中唯一一处提到家人姓名的诗作。其三弟后来归属如何，亦不详。

（三）四弟壮年早逝，后事草草

在李庆辰笔记稿本《醉经载记》中，有题为《哭四弟》的诗2首：

> 与我遭多难（家庭之间有难言者），终朝懊恼城。累深方到死，力竭已无生。恋母心难已，怜儿泪当盈。兄贫犹辙骨，葬具苦经营。
>
> 汝竟从兹逝，悲予泪欲倾。更谁将伯助，弥痛鹡原情。久叹无兄弟，何堪望友生。一棺殊草草，为汝下佳城①。

从诗中的注释看，李庆辰家庭中有难言之事，这些事很可能伤及了四弟，而李庆辰似有责任，使他"终朝懊恼城"。四弟生活压力很大，累深力竭而亡，去世时甚至无钱下葬。李庆辰在懊悔和悲痛的同时伸出援手，竭力操办四弟的丧事，但他也"贫犹辙骨"，只能"一棺殊草草，为汝下佳城"了。以笔记稿本《醉经载记》的写作年代推测，其四弟的卒年当在光绪四年至光绪九年（1878－1883年），具体年份待考。诗中未见四弟的姓名，据旧谱回忆，四弟名"逢辰"，字藕峰。生平亦不详。

（四）五弟甲午从征，战殁虎耳山

在李庆辰《醉茶吟草》第二卷有题《哭五弟　甲午从征日本战没九连城虎耳山》的五律4首：

---

① 佳城，喻指墓地。

死别成千古，哀哉此远征。传闻疑汝在，幻梦慰吾情。敢战宁论命，忘躯不顾生。拚将两行泪，望断九连城。

男子沙场没，捐躯气自雄。元戎先退敌，诸将讵成功。山拥烽烟黑，潮回战血红。招魂何处所，东望海濛濛。

昔年辞我去，不觉自生悲。虎耳今伤汝，鸰原复有谁。衰龄怜老母，弱质剩孤儿。俯仰情何限，天涯哭尔时。

常时偏好武，天马自离群，老病曾怜我，刚强竟误君。偷生真有命，敢死奈无闻。浩浩长江水，魂归正夕曛。

诗中说到，其五弟刚强好武，昔年投身军旅，甲午从征日本，战殁九连城虎耳山。据旧谱回忆，李庆辰的五弟名"芳辰"，字晓园，天津北洋武备学堂一期毕业生，入聂士成部为游击（一云为哨官）。甲午战争时随聂部驻守鸭绿江畔之九连城。光绪二十年九月二十七日（1894 年 10 月 25 日），日军架浮桥从鸭绿江朝鲜一侧北上，十时左右，清军各部皆溃败，只有聂部死守，李芳辰于是日殉国于九连城之虎耳山。

李庆辰对五弟之死十分悲痛，"传闻疑汝在，幻梦慰吾情"，"拚将两行泪，望断九连城"。他想到五弟家"弱质剩孤儿"，为帮助弟媳和幼侄们生活，写了一篇类似于启示的文字，为之募捐：

启者，五品蓝翎升用官备武毅前营后哨之间，李某，隶籍津沽，奋身行阵。前此犀渠奏捷，叠著奇勋，去秋虎耳交绥，遽罹惨祸，等伏波之裹革①，比公孙之洞胸甚者，烟迷火烈，顿膺飞炮之灾，骨化形销，惟洒元黄之血，勇矣烈矣，伤哉痛哉。但其素无恒产，剩有遗挈，老母残年最怜，少子孀妻在室，惟仰望其英魂。孤子七龄，弱女五岁，一家无靠，举室无依，□死者不可复生，生者行将就死。同人等观兹苦况，寔切怆怀。用是布告仁人，乞恩君子，务望其施子惠，各笃□情，悯此鸿嗷，倡捐鹤俸，想当见义勇为，思同心而资助，俾集腋以成裘，救数子之颠危，垂怜此日，慰九原之牵挂，图报来生。爰据俚词，特疏短引。

这篇启示写在笔记稿本《奇文欣赏》中，文中有"去秋虎耳交绥，遽罹惨祸"句，由此推断，其写作年代在光绪二十一年（1895年）。这篇启示是否公开，可否奏效，已不得而知，但从文章中可知其五弟牺牲之惨烈、家人思念之悲痛，生活无着之可怜，以及求援之无奈。据旧谱回忆，战后，朝廷论功行赏，李芳辰被赐名"李庆"，并册封为"武德骑尉"，可世袭。

（五）有妹妹

李庆辰笔记稿本《獭祭余编》中有"挽妹□光"之题，但没有继续写下去。据旧谱回忆，李庆辰有2位姊或妹，均早逝，她们的婚配情况、与兄弟们的长幼次序均不详。

三、意中人

李庆辰在《醉茶吟草》第二卷有题《杂诗》3首，其中第2首写道，"嗟我意中人，不见十年久"；笔记稿本《茶余杂记（一）》中有篇故事，是他写的第一篇故事，其中写道，"癸亥岁浴佛日梦至一

---

① 伏波，汉代的将军封号，东汉的伏波将军马援有名言："男儿要当死于边野，以马革裹尸还葬耳。"

处……徘徊间则意中人携手而来……"，这明白无误地告诉我们，他婚前有意中人。另外，在《醉茶吟草》第二卷还有《拟相思辞》：

> 妹相思，离别原来在此时。离别时多见时少，今宵相聚莫轻离。
>
> 妹相思，此后应无把袂时。红灯照窗月照壁，梦魂萦绕何人知。
>
> 妹同庚，交颈鸳鸯无限情。菡萏花深睡方稳，莫教流水逐浮萍。
>
> 妹同庚，比翼高骞恨未能，愿与情人俱化水，深山洁处凝成冰。

《拟相思辞》情深意切，意有专属，绝不是浪漫艳词，也不会是写给亲妹妹的，只能是写给恋人的言情诗。笔者在第三章第三节中说过，李庆辰笔记稿本《茶余杂记（一）》中有 4 组 19 首诗，这些诗的意思表示更加明确，应是写给初恋情人的无疑。

从这些诗作的描述看，李庆辰的这位意中人容貌姣好，"不是寻常家萼菲""令人一见即魂飞"，而且心灵手巧，"知卿女绣亦超群，素绢纷缤五色云"。但他们之间因故离多聚少，近乎异地恋，李庆辰对她思念良苦，"香闺消息近如何，我为思卿别绪多"。但遗憾的是，因李庆辰家庭贫穷，也不排除女方家长嫌贫爱富，致使这段恋情"从此思量声暗吞，石沉大海两无言""我无金屋贮神仙，自念寒酸意怆然""水冷花残两未成""只为家贫误一生"，正所谓"兰因絮果"，有情人终究未能成为眷属。

李庆辰的这段恋情始于什么时候？推断一下，应在他 19 岁左右，理由，一是李庆辰在《茶余杂记（一）》的一首诗中写道"十二年来浑似梦，年年春柳系情思"，李庆辰写作该册的年龄在 25－31 岁，如假定为 31 岁，减去"情思浑如梦"的 12 年，初恋应始于 19 岁。二是上述《杂诗》中写道，"嗟我意中人，不见十年久。十年一转瞬，良时已辜负"，这两首诗相互印证，可以断定李庆辰的初恋当在 19 岁左右。这时，李庆辰刚刚考取生员入邑庠，正是青春年华、意气风发之时。

初恋刻骨铭心，以致在李庆辰写的第一篇故事中，就描写了他与意中人的浪漫。多年以后，李庆辰对这段恋情依然难以忘怀，他在诗中写道，"薜荔墙如万仞山，当时何必遇朱颜""半生落魄无知己，无限相思总为卿""生当苦相思，死当心不朽"，其念念不忘可见一斑。不过，此时的意中人可能已去世了。因为，李庆辰在一首诗中说：

　　心性温存□女流，天公缘底使多愁。红颜薄命伤千古，我为卿悲知也不？

四、妻室

李庆辰先后有两任妻子，都竭力相夫教子，给他贫寒的家庭生活带来无限的温暖。

（一）第一任妻子

李庆辰是何时成婚的，其婚后生活如何，他的妻子何时亡故的？这些在他的诗文中没有记载，但可在上述《悼亡》挽联中做出推断，获得答案。

李庆辰笔记稿本中记有不少挽联，大致可分为三类，一类是受丧事主家之托，为其家亡人撰写的挽联，这类挽联都注明了亡人身份姓名；二类是提前撰写好的挽联范本，如悼父母联、悼亲家联、悼子侄联、悼连襟联等，其通用性很强，适用于该类所有亡人；三类是为吊唁亡故的亲朋好友而撰写的挽联，这类挽联都有题目。第三类挽联中就有上述《悼亡》挽联。从《悼亡》挽联的内容看，无疑是为亡故的妻子而作。

记有上述《悼亡》挽联的《獭祭余编》，写作年代始于光绪二十年（1894年）下半年，此年是李庆辰妻子亡故之年吗？分析认为不是的。其妻如亡于此年，则有两点说不通：一是此年李庆辰已经57岁了，怎么会有《悼亡》挽联所说"诸女稍年长""诸子以稚龄"？二是在该《悼亡》挽联前，还有一首诗（似乎也是一副挽联，权且称之为诗）是怀念病故女儿的，其中，有女儿病重时，母亲终日长叹、悉心照料的描写，从诗中看，此女已出嫁，且育有孩子，这与"诸女稍年长"也不合，由此可以断定，李庆辰妻子亡故之年不是光绪二十年（1894年）。那么，是在何年？综合有关资料，可以作如下推断：即李庆辰妻子是在光绪四年（1878年）亡故的。

作此推断的依据是李庆辰的结婚时间，而李庆辰的结婚时间应从其大女儿"七儿"夭折的时间说起。在前述《伤女七儿作》的小序中，他说"七儿"周岁夭折，时在他去北京期间，即同治元年（1862年），由此可以倒推，李庆辰结婚应在此两年前，即咸丰十年（1860年），他时龄23岁。此时，他与意中人已了断了情丝，娶了这位妻子，一年后有了"七儿"，但"七儿"周岁时不幸夭折。前述《痴生传》中说他家破败时已经有了妻孥，就是这段情况的佐证。

《悼亡》挽联告诉我们，李庆辰的这位妻子与他共同生活了18年（"积十八年家计艰难"），如从咸丰十年（1860年）结婚算起，18年后就到了光绪四年（1878年）。18年来，虽然家计艰难，但这位妻子深明大义，事遵妇道，孝老睦友，相夫教子，十分贤惠，给予了李庆辰极大的精神慰藉和生活温暖。光绪四年（1878年），这位妻子不幸患病，历四五月床帷盘屈，医治无效，卒赴泉台。这年即是李庆辰妻子亡故的时间。此时李庆辰为 41 岁。

前面说到，李庆辰悼念亡妻的挽联是与怀念女儿的诗一起写在笔记稿本《獭祭余编》中的，母女去世不在一年，悼念之作何以写在一起？合理的解释是，光绪二十年（1894 年），李庆辰的又一个女儿病故了（下述），李庆辰写诗怀念女儿时，想到了其生母，于是，将当年撰写的《悼亡》挽联抄于其后；还有一种可能，就是李庆辰写诗怀念女儿之时，也同时写了悼念亡妻（女儿的生母）的挽联，以记追思。

（二）第二任妻子

李庆辰的妻子去世后，他鳏居了约 14 年，又于光绪十八年（1892 年），即《醉茶志怪》问世之年，续弦娶了第二任妻子。何以见得？在他是年的笔记稿本《獭祭壬编》中有一条记载（见下图）：

> 是夜入青庐，与新妇并未通言，甫就枕，梦一髯丈夫领女。

查"青庐"，即青布搭成的篷帐，在古代的中国北方地区，男女结婚时，要在住宅的西南角"吉地"搭一青布篷帐，称为"青庐"，新娘从特备的毡席上踏入"青庐"，并在此举行拜堂仪式。"青庐"代指结婚是毫无疑义的，李庆辰在笔记中说到"青庐""新妇""就枕"等，再明白不过地说明了娶第二位妻子的事。

在"是夜入青庐"的记载前还有一条记载（也见下图），可以进一步说明李庆辰续弦的时间，甚至可以具体到月份：

> 壬辰十月十四日着裘。是月十八日大雪节，天气颇寒，有闰月故也。忆每年必十一月初五日或初旬当严寒，不若今岁冷之早也，志之以验明岁何如。

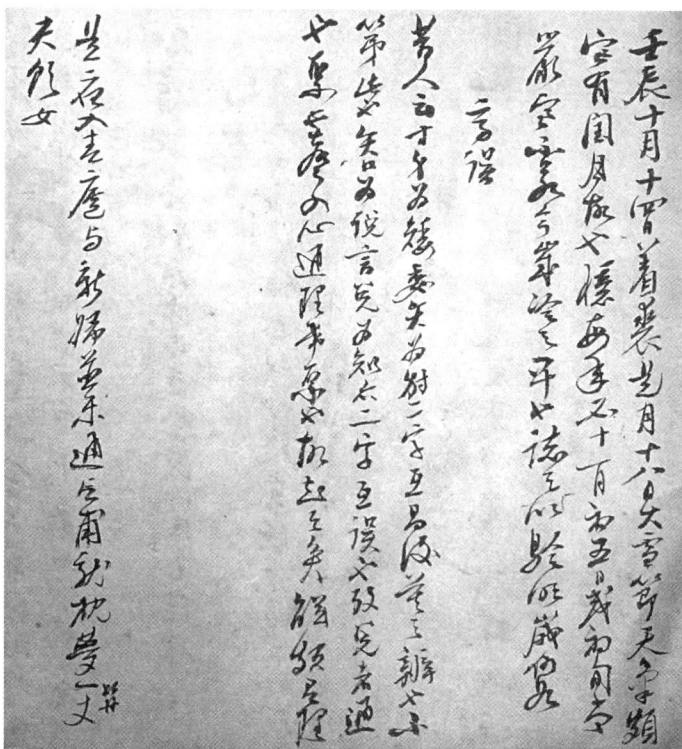

《獭祭壬编》关于"是夜入青庐"和十月着装的笔记

这条记载应该是"壬辰十月十四日"当日或稍后几天写的。这两条紧挨着的记载可说明，李庆辰迎娶新妇当在"壬辰十月十四日"或稍后几天，李庆辰时年 55 岁。这位第二任妻子亦十分贤惠，辛勤操持家务，不但伺候李庆辰的生活，还照料前妻所生女儿治病，并为其操办后事，想必使李庆辰的晚年生活安逸了不少。李庆辰于光绪二十三年（1897 年）去世后，再无笔记，也就无从知道这第二位妻子的后事了。

五、儿女

在《醉茶吟草》中，李庆辰收入了有关女儿的 2 首诗作，在他的笔记稿本中，关于女儿的诗稿更多。但有关儿子的叙述很少。应该说，李庆辰的儿女都是他第一任妻子所生，而除周岁夭折的大女儿外，其他儿女都得到了其第二任妻子的精心抚养与呵护。

（一）有三个女儿

在上述《悼亡》挽联中，有"诸女稍年长"句，可见李庆辰女儿不止一个，到底有几个女儿？分析有关情况可知，应有三个女儿。因为，其第一任妻子亡故时已有"诸女"，即起码有两个女儿，再加上周岁夭折的大女儿，起码应有三个女儿。

一是长女"七儿"。如前所述，《醉茶吟草》第一卷中有《伤女七儿作》3首，在笔记稿本《茶余杂记（一）》中有该诗的原稿，但为4首（第2首未收入《醉茶吟草》），并有小序。其一、二首曰：

去时尔在怀，归时尔何之。相隔只月余，杳杳无见期。车尘飞北郊，弱雏依南枝。岂知生离日，即为死别时。

含悲出西郭，悠悠生墟烟。小坟不可见，秋草何凄然。促织鸣声悲，举目愁无边，可怜泉下人，从此终长眠。

从小序中可知，李庆辰的这个女儿，在他去北京期间夭折，年仅周岁，待李庆辰返津时已葬于北郊祖茔。这个女儿应该是李庆辰的长女，她聪明乖巧，其祖父及全家人都很珍爱，李庆辰对幼女夭折悲痛万分，"去时尔在怀，归时尔何之""岂知生离日，即为死别时"！这可能是李庆辰将《伤女七儿作》收入诗集的主要原因。需要提示的是，李庆辰所说的"七儿"，可能是这夭折幼女的乳名，因其在家族大排行行七而得，李庆辰自己没有7个子女。

二是其他两个女儿。上述分析认为，除夭折的"七儿"外，李庆辰还有两个女儿，后来长成并婚嫁。在其《醉茶吟草》和笔记稿本中可见女儿出嫁和女儿病故的叙述，但是，这些叙述说的是同一个女儿的情况，还是分别为两个女儿的情况？已很难区分，只能做一些推测，即叙述出嫁的是二女儿，叙述病故的是三女儿。

关于次女，未知乳名及名字。《醉茶吟草》第二卷有诗《聘女感作》，李庆辰在诗中描写的不是嫁女的喜庆，而是无奈离别的酸楚与无钱聘女的愧疚：

> 送汝登舆去，无端涕泗沱。非关儿女泣，争奈别离多。卖犬惭无补，乘龙可若何。百年乔木荫，绵缈附丝萝。

在李庆辰笔记稿本《醉经载记》中有该诗的原稿，从其写作年代推测，该女儿出嫁时间在光绪四年至九年（1878－1883 年）之间，如按其在大女儿"七儿"夭折后第二年（同治二年，1863 年）出生，其出嫁时当在 15－20 岁（权且按 16 岁，光绪五年，1879 年出嫁），这个女儿比下述的女儿出嫁早，应该是次女，但其出嫁后是何情况，再无信息。

关于三女，亦未知乳名及名字。三女儿约生于同治三年（1864 年），即二女儿出生后的第二年，亡故于光绪二十年（1894 年）。李庆辰时年约 57 岁，老年丧女，使之非常伤感，他在笔记稿本《獭祭余编》中共写了 9 首诗表达悲痛之情。第一首（似乎也是挽联），无题：

> 众女惟汝一人，随我食贫居贱，在家久安粗糠，出阁未厚妆奁，补助待何时，无端二竖①为灾，痛吁岐黄难续命。
>
> 尔母犹怜长息，盼尔病退身强，病情每问加餐，含泪曾亲煮药，忧劳终莫救，视此诸儿失情，宁教垂白不伤心。

————————————

① 二竖，代指病魔。

　　其后还有8首诗，均无题，描述了三女儿懂事、孝长、恋夫、爱子，以及生离死别的情景。这些诗句生动细腻、感情真挚，读来催人泪下：

　　无端二竖竟为灾，祸水缠绵即祸胎。试到奇方终莫救，独怜含泪赴泉台。

　　粗糠相安二十年，我家惟剩旧老毡。自惭卖尺殊无补，囊涩终亏助嫁钱。

　　无怨无尤最可人，奢华屏却自安贫。一生裙布荆钗饰，筐剩新袄未着身。

　　强饭何能即补身，阿娘痴对劝频频。临危勉咽惟杯水，煨芋犹思遗老亲。

　　药炉雾雾碧烟飞，数月沉疴困敝帏。病体未苏神稍醒，便筹儿女制冬衣。

　　柴米零星事久谙，病来井臼力难担。他人不解调和味，生恐夫君食不甘。

　　一病绵缠夏及秋，每思家计不胜愁。自知医乏回春术，隐作唏嘘泪暗流。

　　自思后事倍神伤，儿女无知各在旁。为愿慈亲留不去，梦中往往自呼娘。

从诗句的描述看，三个女儿中，只有这个女儿一直在家随父母过着贫困的生活，"众女惟汝一人，随我食贫居贱，在家久安粗糠""无怨无尤最可人"，到 20 岁才出嫁，家里"囊涩终亏助嫁钱"。到光绪二十年（1894 年）夏患病，在病中还"煨芋犹思遗老亲""便筹儿女制冬衣""生恐夫君食不甘"。尽管其后母"痴情每问加餐，含泪曾亲煮药"，但医乏回春之术，"试到奇方终莫救"，"痛吁岐黄难续命"，及秋后亡故，留下儿女，"梦中往往自呼娘"。算来，三女儿婚后仅有 10 多年，享年仅为 30 多岁。

（二）有两个儿子

在上述《悼亡》挽联中，李庆辰提到"诸子以稚龄"，说明他不止有一个儿子，但此外再无任何信息。倒是蒋兰畲在《醉茶吟草》的序中说道，李庆辰殁后 4 年，"喆嗣仿枚"通过赵幼梅找到蒋氏审定诗稿，准备为其父出版诗集，我们由此可知，李庆辰的这个儿子名或字为"仿枚"。据旧谱回忆，"仿枚"是李庆辰的长子，名学敏，字仿梅（"枚"实为"梅"），生卒年不详，曾于天津北宁铁路局任职。

据旧谱回忆，李庆辰还有个次子，名学仲，字景路，生年不详，卒于民国三十二年（1943 年），曾在津浦铁路局任职。

第四节 绵延流长的家族渊源

重修旧谱并撰序 / 十四世家族人位初排 / 旧谱回忆补充 /
从山西迁徙津门 / 津门的刘园和北斜村茔地

《天津县新志》中关于李庆辰的记载，只是概要地写了他个人的
生平和事迹，并没有其家族情况的内容，要想在其条目下得知李庆辰
的家族渊源，是根本不可能的。而《天津县新志》以及此前初修和重
修的《天津府志》和《天津县志》等方志记载的各类人物中，有诸多
的李姓人物，其中或许有李庆辰的先辈或同辈？但由于对这些李姓人
物的记载也多是只写本人，少有家族情况，尤其是看不出其与李庆辰
是否有关系，也只能望诸"李"兴叹了。可喜的是，笔者从李庆辰的
存世笔记稿本中看到了一些有关其先辈或同辈情况的零星记载，于
是，以笔记稿本作为纽带，将其零星记载与《天津县新志》等方志的
有关信息连接起来，从而使一些与李庆辰有关系的李姓人物得以浮
出水面，再辅之以《醉茶志怪》故事及《醉茶吟草》诗作的相互印
证，由点及线，竟然可以大致勾勒出李庆辰的家族渊源了。

但大致勾勒出的李庆辰家族渊源，还多为线段，段与段之间还有
空档，对此，需要有力的材料在确认各段线可靠性的基础上将它们连

接起来，李老先生对旧谱的回忆在这方面起到了不可替代的重要作用。旧谱回忆内容与李庆辰笔记稿本和《天津县新志》的记载高度关联、基本吻合，有些内容还在《醉茶志怪》故事及《醉茶吟草》诗作中有艺术的反映，可靠性极高。这些宝贵的回忆不但证实了地方志和李庆辰笔记稿本的记载，填补了不少空白，更重要的是，将有关李庆辰家族渊源的各个线段串联起来，使笔者对其家族世系的了解趋于清晰和完整，对其家族情况的论述更加权威和可信了。

一、李庆辰家族的旧谱

李庆辰家族原有家谱，他在笔记《獭祭戊编》一篇《家谱序》（见下图）中讲述了家谱的情况。现誊抄如下：

我家家谱向无序，其所谓序者，即始祖学道公之墓志也。夫墓志载入谱中则可，弁诸卷首以为序，则不可。大凡序，所以道著书之原委，或自序，或人为之序，故无无序之书。若家谱一书，不过为联属宗族，非他书可比，虽无序可也。我家之谱昔虽有一编，然特略而不详，颠倒舛错，殊无纪律，每篇第书某大夫某府君之神主、某夫人某太君之神主，下款书某人奉祀，开卷一览，在在皆然，不但世系不可考，事迹不可详，即年月日时亦多有误，殊令人无□□行。予不揣固陋，详细考证，且诣本族中钞录木主之年月日时，并俾其注明其父母子息何派何支，数年之久，有失其木主者，有靳不与者，有目不识丁不能书者，有远迁者，有无后者，甚费搜寻，仅得其崖岸。予课徒之暇，或冬日灯下，或雨后窗前，手披目览，久而成帙。远祖久经分析，不易访求，不免有阙如之憾，只可仅登其名耳。书成后各门取一编去（如有需，可采访，无不备录），庶几知我祖若宗，远近支派，一脉相传。后之人虽日远日疏，然自我祖宗视之，皆其子若孙也。

家譜序

《獺祭戊編》之《家谱序》

和族睦宗，古人盛典。帝尧之世，以亲九族，是人者之一生，自高曾祖父及子孙曾元①，乃人之大伦，所以九族当亲，非父族四、母族三、妻族二也。自有此谱之修，则九族如在一堂，不亦为我宗之快事乎？尝见家有废兴，人有贤否，身有贵贱，当衣冠华贵时，罔不知其家世尊崇，簪缨之赫曜，及降而愈下，有问其祖父之名则不知，问父兄之字则不晓者，以故何也？资质既浊，习气日非，无诗书之泽以化之，则惟知谋食，他不暇及，遑问其父族母族为谁氏乎！予深虑此，故亟成谱牒，以为□□之意。再阅数十年，人齿日繁，家族日盛，有踵其事而续入者，予厚望之。因书以为序，无疏之非亲也。

从这篇《家谱序》中可知，一是李庆辰家族源远流长，其始祖名或字为"学道"，到李庆辰时支派繁多，但境况参差不齐，有衣冠华贵者，有目不识丁者，有远迁者，有无后者，等等。二是李庆辰所见到的家谱，颠倒舛错，略而不详，不但世系不可考，事迹不可详，即年月日时亦多有误，不堪使用。三是李庆辰利用课徒之暇，搜寻资料，详细考证，手披目览，终于修成新谱，并分送各支各门，"自有此谱之修，则九族如在一堂，不亦为我宗之快事乎"。

据老先生回忆，李庆辰重修的家谱一直在津门李氏后人中传承，他亦看过，到"文革"时才被迫销毁，同时还销毁了一些家族人位的"影"，实在遗憾。值得庆幸的是，有本支后人悄悄保留下一本手书的《杂志本》（后述），其中记有一些人位的名和字，更为珍贵的是，《杂志本》中绘有两幅"茔地图"，该图显示了津门李氏祖茔所在，并详细标出了所葬人位姓名。这本《杂志本》可谓是津门李氏族谱的简

---

① 此"元"应为"玄"，因避清圣祖（康熙）"玄烨"之讳，故改字。

本，成为研究李庆辰家族渊源独一无二的珍贵史料了。

二、李庆辰的先辈人位

探索李庆辰的家族渊源，首先要找出其先辈人位。经过对李庆辰的笔记稿本、《醉茶志怪》《醉茶吟草》和《天津县新志》等方志有关材料的分析归纳，笔者从 5 个不同角度得以确切知道方志中的诸"李"谁是李庆辰的先辈，并能大致排出辈分。

（一）李庆辰著作与方志可以相互印证的人位

所谓"李庆辰著作与方志可以相互印证的人位"，是指李庆辰在《醉茶志怪》或在《醉茶吟草》中提到了某位先辈，而该人在《天津县新志》等方志中也有记载，由此证明，一是故事或诗作中提到的这位先辈不是虚构的，其人、其事和其辈分是真实的，二是方志记载的这位人物，可以认定为李庆辰的先辈。这类人位有：

·李珏。《醉茶志怪》第一卷之《折狱二则》篇写道："予七世祖讳珏，字德珮，为太仓州牧"。对于李珏，《天津县新志》①和《江南通志》②都有记载：李珏，字德珮，贡生出身，官授户部云南司员外郎，后外放，于康熙五十七年至六十年（1718－1721 年）任江南省（即今江苏省及安徽省东部）太仓州知州，能断奇狱。方志记载与故事传奇中的李珏，其生平事迹一致，由此可以认定，两个信息来源所说得李珏是同一位，也就是说，李珏是李庆辰的先辈，按《醉茶志怪》故事之说，李珏应是李庆辰家族的七世。

·李嘉善及其"族兄"。《醉茶志怪》第一卷之《宅仙》篇写道："以故予伯高祖惠远公举囷中粮，悉济乡邻"。这位惠远公在《续天津

---

① 见《天津县新志》卷二十一·荐绅一。
② 见《江南通志》卷一零八·职官志·文职十。

县志》① 已有载,《天津县新志》②（见下图）又载:"李嘉善,字静涵,号会远……曾祖珏,贡生,知江南太仓州,能断奇狱。"李嘉善出身增广生,官居刑部主事,享年50岁。方志中突出提到了李嘉善平生乐善好施,有"李善人"之称,这与《醉茶志怪》故事的描写是一致的。不过,《宅仙》篇称此公为"惠远",方志中写为"会远",他们是否为同一位?答案是肯定的,因为在津门李氏后人保存的《杂志本》中有载,"李嘉善　会远",再者,方志中提到了李嘉善的曾祖是李珏,《醉茶志怪》中也提到李庆辰的七世祖是李珏,不同的信息来源交汇于李珏一身,则此"会远"即彼"惠远"无疑。方志中说李珏是李嘉善的曾祖,《醉茶志怪》中说李珏是李庆辰的七世祖,推算

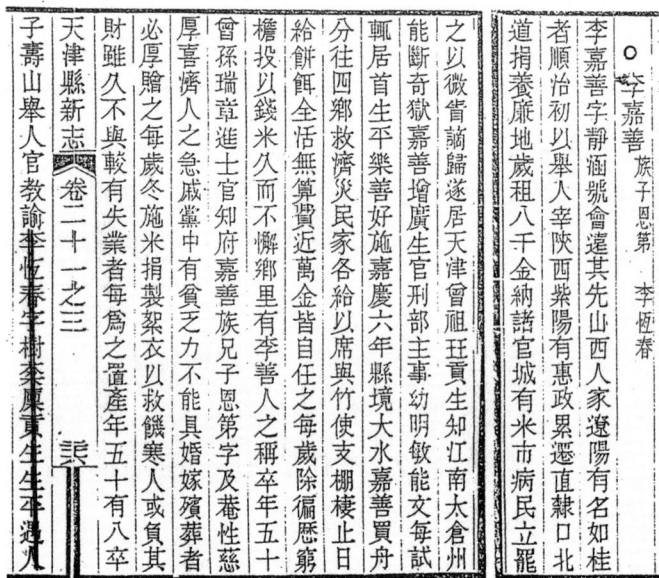

《天津县新志》（裁拼件）

① 见《续天津县志》卷十二·选举。徐士銮(字沅青)撰《敬乡笔述》订正为,"李嘉善,字会远。增生,四品封。详人物"。

② 见《天津县新志》卷二十一·人物三。关于李嘉善的记载,《天津县新志》从《敬乡笔述》之说,并有完善。

下来，李嘉善应是李庆辰家族的十世。《天津县新志》在"李嘉善"条目下还提到"嘉善族兄子恩第"，可见，一是李嘉善还有族兄，二是李嘉善有族子恩第，其有关情况容当后述。

· 李寿彭。《醉茶志怪》第二卷之《天官》篇写道："予伯祖宜昌公，讳寿彭"，笔记稿本《茶余杂记（二）》中有《天官》篇原稿，写有"李寿彭，字述亭"。关于李寿彭，《续天津县志》[①]《天津县新志》[②]和《湖北通志》[③] 记载，李寿彭，字述亭，官授刑部员外郎。咸丰元年（1851 年）六月任湖北宜昌府知府，次年十月离任。这三个材料所说的李寿彭应该是同一人。李庆辰称李寿彭为"伯祖"，即是李庆辰的祖父辈（而且在祖父辈中大于他的亲祖父），当为其家族十二世。

另外，《醉茶志怪》第二卷《无常二则》篇写道："予伯祖母朱氏幼时……"，同卷《天官》篇写道：李寿彭"晚年惟一女，即予郭氏姑也"。由此可以得知，李寿彭的夫人朱姓，李寿彭与朱氏夫人只有一女，是为李庆辰的姑母，夫家郭姓。

（二）方志有关条目有记载并能延伸印证的人位

"方志有关条目有记载并能延伸印证的人位"，这类情况有个前提，即方志记载的某位已经确认是李庆辰的先辈（例如李嘉善）了，那么，方志中记载的其他人物，凡是证明与该人有亲缘关系的，都可认定为李庆辰的先辈，并可延伸认定方志中的其他诸"李"及其辈分。这类人位有：

· 李如桂。上述《天津县新志》在"李嘉善"条目中记有："其先山西人，家辽阳，有名如桂者，顺治初以举人宰陕西紫阳，有惠

---

① 见《续天津县志》卷十二·选举。

② 见《天津县新志》卷十二之二·荐绅二，其记载的刑部官职是督捕司郎中。

③ 见《湖北通志》卷一百十五·职官志九·职官表九。

政，累迁直隶口北道，捐养廉地岁租八千金纳诸。官城有米市，病民，立罢之。以微眚谪归，遂居天津。"李如桂既然是李嘉善的先辈，自然也是李庆辰的先辈了。关于李如桂，其他方志也有记载，如清同治刊本《续天津县志》① 中有"李如桂，字拙庵，其先晋阳人……"的记载，并详细记述了他在陕西紫阳知县、顺天推官、浙江提学道、直隶口北道等各任内的政绩，然后说，李如桂"惟秉性刚直，不能逢迎大吏，中以微眚被谪归"。清光绪二十五年《重修天津府志》② 中，也概要地记述了李如桂的政绩，并说他"性刚直，不能逢迎，以微眚谪归"，他谪归的时间是清康熙二十一年。李如桂在李氏家族中是何辈分？有关资料无记载，不过，可以推断其应在始祖李学道（下述）之下、七世李珏之上，即二至六世中的一位。已知李如桂在康熙二十一年解职，其后辈李珏于康熙五十七年（1718 年）后任江南太仓州知州，期间相隔约 30 多年，可以容得下一代人，所以推断李如桂为李珏的祖辈，即李氏家族的五世是合理的。

· 李恩第。上述《天津县新志》在"李嘉善"条目下写有"族子恩第""族兄子恩第"（"李嘉善"条目下面所写的"李恒春"，找不出其与李氏的关系，暂且搁置不论），即是说，李嘉善还有一位族兄，其名不详，这位族兄有子，其名"恩第"。方志记载，这位李恩第，字及庵，他子承父志，亦乐善好施，享年 58 岁。李嘉善是李氏家族的十世，李嘉善的族子李恩第即是李庆辰曾祖父辈中的一位，当为李氏家族的十一世。

《醉茶志怪》第二卷之《天门》篇说："予曾祖母杨太夫人"，不知这位杨太夫人是否为李恩第的夫人，但应是李庆辰的亲曾祖母。

---

① 见《续天津县志》卷十三·人物·附侨寓。

② 见《重修天津府志》卷四十三·传五·人物三。《天津县新志》卷二十三之三·人物、《宣化县新志》卷十二·职官志·口北兵备道等也有相同记载。

·李寿山。上述《天津县新志》在"李嘉善"条目中"李恩第"之后，写有"子寿山，举人，官教谕"。此公与前述的李寿彭是同辈，即为李庆辰祖父辈中的一位，同为李氏家族的十二世。

·李瑞章。上述《天津县新志》在"李嘉善"条目中写道："曾孙瑞章，进士，官知府"。该公为李嘉善的嫡曾孙，即为李庆辰的父辈。《续天津县志》①　和《天津县新志》②　都有专条记载：李瑞章，字凤洲，道光十四年中举人，道光二十一年中进士，先后任兵部主事、户部职方司郎中、江西抚州府知府等职。《醉茶吟草》第二卷有诗《哭堂伯抚州公》，哭的即是此公。李庆辰称其为"堂伯"，可见此公是李氏家族的十三世之一。

(三) 李庆辰笔记稿本中记载的人位

"李庆辰笔记稿本中记载的人位"，是说在方志和李庆辰著作中未见其人，只是在他的笔记稿本中记载的人位。鉴于笔记稿本是李庆辰亲笔所书，虽没有佐证，也绝无错误的道理，由此，可以确认为李庆辰的先辈或同辈，并可推断出其辈分。这类人位有：

·李学道。在前述笔记稿本《獭祭戊编》的《家谱序》中，开篇写道："我家之谱向无序，其所谓序者即始祖学道公之墓志也"。也就是说，李氏家族的始祖即一世，名或字为学道。

·李庆辰兄长、四弟。李庆辰在笔记稿本的诗稿中提到了四弟，并说到兄长。李庆辰称李珏是七世祖，排列下来，自己和兄长、四弟、就是李氏家族的十四世了。

(四) 李庆辰笔记稿本有记载并可在方志中找到的人位

"李庆辰笔记稿本有记载并可在方志中找到的人位"，即在李庆辰笔记稿本中提到的一些人位，这些人位在他的著作中没有踪影，但在

---

① 见《续天津县志》卷十二·选举。
② 见《天津县新志》卷二十之二·荐绅二。

《天津县新志》等中有记载，由此可以确认他们是李庆辰的先辈，并可确定他们的辈分。比如：

李庆辰笔记稿本《茶余杂记（二）》中，有从"县志"抄录的三段文字：

> 同知李寿祺，妻朱氏，寿祺亡，氏时年二十二，遗孤平章仅数龄，氏绝粒数日，誓不欲生，父与翁劝以抚孤，氏感而复食，守节四十余年。县志
>
> 张氏，刑部主事李恩绶妻，二十四守节，事舅姑以孝闻，抚孤寿恺、寿图俱成立。以孙瑞章贵，封太恭人（《续天津县志》还记有"八十六岁卒"）。县志
>
> 李氏，东明县训导宏鉴女，适监生姚景崇，翁病笃，氏刲股和药。同里旌其孝。县志

查李庆辰在笔记稿本中抄录的"县志"为同治刊本《续天津县志》，上述内容在"卷十五·烈女（下）"中记载。通读该卷，可见他抄录的还有遗漏，如该卷中还有一条记载：

> 王氏，举人万龄女，同知李寿恺妻。年十七于归，逾年寿恺患风邪，昏迷卧废垂三十年。氏日进汤药，躬扶掖，始终弗懈。事姑以孝闻，教子瑞章成进士，封太恭人，七十岁卒。

李庆辰抄录（和漏抄）的这些人位，直接来自于方志，内容情节肯定是可靠的。而且这些抄录中都提到了"瑞章"，已知"瑞章"为李庆辰的父辈，那么，与之有关系的人位肯定都是李庆辰的先辈，且辈分也明确了。

• 李恩绶。前述已知李瑞章是李庆辰的堂伯（李氏家族十三世之一），那么，李瑞章的祖父李恩绶肯定就是李庆辰的曾祖辈了。李恩绶官至刑部主事①，不到 30 岁去世，夫人张氏年 24 岁守节。李恩绶有子李寿恺、李寿图，其孙子是李瑞章，即《天津县新志》"李嘉善"条目中所说"曾孙瑞章"，而且是李嘉善的嫡曾孙。李瑞章的祖母（李恩绶夫人）以孙贵封太恭人。从姓名特征看，李恩绶应与前述李恩第同辈，同为李氏家族的第十一世。

• 李寿恺、李寿图。李庆辰抄录的县志已载明，李寿恺、李寿图是李恩绶之子，他们自然也是李庆辰的祖辈了。从姓名特征看，李寿恺、李寿图与前述的李寿彭、李寿山应为同辈兄弟，同为李氏家族的十二世。李寿恺官至候选同知、赠朝议大夫②，但患风邪，昏迷卧废垂三十年，其子是李瑞章，母亲（李寿恺夫人）以子亦贵封太恭人。李寿图情况不详。

• 李寿祺。李庆辰抄录了方志中关于李寿祺的记载，虽然没有写明其与李瑞章等人的关系，但从姓名特征看，李寿祺与前述的李寿恺、李寿图、李寿彭、李寿山应为同辈兄弟，同为李氏家族的十二世无疑。李寿祺官至同知，亦不到 30 岁去世，夫人朱氏 22 岁守节，抚养其子李平章，约在 60 多岁去世。据旧谱回忆，"寿"字辈五兄弟并不是亲兄弟，李寿恺、李寿图的父亲是李恩绶，系李嘉善嫡系，其他三兄弟当是另外的支系了。

• 李平章。李庆辰抄录的县志已载明，李寿祺之子为李平章，其与前述李瑞章应为同辈兄弟，同为李庆辰父辈，即李氏家族十三世。其情况未见记载。

• 李宏鉴。关于李宏鉴，因李庆辰将其与其他诸"李"一同抄录

---

① 见《天津县新志》卷二十之一·荐绅一。
② 见《续天津县志》卷十二·选举。

在笔记中，也可以断定为李庆辰的族中先辈。《天津县新志》① 载有此公：李宏鉴，字衡若，乾隆朝廪贡出身，官授直隶东明县训导。此公在李氏中居何辈分，已无从稽考，但从他是清乾隆朝人看，其辈分应在李嘉善之上（李嘉善是嘉庆朝人）、李珏之下（李珏是康熙朝人），李嘉善与李珏之间还应有两世，即八、九世，李宏鉴应在其中。考虑到李宏鉴所处的乾隆朝与李嘉善所处的嘉庆朝接续，暂且推断其辈分为李氏家族的九世。

（五）李庆辰著作和笔记稿本都提到的人位

· 李庆辰三弟、五弟。在《醉茶吟草》和笔记稿本中，李庆辰都提到了其三弟和五弟（详见本章第三节），他们与李庆辰本人以及其兄长、四哥（弟）同为李氏家族的十四世。

经过上述分析归纳，可以将李庆辰家族人位做个初步排列，得出如下世系关系：

一世　李学道

二世　不详

三世　不详

四世　不详

五世　李如桂

六世　不详

七世　李珏

八世　不详

九世　李宏鉴

十世　李嘉善族兄、李嘉善

十一世　李恩第、李恩绶

---

① 见《天津县新志》卷二十之一·荐绅一。

十二世 李寿彭、李寿山、李寿祺、李寿图、李寿恺

十三世 李瑞章、李平章

十四世 兄长庚辰、庆辰、三弟福辰、四弟逢辰、五弟芳辰

三、李庆辰的家族世系

上述的李庆辰先辈人位，只是一部分，其个中情况（比如李嘉善族兄的情况），也不甚清楚。依靠旧谱回忆，帮助笔者填补空白，解惑释疑，最终描绘出了完整的李庆辰家族世系。

（一）旧谱回忆的印证、补充和完善

据旧谱回忆，经李庆辰重修的旧谱，其记载的人位齐全，但前几世无事迹，即如李庆辰在《家谱序》中所说："远祖久经分析，不易访求，不免有阙如之憾，只可仅登其名耳"。除此之外，其他的人位关系明确，生平事迹较详细，这是李庆辰甚费搜寻、详细考证、手披目览的功劳。那么，李庆辰重修的家谱到底记载了什么？根据旧谱回忆，可知有以下情况。

•关于一世：旧谱中李氏家族的始祖名李起凤。李庆辰在《家谱序》中说始祖"学道公"，很有可能是字。即李氏家族的一世名起凤，字学道。

•关于二、三、四世：在旧谱的导语部分，有二世开泰、三世有功、四世天云之名，事迹原已无考。

•关于六世：旧谱中李氏家族的六世有 3 位，李先茂号蔚公[1]行一，还有李先春、李先荣之名，长幼次序不详，这三位的生平事迹均不详。[2]

---

① 见《天津县新志》卷二十之一·荐绅一。

② 《天津县新志》卷二十之一·荐绅一记载，李先茂为陕西郃阳县知县，李先春为陕西吴堡县知县，李先荣为山东齐东县知县，同为清康熙朝官员。

·关于七世：旧谱中李氏家族的七世有 3 位：佚名者行一，李庭行二，李珏行三。老大的姓名及后世情况原已无考。老二李庭在河南为官并落户河南，自此，李氏家族即分出河南一系，其后世情况不详。老三李珏，为李氏家族天津（直隶）一系的先人。

·关于八世：旧谱有李应文（字士瞻）、李应武之名，还有李应斗、李应庚①、李应达②之名，生平事迹均不详，但"应"字辈的这几位与李宏鉴辈孰为长辈，记不清了。按前述对李宏鉴辈分的推断，暂将"应"字辈的这几位列为长辈，为李氏家族的八世。

·关于九世：按前述对李宏鉴辈分的推断，其暂列李氏家族的九世。旧谱中李宏鉴还有一位兄或弟，名李金鉴，其生平事迹和后世情况均不详。

·关于十世：如前所述，李嘉善为李氏家族的十世。此外，《天津县新志》记载李嘉善还有"族兄"，亦是李氏家族的十世，但未见姓名。根据旧谱回忆，可就这位"族兄"补充和订正三点，一是《天津县新志》说的"族兄"，其实是"族弟"，津门李氏茔地图（后述）所绘表明，李嘉善才是"族兄"。二是这位其实是"族弟"的人名李惟善，字元之。三是津门李氏一系始于李嘉善、李惟善两兄弟，李嘉善为津门李氏的长门，李惟善为津门李氏的二门，从这二位起，津门李氏一系分为两支。

·关于十一世：《天津县新志》记载，李嘉善有"族子"李恩第。上条已说明，"族兄"其实是"族弟"，名李惟善，李恩第是李惟善之子，即李氏家族的十一世。但据旧谱回忆，这其中还有个情节，即李

---

① 《天津县新志》卷二十之一·荐绅一有李应庚之名，例贡出身，官至户部员外郎。

② 《天津县新志》卷二十之一·荐绅一有李应达之名，字尊三，官至江西宜黄县知县。

恩第实为长门李嘉善之子，由于二门李惟善无后，过继李恩第为子嗣，从而成为李惟善之子。有关证明后述。

旧谱中，十一世"恩"字辈除了前述的李恩绶和上述的李恩第之外，还有李恩奕（字桐庵）之名①，亦为长门李嘉善之子，其生平事迹不详。

•关于十二世：前述李氏家族十二世（"寿"字辈）有5位，其实，旧谱中十二世"寿"字辈中共有7位，其中李寿彭字述亭行一，李寿祺字松亭行六，李寿山字柏亭行七，此三位为二门李恩第的长、次、三子。李寿图、李寿恺为长门李恩绶之子，还有李寿桐之名和一位不知名之人，这二位亦应为长门之人，这几位长门之人，在大排行中行二、三、四、五，但他们之间的长幼次序不详，生平事迹亦不详。

•关于十三世：前述李氏家族十三世（"章"字辈）有2位。旧谱中十三世"章"字辈实有7位，其中长门有李瑞章字凤洲、李润章字鹤州、李澄章②字鹏洲，他们三位的长幼次序不详。这三位中，李瑞章的亲缘关系明确，其他二位的亲缘关系不详。二门中，李震章（字不详）行一、李顺章③字鹭洲行二、李寓章字竹青行三，此三位为李寿山的长、次、三子；李平章字云州行五，为李寿祺之子。李寿彭无子。

•关于十四世：据旧谱回忆，从此辈起，李寿山一支在"章"字后，排"霖""勋""泽"字；李寿祺一支在"章"字后，排"辰""学""世"字。长门在"章"字后，似排"凌"字。即从此辈起，形

---

①　《续天津县志》卷十二•选举载，李恩奕，字桐庵，候选通判。

②　李澄章，《天津县新志》卷二十之二•荐绅二记载，监生出生。曾任广西富川、天堡、恩隆等县典史和百色厅照磨。

③　李顺章，据回忆，在直隶保定任职，后落户保定。

成了同辈不同字的情况，且在长幼次序上各支自行，不再统一排行。

十四世中，长门有 5 位，有名者凌汉、绍周、绍卿，其余 2 位佚名，这 5 位的长幼次序和生平事迹均不详。二门有 8 位，其中"辰"字辈有 5 位，李庚辰（字不详）行一、李庆辰字筱筠行二、李福辰（字不详）行三、李逢辰字藕峰行四、李芳辰字晓园行五（该 5 位为李平章之子）。"霖"字辈有 3 位，李作霖（字不详）行一、李为霖（字不详）行三（两位为李顺章之子），李熙霖（字不详）行二（该位为李寯章之子）。李震章无后。

（二）李庆辰的直系先人

在上述这些人位中，谁是李庆辰的直系先辈？经过分析，基本可以确定如下：

一是，一至五世都是单传，即可认定他们是李庆辰的直系先辈了。

二是，六世的 3 位中，在前面提到的《杂志本》中，仅记有"先茂号蔚公"，其他 2 位只在《天津县新志》李先茂条目下有名，这种迹象可以用"各管自家事"的俗理来解释，由此推断，李先茂应是六世中李庆辰的直系先辈。

三是，七世的 3 位中，佚名的兄长无任何记载，李庭落户河南，只有李珏在《天津县新志》李嘉善条目中有载，这也是一种迹象，表明李珏是李庆辰的直系先辈。

四是，八世的 5 位中，只有李应文、李应武在《杂志本》中有名，他们其中的一位应为李庆辰的直系先辈，但不清楚是谁了。

五是，九世的 2 位中，在《杂志本》中有名的只有李宏鉴一位，此人亦在李庆辰存世笔记稿本中出现，可以推断其为李庆辰的直系先辈。

六是，自十世李嘉善、李惟善以下，李氏的世系人位比较清楚了，即李庆辰的直系先辈依次为李惟善（十世）、李恩第（十一世）、李寿祺（十二世）、李平章（十三世）。反过来说，李庆辰的父、祖、曾祖分别为李平章、李寿祺、李恩第。

综合上述分析研究，可以列出"津门李氏族系图"如下：

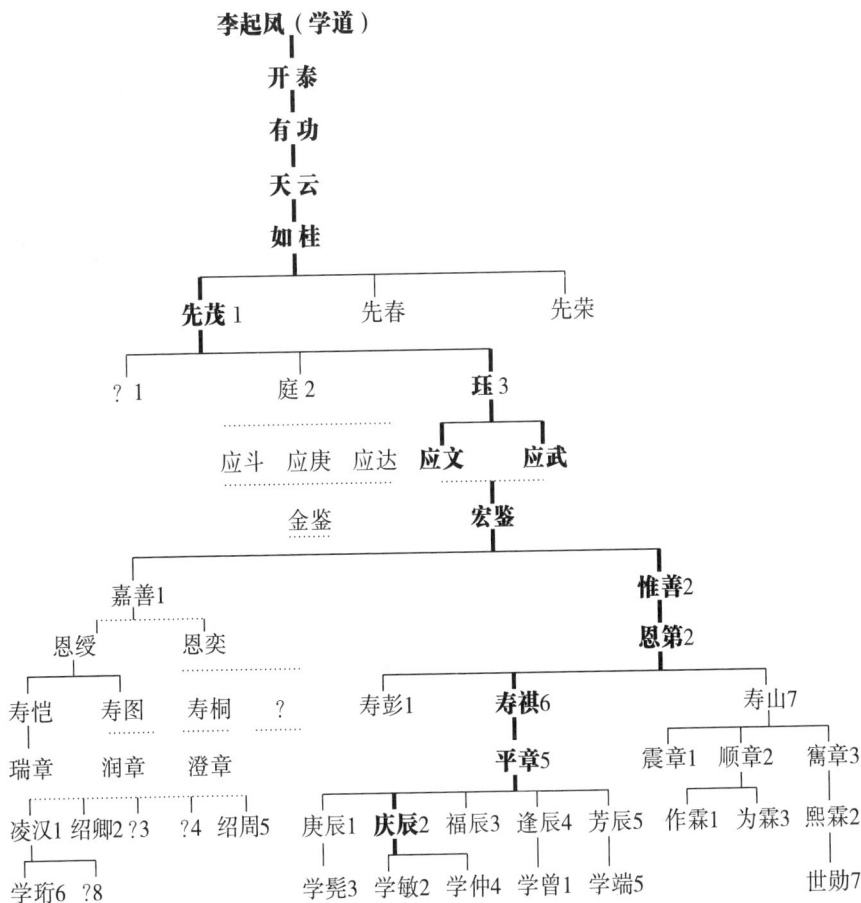

注：1. 关系明确者用实线连接，否则用虚线连接。上下关系不明确者无竖线连接。
　　2. 李庆辰直系先人用粗实线、粗字体表示。
　　3. 其名不详者以"？"代之。名字右数字为排行次序。

李庆辰家族从始祖李起凤（学道）到十四世李庆辰，大约生息繁衍了 380 多年。

四、李庆辰的祖籍及先辈迁徙

关于李庆辰的祖籍，3 种方志中有不同的记载：《天津府志》人物志中说："李嘉善山西人。迁辽阳，后迁津"，从文字表述上看，似乎是说李嘉善是山西人，先从山西的某地迁辽阳，后迁徙来津；《天津县新志》则记载，李嘉善"其先山西人，家辽阳，有名如桂者……以微眚谪归，遂居天津"，似乎是说李嘉善的先人是山西人，家辽阳，李如桂辈谪归遂居天津；《重订天津府志》和《续天津县志》又说，李如桂"其先晋阳人，顺天举人"，似乎是说李如桂的先人是山西人，家居晋阳，李如桂辈已经不是山西人了，他在顺天中举，应是直隶人。这些记载的表述虽有差别，但起码告诉我们三条重要信息：一是无论哪位先辈是山西人，李庆辰的祖籍是山西无疑，其先辈在山西或居辽阳，或居晋阳。二是李如桂在顺天府（今北京市）中得举人，这意味着李庆辰的先辈在迁徙过程中，曾到过北京。三是《天津县新志》称，李如桂"以微眚谪归，遂居天津"，在此说之前，并无李氏先辈居天津的记载，李如桂是山西李姓这一家来天津的第一人。

毫无疑问，李庆辰的祖籍是山西。但是，是在山西的辽阳还是晋阳居住，或是先后在辽阳或晋阳居住，辽阳和晋阳孰先孰后？据旧谱回忆，李氏有记载的始祖先居于晋阳，即今山西省太原市。后来迁居辽阳，不过，这个辽阳不是现今辽宁省的辽阳，而是旧时隶属于山西的辽阳（后改名辽县，即今山西省左权县）。再后来又从辽阳迁徙到了直隶的顺天府房山县坨里集（今北京市房山区坨里镇），并于石梯村之石梯山（今为坨里镇水峪村平顶山）立祖坟。李如桂辈这时已居于顺天府房山县，并在顺天府考取了举人。

那么，山西李氏这一家何因何时从山西迁徙到北京的？据说，这可能与明代实施的人口迁徙政策有关。据《明史》记载，明代成祖朱棣永乐二年和三年（1404 和 1405 年），两次"徙山西民万户实北京"①。此后，虽未再大规模地徙山西民实北京，但像现在的"北漂"一样自发地由山西向北京迁徙，恐怕还是有的。至于山西李氏这一家的哪一代离开了山西辽阳定居顺天府房山的？现已无考，但可以推断一下：在方志中最早有载的李如桂，于清顺治初至康熙二十一年为官，其上还有 4 代人，如向上推百年，则其家族始祖李起凤（学道）当是明代嘉靖年间人，由此可以说，其迁徙时间不早于嘉靖年间是合理的。关于李氏由山西迁徙到房山之说的依据，在津门李氏茔地一节再述。

　　还有一个问题，既然李如桂的先辈已经定居顺天府房山，李如桂解职后为何不回房山而是来到了天津？这或许是官方的安排，或许还有其他一些原因，对此已无从考证，但有一点可以肯定，李如桂来天津居住是"侨居"，他并没有落户天津。在《续天津县志》中，李如桂记载在"卷十三·人物·附侨寓"中，而其后代李嘉善记载在"卷十三·人物·义行"中②，这种区别表明，他们二位在津居住的身份不同，李如桂来天津居住是"侨居"，而其后五代孙李嘉善两兄弟已是天津人了，总而言之，李如桂并没有落户天津。《天津县新志》说他"寓津门以老焉"，这表明李如桂"侨居"天津时间很长，还极有可能在天津去世，但他去世后并没有葬在天津，而是回葬房山坨里集的祖茔了。从这个意义上讲，李如桂虽然是山西李氏这一家来天津居住的第一人，开了在津居住的先河，但终究只是过客，并不是津门李氏的始祖。到了第十世李嘉善、李惟善两兄弟，他们沿着前辈的足迹来到天津，在天津创业置产并落户，山西李氏（顺天李氏）这一家才变化为津门李氏，并在天津生息繁衍，因此，津门李氏的始祖应该是

---

① 见《二十五史·明史》卷六，本记第六，成祖二。
② 在《天津县新志》中，李嘉善记载在卷二十一·人物三。

李嘉善、李惟善两兄弟，这也为津门李氏的两幅茔地图所证实。

五、津门李氏的茔地

前述李庆辰先辈迁居顺天房山后建造了茔地。据说，该茔地有两处，一处在石梯山上，当地人称"西老坟"，前有石坊 1 座，三空四柱，额书"李氏先茔"，其后为石五供，但"西老坟"仅有坟丘 1 座，埋有墓志铭。另一处在石梯山下，当地人称"南老坟"，面积很大，有围墙，顶覆琉璃瓦，有坟丘 11 座。这两处茔地在 20 世纪 60 年代已平毁，墓志铭亦丢失。据推测，起码李氏第五世李如桂至第九世李宏鉴是葬在这里了，但这只是推测，已经无法确认，只能存其说了。倒是津门李氏一族的茔地，有确凿的证据表明其所在，并为确定李庆辰家族十世以后的人位提供了可靠的证明。

（一）刘园茔地

李庆辰在《醉茶吟草》第一卷有诗《将之北仓先茔为先严卜葬道上作》，说明他家先茔在"北仓"，其父即葬在那里；《伤七女作》中说他的女儿死后亦葬在了"北仓"。李氏先茔具体在"北仓"的什么地方？《醉茶志怪》第三卷之《狐帽》写道："敝先茔在邑城北刘园村。"李老先生亦讲，李氏先茔在北仓刘园村。老先生曾见过李庆辰四弟李逢辰（藕峰）原配夫人的"影"，其题为：

> 孺人氏姚李藕峰公原配生于道光庚戌年六月初七日戌时卒于光绪丁丑年正月二十五日戌时年二十八岁殁后浮厝北仓对河刘园祖茔。

这再清楚不过地指明了李庆辰祖茔所在——即今天津市北辰区北仓镇刘园村。据说，刘园茔地为李惟善夫人陪嫁之胭粉地，面积约四十亩，当年有苗神庙一座，20 世纪 20 年代焚毁，整个茔地于 20

世纪 50 年代夷为平地。在《杂志本》中有该茔地图（见下图）。

《杂志本》封面

《杂志本》之《刘园茔地图》

刘园茔地图未标明方位，依图而言，图左为墓园，四角立有界石，书"燕山李氏先茔　震章立石"。这块界石由李庆辰的堂伯之一（李庆辰家族的十三世）李震章立。据老先生回忆，李震章为李寿山之长子，官居河南开封府祥符县令（现属开封市），后即落户于河南了。界石书"燕山李氏先茔"，就是李庆辰先辈从山西迁徙到顺天房山的证明。

从图中看，墓园有坟丘 12 座，其中正坟 9 座，人字形排列，祖坟位置标注"祖坟　惟善　元之　行二"，李惟善就是《天津县新志》记载的李嘉善"族兄"（其实应为族弟。已如前述），该茔地显然是津门李氏二门的祖茔。祖坟以外的其他几座正坟位置，葬有李惟善过继之子李恩第（十一世），李恩第的三个儿子李寿彭、李寿祺、李寿山（十二世），李寿山长子李寯章和李寿祺之子李平章（十三世）等，李寿祺和李平章父子，就是李庆辰的祖父和父亲。在图上部的祖坟上左、右侧，还有 3 个坟丘，为李庆辰四弟李逢辰及原配夫人、五弟李芳辰原配夫人的坟丘。图右为别人的地块、大道和起土地，起土地中有坟丘 5 座，葬有李氏未婚子女及妾，其中就有李平章（云洲）的 2 个早逝的女孩（即李庆辰的姊和妹）、李庆辰早年夭折的长女"七儿"和李学仲（景路）早逝的女孩（李庆辰的孙女）。

（二）北斜村茔地

长门李嘉善一支的茔地在哪里？《杂志本》中还有《北斜村茔地图》（见下图）。此地即今天津市西青区中北镇东北斜村。

依图而言，图右为墓园，祖坟标注"嘉善　会远　大公"，此公即为《天津县新志》所记那位李嘉善，祖坟标注此公为"大公"，应该是准确的，足以证明李嘉善是兄长，而不是《天津县新志》所记的兄弟。

祖坟下有 10 座坟丘，人字形排列，应为正坟，但大多数未标明

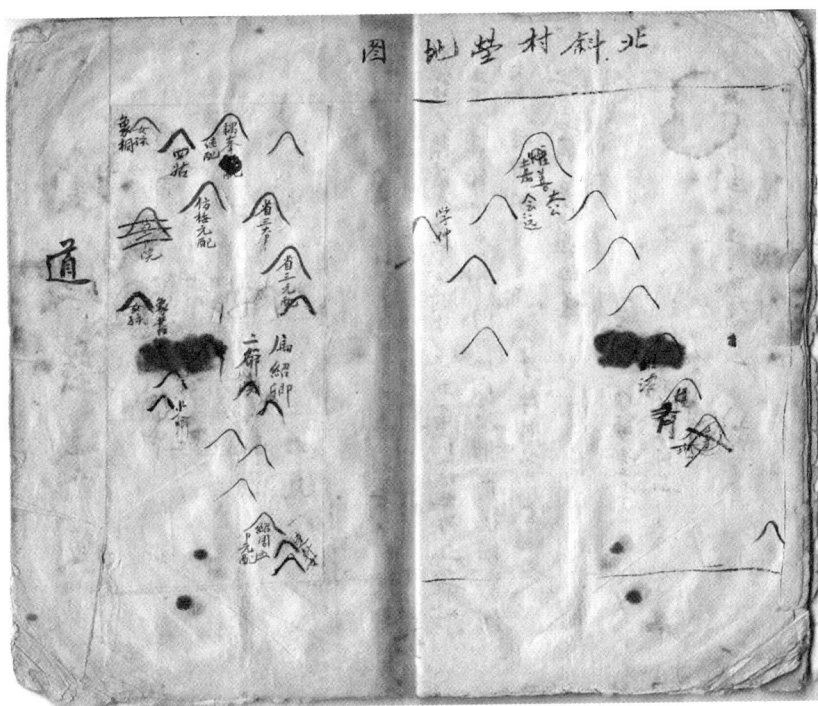

《杂志本》之《北斜村茔地图》

人位。图左为起土地，有坟丘 19 座，多为二门李惟善一支浮厝于此者，其中有李庆辰四弟李逢辰（藕峰）继配夫人，李庆辰长子李学敏（仿梅）原配夫人、次子李学仲（景路）等人的坟丘。看来，这幅图是二门之人所绘，因此，还记得并记下了自己一支的人位坟丘，至于长门一支的情况，就不甚了了了。

据说，北斜村茔地甚大，祖坟后有大树，于运河堤上数里之外即可遥见。茔地东有苗神庙一座，《杂志本》中记有庙内顶梁之书："大清同治二年四月信士弟子李润章重修"和"直隶天津城西东北斜村合会人等立"之字样。这位李润章，也是李庆辰的父辈之一（李庆辰家族的十三世），但长幼次序就不清楚了。

《醉茶吟草》有《春日自北斜庄归》诗一首：

大地春风动，村村农事忙。我家在城郭，屋老白云藏。贫觉
妻孥累，愁添岁月长。相如空有赋，谁为达椒房。

这首诗一派凄凉，看来是李庆辰在墓地中见景生情之作，这也表
明他是去过北斜村长门祖茔的。

（三）关于李庆辰的墓地

刘园村的二门祖茔中，有李庆辰四弟李逢辰和原配夫人、五弟李
芳辰原配夫人的坟丘；北斜村的祖茔中，有四弟李逢辰继配夫人的坟
丘，两处茔地都未见李庆辰及其配偶、兄长李庚辰及其配偶、三弟李
福辰及其配偶以及五弟李芳辰的坟丘，那么，上述这些人去世后葬在
了哪里？

据说，李庆辰妻子和李庆辰本人殁后，先是也葬在了刘园茔地，
其子李学敏（仿梅）就职于北宁铁路局等处后，薪俸颇丰，于是于民
国初年在北斜村茔地附近的二牛道姜家井村购得一地（今天津市西
青区中北镇东姜井村），移其父李庆辰之坟于此并立为祖，李学敏殁
后亦葬于此。但该地地势太洼，常年泡在水中，遂即无人过问，也未
葬入新坟而自行废弃。

至于两处祖茔都未见李庆辰其他兄弟的坟丘，已知三弟李福辰
和五弟李芳辰从军战殁，尸骨未能回葬祖茔，由此在祖茔中未有一席
之地。但李庚辰及其配偶和李福辰配偶葬在何处？已不得而知了。

第五章 李庆辰年表初编

◎祖籍、始祖与迁徙

◎前半生30年

◎后半生30年

◎后世的记载与评价

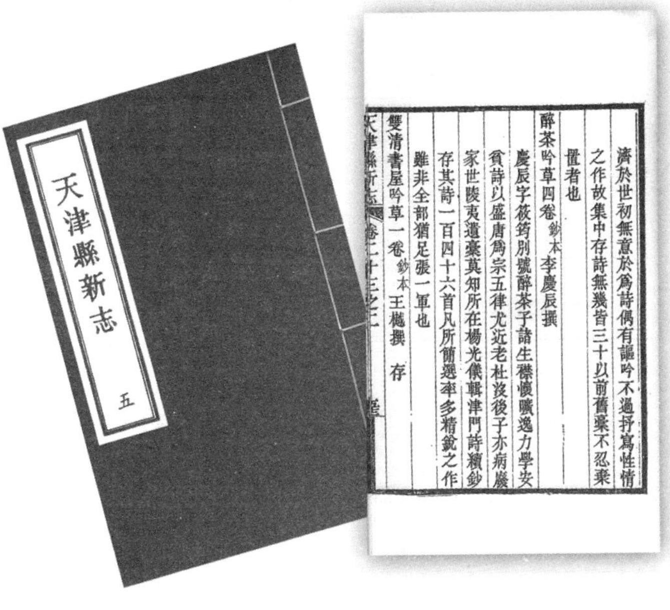
天津縣新志
五
濟於世初無意於爲詩偶有謳吟不過抒寫性情
之作故集中存詩無幾皆三十以前舊槀不忍棄
置者也
醉茶吟草四卷 鈔本 李慶辰撰
慶辰字筱筠別號醉茶子諸生襟懷曠逸力學安
貧詩以盛唐爲宗五律尤近老杜歿後子亦病廢
家世陵夷遺槀莫知所在楊光儀輯津門詩續鈔
存其詩一百四十六首凡所簡選率多精銳之作
雖非全部猶足張一軍也
雙清書屋吟草一卷 鈔本 王樾撰 存

第一节　前表

·李氏先祖居山西。《重修天津府志》载，李如桂（李氏家族五世）"其先晋阳人"。《天津县新志》载，李嘉善（李氏家族十世）"其先山西人，家辽阳……"据旧谱回忆，李氏先祖先居山西晋阳（今山西省太原市），后迁山西辽阳（今山西省左权县）。

·李氏始祖李学道。李庆辰笔记稿本《獭祭戊编》之《家谱序》篇写道："我家家谱向无序，其所谓序者，即始祖学道公之墓志也……"据旧谱回忆，始祖李起凤，字学道，为明代嘉靖年间人。

·李氏先辈至迟于明末迁居顺天。《重修天津府志》《续天津县志》均载，李如桂"……顺天举人"。据旧谱回忆，李如桂先辈（何辈不详）至迟于明末，已从山西辽阳迁居直隶顺天府房山县之坨里集（今北京市房山区坨里镇），并于石梯村之石梯山（今坨里镇水峪村平顶山）立祖茔。李如桂在顺天中举。

·五世李如桂谪归寓居天津。《天津县新志》"李嘉善"条目中载：其先人"……有名如桂者，顺治初以举人宰陕西紫阳"。《重修天津府志》载，李如桂中举后，"除陕西紫阳令，招流亡，资失业，劝课农桑。秩满，迁顺天推官，授浙江提学道，授口北道。性刚直，不能逢迎，以微眚谪归，寓津门老矣"。《续天津县志》载，李如桂有惠政，累迁直隶口北道，"惟秉性刚直，不能逢迎大吏，中以微眚被谪归，寓津门老矣"。据旧谱回忆，李如桂于清康熙二十一年（1682年）谪归，寓居天津。殁后回葬顺天府房山县祖茔。

· 李氏家族自七世起分为直隶、河南二系。据旧谱回忆，李氏家族的七世有3位：佚名者行一，李庭行二，李珏行三。老大的姓名及后世情况原已无考。老二李庭在河南为官并落户河南，自此，李氏家族即分出河南一系，其后世情况不详。

· 七世李珏为直隶一系的先人。《天津县新志》在"李嘉善"条目中载："曾祖，珏，贡生，知江南太仓州，能断奇狱。"《江南通志》记载："李珏，字德珮，贡生出身，官授户部云南司员外郎，后外放，于康熙五十七年至六十年（1718－1721年）任江南省（即今江苏省及安徽省东部）太仓州知州。"《醉茶志怪》之《折狱二则》篇写道："予七世祖讳珏，字德珮，为太仓州牧。"李珏为李氏家族的七世，直隶一系的先人。

· 十世李嘉善、李惟善兄弟定居天津并分为两支。《天津县新志》载："李嘉善，字静涵，号会远……增广生，官居刑部主事……嘉庆六年，县境大水，嘉善买舟，分往四乡，救济灾民……有李善人之称，卒年五十。"据旧谱回忆，李嘉善有弟李惟善，兄弟二人于乾末嘉初定居天津，创业置产。李嘉善殁后葬于津西北斜村（今天津市西青区中北镇东北斜村）茔地，为津门李氏的长门，李惟善殁后葬于津北刘园村（今天津市北辰区北仓镇刘园村）茔地，为津门李氏的二门。从此，津门李氏一系分为两支。《北斜村茔地图》和《刘园茔地图》亦如是显示。李庆辰为二门李惟善（高祖）的后代。

· 十一世李恩第。《天津县新志》之"李嘉善"条目下载："族兄子恩第，字及庵，性慈厚……五十有八卒。"据旧谱回忆，志书所载李嘉善的"族兄"实为"族弟"，即李惟善。李惟善子李恩第，实为过继李嘉善之子。《刘园茔地图》显示，李恩第为李惟善之子。其为李庆辰曾祖。

　　·十二世李寿祺。《续天津县志》载："同知李寿祺，妻朱氏，寿祺亡，氏时年二十二，遗孤平章仅数龄，氏绝粒数日，誓不欲生，父与翁劝以抚孤，氏感而复食，守节四十余年。"据旧谱回忆，李寿祺为李恩第之子，《刘园茔地图》亦如是显示。其为李庆辰祖父。

　　·十三世李平章。上述《续天津县志》载，李平章为李寿祺之子。《刘园茔地图》亦如是显示。据旧谱回忆，李平章为盐商，因亏空被抄家（或因败赌被追偿），家道败落。

　　李平章有5子，长子李庚辰，次子李庆辰，三子李福辰，四子李逢辰，五子李芳辰，为津门李氏之十四世。另有2女。

第二节　本表（上）

1838 年（道光十八年　戊戌）1 岁

· 生年考。《晚清民国志怪传奇小说集研究》、《中国地域文化通览·天津卷》载，"李庆辰约生于道光十八年（1838 年）"。笔记稿本《茶余杂记（一）》之《感怀呈卢戎部》诗有句，"生年已三十"。该诗写于同治六年（1867 年），由此亦证明，李庆辰生于本年。

1839 年（道光十九年　己亥）2 岁——

1855 年（咸丰五年　乙卯）18 岁

· 期间家庭富足，生活优裕。《醉茶志怪》之《宅仙》篇写道："昔予家盛时，有仙为守仓廪……以故予伯高祖惠远公举囤中粮，悉济乡邻。"（笔记稿本《獭祭壬编》有原稿）《醉茶吟草》之《过故居》诗有句："去国逾三载，重为此地行。可怜亭畔树，相见若为情。"笔记稿本《茶余杂记（一）》之《重过故居》诗有句："空亭余碧瓦，老树有青松。古壁何等饰，寒云此日封。"《醉茶志怪》之《宅仙二则》篇写道："仆幼时，随乳母张氏游戏花园中。"

· 期间从师受业。笔记稿本《茶余杂记（一）》之《痴生传》篇写道，先是"幼时从师游，喜属对，好写生，师以为慧"，后来"游武遂，从杜孝廉，孝廉为人方正旷达，傲睨世俗，痴生窃慕焉。孝廉夸生才，谓之为敏，教以古今大义，生彻了然"。

· 期间罹患肺病。笔记稿本《茶余杂记（一）》之《痴生传》篇写道："……既长，病肺氧。"

1856 年（咸丰六年　丙辰）19 岁

· 考取生员。笔记稿本《茶余杂记（一）》之《痴生传》篇写道："……归里，从孟孝廉，是冬入邑庠。"笔记稿本《獭祭癸编》有篇（无题）写道："前集记王建屏仙嘱予作传，时年方二十余，攻举子业"，根据该篇写作年代推算，其本年考取生员，入邑庠。

· 初恋。《醉茶吟草》之《杂诗》诗 3 首，其中第 2 首有句："嗟我意中人，不见十年久。十年一转瞬，良时已辜负"；笔记稿本《茶余杂记（一）》中有篇故事："癸亥岁浴佛日梦至一处……徘徊间则意中人携手而来……"，说明其婚前有意中人。笔记稿本《茶余杂记（一）》之《（无题）》诗有句："十二年来浑似梦，年年春柳系情思"，根据该诗写作年代推算，其 12 年来情思浑似梦的初恋，当在 19 岁左右，即在本年前后。

1857 年（咸丰七年　丁巳）20 岁

· 发奋苦读。笔记稿本《茶余杂记（一）》之《痴生传》篇写道："于城西结茅为屋，削柳为梁，宽仅半分，土阶蓬户如太古，于其中设砚焉，谓其屋曰'草草草堂'。"根据该篇写作年代推算，其事当在本年。

· 攻举子业。笔记稿本《獭祭癸编》有篇（无题）写道："前集记王建屏仙嘱予作传，时年方二十余，攻举子业。"关于王建屏的传奇故事，见《醉茶志怪》之《王建屏》篇。根据该篇写作年代推算，其事当在本年。

· 参加科考。笔记稿本《茶余杂记（二）》之《闱中题壁》诗有句："驰逐轮号二十春，棘闱甘苦已尝频。"根据该诗写作年代推算，第一次参加科考当在本年。

·取号"醉茶子"。笔记稿本《茶余杂记（一）》之《痴生传》篇自称："痴生者李醉茶也。"根据该篇写作年代推算，其事当在本年。

1858 年（咸丰八年　戊午）21 岁

·开始搜集故事素材。笔记稿本《獭祭癸编》有篇（无题）写道："前集记王建屏仙嘱予作传，时年方二十余，攻举子业，无暇他及，虽偶有杂记，不过数则，旋作旋弃，未尝必欲存稿，成卷帙付乎民也。"根据该篇写作年代推算，其事当始于本年。

1859 年（咸丰九年　己未）22 岁

·师从孟继坤学赋。笔记稿本《獭祭己编》之《（无题）》诗，其小序云："僦居城南距小帆先生故居甚近感而赋之"，其诗曰："请业曾频至，先生此故居。浮云过卅载，当日惜三余（予从先生学赋，曾冬夜听讲）……"根据该诗写作年代推算，其事当始于本年。

1860 年（咸丰十年　庚申）23 岁

·娶第一任妻子。《醉茶吟草》之《伤女七儿作》诗 3 首，在笔记稿本《茶余杂记（一）》中有该诗的原稿，并有小序："七儿生周岁矣，性颇灵，家严珍爱之。适予入都时，犹无恙也，归而不见，家人云已亡矣……"，根据七儿夭折"适予入都时"的记述推算，七儿生年当在前一年，可见李庆辰结婚应为再前一年，即本年。

1861 年（咸丰十一年　辛酉）24 岁

·长女出生。根据长女七儿周岁夭折的记述推算，长女七儿本年出生，为第一任妻子所生。

1862 年（同治元年　壬戌）25 岁

·开始写笔记《茶余杂记（一）》。该册笔记封面署名"筱筼"，写有"自壬戌　癸亥　甲子　乙丑　丙寅　丁卯　戊辰"7 个干支纪年，即从本年至 1868 年（同治七年，戊辰），共记载了 7 年的事情。

册内有"筱筠手稿""小云"等印蜕。

·正月旅行。笔记稿本《茶余杂记（一）》之《（无题）》篇写道："予壬戌正月十三日自津入都，十五日到都。十九日自京入省，廿二日到省……廿八自省回津。"期间创作了《谒桓侯庙》《良乡县早发》《安肃题壁》《咏花》《任丘客舍作》《过定兴经浪仙祭诗处》等诗。

·长女夭亡。长女七儿夭折，仅周岁，葬于北郊（刘园村祖茔）。

1863 年（同治二年　癸亥）26 岁

·写第一篇故事。笔记稿本《茶余杂记（一）》中有写于本年的第一篇故事，无题："癸亥岁浴佛日梦至一处，厦屋高垣……自顾身已僧矣……徘徊间则意中人携手而来，予虑其步弱，抱之行……"这篇故事也是第一篇以自己为主人公的浪漫故事。未刊用。

·次女出生。《醉茶吟草》有诗《聘女感作》，笔记稿本《醉经载记》中有该诗的原稿，从该诗写作年代推算，次女出嫁时间约在光绪五年（1879 年）其 16 岁时，即其出生于长女七儿夭折后第二年，为本年，亦为第一任妻子所生。

1864 年（同治三年　甲子）27 岁

·三女出生。笔记稿本《獭祭余编》载一副挽联和 8 首诗，悼念三女亡故。根据该诗写作年代推算，三女出生于次女出生后的第二年，即本年，亦为第一任妻子所生。

1865 年（同治四年　乙丑）28 岁——

1866 年（同治五年　丙寅）29 岁

·家生巨变，出租豪宅。《醉茶志怪》之《宅仙二则》篇写道："予故居赁住邵姓时……"《蓝衣媪》篇写道："予故居赁于夏姓"。据旧谱回忆，其父在经营盐业中，因亏空被抄家（或因败赌被追偿），家道败落，约在本年，将豪宅租赁给他人，直至卖掉。

·为谋生，入盐行为会计。笔记稿本《茶余杂记（一）》之《痴生传》篇写道:"数年苦无生理,谋食燕赵,为磋贾司会计。"但看不惯盐商丑陋的嘴脸,"……吾何必为几串钱下气于竖贾哉"!不久辞工回家。根据该篇写作年代推算,其事当发生在这两年。

· 祖产为族人侵夺,置若罔闻。笔记稿本《茶余杂记(一)》之《痴生传》篇写道:"家有祖产为族人侵夺,而生置若罔闻,不与之较。"根据该篇写作年代推算,其事当发生在这两年。

· 锱铢不较,抱饥苦吟。笔记稿本《茶余杂记(一)》之《痴生传》篇写道,其面对生活窘境,"锱铢皆不较","但抱书窗下,终日嗜苦吟","日坐草屋,抱饥常终日","家人诟谇声尝不离耳,而生笑不与之辩,甚则踞床憩眠,撼之醒则朗吟古人句,再诟者则涕泗交作矣"。根据该篇写作年代推算,其事当发生在这两年。

1867年(同治六年 丁卯)30岁

· 感慨半生贫苦。笔记稿本《茶余杂记(一)》之《感怀呈卢戎部》诗有句:"拔萃诚无术,驱愁幸有诗。生年已三十,富贵待何时。爱日心偏热,观云意若痴,徘徊对秋色,桂仰茁高枝。"该诗写作于本年。

第三节　本表（下）

1868 年（同治七年　戊辰）31 岁

·辑成《茶余杂记（一）》。至本年，辑成笔记稿本《茶余杂记（一）》，共 260 页。

·截至本年所写故事。截至本年共 7 年间，笔记稿本《茶余杂记（一）》共写有故事 13 篇，收入《醉茶志怪》4 篇（第二卷 3 篇、第三卷 1 篇），留在笔记稿本中 9 篇。

·截至本年所作诗作。截至本年共 7 年间，笔记稿本《茶余杂记（一）》共计有诗作 153 首，收入《醉茶吟草》21 首，留在笔记稿本132 首。

·和答唱酬。笔记稿本《茶余杂记（一）》所载诗作中，与之和答唱酬的诗友有：李持庵、王少莲、胡玉堂、孟继坤、卢寿彤等。

1869 年（同治八年　己巳）32 岁

·接续写笔记《茶余杂记（二）》。该册笔记封面署名"筱筠"，写有"己巳　庚午　辛未　壬申　癸酉　甲戌　乙亥　丙子　丁丑"9 个干支纪年，即从本年至光绪三年（1877 年，丁丑）止，共记载 9 年的事情。

1870 年（同治九年　庚午）33 岁

·赴京参加乡试。《醉茶志怪》之《鬼市》篇写道："庚午乡试后，与二三友人结伴同行……"笔记稿本《茶余杂记（二）》有原稿。

·记本家族人位。笔记稿本《茶余杂记（二）》中抄录《续天津县志》（本年刊行）记载之家族人位 4 条。第一条为："同知李寿祺，妻朱氏，寿祺亡，氏时年二十二，遗孤平章仅数龄，氏绝粒数日，誓不欲生，父与翁劝以抚孤，氏感而复食，守节四十余年。"李寿祺为李庆辰祖父，李平章为李庆辰父亲。

·记外祖父家人位。笔记稿本《茶余杂记（二）》中记"郭宅简历"（记录时间应与抄录本家族人位同时，即在本年），郭宅为李庆辰外祖父家，外祖父郭汝璁（字小陶），籍贯山西临汾，官至五品衔湖北襄阳府督粮通判。

1871 年（同治十年　辛未）34 岁

·关注西方新鲜事物。笔记稿本《茶余杂记（二）》中，有本年抄录的上海毛祥麟著《墨余录》（上年出版）一些内容，主要是西方的照画、油井、鱼雷、气毬、西医、听肺术等新鲜事物。

1872 年（同治十一年　壬申）35 岁

·长子出生。蒋兰畲在《醉茶吟草》之序中称，李庆辰有"喆嗣仿枚"。据旧谱回忆，其长子名学敏（字仿梅），生卒年不详。在笔记稿本《獭祭余编》之《悼亡》挽联中有句："历四五月床帏盘屈，卒赴泉台……诸子皆稚龄，谁深呵护。"即其第一任妻子去世时（1878年），已有起码两个儿子，且皆稚龄。假定其长子时龄 6 岁，则出生约在本年。

1873 年（同治十二年　癸酉）36 岁

·为杨光仪诗集赠诗。《醉茶吟草》之《题碧琅玕馆诗集》诗有句："今古千年事，包罗一卷中"，是为杨光仪诗集《碧琅玕馆诗钞》

（于次年刊行）赠诗，刻于《碧琅玕馆诗钞》卷首。笔记稿本《茶余杂记（二）》有原稿。

1874 年（同治十三年　甲戌）37 岁

·次子出生。据旧谱回忆，其有次子名学仲（字景路），生年不详，卒于 1943 年。在笔记稿本《獭祭余编》之《悼亡》挽联中有句："历四五月床帏盘屈，卒赴泉台……诸子皆稚龄，谁深呵护。"即其第一任妻子去世时，已有起码二个儿子，且皆稚龄。假定其次子时龄 4 岁，则出生约在本年。

1875 年（光绪元年　乙亥）38 岁

·《醉茶志怪》初成编。笔记稿本《茶余杂记（二）》之《自嘲》诗有句："奇闻命笔辄成编"。根据该诗写作年代推算，此事当在本年。

·起草《醉茶志怪》之自序。笔记稿本《茶余杂记（二）》有段文字："某才惭浅薄，时复迍邅"，"奈终年抑郁，忧愁实多，借中书君为扫愁帚，故随时随地，所见所闻，辄载于编"，其与《醉茶志怪》刊本的自序极其相似，应是自序最初的草稿。根据该篇写作年代推算，此事当在本年。

1876 年（光绪二年　丙子）39 岁

·赞清官善政。《醉茶吟草》之《恭颂丁乐山观察善政拟乐府体六首以志去思》诗 6 首，颂天津河间兵备道丁寿昌在天津任职期间（同治九年至光绪元年）严河防、济水溺、安流亡、整军旅、兴水利、阐贞烈的善政。

1877 年（光绪三年　丁丑）40 岁

·决意告别科考。笔记稿本《茶余杂记（二）》之《闱中题壁》诗有句："驰逐轮号二十春，棘闱甘苦已尝频。谅难柳绿黏衣袖，莫再槐黄走陌尘。此后绝为门外汉，那堪常作个中人。桂林收拾吴仙斧，沽水清涟理钓纶"，决意告别科考。根据该诗写作年代推算，此事当在本年。

• 辑成《茶余杂记（二）》。至本年，辑成笔记稿本《茶余杂记（二）》，共 187 页。

• 截至本年所写故事。截至本年（9 年间），《茶余杂记（二）》共写有故事 123 篇，收入《醉茶志怪》117 篇（第一卷 9 篇、第二卷 104 篇、第三卷 3 篇、第四卷 1 篇），留在笔记稿本中 6 篇。

• 截至本年所作诗作。截至本年（9 年间），《茶余杂记（二）》共写有诗歌 74 首，收入《醉茶吟草》25 首，留在笔记稿本 49 首。

• 和答唱酬。笔记稿本《茶余杂记（二）》所载诗作中，与之和答唱酬的诗友有：赵印昌、王竹生、廉俊卿、王雪卿、金达澜、李伯良、于光衰等。

1878 年（光绪四年　戊寅）41 岁

• 接续写笔记《醉经载记》。该册笔记第二封面题《茶余杂志》，并写"戊寅　己卯　庚辰　辛巳　壬午　癸未"6 个干支纪年，即从本年至 1883 年（光绪九年，癸未）止，共记载了 6 年的事情。其题记曰："此予戊寅至癸未所记也，共三册，今删繁就简订为一编。题曰《醉经载记》，并非禀经酌雅，考核精深也。诗云：'小阁书声醉六经'，醉经二字颇雅，且经之数为六，予六载笔记，隐寓其意云。"册内有"筱筠""李庆辰印""书生饶舌""志不可满""太瘦生""书生习气未能无""诗痴砚癖""余亦能高咏""莫忘作哥人姓李""壮气起胸中""指挥如意""杜癖""将诗莫浪传"等印蜕。

• 病疫几危。笔记稿本《醉经载记》载："戊寅，春间病疫几危。既起，则残春已过，暑雨经旬。才觉秋凉，又逢冬令。光阴虚掷，抑郁无聊，卒赋七言以寄慨。"

• 第一任妻子去世。《獭祭余编》之《悼亡》挽联有句："积十八年家计艰难，事遵妇道……历四五月床帏盘屈，卒赴泉台……"说明二人共同生活 18 年，按其结婚日期推算，第一任妻子于本年去世。

1879 年（光绪五年　己卯）42 岁

· 次女出嫁。《醉茶吟草》之《聘女感作》诗有句："送汝登舆去，无端涕泗沱。非关儿女泣，争奈别离多。"按次女生年推算，次女于本年出嫁，时龄 16 岁。

1880 年（光绪六年　庚辰）43 岁

· 嗜医案例。笔记稿本《醉经载记》之《医谈》篇写道："庚辰夏，予幼侄年七岁，忽患搐□所谓惊风也……"几个大夫医治无效，李庆辰辨证施治，起死回生。根据该篇写作年代推算，此事当在本年。

1881 年（光绪七年　辛巳）44 岁

· 开始课徒生涯。按其抄录学海堂考核题目起始年代推断，其当私塾先生、开始课徒生涯当在本年。起初设馆于城东赵家，《醉茶志怪》之《青灵子》篇写道："予昔馆于邑城东赵家……"笔记稿本《獭祭壬编》有原稿。

· 开始抄录学海堂考核题目。笔记稿本《醉经载记》中，本年第一次出现抄录学海堂考核题目，本年抄录了 3 期。

1882 年（光绪八年　壬午）45 岁

· 记梦。笔记稿本《醉经载记》载："壬午九月二十九日，梦读于阿璞诗集"，记住一联，拟寻诗集验证之。

· 作学海堂考课诗题。《醉茶吟草》之《新农镇观获稻歌》《拟苏东坡石鼓歌》《海光寺观德国大钟歌》诗，笔记稿本《醉经载记》中有原稿，诗题分别来自于学海堂本年八月初八日师课、十月初八日官课、十一月初九日师课之考核题目。

· 继续抄录学海堂考核题目。本年，在笔记稿本《醉经载记》中抄录学海堂考核题目共 9 期。

1883 年（光绪九年　癸未）46 岁

·诗作结集名为《醉茶诗草》。杨光仪诗集《碧琅玕馆诗续钞》刊行于光绪九年（1883 年），中有《题李筱筠茂才醉茶诗草》诗，王培新诗集《蓄墨复斋诗钞》刊行于光绪二十二年（1896 年），中有《答谢津门李筱筠庆辰见赐题辞二首》诗，其中有句"佳什香薰是醉茶"，后面注"君稿名醉茶诗草"，可见，至迟于本年，李庆辰诗作即已结集，名为《醉茶诗草》，并一直使用到其去世。

·辑成《醉经载记》。至本年，辑成笔记稿本《醉经载记》，共178 页。

·继续抄录学海堂考核题目。本年，在笔记稿本《醉经载记》中抄录学海堂考核题目 2 期。

·截至本年所写故事。截至本年（6 年间），《醉经载记》共写有故事 93 篇，收入《醉茶志怪》69 篇（第二卷 69 篇），留在笔记稿本中 24 篇。

·截至本年所作诗作。截至本年（6 年间），《醉经载记》共写有诗歌 56 首，收入《醉茶吟草》10 首，留在笔记稿本 46 首。

·和答唱酬。笔记稿本《醉经载记》所载诗作中，与之和答唱酬的诗友有孟继埙、王凤洲等。

·四弟亡故。笔记稿本《醉经载记》之《哭四弟》诗有句："与我遭多难，终朝懊恼城。累深方到死""久叹无兄弟，何堪望友生，一棺殊草草，为汝下佳城"。其四弟当卒于光绪四年至光绪九年（1878－1883 年），具体年份待考。

1884 年（光绪十年　甲申）47 岁

·接续写笔记《獭祭甲编》。本年，写笔记稿本《獭祭甲编》，其题记云："尽意经营，待九转丹成，故羡君得意；精心雕镂，看几条红勒，殊令我灰心。"

·继续抄录学海堂考核题目。笔记稿本《獭祭甲编》中抄录学海堂本年考核题目 10 期。

·本年所作诗作。本年，笔记稿本《獭祭甲编》共写有诗歌 47 首，全部留在笔记稿本中。

·作学海堂考课诗题。《醉茶吟草》之《路水新开直河棹歌七绝》《拟老杜诸将诗》，在笔记稿本《獭祭甲编》中有原稿，诗题分别来自于学海堂本年三月二十五日师课、闰五月初四日师课的考课题目。《路水新开直河棹歌七绝》11 首，记述和描绘了光绪八年（1882 年），伏秋大汛，北运河苏庄至姚辛庄段被洪水冲开一条新河道，光绪九年（1883 年）李鸿章饬制新式铁口刮泥大板，在两岸拖拉，使航运通畅之事。

·辑成《獭祭甲编》。本年，辑成笔记稿本《獭祭甲编》，共 212 页。

·三女儿出嫁。笔记稿本《獭祭余编》有诗和挽联怀念去世的三女儿，并称其"粗糠相安二十年"，按其出生年计算，其当在本年出嫁。

1885 年（光绪十一年　乙酉）48 岁

·接续写笔记《獭祭乙编》。本年，写笔记稿本《獭祭乙编》。

·继续抄录学海堂考核题目。在笔记稿本《獭祭乙编》中抄录学海堂本年考核题目 6 期。

·作学海堂考课诗题。《醉茶吟草》之《津沽秋兴七律四首》诗，在笔记稿本《獭祭乙编》中有原稿。诗题来自于学海堂本年九月十二日师课的考核题目。

笔记稿本《獭祭乙编》之（潞河棹歌七绝）《又十首随》《又十首》诗共 20 首，记述北运河"新开直河"之事。诗题来自于学海堂本年四月初四日督宪课考核题目。

·批评科考。笔记稿本《獭祭乙编》之《题徐星伯太守唐登科记考》诗有句："策帖阅英雄，苦未工，鬓已皤。"

·本年所写故事。本年，笔记稿本《獭祭乙编》共写有故事 2篇，收入《醉茶志怪》2 篇（第二卷 2 篇）。

·本年所作诗作。本年，笔记稿本《獭祭乙编》共写有诗歌 27首，收入《醉茶吟草》1 首，留在笔记稿本 26 首。

·辑成《獭祭乙编》。本年，辑成笔记稿本《獭祭乙编》，共99 页。

·赁居城南。《醉茶志怪》之《树怪》篇写道："乙酉夏，移居城南第。"笔记稿本《獭祭丙编》有原稿，前有小序曰："赁居城南屋，庭有枯树，或以为钱神所凭依，众颇祈祷之。乙酉除夕，邻家童子见有老叟坐树颠，诗以志之。"

1886 年（光绪十二年　丙戌）49 岁

·接续写笔记《獭祭丙编》。该册题记曰："丙戌岁设帐河东杨氏，渐有著作钞录亦集一编，以雪泥鸿爪之迹，惟是无多佳况，得饱览纪文达集与船山诗草，殆快事也。"

·设帐于河东杨氏。笔记稿本《獭祭丙编》题记曰："丙戌岁设帐河东杨氏。"

·准备重拾志怪旧稿。笔记稿本《獭祭丙编》有诗稿："检点旧书重志怪，纱帷深夜对灯幽"，署名"筠作"。表示准备重拾旧稿，刊行《醉茶志怪》。

·读红楼梦笔记。笔记稿本《獭祭丙编》之《读红楼梦偶志》篇，列举《红楼梦》漏笔之处。

·保存学生试卷。笔记稿本《獭祭丙编》中夹有二页纸，题《五世矣》，署名"李宗师科试天津县学四名　孟毓淇"，为保存的学生试卷（抄本或草稿）。

· 继续抄录学海堂考核题目。笔记稿本《獭祭丙编》中抄录本年学海堂考核题目 10 期。

· 作学海堂考课诗题。《醉茶吟草》之《角飞城怀古》《萧后梳妆楼怀古》诗，笔记稿本《獭祭丙编》有原稿。诗题来自于学海堂本年四月二十八日、七月十三日师课考核题目。

· 本年所写故事。本年，笔记稿本《獭祭丙编》共写有故事 1 篇，收入《醉茶志怪》1 篇（第四卷 1 篇）。

· 本年所作诗作。本年，笔记稿本《獭祭丙编》共写有诗歌 42 首，收入《醉茶吟草》4 首，留在笔记稿本 38 首。

· 辑成《獭祭丙编》。本年辑成笔记稿本《獭祭丙编》，共 210 页。

1887 年（光绪十三年　丁亥）50 岁

· 接续写笔记《獭祭丁编》。该册题记曰："丁亥设帐于东关外魏氏，公余之暇亦颇涉猎，岁终积此一编。明年遂东西分手，嗟乎！萍踪无定，草□仍留，忽忽年华，光阴虚度，鸿泥印雪，人鬓堆霜，真堪一叹耳。"

· 设帐东关外魏氏。笔记稿本《獭祭丁编》题记曰："丁亥设帐于东关外魏氏。"

· 凄凉过年。《醉茶吟草》之《丁亥除夕走笔》诗描述了凄凉过年的情形："爆竹声连户，家家岁又除。畏寒眠独早，因病礼多疏。壶剩经年酒，厨留几日蔬。冷庐酬应少，烧烛自观书。"笔记稿本《獭祭丁编》有原稿。

· 读红楼梦笔记。笔记稿本《獭祭丁编》之《痴人说梦》《评梦呓语》篇，分析《红楼梦》人物的年龄。

· 继续抄录学海堂考核题目。在笔记稿本《獭祭丁编》中抄录本年学海堂考核题目 8 期。

· 本年所写故事。本年，笔记稿本《獭祭丁编》共写有故事 1 篇，收入《醉茶志怪》1 篇（第二卷 1 篇）。

· 本年所作诗作。本年，笔记稿本《獭祭丁编》共写有诗歌 8 首，收入《醉茶吟草》2 首，留在笔记稿本 6 首。

· 辑成《獭祭丁编》。辑成笔记稿本《獭祭丁编》，共 181 页。

1888 年（光绪十四年　戊子）51 岁

· 接续写笔记《獭祭戊编》。本年，接续写笔记稿本《獭祭戊编》。

· 重修家谱。笔记稿本《獭祭戊编》之《家谱序》篇写道："我家之谱向无序，其所谓序者，即始祖学道公之墓志也……予课徒之暇，或冬日灯下，或雨后窗前，手披目览，久而成帙"，修成谱牒。

· 继续抄录学海堂考核题目。笔记稿本《獭祭戊编》中抄录本年学海堂考核题目 10 期。

· 本年所写故事。本年，笔记稿本《獭祭戊编》共写有故事 9 篇，收入《醉茶志怪》5 篇（第四卷 5 篇），留在笔记稿本中 4 篇。

· 本年所作诗作。本年，笔记稿本《獭祭戊编》共写有诗歌 4 首，收入《醉茶吟草》1 首，留在笔记稿本 3 首。

· 辑成《獭祭戊编》。本年，辑成笔记稿本《獭祭戊编》，共 141 页。

· 辑成《醉茶志典》。本年，辑成笔记稿本《醉茶志典》（起始年待考），共 171 页。

1889 年（光绪十五年　己丑）52 岁

· 接续写笔记《獭祭己编》。本年，接续写笔记稿本《獭祭己编》。

· 再次筹备刊行《醉茶志怪》，请孟继坤作序。《醉茶吟草》之

《赠别小帆先生因以乞序》诗有句："陋编曾志怪"，"乞序冠其巅"。笔记稿本《獭祭己编》有原稿，前有小序："……感赋此奉寄，因乞其序。"笔记稿本《獭祭己编》写于本年，表明再次筹备刊行《醉茶志怪》。

• 继续抄录学海堂考核题目。笔记稿本《獭祭己编》中抄录本年学海堂考核题目 11 期。

• 作学海堂考课诗题。《醉茶吟草》之《拟唐人五律八首》诗，《獭祭己编》有原稿，诗题来自于学海堂本年三月二十日督宪课考核题目。

• 本年所写故事。本年，笔记稿本《獭祭己编》共写有故事 26 篇，收入《醉茶志怪》20 篇（第四卷 20 篇），留在笔记稿本中 6 篇。

• 本年所作诗作。本年，笔记稿本《獭祭己编》共写有诗歌 35 首，收入《醉茶吟草》15 首，留在笔记稿本 20 首。

• 和答唱酬。笔记稿本《獭祭己编》所载诗作中，与之和答唱酬的诗友有梅宝璐、史梦兰等。

• 辑成《獭祭己编》。本年，辑成笔记稿本《獭祭己编》，共 149 页。

1890 年（光绪十六年　庚寅）53 岁

• 接续写笔记《獭祭庚编》。本年接续写笔记稿本《獭祭庚编》。

• 开列《醉茶志怪》目录。在笔记稿本《獭祭庚编》册首，列出《醉茶志怪》目录 15 篇。

• 确定"醉茶子曰"用法。《醉茶吟草》之《剃发匠》篇（笔记稿本《獭祭庚编》有原稿）中，首次将"醉茶子曰"与《醉茶志怪》故事直接连在一起。

• 向梅、孟讲述写作《醉茶志怪》的情况。《醉茶吟草》之《咏怀用前韵柬梅孟两先生》诗有句："烂羊漫说功名易，老骥偏增岁月长。逢友殷勤搜异事，诸君络绎赠佳章"。笔记稿本《獭祭庚编》有原稿。

·报纸摘抄。在笔记稿本《獭祭庚编》中，抄录，本年"贵阳，青溪，三月三十日午刻天雨粟，绅民由县报上宪，呈米粒一包，禀中丞，或见之其状如砂，未知何祥，见四月《申报》。本年六月二日《申报》载之《飞龙岛记》，"飞龙岛者，上海新创之公司……"（类似现代的游乐场），后记写道："右录本年六月二日《申报》，其事奇而谲，其文曲而达，因为删简存其略。"

·读书笔记。笔记稿本《獭祭庚编》之《开卷有益》篇写道："醉茶子曰，向学海堂以少康优于高祖命题，未知其由也，昨读三国志得之矣……"，结论为"开卷有益"。

·有重返考场的意思表示。笔记稿本《獭祭庚编》之《寄孟治翁》诗有句，"卅载槐黄踏路尘"，说明自光绪三年（1877 年）作《闱中题壁》后，又参加了 10 年的科考，始终未中。明年还想再参加科考，"明年我欲为冯妇，不为名场为忆君"。

·高荫章为李庆辰画像。笔记稿本《獭祭庚编》夹有高荫章（桐轩）为李庆辰画像。题词："题醉茶叟像""脱有形似，独得其神。怡怡和悦，蔼然可亲"。李庆辰作诗志之："生平遇友多奇缘，笔墨交情尤缠绵。桐轩先生写生笔，大名早已闻幽燕。与君畅谈辄相契，为我写照晴窗前……"

·为广西诗人倪鸿题画。《醉茶吟草》之《为桂林倪耘劬司马题瀛台观海图》诗，记述与倪鸿第一次会面时题"瀛台观海图"事。笔记稿本《獭祭庚编》有原稿。

·居所还在迁徙。笔记稿本《獭祭庚编》之《春日述怀柬梅孟两先生》诗有句，"赁庑迁移似泛舟，比邻人杂五方稠"。

·继续抄录学海堂考核题目。笔记稿本《獭祭庚编》中抄录学海堂本年考核题目 20 期。

· 作学海堂考课诗题。《醉茶吟草》之《拟唐人塞下曲四首》《大水叹》《邺台怀古》《拟唐刘廷琦奉和圣制瑞雪篇》诗，在笔记稿本《獭祭庚编》有原稿，诗题来自于学海堂本年六月二十六日经古课、七月初四日督宪经古课、九月初三日师课、十一月初一日稽古府课的考核题目。

· 本年所写故事。本年，笔记稿本《獭祭庚编》共写有故事 16 篇，收入《醉茶志怪》13 篇（第一卷 1 篇、第四卷 12 篇），留在笔记稿本中 3 篇。

· 本年所作诗作。本年，笔记稿本《獭祭庚编》共写有诗歌 74 首，收入《醉茶吟草》22 首，留在笔记稿本 52 首。

· 和答唱酬。笔记稿本《獭祭庚编》所载诗作中，与之和答唱酬的诗友有孟继坤、孟继埙、梅宝璐、史梦兰、孟桂岩、王培新、倪鸿等。

· 辑成《獭祭庚编》。本年，辑成笔记稿本《獭祭庚编》，共 235 页。

1891 年（光绪十七年　辛卯）54 岁

· 接续写笔记《獭祭辛编》。该册笔记题记曰："此编分三集，著作记载为上集，考核抄录为中集，抄写医书为下集。渺渺驹阴，离离鸿雪，真转瞬一年。"

· 开列《醉茶志怪》目录。在该册首列出《醉茶志怪》篇目 11 篇（多收入第四卷）。

· 读书笔记。笔记稿本《獭祭辛编》有读书笔记曰："新正无事，读贰臣传，不禁慨然，爰笔以志之……"

· 与倪鸿唱和。笔记稿本《獭祭辛编》有篇写道："正月十七日，倪云劬约聚于天聚园早酌。"倪鸿在《退遂斋诗续集》第三卷中有详细记载："正月十七日，招同杨香吟学博，徐苑卿（士銮）、吴南皋两观察，王云清、王仁安两孝廉（守恂），李筱筠茂才（庆辰），邓毅亭司马（廷昭）集三醉园，祝家云林高士生日同赋"。李庆辰在宴会上赋诗《正月十七与倪云劬祝云林生日》2首，后以《和倪耘劬原韵》《再叠前韵》又作了2首。

· 作诗针砭时弊。《醉茶吟草》之《夏日杂感七首录四》诗4首，在笔记稿本《獭祭辛编》中有原稿13首，批评科举制度、针砭教育体制等。

· 关注格致学。笔记稿本《獭祭辛编》中抄录《时报》刊登之《论中国宜求格致之学》和署名"金竺山农"（英国传教士、天津《时报》中文版主笔李提摩太的笔名）的《再论格致》两文。在该册中还抄录了《泰西水法》明西洋熊三拔撰、《乾坤体义》明西洋利玛窦撰、《天问略》明西洋阳玛诺撰、《数学九章》宋秦九韶撰、《测圆海镜》元李冶著等大量科技书籍名。

· 报纸摘抄。在笔记稿本《獭祭辛编》中抄录，"近阅六月十七日《申报》云，乐清县疯狗甚多，西乡旬日间被伤者数十人，或腹中犬吠声，或牙龈溃烂，或毒气攻心，或腹痛难堪，投水而死，真奇变也"。

· 继续抄录学海堂考核题目。在笔记稿本《獭祭辛编》中抄录学海堂本年考核题目16期。

· 记载学生的考试成绩。笔记稿本《獭祭辛编》抄录了二月十一日"院试"考题，并记载有11名天津籍童生取得生员资格的结果："二月十一日入场，十二日出榜，取十名：周常炳、华学涑、孟广慧、陈恩荣、陈寿钧、陈春泗、李秉允（元?）、赵以敬、樊荫慈、李鹤鸣。又算学一名华世彤，以上皆天津人。"

· 《时报》刊载其稿。笔记稿本《獭祭辛编》有篇故事，讲述了南门内一位烈女殉夫的事。后有篇与之相同的故事，题目为《时报登记》，为《时报》刊登之抄录。

• 时居城南南门内。笔记稿本《獭祭壬编》之《醉茶子曰》篇记述了一夕二更天，恍见邻家陈氏烈女感谢为她作诗褒扬之事。在笔记稿本《獭祭辛编》中有故事称陈氏烈女住在城南南门内，故推断其亦住在城南南门内。

• 被尊为"醉茶老人"。笔记稿本《獭祭辛编》中抄有《时报载太憨生寄沽上醉茶老人秋怀诗》4 首，作者（太憨生）称李庆辰为"醉茶老人"。

• 本年所写故事。本年，笔记稿本《獭祭辛编》共写有故事 20篇，收入《醉茶志怪》11 篇（第三卷 1 篇、第四卷 10 篇），留在笔记稿本中 9 篇。

• 本年所作诗作。本年，笔记稿本《獭祭辛编》共写有诗歌 21首，收入《醉茶吟草》4 首，留在笔记稿本 17 首。

• 辑成《獭祭辛编》。本年，辑成笔记稿本《獭祭辛编》，共154 页。

1892 年（光绪十八年　壬辰）55 岁

• 接续写笔记《獭祭壬编》。本年继续写笔记稿本《獭祭壬编》。

• 开列《醉茶志怪》目录。笔记稿本《獭祭壬编》册首开列《醉茶志怪》篇目 12 篇（多收入第一卷）。

• 《醉茶志怪》之《自序》定稿。笔记稿本《獭祭壬编》之《醉茶自序》篇，与刊本自序无异，为自序定稿。

• 《醉茶志怪》刊行。《醉茶志怪》于本年十一月刊行，4 卷，346 篇，杨光仪作序。截至本年，笔记稿本中有故事原稿 327 篇，其中的 259 篇收入《醉茶志怪》，有 68 篇留在笔记稿本中。另外，《醉茶志怪》有 87 篇故事，在笔记稿本中未见原稿，故《醉茶志怪》刊行时，实创作故事 414 篇。

·仿作贾宝玉吊林黛玉之祭文。《醉茶志怪》之《说梦》篇写道，本年春，梦至一处，恍如大观园；见一人，恍如贾宝玉抑或曹雪芹；受邀写祭文，恍如贾宝玉吊林黛玉之祭文。故事中有此文。

·评论纪昀与蒲松龄际遇之不同。《獭祭壬编》有篇写道："天下事物，平则不鸣。古人云，悲愤著书，良有以也。近代说部以聊斋、阅微为最，然二先生之境遇不同，阅历各异，故互有短长……"

·继续抄录学海堂考核题目。在笔记稿本《獭祭壬编》中抄录学海堂本年考核题目 2 期。

·本年所写故事。本年，笔记稿本《獭祭壬编》共写有故事 23 篇，收入《醉茶志怪》16 篇（第一卷 16 篇），留在笔记稿本中 7 篇。

·本年所作诗作。本年，笔记稿本《獭祭壬编》共写有诗歌 13 首，收入《醉茶吟草》4 首，留在笔记稿本 9 首。

·和答唱酬。笔记稿本《獭祭壬编》所载诗作中，与之和答唱酬的诗友有史梦兰、孟传卿、孟继坤、孟继埙等。

·辑成《獭祭壬编》。本年，辑成笔记稿本《獭祭壬编》，共 104 页。

·娶第二任妻子。笔记稿本《獭祭壬编》记，本年十月，"是夜入青庐，与新妇并未通言，甫就枕，梦一髯丈夫领女"。

·记着装。笔记稿本《獭祭壬编》记："壬辰十月十四日着裘，是月十八日大雪节，天气颇寒，有闰月故也……今岁冷之早也，志之以验明岁何如。"

1893 年（光绪十九年　癸巳）56 岁

·接续写笔记《獭祭癸编》。本年，继续写笔记稿本《獭祭癸编》。其记载内容延至 1894 年上半年（光绪二十年上半年）。

·继续抄录学海堂考核题目。在笔记稿本《獭祭癸编》中抄录本年学海堂考核题目1期。

　　·赴消寒诗社第4次聚会。《醉茶吟草》之《题彭刚直公墨梅》诗，笔记稿本《獭祭癸编》有原稿，原题为《第四集题彭刚直公墨梅图四绝》。诗作所说"第四集"系杨光仪主持的消寒诗社在本年的第4次集会。笔记稿本《獭祭癸编》载，杨光仪即席赋诗（《杨香翁即席赠作第四集消寒会》），称赞《醉茶志怪》"主人有癖醉于茶……杂记刊成笔有花"。李庆辰即席作《赠杨香翁即席答》，与之唱和。

　　·赴消寒诗社第5次聚会。笔记稿本《獭祭癸编》载诗《消寒五集遇雪是日腊八大雪》。为李庆辰参加消寒诗社本年第5次集会所作。该册中还有诗《结缘豆歌》，以为备用。

　　·回答高贤责。笔记稿本《獭祭癸编》之《将寄王造周志怪以此赠之》诗有句："不免高贤责，挥毫自率真……褒讥休细索，予本九流人。"

　　·《醉茶志怪》刊行感言。笔记稿本《獭祭癸编》载文："前集记王建屏仙嘱予作传，时年方二十余，攻举子业，无暇他及，虽偶有杂记，不过数则，旋作旋弃，未尝必欲存稿，成卷帙付乎民也。数年来愈集愈多，至壬辰为坊间所刻。回忆当时，并未作此想，而终能实诸梨枣，是我所不自知者，仙先我而知也，噫，可畏也夫，天下事多半数定。予以年半百，功名富贵，后传何告，眼昏齿落，不复如昔。今虽稍得安闲，而又无精力，昔有精力，而运际多艰，天命如何可以卜矣。抱琴书以终老，对花柳而无情，亦惟于风清几净时，作无稽之语而已，顾沉语隐词，未敢拦入，虽云志怪，稍寓劝惩，识者其体余此心哉。"

　　·读水浒传笔记。笔记稿本《獭祭癸编》载文："小说非尽鏊空，如水浒传，施耐庵所著三十六人姓名见于龚圣予赞……"，论述小说人物的真实性。

·金石考。笔记稿本《獭祭癸编》载，本年立章《金石考》，准备收集记录全国的碑碣，本册只记录了陕西、北直（今河北省）、南直（今江苏省）三地的情况。

·记着装。笔记稿本《獭祭癸编》记载："十一月初六日翁林溪生日，是日着大毛袍……"

·赞清官善政。笔记稿本《獭祭癸编》有篇故事《卢龙甲》，讲述天津知府石赞清在任卢龙县知县时浩然正气，勇斗鬼邪的故事。

·本年所写故事。本年，笔记稿本《獭祭癸编》共写有故事 59 篇，因《醉茶志怪》已刊行，全部留在笔记稿本中。

·本年所作诗作。本年，笔记稿本《獭祭癸编》共写有诗歌 38 首，收入《醉茶吟草》6 首，留在笔记稿本 32 首。

·和答唱酬。笔记稿本《獭祭癸编》所载诗作中，与之和答唱酬的诗友有胡玉堂、杨光仪、华承彦、陈垲、徐士銮、张体信、王雪卿、王少莲、王守恂、王培新、倪鸿等。

·辑成《獭祭癸编》。本年，辑成笔记稿本《獭祭癸编》，共 144 页。

1894 年（光绪二十年　甲午）57 岁

·本年未单独辑成笔记稿本。笔记稿本《探囊易取》题记写道："甲午年就馆王氏，患病，及秋始至馆，所有笔记寥寥数则……"但笔记稿本《獭祭癸编》记有"甲午"年上半年的情况，《獭祭余编》记有"甲午"年下半年的情况，记载内容并未断档。

·赴消寒诗社第 8 次集会。笔记稿本《獭祭癸编》载诗《第八集题唐花》。鉴于第 5 次集会已到癸巳年腊月初八，故第 8 次集会应在本年正月至三月间。

·《点石斋画报》刊登《醉茶志怪》故事的图画。可确认源于《醉茶志怪》故事《疟童》和《海慧寺》的《疟鬼畏刀》和《大守宫》

2 幅画，于光绪二十年十二月中旬至二十一年十二月上旬刊登在上海《申报》附办的《点石斋画报》上。

·上海书局出版石印本。据河北人民出版社再版《醉茶志怪》之《点校说明》，本年，上海书局以《奇奇怪怪》为名，出版了《醉茶志怪》石印本。

·五弟殉国。《醉茶吟草》之《哭五弟　甲午从征日本战殁九连城虎耳山》诗 4 首。中日甲午战争之九连城虎耳山战役发生在本年九月二十七日（公历 10 月 25 日），其五弟殉国于此役。

·三女儿亡故。笔记稿本《獭祭余编》载 1 副挽联和 8 首诗，第一首曰："无端二竖竟为灾，祸水缠绵即祸胎。试到奇方终莫救，独怜含泪赴泉台"，悲痛三女儿亡故。按照三女儿生年、出嫁的时间推算，其婚后仅 10 年即去世，享年 30 岁。

·记着装。笔记稿本《獭祭癸编》记载："……二十年二月初三日，脱大毛袍，换小半袍。二月二十三日小毛袍。"《獭祭余编》还记载："甲午十月初二着棉裤，时棉大袄。十二着棉袍，前日立冬。十一月初五着裘。"

1895 年（光绪二十一年　乙未）58 岁

·接续写笔记《獭祭余编》。本年，继续写笔记稿本《獭祭余编》。该册封面写有"乙未""丙申"2 个干支纪年，但其记载的内容跨 4 个年度，即甲午年下半年、乙未年、丙申年和丁酉年初。该册记载内容与《獭祭癸编》衔接。

·为五弟募捐。《奇文欣赏》有一篇文字，以五弟的口吻，为五弟募捐："启者，五品蓝翎升用官备武毅前营后哨之间，李某，隶籍津沽……去秋虎耳交绥，遽罹惨祸……但其素无恒产，剩有遗孥，老母残年最怜，少子孀妻在室，惟仰望其英魂……用是布告仁人，乞恩君子，务望其施子惠，各笃□情，悯此鸿嗷，倡捐鹤俸……"

·悼念倪鸿。笔记稿本《獭祭余编》之《倪司马云衢》诗写道："……无端鸟鸣哀，泣然声泪俱。空留诗一卷，青气归大虚"，悼念于光绪十八年（1892年）底去世的好友倪鸿。

·就馆于乡县街吕氏。笔记稿本《獭祭余编》之《今岁就馆吕氏居乡县街日闻刑比声感赋》诗题写明，本年就馆居乡县街吕氏。

·诵经祈福。笔记稿本《獭祭余编》记载，本年"自二月十三日"至"八月二十四日"敬诵金刚经一万遍，"敬求身体康健、钱财充裕"。

·记着装。笔记稿本《獭祭余编》记载："乙未三月初五脱大毛。二月间其冷非常，初九脱小毛，天忽热。五月初三日凉，尚着薄棉裤，是日稍暖。九月着棉裤。十月二十六日着大毛袍　是日大雪后五日也，大风甚冷。"

·4个年度所写故事。笔记稿本《獭祭余编》（甲午年下半年至丁酉年初）共写有故事38篇，因《醉茶志怪》已刊行，全部留在笔记稿本中。

·4个年度所作诗作。笔记稿本《獭祭余编》（甲午年下半年至丁酉年初）共写有诗歌40首，收入《醉茶吟草》7首，留在笔记稿本33首。

·和答唱酬。笔记稿本《獭祭余编》所载诗作中，与之和答唱酬的诗友有倪鸿、杨光仪、金达澜、高凌霄、王雪卿、王培新等。

·辑成《獭祭余编》。本年，辑成笔记稿本《獭祭余编》，共124页。

·辑成《奇文欣赏》。本年，辑成笔记稿本《奇文欣赏》，共139页。该册写有李庆辰为五弟募捐的告白，由此推断，该册辑成于本年前后（起始年待考），其写作年代与笔记稿本《獭祭余编》接续或有交叉。

·辑成《探囊易取》。本年，辑成笔记稿本《探囊易取》，共86页。第1页的题记写道："……乙未夏因将探囊集并订一卷，以资记载云尔。"（起始年待考）

·上海锦章图书局出版石印绘图本。据《晚清民国志怪传奇小说集研究》，本年，上海锦章图书局以《绘图稀奇古怪》为名出版了《醉茶志怪》石印本。

·诗集载入《重修天津府志》。《重修天津府志》于本年截稿开修（光绪二十五年秋印毕刊行），卷三十七·著述载，"醉茶轩诗集，李庆辰撰，采访庆辰天津人廪贡生"。

1896年（光绪二十二年　丙申）59岁

·怀念故友。《醉茶吟草》之《昔日诗友皆归道山感赋五言数章》，怀念卢寿彤、赵印崑、孟继坤、梅宝璐、于光衰等已故诗友。

·梦见老师。笔记稿本《獭祭余编》之《记梦》篇写道："丙申九月午夜梦中得一联，时仿佛先师孟旸竹先生在座……"，亟就教之。

·为王培新诗集《蓄墨复斋诗稿》赠诗。《醉茶吟草》之《题王造周培新蓄墨复斋诗稿》诗，笔记稿本《獭祭庚编》有原稿。该诗刊于本年开雕的《蓄墨复斋诗稿》卷首。

·被尊为"诗翁"。笔记稿本《醉经载记》中夹有一篇诗稿，题为"丙申花甲用碧琅玕馆六十初度韵十首　呈筱云大兄大人诗翁指谬"。

·诵经祈福。笔记稿本《獭祭余编》记载："自丙申九月初一日至十五日贰千遍""自九月十六至二十四日叁千遍""自九月廿五日至丁酉正月初四日一万遍诵完"。

·记着装。笔记稿本《獭祭余编》记载："丙申二月十九日脱大毛，廿四脱小毛着棉袍，热甚。九月廿九着大棉袍，棉裤初旬已着。十月三十日着皮袍，是日寒冷。十一月二日大雪。"

·评论时事。笔记稿本《獭祭余编》有文，"丙申岁，邑官绅捐资立义阡于海河东岸……城内西南隅乱塚丛杂，其中多有苇葬者，遣役夫掘土捻骨，盛以小棺而瘗于义阡……鬼，归也。俗云以入土为安，指骸暴露埋之可也。若已埋者，何必复掘出而更瘗之，颠倒而更迁瘗之哉。世云之鬼，不必枯骨之于□，向使□者不安于夜台，亦殊非善举也"。

·上海理文轩书庄（局）出版铅印本。据《晚清民国志怪传奇小说集研究》，本年，上海理文轩书庄（局）以《绘图稀奇古怪》为名，出版了《醉茶志怪》铅印本。

1897 年（光绪二十三年　丁酉）60 岁

·感叹岁月。笔记稿本《獭祭余编》之《长怀》诗有句，"如醉如痴六十春"。

·记着装。笔记稿本《獭祭余编》记载："丁酉三月初一日脱大毛着小毛。"

·三月以后去世。诗友王樾在诗集《双清书屋吟草》之《接来信闻李筱筠同年已故追悼》诗有句，"远道经年噩耗闻"，后注："戊戌春闻信自上年已归道山。"查"戊戌"为光绪二十四年（1898 年），王樾在这年春闻信，得知李庆辰于上年去世，即是说李庆辰在光绪二十三年（1897 年）去世了。

一生共创作 511 篇故事，822 首诗歌。

第四节 后表

1899 年（光绪二十五年　己亥）

·部分诗作辑入《津门诗续钞稿》。《天津县新志》在"醉茶吟草四卷抄本李庆辰撰"条目中载，"杨光仪辑津门诗续钞，存其诗一百四十六首……"高凌雯作《醉茶吟草》之《跋》载，"余志艺文，征筱筠诗集不得，乃即津门诗续钞所录为之说，以著于篇……""以津门诗续钞所录为一卷……"（但《醉茶吟草》第一卷实收入诗 143 首）《天津县新志》载，《津门诗续钞稿》"为杨光仪晚年未卒业之书"，杨光仪于光绪二十六年（1900 年）去世，由此推断，收入李庆辰诗作当在此前，即本年。

1901 年（光绪二十七年　辛丑）

·喆嗣门生谋刻其诗。蒋兰畲作《醉茶吟草》之序载："喆嗣仿枚及门人陈君哲甫谋梓君诗，介赵君幼梅乞余刊定，盖君亡已四阅年矣……"由此推断，喆嗣门生谋刻其诗当在本年。

·蒋兰畲为《醉茶吟草》作序。《醉茶吟草》之序载，蒋兰畲见诗"亟读之，见其近体独宗少陵，亦时效西江一派，沉痛刻至，意多独到，因严加剔别，凡得百余首"并作序，但因故并未付梓。

1914 年（民国三年　甲寅）

· 上海某书局出版石印本。据《晚清民国志怪传奇小说集研究》说，本年，上海某书局以《最新稀奇古怪》为名，出版了《醉茶志怪》石印本。

1923 年（民国十二年　癸亥）

· 族人持李庆辰诗集抄本全集呈高凌雯。高凌雯作《醉茶吟草》之《跋》载，《醉茶吟草》（《天津诗人小集十一种》）"既镂板矣，其族人持全集来，集为原抄本，未加诠次，重出累累"。高凌雯作跋在1924 年（民国十三年），推断开始镂板、李庆辰族人持全集来等，当在此前一年，即本年。

1924 年（民国十三年　甲子）

· 高凌雯为《醉茶吟草》作跋。高凌雯为《醉茶吟草》作跋，署"甲子三月高凌雯识"。

1925 年（民国十四年　乙丑）

· 《天津县新志》载李庆辰。《天津县新志》于本年印行，其卷二十三之二·艺文二，有"醉茶吟草四卷抄本李庆辰撰"条目。

· 《醉茶吟草》雕版毕。金钺作《天津诗人小集十二种》之跋载，"《天津诗人小集十二种》乃高君彤皆向纂县志艺文时，于征集乡先哲遗书之中，爬剔丛残，编次写定者。当经志局汇刊，雕工初毕，校字未终，荏苒至今已逾十稔"。金钺作跋在"乙亥仲冬"，即 1935年（民国二十四年），此于雕版初毕"已逾十稔"，由此推断。雕版初毕当在本年。

1930 年（民国十九年　庚午）

· 上海广益书局出版赵琴石评点本。据版权信息，本年，上海广益书局以"通俗说部丛书"之一，出版赵琴石评点本《醉茶说怪》。

· 上海竟智书局出版赵琴石评点本。据有关研究著述，本年，上海竟智书局出版赵琴石评点本《醉茶说怪》。

· 《天津志略》记载《醉茶吟草》。本年，《天津志略》出版，其第十六编"文艺"中载："醉茶吟草，李庆辰。"

1932 年（民国二十一年 壬申）

· 上海大达图书供应社出版赵琴石评点本。据版权信息，本年，上海大达图书供应社出版赵琴石评点本《醉茶说怪》。卷首署："津门醉茶子原著，虞阳赵琴石评点"。该书还有民国二十三、二十五年（1934、1936 年）再版本。

1934 年（民国二十三年 甲戌）

· 上海仲达书局出版何心铭句读校订本。据版权信息，本年，上海仲达书局出版何心铭句读校订本《醉茶说怪》。该版本还可见"民国二十五年（1936 年）一月一日第四版"。

1935 年（民国二十四年 乙亥）

· 上海新文化书社出版何心铭句读校订本。据版权信息，本年，上海新文化书社出版何心铭句读校订本《醉茶说怪》。

· 金钺作《天津诗人小集十二种》之跋。金钺作《天津诗人小集十二种》之跋，属"乙亥仲冬天津金钺"。

1936 年（民国二十五年 丙子）

· 《醉茶吟草》印行面世。金钺于上年作《跋》，中有"一再覆勘修正，既竣亟印"语，由此推断，《天津诗人小集十二种》（《醉茶吟草》为第十册）当于本年印行面世。

· 《贩书偶记》著录《醉茶志怪》。孙殿起著《贩书偶记》，本年出版，其卷十二"小说家类·异闻之属"中记载，"醉茶志怪四卷。津门李庆辰撰。光绪壬辰刊"。

1937 年（民国二十六年 丁丑）

· 《津人著述存目》著录《醉茶志怪》《醉茶吟草》。金大本著

《津人著述存目》，本年十二月刊定，第二卷有 3 条记载：1. "《醉茶志怪》四卷，清李庆辰撰，光绪十八年壬辰刻本。" 2. "《醉茶吟草》四卷，清李庆辰撰，钞本。按，是书辑入《天津诗人小集十二种》内作二卷。" 3. "《醉茶轩诗集》，清李庆辰撰。见重修府志，著述。"

1938 年（民国二十七年　戊寅）

· 李庆辰诞辰 100 周年。

第五节　1949 年以后的情况

1955 年（乙未）

·《清史稿艺文志补编》著录《醉茶志怪》《醉茶吟草》。本年，武作成编纂《清史稿艺文志补编》问世，其"子部·小说类"中载，"醉茶志怪四卷，李庆辰撰"。其"集部·别集类"中载，"醉茶吟草二卷，李庆辰撰"。

1978 年（戊午）

·中国台湾新文丰出版公司出版铅印本。据版权信息，本年，中国台湾新文丰出版公司出版"零玉碎金集刊"之一《醉茶说怪》。

1981 年（辛酉）

·《中国文言小说书目》著录《醉茶志怪》。本年，北京大学出版社出版袁行霈、侯忠义著《中国文言小说书目》，第五编载，"《醉茶志怪》四卷。存。（清）李庆辰撰。见《贩书偶记》小说家类。光绪壬辰刊本"。

1988 年（戊辰）

·山东齐鲁书社出版校点本。本年，山东齐鲁书社出版"清代笔记小说丛刊"之一，金东校点本《醉茶志怪》。

·河北人民出版社出版点校本。本年，河北人民出版社出版高洪钧、王淑艳点校本《醉茶志怪》。

1990 年（庚午）

· 天津古籍书店出版影印本。本年，天津古籍书店出版壬辰刻本《醉茶志怪》影印本。

1993 年（癸酉）

· 《中国古代小说百科全书》载《醉茶志怪》专条。本年，中国大百科全书出版社出版《中国古代小说百科全书》编辑委员会、中国大百科全书编辑部编《中国古代小说百科全书》，载《醉茶志怪》专条，并有点评。

1996 年（丙子）

· 河北教育出版社出版《醉茶志怪》影印本。本年，河北教育出版社出版周光培编《历代笔记小说集成·清代笔记小说》，其第 17 册辑津门壬辰刻本《醉茶志怪》影印本。

· 《中国文言小说总目提要》载《醉茶志怪》专条。本年，山东齐鲁书社出版宁稼雨撰《中国文言小说总目提要》，载《醉茶志怪》专条，并有点评。

1997 年（丁丑）

· 《中国神怪小说通史》载《醉茶志怪》专文。本年，江苏教育出版社出版欧阳健著《中国神怪小说通史》，第九节论述《醉茶志怪》和介绍李庆辰。

2001 年（辛巳）

· 《天津大辞典》载《醉茶吟草》专节。本年，天津社会科学院出版社出版来新夏、郭凤岐主编的《天津大辞典》，载有《醉茶吟草》专节。

2003 年（癸未）

· 《清代志怪传奇小说集研究》载《醉茶志怪》专条。本年，华中科技大学出版社出版占晓勇著《清代志怪传奇小说集研究》，载有《醉茶志怪》专条。

· 《醉茶志怪 里乘》载《醉茶志怪》全书。本年，大众文艺出版社出版鲁直主编的"清代志怪小说观止"第 2 辑《醉茶志怪 里乘》，中有《醉茶志怪》全书。

2004 年（甲申）

· 山东齐鲁书社再版《醉茶志怪》校点本。本年，山东齐鲁书社再版金东校点本《醉茶志怪》。

2005 年（乙酉）

· 《汉英中国文学词典》载《醉茶吟草》专节。本年，南京大学出版社出版思马得学校主编的《汉英中国文学词典》，载有《醉茶吟草》专节。

2007 年（丁亥）

· 《黄山学院学报》本年第 1 期载张振国文《李庆辰生平及著述考论》。

2010 年（庚寅）

· 《对联》本年第 5 期载王夏男文《〈醉茶志怪〉序言中的"对联"》。

2011 年（辛卯）

· 《晚清民国志怪传奇小说集研究》载李庆辰专节。本年，凤凰出版社出版张振国著《晚清民国志怪传奇小说集研究》，以专节论述了李庆辰及其《醉茶志怪》在天津文学史上的地位。

2013 年（癸巳）

· 《中国笔记小说纵览》载李庆辰专条。本年，华东师范大学出版社出版孙顺霖、陈协堪编著《中国笔记小说纵览》，载有李庆辰专条，特别指出了该书的特点。

2014 年（甲午）

· 《中国地域文化通览·天津卷》载李庆辰专段。本年，中华书局出版张炳学、刘志永主编的《中国地域文化通览·天津卷》，较全面介绍了李庆辰诗文著作和笔记稿本。

2015 年（乙未）

· 《天津文史》本年第 1 期载李蕴祺文《晚清津门著名小说家诗人李庆辰》。

2016 年（丙申）

· 《中国文言小说发展研究》载李庆辰专段。本年，山东教育出版社出版王恒展著《中国文言小说发展研究》，该书评价了李庆辰及其《醉茶志怪》在中国近代文言小说史上的地位。

· 《天津文史》本年第 2 期载李蕴祺文《李庆辰写作〈醉茶志怪〉经历探微》。

2018 年（戊戌）

· 《天津文史》本年第 1 期载李蕴祺文《李庆辰笔下的 1882 年大彗星》。

· 《天津文史》本年第 2 期载李蕴祺文《李庆辰笔下的大运河》。

· 《名作欣赏》本年第 29 期载叶城豪文《〈醉茶志怪〉在晚清时期的思想价值》。

· 李庆辰诞辰 180 周年。

未刊故事欣赏

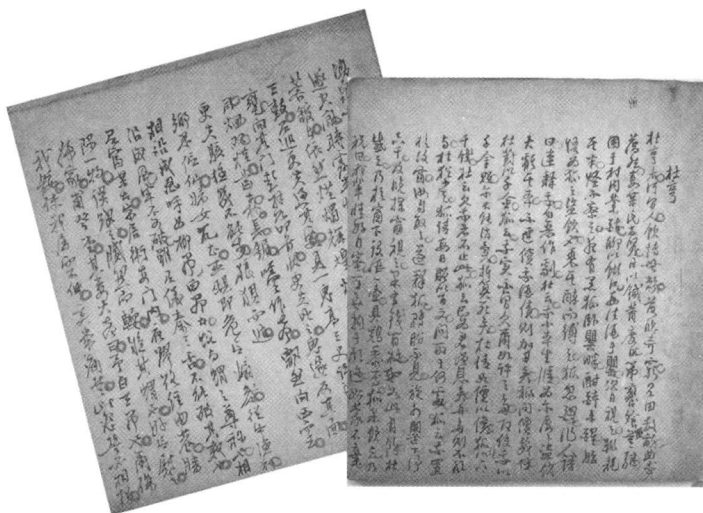

李庆辰笔记稿本中写有大量的故事原稿，其中，有165篇在《醉茶志怪》中未见，有关情况已在第三章第二节中叙述。细读这些未刊的故事原稿，无论是故事情节，还是文学及社会价值，都不逊于《醉茶志怪》已刊的故事。这些未刊的故事，有一些在以上几章中已经引用，现再撷80篇誊抄于后，与读者分享。

1. 《(无题)》

满城①有媪，善走无长②，尝死去一两日复苏，能知人生死，言之辄验。有妓病危，其鸨母往询之，媪云：得母病热③乎？曰：然。曰：若不可活矣，冥中以其罪重，炮灸其身矣，适昨从冥中来，又见其受杖髀，肉得毋脱烂乎？鸨归视，果然，未几死。

选誊自《茶余杂记（一）》

2. 《(无题)》

兽之雄健者，莫若虎与象，细小者，莫若鼠与猬，然猬能入虎耳使虎死，鼠能入象鼻使象死矣。然大物见此二微小物反能战栗，以数十人不敌当之猛兽反畏一手足即毙之小物，且见之即知畏之，则物之相制，诚有不可理解者。友人云，有一人健伟善斗，身长几近丈二，乡邻多畏之者。有邻村农人家子，甫七岁，见之则叱，健者及趋避如避虎。或当其斗时，则呼邻村子之名以恐之，即缩之而退。或有问其所以畏之故，则健者亦不自知，但云，见之则心胆俱裂矣。

选誊自《茶余杂记（一）》

---

① 满城，今有河北省保定市满城县。

② 走无长，即走无常，神话传说中描写的冥间利用阳间活人的生魄来为冥间做事，称为"走无常"。

③ 母热病，中医所称的一种病症。

3.《(无题)》

杭生佟一官，世家子也。祖父固巨富，至官式微，以故三十犹未娶。佣为富室司簿册，每夏月即独宿园，园中花木争开，颇多雅趣。一夕独坐茅亭玩月，花阴后隐隐有美人露半面，婉转不前。官知园中多狐，亦不畏惧，乃以手招之，美人果至侧，含笑嫣然云：妾慕氏，字秋波，乃甘露之神，主司花之荣枯憔悴，而善辨其色之浓淡浅深，随意增损之。知君寂莫，故尔前来，然妾能知君之心而不能遂君之意。有表妹伍氏，小字蕙兰，容颜颇称不陋，妾试为君媒之，成否尚未定也，君意若何？佟固托之。越数夕，果引一女郎至，年方二八，皓齿朱唇，淡月梨花，可人心意。佟大悦，俯谢冰人，举首则秋波已去矣。遂拥抱于怀，极绸爱。谓佟曰：妾本狐，能幻形，愿常侍君寝，请藏于君袖中，人即不能见。事毕入袖，轻若匹鸠，至夕拂袖则堕地如飞鸟，转瞬间即化为好女，衣服□妆莫不如佟之意。且佟每画见美女，熟思未得，至夕则伍氏幻作其态，曲意承仍，顿消宿愿，佟视如随身之宝，虽千金不啻也。一夕，忽左袖又堕一物，转动已成佳人，缟衣罗裙，风姿雅媚矣。谓曰：妾伍氏之妹，小字蕙萝，姊妹辈因妾好挽双髻，乃呼为双绾，闻姊已侍君子，愿一效娥皇①，而自惭仆拙不如姊，请居姊之左而妾媵之。未及，蕙兰至，亦相悦许。佟视二女虽皆国色，第情性各不同，蕙兰情荡，往往相缠；双绾则独卧花茵，非呼不至也。每与二女同室，常溺于一人，而二女手足情笃，不生嫉妒，如是相安终岁，人莫能窥。然佟自为二伍所迷，不能留心会计，主人甚厌之，步入园内察其怠勤，才至庭，则闻室中笑语声，怪而窗窥之，见二女姿容绝世，知其妖魅，呼叱入堂，见二女各入生袖中，主人急视其袖，见袖中惟有双手，他物无焉。主人唏嘘去，而二

---

① 娥皇，上古神话传说中帝舜的两个妻子，妹妹女英与姐姐娥皇。

伍从此不至矣。

选誊自《茶余杂记（一）》

4. 《(无题)》

苏州乡人善水，夏浴于河，见水中有石洞，洞中皆坦平，因步入。有一叟跌膝默，面前有一珠，有如卵，光华夺目，盗出售于市，人莫敢买。巡捕某知之，令其仍还故处，赐钱三千两，迫其入水仍置其前，见叟坐睡未醒。出白巡捕情状，巡捕果赐其母三千银，杀乡人于市。或问之，云：是龙珠也，叟乃龙王，偿其醒而觅珠，则三江皆鱼矣，无立足境矣。问杀乡人何意，云：恐其再盗出致要银遗害也。众莫不服巡捕之神。

选誊自《茶余杂记（一）》

5. 《(无题)》

某讼师工于刀笔，乡里咸惮之，其家亦薄有余赢。一日薄暮散步池上，其邻人某自对面来，见某返身狂奔，某不解其故，欲追询之，而邻去已远。次日遣人问故，邻人云：予昨于池上遇一巨鬼，乱发垂肩，腥血被体，状甚奇丑，故骇而返奔，实未见某也。某闻言深厌之。未几，痛莫能兴，奄奄遂卒。死后，屡示梦于家人，辞尽哀楚，家人遂访一走无常者询之，其人应诺。越翼日，谓其家人曰：昨在冥中遇某在□□之中备尝刑拷，叹云：生平所经百数案战无不胜，不图此间一败涂地，归烦寄语家人，为我多焚冥锱，以便用度，彼阳世含冤负苦者概不我容，万一财贿有灵，或可缓颊，未可知也。我屋东北隅瘗有藏金，家人尽不之知，嘱彼掘出买纸焚化，且以为信。家人发之，果得银十两，遂信其事不诬也。

选誊自《茶余杂记（二）》

6. 《(无题)》

钟离翁酷嗜宣炉，思得一真者，千金不吝也。有以铜炉售者，价请十金，翁出金购之；他日又以铅炉售者，价请二十金，翁出金买之；他日有以铁炉售者，价请三十金，翁复买之。客谓翁曰：主人日买伪炉不知其误耶？翁笑而不语，于是求售者日众，而瓦炉、泥炉皆备，翁并买之。客再三请其说，翁曰：昔人市骏骨而骏马至，吾买伪炉而真炉行且至矣。客曰：嘻，非古人之误君，君自误也，价愈增而器愈伪，又何取焉！翁止客于其家，期月余，晓起，将所市之炉尽弃之，凡来求售者，悉屏之。客曰：悔乎？翁曰：否。君胡为然？翁曰：昔所谓真炉将至，此其时矣。坐堂上与客饮，阍人①言，有携匣造门者求见主人，唤之来，出匣中物，殆真宣炉也，询其值，四十者，买而登诸几，客为之解颜。

醉茶子曰：天下事愈真愈贱，愈伪愈贵者，岂独此炉也哉。使主人无真鉴衡，则瓦缶胜金玉，将夏鼎商彝终埋没于人间矣，可胜叹哉！

选誊自《茶余杂记（二）》

7. 《(无题)》

邑之愚民，每惑于巫觋②之言，辄供五仙③，以邀福避祸。□巫得借此张大其词以渔利，智者不能劝止之也。有任姓者，偶登南城，觉神思不爽，见有毒蛇无算，蟠抵其身，归而昏愦，肤内坟起，蜒蜿蠕动如蛇，每动则痛彻心髓，医莫识其症。延巫至，云：因遗溺不谨，

---

① 阍人，守门人。

② 巫觋，男女巫师的统称。巫为女性，觋为男性。

③ 五仙，即民间传说中的狐仙（狐狸）、黄仙（黄鼠狼）、白仙（刺猬）、柳仙（或柳爷，蛇）、灰仙（老鼠）。

至开罪于柳爷，能与我十余金为汝买命。于是当卖一空，犹不能盈其数，巫持去而身死，举家懊悔，深恨囊空之害事也，是其死而不悟哉。

选誊自《醉经载记》

8.《(无题)》

白莲教惑世已久。岁讹传其教倡乱①，家家于门窗下皆置水盆，云可以破其术。或言某家妇被妖人摘其心，某家子为妖人剥其胆，均未可信也。予邻有夏氏孀媪也，黄昏时见有担柴者，廉其价而购之。夜闭户寝，闻院中窸窣有声，穴窗偷窥，见柴中出一人，伟健非常，荷戈操弩，至堂门剥啄，妇屏息不张，其人云：不为我开，门隙岂即不能入耶？乃扁身而入，忽骨董一声，如落百钧之石，盆水倾泄而人亦杳，妇骇绝不敢语。未几，天晓，视盆中一纸翦人，长三寸许，戈弩亦纸为之，然已湿破矣。始信纸兵豆马邪术真有之。

选誊自《醉经载记》

9.《(无题)》

邑某生，村人偶与家人角口，忿思投缳。门外有老槐，大可合抱，枝拂檐端，高不可及，乃登阶台缳带投之，枝忽弯然下垂，若有引之者，而带才挂枝上，结已作成，高低恰如身等，引颈入环，枝挺然而起，觉身遥遥悬空中，气闷绝之如魇。俄而魂离其体，亦不自知其死，殊无所苦，信步入门，坐堂于其窗，心中万虑皆空，澄如秋水，而堂中灯光瓶□静□如仙。忽闻门外有人呼己名，甚急，出视，见己尸，霍然而苏。先是某生缳后高挂树杪，有村叟担粪者经其下，生履适触其帽，视缳者生也，呼其家人始获救。叟云：前日村中小儿

---

① 倡乱：造反，带头作乱。

戏树下，见有红衣女子悬枝间，披发吐舌裙簪散，因知其为缢鬼也。

醉茶子曰：或云，人死如梦，人之梦与人之死皆游魂也。其梦也，魂离其壳，则另是一境界，与醒时绝不相同；其死也，人既托生，亦另是一境界，与前生迥不相关，此说颇近理。

选誊自《醉经载记》

10. 《(无题)》

某壮年，客姑苏，寓某庵中。时方初秋，天气嫩凉，枕上未眠，目微启，灯光如豆。距榻尺咫，一物从地出，半身长尺许，黄毛毰毸，状如猕猴，掉头望榻上，气咻咻然，目深碧，炯如毛睛。闻人转侧声，歘遁不见，客姑假寝以觇之。灯复暗，前物复自地出，闻人声依旧遁去，如是者三，遂不敢更就枕。起呼仆，叩僧门，告以所见，僧笑曰：此僵尸也。为移别室，方得安寝。

选誊自《醉经载记》

11. 《(无题)》

广东盐大使王某，因押饷差赴滇。路经云南平彝县①境，山峦高峻，树木葱茏。忽狂风骤起，林木为摧，舆人远见岗上有黄虎咆哮而来，相□弃舆道左，狼狈俱遁。未几虎至，怒目张牙，向舆四面以鼻嗅之，王在舆中心胆俱碎，噤不敢声。俄而虎大吼，山鸣谷应，摇尾而去。移时，舆夫见虎去远，始复回。揭帘视王，已气绝矣。负至廨中，灌以姜汤始苏。自是恍惚如病，偶闻响声即惊怖汗出，其色如靛，医者谓胆已惊破，汁随汗出，非药可愈，未几果死。

选誊自《醉经载记》

---

① 平彝县，今云南省富源县。

12. 《(无题)》

西人高建明三元，其先人某公侨居北直，忘其何县。夏日纳凉别墅，去家三里许，屋宇高爽，边随一僮服役，己独宿厅间。夜半忽闻靴声橐橐，逼近寝门，扇豁然而开。骇顾，有一巨鬼鞠躬入，头大如轮，面似志瓜皮，张巨口如箕，目光睒闪，发紫□，绕室盼顾，突至榻前，似将攫人。公思方丈之间势无所逃，因抽床后利刃猛斫之，中其腹，硁硁然声如金石，腹顿裂，飞出金光如火，照耀一室俱明。鬼大怒，嗥叫如牛，骤提公发，摔之而出，越数垣，□踊城门闲，提行数十里，抛柳河干，身踽踽沙际，晕然不知人矣。及晓为行人救起，半晌始苏，筋骨虽未伤，半身青肿，送归养半载始愈。众视水际，有足迹长几三尺矣。

选誊自《醉经载记》

13. 《(无题) 二则》

城南隅丛冢中，忽有一婴儿尸，脑后更有一面，鼻眼口耳俱备，但不如前面真耳，盖产妖也。初十日。

城西南隅故多丛冢，官府平其地建广仁堂，收养孀妇。妇有幼子者，许入堂中为延师教犊。有吴生设帐于堂中别院，夜独坐，月明中见帘下小人影数辈，高尺许，撞撞往来，叱之即不见，未几，阶下磷飞，天明始没。

选誊自《獭祭戊编》

14. 《津人》

津人郭某客京师，僦居宣武门外，夜闻犬吠甚急，穴窗窥之，见一物，首如妇人，而蛇身蜿蜒伏地走，犬吠随之，自墙穴出，犬吠始止，俄而又吠，盖其物归也，入空屋而没。津人未及半月移居去。

选誊自《獭祭戊编》

15.《(无题)》

邑南门外三官庙最古，有明成祖时碑，县志未之采也。先是有老道士住其寺，精吐纳之术①，夜趺坐，有大蛇自梁下，身粗如梁，矫其首，搭道士肩上，道士笑麾之。一日谓其徒，江南风景颇佳，予采得湖中味，将啖尔辈。徒问何物，乃从袖中出莲实五枚，皆大如盘，众始惊异。一夕坐化，有客自苏来，寄其徒蝇拂一秉，视之其师物也，众信神之。后于案头得书一缄，乃道士所寄，言近游罗浮，不顾归矣，遍访书从何来，并无知者，然则道士真仙欤？

选誊自《獭祭己编》

16.《(无题)》

天下太肖人者，日久必为怪。木瘿肖人，久则成为木魅；怪石肖人，久则成为山魈，自古皆然。况明明官骸肢体、衣服冠履无一不逼肖，而象貌凛凛有生气，更置之于空房寂静幽深之地，有不为变者乎？梁氏殡宫又有静室，床帐几案无不精致，有木雕偶人二，一妪一婢，机关生动，可以坐立，手足肢体以及隐处皆与生人无异，四时更换衣服，极良尽能事矣。其守殡宫之仆少年浮动，见木婢颜色艳丽，戏祝曰：得妇如卿亦复何憾，卿若有灵，为予妇，□伴我眠，若能大如我意，誓不更娶。乃置床头，并加之以肱。数夕，木偶软并温润，死如生人，栩栩欲动，仆骇欲绝，婢曰：请勿恐，妾受阳气已能生矣，既蒙见爱，敢不如约。秋波一转，媚态百端。仆惑之，遂相□乐，自是动作宛如生人，但不食耳。仆嬖之，日久而仆瘠瘦骨立，或怪而询之，仆讳不语人。有同村人偶以他事寻仆，冒入其室，见仆抱木偶寝，呼之，仆醒，木偶战慄如含羞状，自以衾覆其体。村人大骇

① 吐纳之术，道家锻炼呼吸（服气和行气）之术。

曰：是已成妖，不绝之，冥路近矣。仆忿与争，村人亦怒，乃白诸梁氏，举火焚之，嘤嘤有声。怪遂绝，仆病益笃，半载而毙。

选誊自《獭祭己编》

17. 《志怪二则》

乡愚信仙，妇女尤甚，巫觋即危言煽惑，从中渔利。呼为柳爷、白爷者，蛇与猬之尊称也，相沿成风，牢不可破，虽有仪秦之舌，不能破其惑也。有富某者，家居卫安门内，夜归路经曲巷，墙隅一物，误践之，腻然而软，疑其猬也，好言慰之。归家，甫登堂，其妻大声曰：予白三爷也，尔伤我腰，使我屈而不伸，异常痛楚，此怨誓必相报。某大惧，叩首云：夜行无烛，误伤贵体，过出无心，敬祈宽宥。言毕，焚冥镪无算。妻毁器掷物，益恶作剧。某急率其子市香楮供物，秉烛往祷，至其处，则黄香瓜一枚，已踏烂矣。顿悟，归而大骂，其妻陡然而愈。八月初六日上报

选誊自《獭祭己编》

18. 《僵尸怪》

津郡地窄人稠，有某姓于御河①北赵阳构茅屋数椽，蔡姓僦居。甫入宅数日，夜坐独酌，忽见地隙出黑气一缕，盘旋如蛇，知其怪也，以酒酹之，遂不见。又数夕，夜卧床上吸烟，忽地上浓烟如雾，灯为之暗，怪而细视，见床前一物，状如人，高与床等，乱发蓬松，双目耿耿，其色深碧如猫，循床而走，似以膝行，惊而大号，物缩入地，而烟气亦消。或云，宅下多荒塚，生人在上，鬼不安于夜台，故出为怪，亦僵尸之类。君子趋吉避凶，当效孟母三迁，庶几免祸。

选誊自《獭祭己编》

---

① 御河，京杭大运河天津杨柳青段名御河。

19. 《水灾志异》

戊子五月七日，房山雨后大水猝至，淹毙四千余人，其未在籍者尚不乏人，真异灾也。先是村中来一丐，以纸翦鱼虾鼋蟹等花样遍赠村人，用以乞食，与钱不受，后不知何往。又野外尝有光，方圆丈许，五色辉煌，就之无所睹，殆蛟也。及水涨发时，众见水中立一巨人，高几盈丈，以手作指挥之势，水辄随之起落，数次肱麾，水辄起落砰湃，向西去，及不可见而没。

选誊自《獭祭庚编》

20. 《(无题)》

邑城南有卖饼者陈某，担物过城外大道。时已三鼓，瞥见道旁飞起二白蝶，大如燕雀，盘舞不休，绕足随之，怪而以扇相扑，获其一。归家，就灯视之，乃纸钱也，甚懊悔，不久即亡。

选誊自《獭祭辛编》

21. 《(无题)》

有邑人客河南，偶游黄河岸，见岸上伫立多人，共相仰望。细瞻天际，黑云一缕，有妇人持伞立云端，露其半身，向东飞驶，身后电雷龙火追逐甚急，将及妇，辄反身格以伞，龙雷辄退辟，旋又逐又辟，相持数刻，俱不见，天晴并无片云。

选誊自《獭祭壬编》

22. 《(无题)》

津门有某姓，其母为某官仆妇。随其主至南省，病故。某得信，思归母骨，乃裹粮步行至南。既见母枢，苦无资斧，主人虽稍有资助，而路途遥远，非数百金莫□，无计筹画，日惟痛哭。一日梦其母谓曰：尔欲我归，试看我如此，则可矣。言毕端坐床上。某醒，自以为思念所致，不之奇也。如是连夜皆梦，怪而语诸同人，或劝以启棺视之，见其母端坐棺中，抚之尸固未腐，遂毯裹背负以归。然则尸久未腐，其殆纯孝所感。惜传者忘其名姓耳。

选誊自《獭祭壬编》

23. 《(无题)》

张殿甲，生一子名小连，性痴，不辨菽麦。娶郭氏，恶其夫痴，不以伉俪视之。邻人地方陈德之弟陈洛复唆使张郭氏与翁姑①不睦。有土棍孙老垂涎郭氏，有邻妇张宋氏为之撮合，遂相通，有孕。姑怪之，诘郭氏，氏云是其翁之种。姑责翁，翁无可辩，乃吞烟死。姑识翁冤，亦吞烟死。地方陈德、关宝珍乃与陈洛、孙老、张郭氏等朋谋私埋。张殿甲夫妇冤无所伸，乃魂附痴儿张小连，赴县鸣冤。经拘张郭氏、孙老一干人等到案，小连即作张夫妇语，毫无痴状。张郭氏狡展不认，只得暂行锁押。事为上宪所觉，饬府提讯，府宪同督委、省委、道委并本县发审王大令②提集讯问。张小连作殿甲言云，在本城隍稿房黄太爷处当差，不得暇，请众宪在夜间提讯申冤。当即将张郭氏□刑讯，仍不肯认。至初六日，又会同诸宪提讯，张小连仍作殿甲语求伸冤。省委问：以我看，尔未必是鬼，是何仙神，不妨明白说来，本委定与尔详请。小连称鬼魂是张殿甲。省委又问：尔妻安在？言在本处仙墟服役。鬼魂因赴城隍控告，发土地看守候讯，方由大门而出，适见一位官长端坐绿轿，鬼魂即上前呼冤，蒙官长赏鬼魂口粮一份，派在稿房黄太爷处当差，谓尔在此等候，自有伸冤之时。王大

---

① 翁姑，即公婆。

② 大令，知县的尊称。

令谓：若当堂对质，何处唤尔？鬼称：移文到城隍处，鬼魂即来署候讯。鬼又称：鬼魂每来，有门神把住，不肯放入。府尊令其由后门入，鬼谓后门亦有门神。府尊即取朱笔写"即放入"三字焚化，鬼即叩头称谢而去，张小连亦醒。府尊以严刑熬审，郭氏尤不认，将一干人证锁押收禁云云。

选誊自《獭祭壬编》

24. 《人影》

直隶某商之盐厂，忘其何县。其院南墙，即邻家之后檐也，常有一横卧人影，去地二三尺，每阴雨莓苔苍翠，独此影光泽不染，主人恶之，刮去墙面，再涂以粉，不数日又复见出，告知邻家，欲拆视，主人云：是屋已经百年，□中从无怪异，坚持不允，终莫明其故也。

选誊自《獭祭壬编》

25. 《鬼煎药》

邑宋君星州，精于岐黄①。有其戚刘氏妇人患血症几危，投药辄起。后又犯是症，以前法治之不应，宋脉症细参，思索颇苦，乃询妇曰：药味得毋私自加减乎？氏曰：未也。前夜有妇人为煎药，初以为家人也，不之怪，次夜复来，审视乃亡嫂也。问曰：嫂那得来？妇曰：来为尔煎药耳。氏云：家中固不乏人，嫂已登仙，何敢奉劳？妇怒曰：尔尚望生乎？我颠倒药味，纵延良医，每施其技，以是知不可救也。宋惧辞去，未几氏亡。

醉茶子曰：经鬼颠倒，而药遂不应，是非医药之咎也。顾鬼必欲强人以为鬼，抑又何心哉。

选誊自《獭祭癸编》

---

① 岐黄，本指《内经》及其作者，代指医学、医药、医术。

26.《仙结婚》

某姓叟有幼孙八九龄，偶携之遨游于市，适遇一人，亦领两幼女，长者十余龄，少者约九岁，貌俱韶秀，长者尤艳绝。叟戏谓孙曰：为尔择佳妇，如此二女，而愿之乎？孙曰：愿。其长者较美，侬甚慕之。叟笑云：若然，俟尔年长时，即为尔娶。究不知其谁何也。而领女之人目注幼童，低声向女，不知何词，女面红于颊，亦目注之。俄而各分路去。童稍长，离家来津，北关外有古玩铺，习生理焉，时年已十七矣。一日有丈夫御两车载眷客至市门，访问童，童出视，曾不相识。其人云：令祖于数年前已聘定吾女，敬践前盟，今送女至，汝两人俱已年长，宜备婚。童殊茫然。指车中女子云：其汝新妇也。童视之，年可十七八，旷世真无其俦，仓卒无以答。丈夫促之下车，将入其铺，主人阻之云：肆无闲地，且井市纷杂，殊不便于眷属。丈夫曰：楼上便佳，无劳多虑。便下车，男妇约四五人蜂拥而上，主人随之登楼，则阒其无人矣，街上车亦驱之自去。主人遣童子登楼视之，遂留童子于楼上，不使出，呼之莫应。旋闻人云：今夕良辰，宜为二人合卺①，少备微酌，敬犒诸友。于是酒筵满案，肴馔精美，亦不晓其何自来。众喜竞餍饮之，上下欢腾，主客殊未会面。楼本一间，堆集零物，童子视之，床帐几席，查物丰侈，而他人登楼则寂无多物，并童子亦未知其所在。越数日，主人□童子请见贵戚，且觐新娘，许之。童子引主人登楼，则见曲廊洞房，陈设迥与□异。有头戴兜鍪②肩披狐尾者，其内兄也，岳翁则道装之叟，岳母则老妪耳，此外服役男妇二三人，其装半时半古。主人周旋数语便退下楼，再登视之，则寂无一人矣。昼则遣童子楼下动作如常，夜则令居楼

---

① 合卺，新郎、新娘喝交杯酒，意为成婚。

② 兜鍪，古代士兵戴的头盔。

上，亦无他异。如是年余，忽有车来，阖家俱迁去，使童子从行，市人共见之。至鄚州①，则送新娘至其家，诸人俱入古庙而没，回视街上所乘之车亦自驱去，殆狐仙也。

醉茶子曰：有父母命结为婚姻，此其所以为缘也。若邂逅相遇，即以为缘，彼野田草露之间，男女相悦者，何不见有白首之盟耶。

选誊自《獭祭癸编》

27.《落龙》

静邑某翁，续娶再醮妇，其年齿与儿妇某氏相若，儿妇轻之，饮馔或呼而与。姑固浑厚，不与较也。一日，姑临产，妇事之益懈。乡俗，产后三日例食□饨，遣妇为之，妇欣然应诺。姑怪其素多悖谬，今忽顺从，知其有故，潜起往瞰之，见妇取胞衣杂羊肉糜碎为馅，姑□厌恶，□未遽发也。及熟，妇取以进姑，姑不食，妇强之，争让甚力。时天忽阴晦，有乌龙自空下，黑云缭绕，直至其庭，已即入其外室，意似待妇出而刑之者。妇与姑争辩已久，龙遂从门帘外探爪入，爪大如箕，锋利如锥，攫妇肩背，妇号痛，姑不忍，呼曰：龙神勿也，我家妇孝顺人也，请弗加刑。因擘龙爪，爪缩去，或为产血所污，脱然坠于地，不能去，蟠踞门内外几满，村人集至，共舁至村外沟渠中，掩以苇捆，龙蜿蜒泥水中，蝇蛆殆满，两月余，困惫欲毙。一夕风雷大作，始破空去。妇为龙攫，肩背巨孔溃烂，医治半载犹未瘥。

醉茶子曰：妇人莫重于翁姑，既为翁妻，则己之姑也，不必问其出身如何矣。失节是彼之短，尽孝是己之分，乃轻之不以姑待，道以兽畜之，其遭天刑宜矣。而姑转护错，以行其妇人之仁，不亦愚哉。

选誊自《獭祭癸编》

---

① 鄚州，周代古国，现为河北省任丘市鄚州镇。

28.《狻猊①角》

邑某以剃发为业，每夏秋之交，辄往榆关②外谋生，无多行李，惟携剃发具，徒步前往，及残冬微有赢余，始还乡里，习以为常也。一日行深山中，有老松古树阴翳，权桠遮蔽甚远。忽闻呜之风声穿林震响，一虎黄质黑章③踊跃而至，某甚怖，急攀木猿登而上。虎至树下，跳跃不可及，急以爪搔地，大怒吼而去。某见其去远，思欲下树，顿觉寒气凛凛，肢体如被束缚，怪而四顾，见有大蛇探首崖穴，张口如血盆向下嘘气，便觉身不自由，失声大号，蛇忽缩首去，始徐徐下。甫行数武，遥见虎又来，急又登树，虎仰视呼啸，若甚忿怒，某潜伏树权间以瞰之。俄而，虎战慄帖耳，伏地不起，怪而细顾，见又来一兽，身大于虎数倍，毛鬖鬖遍体长尺许，伸其爪击虎，虎立毙，裂其皮而饱啖之。须臾食过半，方绕林张顾，忽仰首见人，辄大肆威猛，以爪搔树，树簌簌如拉朽，根几欲断。某视老柏枝权接连钩带俱有力，急登别枝过他树，兽又撼他树，根亦□□，某强力又过他树，然战慄惊悸几乎欲堕。兽忽仰口大啸，有火球大如斗，自空中坠落，抢其口中，兽扑地乱滚，砂石崖土仆仆似烟，俄而火球自其腹中穿肋而出，腾空而去，兽仰卧不动，状如死。某试折树枝投，物不动，知其真死，遂乘间而下，至前视之，见兽卧血泊中，躯干雄伟，顶竖一角，黑润有光，知其为宝，乃以剃发刀削之，凡易数刀始断其角尖，长六寸许，怀归示人，见角光明如鉴，中有天生成山水如画，类井泉石，或云狻猊角也。货之得数百金，以此小康，后不事远游矣。

醉茶子曰：角中有天生画本，或即通天之犀，所谓狻猊者未必

① 狻猊，古代神话中龙之九子之一。形如狮，喜烟好坐，多塑于香炉上。

② 榆关，即山海关。在河北省秦皇岛市山海关区。

③ 黄质黑章：黄色皮毛，黑色条纹。

然，志之以待博物者辨。

选誊自《獭祭癸编》

29.《灵鼋》

邑魏姓，将赴上洋，先乘小舟至海门，晚泊河干，见沙上一小鼋，大仅如钱，鲜洁□□，拾取盛以茶杯，置船头。小鼋忽旋转不休，杯水喷沸、高起，所出不穷，船亦摇荡尽湿。大骇，连杯掷水中，知为灵物，急购三牲①向水祭之，邻舟闻其异，亦皆诚敬致祭。未几，见水上竖起一鼋首，大如瓮，高矗如塔，众参拜毕，鼋转身向海而逝，波浪奋起数丈，顷刻而没，舟幸无恙。

选誊自《獭祭癸编》

30.《过龙表》

邑张某舟行遇雨，泊舟岸际。夜则风雨甚暴，雷轰电掣，似逐精灵。舟上舱板严闭，忽雷火穿舟而过，其细如线，时舱板上□挂一洋表，适碍其道，被洞穿。细视东西舱板及表背面玻璃上，俱有一小孔，表固无少损，但玲透耳。此孔虽使巧匠所不能为，亦别有天趣也。张遂戏呼其表为"过龙表"。

选誊自《獭祭癸编》

31.《老槐》

山左②屈家店古寺前有老槐，枝干奇异，双根插地如□腰，其上双歧如人竖二臂，中夹一巨瘿如首，附生小枝如乱发，远瞻近视颇类

---

① 三牲，古代祭祀用的供品。大三牲有羊头、猪头、牛头。
② 山左，山东省的别称。

人。僧见其半枯，欲摧为薪。忽有闽人造访，携书一封、棕鞋一副并付僧，云：此贵邻槐姓托某寄来者。言毕忽忽遂去。僧拆书读之云：忝托芳邻，久安东土，身游异域，心念故乡。敝庐近依宝刹，仰荷帡幪，万勿因偶乏柴薪，轻摧栋宇，偷息甘棠之伐①，敢忘结草之恩。他日言旋，定于莲座下拜香泥首，叩谢宏慈。粤中惟棕鞋可以奉上，鹅毛千里，聊表寸心，望希笑纳。僧视履，织作精巧，着之正称其足。讶近地无此姓，乃恍然悟为树之精也，遂止不伐。后年余，有美丈夫衣裳鲜洁、相貌俊伟，昂然入寺，自云槐姓，向僧四拜遽去。僧追询之，出寺遂□。自此槐复畅茂，有患病者祷于树下，立愈，居民呼槐神，焚香者不绝焉。

醉茶子曰：洛下莼鲈，季鹰感恩②，径中松菊，陶令思归③，人生最难忘者故土耳。若槐仙者，既已超凡，未能免俗，树犹如此，人何以堪。

选誉自《獭祭癸编》

32. 《蜚虫④》

邑绅某，避地东南村。村有富室，素与交好，其家房舍颇裕，因假其庐以安眷属。前厅有书室三楹，陈设古雅，绅欲居之。主人力阻，云：公欲坐以白昼不妨，若夜榻则万不可。绅疑其吝，固强之，

---

① 甘棠，棠梨树。典出《诗经·召南·甘棠》："蔽芾甘棠，勿剪勿伐，召伯所茇。"

② 季鹰，即张翰，字季鹰，西晋文学家。其在洛阳为官时，以思念家乡吴中的美食莼菜、鲈鱼为由，辞官回乡。有成语"莼羹鲈脍""莼鲈之思"即典出于此，多作思乡之辞。

③ 陶令，即陶渊明，字元亮，东晋末期南朝宋诗人、文学家、辞赋家、散文家。陶渊明《归去来兮辞》有句："三径就荒，松菊犹存"。

④ 蜚虫，俗称臭虫。

主人云：此屋多怪异，寄宿者即毙，虽未见形象，然百余年来已伤数人矣。绅不听，卒休于室，及夜果暴卒。绅家人鸣于官，检验并无伤痕，犹矫展不休，官乃遣二隶住守，夜察虚实禀复。二隶俱叩首力辞，官怒，欲加刑，二隶不得已应命，共议夜坐勿寝，以匏①覆灯，而观其异。三更后，有圆物自床下出，色如赤铁，滚滚贴地行。二人忽觉肢体麻木，如火灼肤，急取灯照，物仍遁床下而没，二人拔关②出。次日复命，官令就其处掘地深二三尺，得一蜃虫，其大如扇，遍体赤紫色，蠕蠕欲遁，时手足众多，共毙之，方悟前数人均是中毒而死也。

醉茶子曰：凡房舍多年，必有蝙蝠、守宫、蛇蝎等潜伏于中，繁滋其类，人中其毒害非浅，不可不慎也。蜃虫犹屋中恒有，至大如扇，不必为所咬，即其气亦不可当也。

选誊自《獭祭癸编》

33. 《迷魂汤》

有走无常者，因轻言冥事，为冥官斥革。或询以孟婆迷魂③之事，曰：是，诚有之。但与世所传者异，尝见一处有大厦数间，堂前横以长柜，中有少妇数人，妆容妖艳，嬉笑调谑，迥不庄雅，围观者甚伙，向人索钱而取杯汤饮之，每见人饮后，辄自扑倒如醉，即变其形而去，殆入转轮而托生也。

醉茶子曰：孟婆，世传老姬。而兹则少妇，且非一人，岂其人如世差役，随时更换乎？顾必用少妇妖艳以迷之，岂人既为鬼，色欲不

---

① 匏，葫芦瓢。

② 关，门栓。

③ 孟婆，神话传说中掌握记忆的神，其所制迷魂汤，可使饮者忘却前世。

忘，非是不足以惑之乎？均不得而知也。然迷魂之事，姑无论有无，却是善法，设使人当落褓之初，前身事了了不忘，则悲欢苦乐有不堪回首者矣，何如浑浑噩噩之为佳也。

选誊自《獭祭癸编》

34.《(无题)》

沧州戴茂才西葵，善撅笛。一夜倚窗筅笏，音韵悠扬凄婉。忽有鬼物突入其室，青面红发，双目如灯，立乃前倾耳若听，戴急弃笛□遁去。此非鬼，乃木怪之类。凡木怪、山魈、冈两（魍）、夜叉等，皆界乎人鬼之间，迥非人死之鬼也。今庙中所塑者奇丑怪状，皆精灵妖怪之属，相沿既久。然作俑之人，当必有所见而为之也，习而弗察。

选誊自《獭祭癸编》

35.《姜某》

邑有姜某，客咸阳，拆房掘地三尺许，得一小石匣，工师与姜俱欲得之，遂相争不已。姜曰：师所欲者，不过多得钱耳，请与师约，匣中若果财物，则奉之师，若书籍与他物，师必无所用，当归于我。许之。启视，乃书一卷，阅视，皆笔钞符□，波磔①如蚯蚓，凡数十图，有符无咒，转甚懊悔，乃拆散视订线处，每页均有咒语一行，旁注用法甚详，大抵皆驱遣之术。喜甚，携归，择一密室习练，不令人知，恒独坐暗室，披发跣足，撰诀诵咒，往往过时不馈，家人呼之不应，父怒，自往唤之。时暗坐无烛，父探窗窥之，见火光细碎，密如繁星，悬布空际，屋顶几满。异而叱之，火光簌簌然俱落，又如骤

---

① 磔，书法术语，点画用笔的一种技法。亦有分裂肢体意。

雨，取烛照视，所落者乃红梁。诘之，姜不能隐，悉以实对，父惊曰：此妖书也，习之祸至，索其书将投之火，姜跪求勿许，父愈怒，方诟谇间，忽失所在，遍搜不可得矣。

选誊自《獭祭癸编》

36. 《(无题)》

鹑性，飞不附草，遇草横前，则旋行避之，有常匹①而好斗。故捕鹑者，必夜于丛薄荆棘间暗伏矰缴②，吹篝作鹑鸣，其声呜呜，鹑疑其群也，则飞以附之。有南人崔姓者，善操此术，时僦居邑南关外，与邑之游手三两人相友善，众谋裹粮出境，相与捕鹑。适邑西南野，其处数十里荒草连蔓，殆不可耕，乃择荆榛处夜伏鸣篝。遥见二灯在半里外，自思荒野无人，不应有灯，踌蹰间欻然而至，细辨似人非人，暗中见其发如蓬葆，遽前跃舞，崔知为异物，伏不敢起。俄间有吹哨声，物返身遽去，旋闻人呼声甚急，恐是其友，欲唤之，又恐为物所寻，蹲暗陬不敢动。及天晓，寻视半里外，见其友殭卧草间，其背青紫，伤数处，不知其故，坐守之。俄而其一友至，相与共抚之，体尚温而气稍缓，又数刻始苏，二人背负以归。自言方吹篝时，有一物身高如人，黑暗不甚可辨，遽前相扑，便昏不知人矣。盖崔所见者即此物，间闻其友吹篝声，故舍此而适彼也，不知是何怪。

选誊自《獭祭癸编》

37. 《梦神》

四川郭氏妇，随其夫宦游北省，时寄寓保阳。患怔忡③经夜不

---

① 常匹，意为常伴。
② 矰缴，古代用来射鸟的拴着丝绳的短箭。
③ 怔忡，中医病名。患者心脏跳动剧烈的一种症状。

眠，偶睡则多梦纷纭，益觉心神扰乱，医谓少阴亏损，投以安神定魄药，凡茯神、远志、菖蒲、枣仁等，百剂罔效，已濒于危。有女巫云：若疾非药所能疗，吾为若祭梦神，当有奇效。问梦神何状，云：金冠金铠，手持竹节鞭，能逐邪祟厉鬼。至夜作法，设香灯祭品，遣七岁以下童子视之，问童子见否，童云：有金冠人至矣。旋又呼云：金衣人逐一披发妪，甚为可怖。投其母怀。俄又云：彼俱走矣，吾不畏也。其家亦未深信，然自此妇疾若失。

选誊自《獭祭癸编》

38. 《杜亨》

杜亨者，河间人，饮博无赖，落魄奇穷，有田数亩，典卖荡然。妻某氏尚贤，日以针黹度日。饔飧恒莫继，因于村内业酤，聊以糊口。每注酒于罂，次日视之，辄耗其半，怪而察之，夜有黑狐卧罂畔，酣醉未醒，始悟为狐之盗饮也。乘其醉而缚之，狐忽醒，作人语曰：速释我，勿恶作剧。杜云：我小本生涯，为尔屡屡盗饮，大亏其本，不速偿我酒债，则加刀矣。狐问价几何，杜对以千金。狐云：我实不曾欠尔如许之多，即使我以千金赠，尔不能消异，折算死矣。杜请如价以偿，狐许以六千钱。杜云：欠我者不止此。狐云：已为君增息矣，再多则不敢与。杜犹少之，狐请每日赠以百文，问取于何处，狐云：我置于后窗，汝自取之。遂释狐，转盼不见，旋于罂下得六千。及晚探窗视之，果有钱百枚。如此月余，杜感之，乃于窗下设酒一壶，具鸡黍焉，狐果饮去。乃祝曰，我辈情好日密，可无拘于形迹，如蒙不弃，明日辱□，仆涤樽敬候。遂于内室设七箸壶飧，方注酒于壶，出应沽者，及归，有长须叟坐室内，杜云：狐兄来乎？曰：然。蒙君招饮，愧无以报。杜云：日受厚惠，薄酌又何足讫，请常过我，是所愿也。狐举觥豪饮，言语洒脱不拘，大快人意。杜喜云：真我友也。次日狐携熟鸡来，嘱杜筛酒，相与痛饮，如是以为常，每饮醉，辄与杜同榻眠，交益莫逆。狐自云尚姓，太山其名，生于齐，来此数十年矣。偶以银半锭赠杜，云得自路遗者，杜乃增酤本，生意日隆，而犹患不富。狐云：人患无恒，贫何患焉，善为经营，会须富甲一乡。由是稍裕，而杜故态复萌，每赌辄亏其本，狐劝之，不听，忿欲与绝。杜涕云：知悔，力改前非。狐亦喜，相好如初。每致窘乏，则求助于狐，狐稍厌之，让之曰：偶则可，常则不可。予之财得之匪易，何能填君深壑？杜曰：君仙人，若云难，复谁不难？狐云：我等殊无积蓄，曩云拾之路遗者，妄也，皆乘间窃取之。问何以能窃取，曰：我辈悉能隐形，较君稍便。然太多，不被人捉，恐遭天谴，故不能坦然耳。杜请授其术，狐不可，固求之，狐终勿许。乃言曰：君所虑者，恐予贪污多取也，我何敢尔，不过谋挂杖头，免君常常与酒钱耳。于是矢以旦旦，狐诺之，而犹靳其术，杜哀之不已。狐云：有先兄之遗物，明日携来奉赠，则如愿以偿也。狐去旬余不来，杜疑悔交加，盼望颇苦。一日薄暮，狐至，杜恐其吝，先责其爽约。狐云：所以迟迟未至者，正为此事也。先兄在时，多行不善，大丹为神人夺去，因毙其命，遗脱为同类得去，予已置之不复问问。昨以君故，与彼几动干戈，始得璧还。杜急索观，狐乃出一□猴冠，大如弹丸，褐衣一领，大仅三寸许。杜接而笑之曰：君戏我也，我僬侥耶，黍民①耶？儿戏之物，胡为将来？狐曰：此隐身之宝也。盍试之，当不妄。杜拔其衣则绰绰有余，带其冠亦裕如也。怪之，入室，见妻方坐床上操女红，近前取其业履，若未之见，复拔其钗，妻惊惶四顾，终莫之睹，乃掷钗履而出。至门外，遇卖饧者，取其蓝中饧，亦莫之见。又试卖饼者，亦然。大悦，解衣藏之。入室，妻始见其来，方怪失钗之

---

① 僬侥，古代传说中的矮人，古代西南少数民族名。黍民，指蚊子。

事，杜告以故，妻大惊，劝其仍还诸狐，杜不从，妻云：以妾卜也，殆非佳事，子性多不能自检，倘恃此妄为，则祸不可测。杜云：己与狐兄矢誓，何敢背之。我不过拣富者之微赀，稍代作□，当亦无害。妻云：欲根不净，见物即思迁，恐不能由己。杜云：落叶添薪，野蔬充膳，君与我贫苦半生矣，倘得货财，薄享安乐，不亦可乎？妻默然。杜亦德狐，酒肴谢之。狐云：君如不失信义，切莫妄为，否则是自□祸，且累我非浅，不可不慎也。杜唯唯。从此不事酤，日惟取市间物，计亦良得，谨□狐言，不敢放肆，惟取食物，间窃金钱，归遗□君，夏无内顾，第行步笨伯①，恐被人擒。又央狐，狐又赠以草履一双，长寸许。杜云：子欲我截指适履乎？狐曰：子愚矣，衣冠既称适体，履胡不然？遂着之，出门遨游，其行如飞，遇崇墉高垣一跃即过，身轻殆如秋叶，入窗穿棂，有微隙即可入，恃无忌惮。渐入富贵者之家，异味奇珍任意餔餟，金银珠玉随手□携，人俱莫之禁。胆气益豪，凡通都大邑，举念片刻即到，至河南界，见有富户，遂信步入，进数重门，渐近闺闼，有少女年可十七八，艳丽无比，偕一小婢庭中摘花，杜随之，登楼，楼五楹，楼东复室即女所居，恍之，遂止不复去。楼中陈设华丽，物都不能指其名。忽闻西复室中有异香，入视之，金碧辉煌，紫檀案上有雕龛，中供神像，就视之，不知何神，金甲持剑，须发飒爽，见其来努目欲起，骇极奔出，复入女室，跃登帐顶，顶布虽轻软，幸身不重累，遂藏匿之，侦视神不来逐，心始宁帖。及晚，偷下，与女同寝处，女惊欲避，杜低声云：予仙人也，慕卿美丽，愿为卿婿，将为卿家造福，宜秘之。女无何如，遂安之。居楼上数月，婉言□女迁出神像，女诘其故，杜言其畏，女云：尔必非仙，不然何遽如是？杜言：予实人也，不图今日畏此。女惧而诉诸

---

① 笨伯，意为行动不灵巧。

母，母询其状，女云：吾闻其语未见其人，而亟求迁神像，殊可疑焉。母云：是必妖人易能隐身者，儿试以言饴之。女乘间谓杜曰：与君交好已近半载，终未会面，亦属憾事，君能现示真容，愿图永好。杜云：恐见之卿厌弃耳。女云：已为君妇，何厌之有。杜云：既蒙□怜，敢不竭诚相告！予实某处人，非有妖术，特得狐仙隐身物耳。女佯喜曰：人我同类也，又何嫌焉，我家薄有膏腴，老母在堂，又无兄弟，倘得快婿足了一生，君能赘诸予家，三生有幸矣。杜大喜，尽情倾吐，遂解衣帽以示之，为一蠢夫老伧坐床上，面目黧黑，污秽遍身，发蓬蓬长二寸许，容貌类鬼，女大惊，佯作笑云：郎君不早言，致使面不靧，体不浴，积垢厚钱许，臭不可近。我家中诸事都便，当取新衣履为郎易之。可将隐身宝交妾为郎君收藏，用时便付，倘或遗失，甚为可惜，此后度日更无须隐藏矣。杜遂尽付与女，女卷而怀之，云：予下楼去，取水来，请郎沐浴，更换衣履，以作乘龙之娇客，姑待之，妾去去即复来。杜唯唯，遂伏帐后如犬。女出，锁楼扉而去，哭诉诸母，遣健仆数人缚之痛挞，执送有司。杜自承为盗，毒施五刑，未几而毙。或劝追问家口，女母恐彰己之丑，遂不复穷究焉。

醉茶子曰：欲根不净，见物即迁，至言也。士有券券修省，其初未尝不以气节自诩，贤哲是期。迨见财货则艳之，见美丽则□之，遂不觉初心之顿易，堕□失品，罔不由于转念之失，欲根岂易言净尽哉！

选誊自《獭祭癸编》

39. 《女鬼吟》

"生怕秋来瘦不支，十年心事诉谁知。荒庵寂寞如宫禁，况是风清天白时。一病奄然百事灰，多情无力挽春回。青山绿水桥边路，苦望郎君拨棹来"。

女鬼吟此。桐乡倪五卿游吴中，寓桃花庵，夜闻此。无何一女子至，云：妾姚氏，字暝竹，为贵州李小白刺史许以千金□□百金为聘，而去不返，遂抑郁以死，厝此庵内。言已而灭，倪题志其事于壁。后有都司李君来苏，见此惊曰：李小白是吾久也，嘱寺僧善□之，俟迁其枢，已而渺然。

选誊自《獭祭癸编》

40.《落鹰台》

去郡城西数里郊外，有徽优①义冢，优人有卒于津者瘗是，乡人呼为"兔子坟"，松楸掩映，局势宏壮。相对有数家茔地，日见凋敝，有精堪舆②者，望气知为优坟所镇也，命建一台，名"落鹰"，台与之相对立一高竿，横木置其端，秋时鸷鸟纷至，争栖其上，于是数家渐次具复，而优坟日败矣。然则堪舆之说，或有其理焉。

选誊自《獭祭癸编》

41.《王贞妇》

王姓者，西淀之王庄人，以故外出，其妻独居。村人见有僧往来于其家，恒晨出暮归，群遂唧唧以为笑柄。盖村对岸有淀神庙，僧好狭邪，众遂疑焉。王归闻其事，丑之，乃寄行李于旅店，夜乘月色持刀至其家，踰短垣入，就窗窥之，见妻以炕头酣寝，炕梢有和尚亦睡焉，侦未觉，破窗入，力决僧首，迎刃而解，弃刀而逃。其妻固不知也，及醒，天已晓，见床上一泥人头，旁有利刃，大骇，不明其故。忽闻村人哗，言娘娘为人斫去头，相与骇怪。盖王居邻尼僧，寺中供娘娘，遂以泥首告之，众视之不爽。正喧哗间，王自外入，见之亦自

---

① 徽优，安徽籍艺人（优伶）。

② 堪舆，指天地、风水、风水先生。

惊异，因述其所为，妻大惊曰：子误矣，我尝邀此寺尼僧某伴寝，幸昨日有故未来，若来，则血尔刃矣。王始恍然，而群疑亦释，贞妇之节亦明，□益神之，遂醵金重塑而轮奂一新焉。

选誊自《獭祭癸编》

42.《龙虎石》

房山山中有峻厓，石骨突出，方圆数丈，其形如龙虎。（虎石）头耳鼻眼口俱全，张口吐舌，牙□□外露；龙石则有角有须，眼牙鼻舌历历可辨，周围山道弯环盘曲，宛若龙蟠，真天然之结构也。相对一村，落名口头村，与虎石正相向，村人死亡相继，贫苦亦极。有道人曰：此口头而当虎口，何能存耶！嘱村人？去龙虎下颚，则村居始安。至今两石犹存，但颔下缺耳。

选誊自《獭祭癸编》

43.《朱氏茔》

予戚朱氏茔，在静邑草米店，左右则汤庄、康庄。识者曰：猪得草米，左有汤而右有糠，其肥腯必矣。于是家道日兴，而邻村皆瘠。有妒之者，对其墓建二郎庙，郎者，狼也，两狼并驱，猪岂能安乎？家道遂日以落。镇魇之术①良可畏矣。

选誊自《獭祭癸编》

44.《(无题)》

邑陈氏茔，中凸外凹，四围周以沟渠，俗所谓"卧牛地"。或见

---

① 镇魇之术，亦称魇镇之术、厌胜之术，古代方士的一种巫术，谓能以诅咒制服人或物。

夜有金牛自坟中出，俯饮沟水，于是陈氏田产日增。某与有隙，遣术人看之，对其茔建一塔，中塑神判持鞭，作驱策状，自是而陈氏式微，今无□矣。

选誊自《獭祭癸编》

45.《(无题)》

海滨渔人每见潮漫起，水中无数小鱼，即知龙王巡海，小鱼为扈从所备之食料也。未几见海豚至，则王将过矣。海豚顶有一孔，鼓其气爆然作响，如炮相传，为龙王开道，每渔人见此即返棹避之。有渔人泊舟海滨，忽睹小鱼，遂登河岸，携有山肴村酒坐河上饮之。忽有人徐徐至前赞曰：美哉，饮乎？渔人顾之，曾与无素。其人着蓝布衫，头包蓝巾，神情和蔼。渔人酌酒让之，欣然接爵饮尽，渔人亦喜，频酌之。其人曰：仆不瞒君，予前导之臣也，吾王将巡东海，予（君）宜避之。问何时，曰：须日暮耳，此刻勿忙。遂畅饮，已而醉倒河岸际，顾渔人曰：我醉欲眠，君可自去。渔诺之，走数武回顾，见其人□变其像，就视，鼾声如雷，头大如年，深目高准①，立颧巨啄而有白鳞，非鱼，即俗所谓夜叉也，急撒网而回。

选誊自《獭祭癸编》

46.《(无题)》

有巫能召人魂，一日其法不验，往问其师。师云：夫人之生也，为血肉之躯，其质重浊，故虽圣贤如孔孟，有幡天际地之学，勇力如

---

① 准，作名词时，有鼻子之意。

贲获①，有搏兕②曳牛之力，而离地一步，即不能行。及其死也，块然③之质已埋藏地下，而其余气尚存，则轻清上浮而升矣。大凡气益清，则升俞高，故孔孟千秋崇祀，而在人间绝无胗饗，盖气升至极高，去人远也。□有一分浊气，即不能与大虚为体，于是有赫然森列而为神明者焉。其品愈下，其浊气俞多，而去人愈近。寻常之人，则生本庸死亦阗，既不过依其子孙以居，汝平时所召之鬼是也。若夫能乎浊气，与夫凶魄厉魂，则地不能载，俞沉俞下，入九幽，去人亦远。故大善大恶不能召也。

选誊自《獭祭癸编》

47. 《(无题)》

邑人张某，性嗜酒，日在醉乡。每与人语，辄强词夺理，百折不回，必以驳倒为快，人呼为"杠张"，言其好抬杠也。一日与友人共饮，张云，人若命不当死，虽食信石亦无恙。或曰：君真妄谈矣，焉有服信而不死者？张俞怒云：吾请服信以试之，果得不死，尔其谓何！遂购砒石一裹，使众视之，遂举而纳诸口。众惧夺而弃之，其与言之人益骇，急云：君言良是，服砒故不死，万勿以身试也。张出便，旋乃乘间偷食之，以其余纸示众曰：诸君勿恐，予纵死亦不连累君，已尝试矣。众皆失色，而张自觉无所苦，俄而瞑眩大作，始悔。归家仰卧，妻问之不答。因思行且死矣，一滴何曾到九泉哉，不如尽量一醉，生死听之。而囊钱已空，樽无余酒，不胜焦躁。忽见壁上挂一瓶，乃昔时所蓄之酿，取视，败尘蛛网，封纸破裂，急摘下尽力吸之，不留涓滴。未几，腹中辘辘雷鸣，□下一二次，而霍然愈矣。莫

---

① 贲获，战国时勇士孟贲和乌获的并称。
② 兕，传说中的瑞兽，状如牛，如太上老君的坐骑。
③ 块然，形容具体、真切。

明其故，及举瓶视之，中有大蜈蚣一尾，为酒浸已糜烂，方悟以毒攻毒，巧相值也，而张愈得话柄矣。

选誊自《獭祭癸编》

48.《鱼精》

张某，武清人，家世务农。秋获后，积柴于郊外，旁筑一屋，居以守之。时至除夕，犹不归，向家人索酒脯粱米，夜就灶前，和面作水角。将煮食之，忽有女子自外入，青衣素妆，貌微黑而眉目颇饶风韵。叟视之，曾不相识，询其为谁，女子云：予翁之甥女，因不尝来门之省，故尔疏阔，何竟不相识耶？叟云：老夫年迈昏聩，莓□颇繁，不能遍识。娘子不在深闺守岁，胡为夜来于此？女云：侬曾诣姨家，知翁在此，视探井臼，顾分微劳，代君操作。叟云：此亦甚妙，予正厌抟面裹馅，太烦人也。女欣然近前代作，乃旋作旋无，不见增益，侦视，女子得间即取生啖。叟恍然悟其为妖，佯言曰：肉馅太薄，俟予再添精脍，庶可适口。遂持刀劈豚肩。女见叟他顾，取水角数枚并吞啖之。叟佯作未睹，从背后持刀猛砍之，中其脑，鲜血迸流，吱吱嗥叫，如烟而遁。叟恐其复来恶作，急入村呼众持械同往。见灯昏野，四无人声，血殷殷遍地，众劝叟归。次晨众随血迹寻之，至河干，见有大鲤鱼长丈许，半身在水，已中伤而毙矣。

选誊自《獭祭癸编》

49.《李振青》

李振卿（青），武清人，善驱遣之术。时村中患邪祟，每夜出呼人名，应者辄死，月余弊（毙）十余人矣，众议除之。延李至。李命缚木为法台，高三丈许，设香烛诸祭品。候夜深，李登台，杖剑披发，嘱勿近视。选诸数健男立坛下，候派遣，各佩以符，持铁锤环伺，余则遥处望之。李秉步作法，倏有金光自某冢出，高丈许，旋不见。李询坟中瘗者何人，有识者云：此某氏子，十七岁夭折，其父母因此子恐再生不育，乃裸其尸立而埋之，云则再产可育，循乡俗陋习之，不图数年来竟作祟。李命众开其塚，则见尸遍体生白毛，双目赤如丹砂，见人跃跃欲遁。李近前枭其首，云：此物精气太凝，一次不足除之。悬其首于胯下，令复埋之。半载后夜复唤人，众惧复求李，李云：我固知其然。仍旧如前作法，开塚见尸，首与胯下复连，乃肢解而焚之，怪始除。

选誊自《獭祭癸编》

50.《宋妪遵化①州》

杜生，丰润②人，与其岳翁秦某素有瓜葛，亲故虽未娶，而两家都相识。岳与邻村，相隔数里，偶过岳家，见其未聘妻立门内，睨之，女亦眉目送情，遂入门与订桑中约③，女亦喜，许以黄昏后侍候于内室，告以门户所向，匆匆遂别。归家，有生之舅某以车来邀生与同往，为烦陪新婿。盖舅有女，前数日于归，今女偕婿同来拜岳父母，其家盛设酒筵以待酬婿。生不能却，与舅俱往。相隔十余里，席终天晚不能归，因止之宿。生家有长工仆，名宋愚，年十八九，气力粗莽，欲焰正浓。方生与女言时，仆立门外听之甚悉，而生仓遽未之觉。及生随舅去，仆度生必不能归，遂冒生往，袖藏利刃，以为侮迹败露，则以威胁。直至秦家，女室与其父母东西连房，时女已熄灯相待，见有人入，未晦细辨，低声问：来之乎？曰：然。女曰：父母尚未寝，君可藏匿被间，吾去瞰父母寝否，即便来。仆又漫应之。女去

---

① 遵化，今河北省唐山市遵化市。清代为直隶州，领玉田、丰润两县。
② 丰润，今河北省唐山市丰润区。
③ 桑中约，指男女情人幽会的约定。

后，仆□摸榻上，被伏之，被折叠甚高，仆匍匐未安，忽然失足堕下，女室中骨董有声甚厉，秦叟惊问为谁，不答，持烛往，见仆，大呼，疑为盗，将摸之，仆势无所逃，以刀格之，中颅，叟大号，仆益恐，决其首，持之而遁。村中有李姓者与仆有隙，素怀恨之，因思籍以嫁祸，乃至其居庐外，以首隔墙掷入，思嫁祸焉。归生家即闭户寝，生家均未知也。天色黎明，李至后院□□，□有物□之人头也，血色犹新，大骇欲绝。呼其子至共谋，子云：得趁此曙色初分，人迹尚少，瘞诸村外，则祸可免。乃承以荆筐，父子携铁锸诣村外，方□土未竟，突有本村商姓担粪经其处，遥见二人掘土，怪之问：天如许早，尔父子在此何为？李仓卒无以答，商就前视之，谵曰：尔辈杀人耶，予将报官，家能保太平乎。李以甘言央求，不许。李俞惧，跪请曰：但使幸无漏言，以二金相报。商少之，益以大言恐谵，不得已，许以重贿，始□首肯，乃即时索要。李云：既相许，断不食言，但此物犹未掩藏，予何处取钱付尔？如其再有见者，则子罪亦与吾均，不如合力共作，事毕随至吾家，财贿不在掌握乎？商始诺之。李又云：予老迈不作，略为劳力便觉疲倦，子何不相帮？商遂以叉代为挖土，深将三尺，李侦其俯躬用力，骤以铁锸斫其脑后，李子助之，遂毙，与翁头并埋一处。方翁家闻翁呼声也，媪连问之不答，急往视之，见有人夺门出，未辨为谁，入室烛之，见翁已倒于地死，血流成泊，而首已无，惊战欲死，呼女至，共验之。女泣涕不能隐，自述其事，诣县报告。邑宰王姓，急出签拘生，大作威虐，生诬服[①]。未几，担粪者商氏亦诣县鸣冤赴愬[②]焉。差役四出，并无凶犯，而商尸与翁首亦无下落。因循半载，牵累多人。生不□刑，虽诬服，祇以未得翁首，案□未结。生佣于杜氏多年，为人忠直，自生遭患，溺痛生冤，焦愁

---

① 诬服，（酷刑之下）无辜而服罪。
② 赴愬，奔走求告、上诉。

恒经夜未寝。愚素与母同榻，自行凶后，神色恒多未安，姬颇怪之，而莫□其由。一夕，梦中呓语，自云：以人头累汝，足雪吾恨，不图尔竟能掩藏，是吾计巧，尔犹巧也。母因问：尔将人头掷于何处？云：李氏后院然耶。问：凶器安在？曰：在炕洞中，彼从何处寻觅耶！母大惊，□日于主人云：杀人者非少主，乃吾子□。主云：是何言也？曰：的是之。主云：痴婆子，尔颠耶？焉有是理！姬曰：少主文弱，断不致杀人，且是夜宿其舅家，何得分身到此？吾儿素行凶悍谬妄，向不驯，疑之，然不料其若此，今益信矣。问：何以信其不妄？曰：予此于其梦语信之，彼梦语自述之何疑焉？主曰：梦呓何足为凭？痴婆子勿效愚忠，如□□小说中之奴待主死，人命至重也。姬泣曰：吾非不自量，其子茅受主恩深重，天理难欺，敢以舐犊之私坐视少主枉死而不救兮？试拆土炕视之，若得凶器则凿凿有据，豚子正法是其自取，倘无实据，则是奴妄疑也，姑罢□焉，奴当自首。次日侦其不在，拆数榻皆无，主人益嗤其妄。姬乃遍处搜寻，至空室积柴薪杂物下有土炕，拆视，有血衣一领包利刃焉。主大惊曰：得毋老姬，伪为之。姬曰：噫，乌得有此，奴安忍为。乃持去登公堂，槌鼓鸣冤。官亦惊，遣役捉仆至，一讯即服。传李氏父子至，二人俱失色，及掘验其处，得翁首而商尸亦在，并寘于法，案乃圆。

醉茶子曰：观婆子侃侃正迄，不但忠肝义胆，有足可风，即其智深，亦非寻常侪偶所能及。堂堂令尹，妄动淫刑，几使文弱书生罹于非命，如此昏愦，得毋有愧此姬乎哉！噫，此固为民上耶。

选誊自《獭祭癸编》

51.《(无题)》

某生，气体痴肥，形容猥鄙，年二十余尚不能识之无。家巨富，娶妻美而慧，尝劝之读，则云：吾有钱在，何必读书，好官吾欲为则为之，保不流于冶荡也。然有产不能守，往往为人侵盗，从不置问，妻甚□之，戒之曰：浑厚非无能之别名也，古来浑厚者皆出于聪明，未有愚昧而自居为浑厚者。生云：吾乐以产业与人。妻云：慷慨则可，昏庸则不可，乐善好施与不□古心，固丈夫之所为也，而君殊不然焉，一二钱或变色相争，巨万金则置之不问，我不知君子慷慨安在也。且祖宗创业维艰，君任人侵夺而不管，是愚庸非慷慨也；而子孙失之太易，非孝道也。生大忿，妻不敢言。一日，坐室中，似梦非梦，见一无首人昂然而入，手提其头立其前，生大骇，其人言自腔发，云：吾日提是头，动作亦殊不便，欲弃诸恐为犬狼所食，从无妥处可置之耳，请暂寄尔肩上，祈善视之，毋得损坏遗失，到时予来索还。置其肩上而去。次日觉肩上痛楚，于生一瘤，大如枣，不数日大与头等，惟破七孔已而结痂，痛亦渐止，疤痕宛如人面。

选誊自《獭祭癸编》

52. 《长短鬼》

邑有卖浆者，夜深自南城下归，陡见一物，高于城墙，宽二三尺，摇摇如竿，形如长人，步履正驶，卖浆者畏而避于路侧。俄又一物，高不及三尺，头大如牛面，足彳亍而行，髡发①蓬蓬如冠缨，双目如炬，急追长人而行。某避墙阴，二物俱若未之见，未几，俱速去。某归，大病月余。或云夜游神，未可信也。而独其一长一短，为可异耳。因忆张传山②先生有二僮，一高一矮，有一诗趣极，付录之：《刘山魈升张僬侥芳合咏》，"一僮矮小如僬侥，一奴长细如山肖（魈），奴能钞书僮识字，一屋高低有奇致"。在丙编省不复录。传云，

---

① 髡发，中国一些少数民族的发式，将头顶的头发剃光，在前额或两鬓留少量头发作装饰。

② 张传山，即张问陶，字仲冶，号船山，清代著名诗人和诗学理论家。有二仆，一曰刘升，甚长，呼曰山魈；一曰张芳，甚矮，呼曰僬侥。

新鬼大，故鬼小。

选誊自《獭祭癸编》

53. 《(无题)》

邑杨心斋孝廉名培之，夜归经行穿过鼓楼，觉如帘幙下垂碍其顶，既过，复回视之，乃一大人坐鼓楼檐隙，阔衣大袖，似古衣冠，顶所拂者其衣襟也。未几起立，高视阔步向西去，高出楼脊。又邑展孝廉某，将建屋，买砖若干堆积河干岸上，夜恐人盗取，自往视之。路经隘巷，遇一白衣妇，见展过面墙立，展知其为鬼，近视之，身扁贴墙厚仅寸许，扪之，虚若无物，展遂自去。二公皆于是年中式（试），是盖阳气太旺，逼其阴物不能粹掩，故见示其形也。同研友黄雅香为予言。

醉茶子曰：世之见鬼者有二，一则气运太旺，旺则能阳逼阴，阴气不能掩藏，故全形毕露。一则阳气已尽，不足胜阴，故之鬼形状亦了然毕见也，岂真见鬼者皆不详（祥）哉。

选誊自《獭祭癸编》

54. 《(无题)》

癸巳四月初四丑刻，有府役五人路经北门街仪门口，忽遇一物，如人，白衣，面墙立。众以人多戏，近视之。物反其面，赤发鬈须，白毛满面，状甚凶悍，奋身扑众。众急奔叫号失声，弃其所携之财鼠窜而逃。适遇巡更卒，询之，众以告所见，卒向西追之半里许，而乡甲局中诸役亦自西来，告以故，前后复搜，并无所见，然则是鬼物无疑矣。

选誊自《獭祭癸编》

55. 《尤公折狱永平^①某县》

某县民王甲，家惟一妹，年已及笄。甲偶以故外出，妻与妹同居。一日至村外井边汲水，远见一人踆踞遗秽，女睨之，妇戏谓女曰：姑望若郎否？如怜之，我将为尔等成好事。女不答，意似属。妇又曰：若名某，是予村人，性温和洵属可儿，若与姑盟白首可谓得人。姑微笑而唾之，于是刺刺不休，且谈且走，隔墙之耳所未防也。至晚各归寝。妇住正房，女独居东屋，离门甚近。是夜有叩门者，女问之，云：开门，予有要事须谈。问其为谁，云：我前村岳姓，蒙卿眷恋，感不能忘，来此以酬知己。女辞云：既蒙不弃，可遣媒来，与嫂相商，事无不谐，若约桑间，则计左矣。生云：固知不可，然人情翻覆，请赐以信物，则死且不忘。苟且之行，乡党自好者不为，而谓不才如之乎？女请明日来，生云：此何等事，而可显明昭著乎？请面质一二语，即毕愿事。女云：深夜开门亦殊不便，感君意诚，可于临街之窗启而入之，则妾室也。如其言，至窗下，女为开窗，某入即求欢，女无何听之。嘱曰：此非长策，速遣媒来可也。某诺之，可一不可再，次夜复来，女拒之不可，仍从窗入，从此往来无间。几半载，其兄自外归，见其妹状□异，询其妻，妻云无他。兄入女室窥之，见后窗，顿悟，乃遣女与妻同宿，己宿女屋以伺之，枕刀而卧，未几倦寝。某者至夜复来，扪之，须眉髭髭殆男子也。疑女有他约，忿火中焚，适扪枕时有利刃，持之力决其首，跃窗而逃。及晓，妇怪夫不起，隔窗呼之不应，破窗入，见身首异处，已被害矣。妇恍悟，穷究女交何人，女不得已以实对，乃首于官。提生去，严刑拷比，诬服，决有日矣。尤公□开，宰是邑，阅积牍，知生冤，乃提集人诬讯之，

---

① 永平府，明清时设，府治在今河北省秦皇岛市卢龙县城，管辖现河北省唐山市、秦皇岛市大部地区及辽宁省西南部地区。

俱无异词，乃谓两造曰：汝等情意相投，惜不能常为伉俪，法虽难宥情，实可怜之，将永别矣。有不了之心事，容尔辈畅谈，本县已择一静室，暂容尔辈寄宿一夜。命役导至，锁其户，公暗坐窗外而听之。至半夜默默无一语，唯闻叹息声。俄女子谓曰：尔何为愚昧至此，刃伤吾兄，彼既枉死，尔亦就戮，岂不两无益乎？生咈然曰：噫，至此尔尚云！然我识汝为谁？又知汝兄为谁？汝又识我为谁？闭户家居，无端祸从天降，诬我杀人，使我惨受毒刑，心崩骨折，含痛诬服，指日出决，想是我前生罪孽夙怨应偿，天命如期，可为奈何？女云：是皆因痴嫂戏言，致令汝心起妄念，叩户密语，何前是而后非耶？生曰：汝姑嫂汲水时，离我相去几半里之遥，况我见汝等来即整裳远避，尔辈作何等语，我岂能闻之耶？且姓氏不知，门户不晓，我焉敢贸夜叩门？设有男子出，我何言以对？事已如此，我自问无愧于心耳，待戮而已。言毕，呜咽甚悲。女子曰：听君言似真，然与君交几半载，往来以夜，终未一睹颜色，然形体已谙，□顾含羞自荐，则真赝自明，果真也，以了今世之业，果赝也，以结来世之缘，报君有日也。生无语听之。俄而，女即惊曰：□□巨瘿其何无也，郎诚冤矣。生曰：何以知之误？曰：彼左腰有巨瘤，且胸前多毛，今君亦洁之，固知其误也。明日堂上请为君雪。次日力白其伪，公□令俟退。乃呼地保，因他细事，责而革之。地保退，或告之曰，君无辜被责，得毋冤乎，亦知公之意乎？曰：迁怒耳。曰：非也，公不便明言，君能密访胸毛而腰□瘤者捉之入官，则定蒙重用矣。地保愿闻其详，曰：子听吾言必有效。地保信之，严察数天，果有某甲如其状，殆村中之无赖也，与女隔墙居，素垂涎于女，是日姑嫂戏言□听之甚悉，遂冒生污奸。捉之来，一讯即服，傀抵，释生。众始颂公神明云。

选誊自《獭祭癸编》

56. 《鬼生》

威县①有农人妇，产难死，瘗诸野矣。有数人路经其墓，闻有呼救声，甚急，细辨则坟中也。怪之，访诸村人，知为某氏之茔，告诸其家，或劝其开棺。农听之，既启棺，见妇固未活，而怀中有婴儿呱呱而啼，如依□舟。农抱归，使乳媪哺之，命名"鬼生"。后竟育至五十余始卒。当时群惊异人，及长，殊碌碌为农夫以后世。是知人果有命，则可不死，不必神所庇者，皆奇人也。

选誊自《獭祭癸编》

57. 《红魔》

同治初年，淀河一带有怪物，群呼为"红魔"，居民惊恐相戒备。先是上谷郊外忽有哭声甚悲，时村人正往于田，远见一妇人着红衣坐坟上掩面号泣，时方四更也，农夫初失偶，闻之触其悲痛，不觉失声，忽见妇至其前，农大惊，击以锄，如电而没。自此，每落日后辄闻之，然不离其坟左右，无何渐出祟，人遇之者则惊骇致病。后绕淀河逐行船，履飞如坦途，至船头惟号泣，凡商船遇之则不利，至省则丧其资。众乃备火枪，见其来则击之，物趋避。有商船泊岸，红魔登其舟，缆即自解，漂泊甚远。遇有归舟，知其事者代以枪击之，魔始去。后数载始安，亦异事也。

选誊自《獭祭癸编》

58. 《再生》

固安某患病，身体重累，久困于床。忽一旦爽然自得，如脱重负，喜极，举步轻健异常，便出门遨游。思访其友，入其室，友独

---

① 威县，今有河北省邢台市威县。

坐，若未之睹，呼之不应，亦不招以周旋，忿甚，出门遂去。路逢相识者，俱如不之睹，甚怪之。忽遇一白衣妇，谓曰：可随我来。某辞不顾。妇云：恐不由汝。招之以手，遂随之行。入一小庙中，庭前半没草苇，中有井台，高及肩。曳之登，至一深穴，暗不见底，与俱下，黑行数里，有小亭，及登，中有一人语妇曰：此不应来，胡为勾至？彼尚有三十年限，速送之还。妇默然携之出，至庙外，示以路而自去。某怅怅莫知何之，遇其友，惊曰：君寿未终不宜在此。某请路程，友指示之，转瞬不知何往。某犹盘桓道左，约半里许，遇其兄，曰：弟那得来，可随我归。送至家，令其自入。某曰：自兄物故①，举家思念不忘，盍随弟俱还？兄曰：予不能同尔去，请弟自归可也。拍其肩，一惊而寤，自此病亦渐俞（愈），后又活三十余岁始终。

选誊自《獭祭癸编》

59.《南宫乙》

南宫②某乙，以长随③为业，生平随官游历数省，所遇奇事有三：随某学院④到南省，寓贡院中，有斗室静洁，乙寓其中安榻。屋壁新纸所糊，方独以吸烟，忽闻墙纸嗤然作响，惊视，纸破一孔，如巨盏，有一手伸出，再视，则又缩去，知其为妖，乃拔刀伏壁下，俟其出而猛砍之，立削其腕，手落地，大如数□臂，物负痛，破纸坠出，乃一大蝎虎，长三尺余，未几跳跃登壁而遁。又一日，在公寓与诸人共馔，忽一物自门入，籁籁作响，火□迸飞，旋登壁顶，尾拖于

---

① 物故，去世。
② 南宫，今河北省邢台市南宫县。
③ 长随，古代官府雇用的仆役，泛指仆役。
④ 学院，即提督学政，俗称学台，古代主管一省教育科举并督察各地学官的官员。

墙，乃一大蜈公（蚣），长约丈许，覆壁上，众俱悚□战慄，不敢动乎，致有惊晕倒地者，乙急持坐檻就壁压之，物蜿蜒欲堕，相持甚苦，力亦暂懈，呼人无有至者，俄厨夫至，急斫以厨刀，始剖裂而毙。又一日，过村野，见众村人共磔一大蛇，询其故，云：几杀主人，故寸断之。盖村有□井，深邃莫测，有农人欲探视之，坐筐中，令其长工某以绳缒下，及入井，长工云：君漫（慢）视，我饭毕即来。置之而去。农见井中有数窟穴，旋闻习习风声，大骇，急呼人莫应。未几，从穴中出一大蛇，身粗数握，旋饶农身数匝，束缚如巨绠，其头与农相对，势将吞噬，张口吐舌，目眈如灯，农急以手握其颈，就井砖上力磨之，觉其束缚稍缓，磨之益力，血色模糊，遂松其缚，盖已毙矣。长工至，持其绳欲提出，而重加数倍，邀人共出之，蛇亦随上，视农已昏□，救苏，备言其故，于是众共磔蛇。

醉茶子曰：物老而精，固不足奇，所奇者，三物不恒有而皆为一人所见耳，故此三物集中亦难□之，而□不厌复。

选誉自《獭祭余编》

60. 《(无题)》

沈自玉梦至一处，红墙粉界，碧瓦朱门，有一童子前导。再进，则殿宇巃崇，延展数十里，重门洞开，两庑俱署十三省①字。

选誉自《獭祭余编》

---

① 十三省，似为明代的行政建制。明代在全国设两京十三使司（沿袭元朝习惯，亦称"省"）。两京为京师（北直隶）、南京（南直隶），十三省为陕西、山西、山东、河南、浙江、江西、湖广、四川、广东、福建、广西、贵州、云南。

61. 《僵尸生火》

蔡某，邑之北村人。年七十余死，停而未殓，忽靴中烈焰横飞，烟缕然炽，家人以水扑灭之。为易其鞭（靴），复生火焰，屡试皆然。殓后始无他异，众莫明其故。后阅文达公五种①，云：某侍郎夫人盖棺以后，有白鸽飞入帷，寻视无睹，俶扰有烟焰自棺中涌出，连栋累甍顷刻并焚，或者亦类是欤。

醉茶子曰：方□有"绝阴绝阳"之说。人死先绝阳者，气先绝而血凝，故其尸寒而色青甲黯。先绝阴者，气尚未遽绝，故尸未遽冷，而色亦不青黯。气者，火也。气有余，即火有余也。即尸未遽冷，亦犹贮火之器，火已撤，而器犹有余热，不久即凉，又焉能灰烬之余而复有燎原之势哉。尸遭自焚，当□之因果，必其人之□不足，未可以常理论矣。

选誊自《獭祭余编》

62. 《易形》

乡某者，生性忮刻，以阴巧为能。梦之冥曹，冥王冕服端坐，气象威重，责曰：汝机警太甚，宜罚作痴呆，于某月日当易尔形。某骇绝而醒，述其梦于家人，皆笑之，然惴惴自恐，逢人便告，莫不以为愚。至某日午睡后，忽形如木偶，目瞪口呆，顾视家人，皆不相识，询其所苦，则口操南音，语多不解。父母忧之，延医诊视，云，脉息无病，治亦□效，察其饮食如常，亦姑听之。一日，有扣门者，问其里居甚详，旋以一函交其父，启视之，乃某之家书也，中缄白镪二锭，笔迹宛然其子，书云：罔极深恩，涓埃未报，罪蒙天谴，互易身躯，而天性常存，至情尚在。忆自某日，忽如梦觉，竟投入彼壳中，

---

① 文达公五种，即纪晓岚所著《阅微草堂笔记》。

访其地，则为境属云南，询其家，则为身居冢子①。所幸家道宽裕，用度颇充，仅奉白锒二锭，聊备甘旨之需，稍尽微孝，愿二老勿以此为忧。此后魂虽寄于异乡，身尚依乎膝下，不啻儿在左右也。父母怨恸亦无如何，只得收其金。询其子，则如聋如痴。久而渐通北语，自言云南某县人，里居姓字甚详，第浑浑噩噩，询其何以易躯之故，则茫然不解，问思故乡不，则云此间乐不思蜀矣。后每岁云南寄银二次，家道称小康焉。

选誊自《獭祭余编》

63.《(无题)》

邑某叟，好买鼋放生，凡盆瓮等器几满。每夜好独坐诵经，一夕风雨交至，倚烛诵读，忽窗外雨帘为风揭起，一物自窗隙飞入，落几上，视之鼋也，长径尺许，以恒见之物，不为怪也，叟仍高声朗诵，鼋伏听不动。叟诵经毕，倏旋风顿起，鼋驾风自窗隙出。视窗穴裁方寸许，而径尺之物可以出入，盖物已通灵，具龙神之技矣。冬月夜，使其子至浮桥上放鼋，时河冰方冻，桥前里许仍□□长流，是夜黑暗，失脚落水，觉有物负之得不沉，惊疑之际，以为冰也。□漂泊致渡口，为渡船援上，回视，去桥半里余矣，或以为鼋报德也，然则毛宝之事②自古有之。

选誊自《獭祭余编》

64.《(无题)》

于氏子，盐山之村农也。偶患热病，郁闷异常，至夜烦躁益甚，

---

① 冢子，即长子。
② 毛宝之事，即"毛宝放龟"之事。毛宝，东晋将领。传说其帐下军人放生白龟，后该军人落水，得白龟救助。喻施恩获报。

思出庐凉爽，苦为视疾者禁止之。值诸人皆寝，欲拔关出，而门已锁，不易启，乃开窗出，觉凉风飒然，意甚快。信步至门外，黑暗中见一兽伏阶下，其状如牛，近前视之，不觉身跨其背，物飞腾自起，其行如风，身在云表。扪之，其毛鬣刚硬如猪，□或坠，不敢少动。物负之行，所历奇峰怪岭，危崖巨川，若履平地，惊惶骇怪，汗出如雨，身轻气爽，烦闷都消。景物之奇，花木之盛，都目所未经。而忽暗忽明，不知阅几昼夜，觉腹中馁甚。物忽自空飞下至地，时已三鼓，细辨乃己村外，急下其背，物如电而没。扣门，家人惊其为鬼，吓不敢纳，盖自某日失去已三年余矣。去后，遣人四出寻觅，辄无踪影，众以为万无生理，不料其如此也。自述之，始明其故，斯亦奇矣。或以为必换仙骨，而于蠢若木豕，仍一农夫而已。

　　醉茶子曰：物□神兽耶，无端负之去，无端送之回，历三年而饥不至死，皆有神助矣，然又何意也？

选誊自《獭祭余编》

65.《(无题)》

　　有客四五人，肩负行李，自山左来，将诣直境①，遇老僧，与其结，相与同行。天将晚，求止宿处，而苦无逆旅可托。又越数里，至一村，思投。村中待数十家，以锁其门，皆无人在。至一家，院庭宽敞而房舍整饬，门虚掩，数人入，求见主人，则无应者。院正房数楹，链锁甚固，东室皆其厨□，西室则门□掩，停一枢，并无他物。老僧谓众曰：是村若无居人，必有怪异事，公等搜其厨下有食物否，我辈充服，然后议之。众如其言，见其厨中粮物甚备，乃和面为饵，炊米为饭，复搜□□，碎切之，众得饱餐。僧又曰：凡怪物俱畏火，

---

　　① 直境，意直隶省境。

公等寻引火物并寻膏油、心灯。众取柴木堆集庭中，又于厨下得贮油之器，注其油于碗，取衣中绵拈为炷然（燃）之，明如白昼。僧使众取火然（燃）其着其柴，掩门趺坐堂中，口诵金经，手持禅杖以御之，令众登榻寝。众奔波已倦，有卧眠者，有惊恐不能眠者，请安寝，□怪之，僧自□□之，其往持九连环直身后。三更将尽，忽闻西室爆然作有物出，嗤嗤作笑声，其状如猿，毛毵遍体，双目碧如猫睛，立火前，众战慄无错（措），隔窗穴侦视之。俄物对火嘘气，火倏熄，绕院游行，意将入室，而又赹赹不前，忽飞身逾垣去。僧曰：公等见乎？是怪必不甘心也。半晌复归，身撼东室门，门欲启，僧以杖击之，却退与□□□其□踟于地矣。相持久之，鸡鸣物倒地，僧回顾惊惶若痴。天晓，村人渐渐归，僧告以故，众始悟是棺中僵尸为怪也。盖此物久为人患，村人至暮即避之，晓始归，二月余矣。棺中久未殡，竟成此怪。阖村共议焚其尸，村人犹不肯，盖尸乃其祖。僧闻云：前者已毙三人，今又几伤过客，尸已成妖，不复谓为先人之遗骸也，不除之，患无底止，火化其身，未必非超升之路也，愿为诵经度之。遂移之村外，纵火焚之，其声如号，而怪绝亦。僧名空性，每与人述之。

选誊自《獭祭余编》

66.《（无题）》

乡前辈金润圃先生自豫省归里，野行失路，天色已晚，不获客店，谓车夫曰：人畜奔波俱倦且饥，得小村□暂且栖止，不必贪行路也。踟蹰四顾，见前里许外有灯光三五点，仿佛村舍，乃向之行。闻骡足蹾踏如水声，逶迤数里，渐没膝，急止之。车夫不可，公曰：旷野无更鼓，以时卜之，当有月上。忽天际黑云流动，露残月半觇而青黯惨澹无光，急令驱车回辕。车夫云：已见村灯，何退为？俄灯光停之前进，水相接引。公曰：焉有村灯而能行者，此磷火也。车夫亦猛省，急退回，驻车道旁，而灯光逼近车畔，有无数黑影憧憧往来，高如人等，先生坚执不移，相持至天明，始俱不见。视道旁□塚壘壘，水潦泼莫辨深浅。遂循大道行数十里，始得逆旅而止焉。归家后，旋亦物故。

选誊自《獭祭余编》

67. 《武夫人》

邑武氏太夫人，生平好善，持斋诵经。一日遣画工绘其像，趺坐床上，旁设矮几，烛一枝，经一卷而已。既夕，趺坐诵经毕，索浴汤，靧面盥手，呼家人至，嘱咐家事甚详。众唯唯，夫人含笑无语，而玉筯①下垂，端坐而逝，与画像无殊。殆预知登仙期也，异香满室，数日始散。至今，每春秋祭祀，辄悬其像云。

选誊自《獭祭余编》

68. 《龙异》

丙申秋八月，大沽口，有小舟五艘，中有二舟载人，方欲渡河，忽暴风黑云，龙下取水，矢矫而上，小舟五俱随为龙气吸起空际，高十余丈。舟中有诸生泣云：无其危矣。未几，源源而下，平放水面，殊不掀樯，微风直送至岸侧，人俱得去。未几，大雨倾盆，半夜始止，亦异事也。

选誊自《獭祭余编》

69. 《(无题)》

凡灵草偶经火化后俱变为真，此理不可解也，然历验不爽。有于

---

① 玉筯，鼻涕的代称。

氏老夫人，病危，其家人遣工造小鬟，持烟筒并叶子①一盘，乃其平素所好也，就其未殒时焚之。俄而病昏瞆，语人曰：何处来一小婢，着藕色帔，持烟筒让予吸烟，并邀予斗叶子，彼何人耶？众为悚然。又隔一二日始故，是亦奇矣。

选誊自《獭祭余编》

70.《（无题）》

保阳②属有诸生董某，性孝友。家有田顷余，悉让弟，己惟居数椽草屋，训蒙③糊口而已。母死，弟益无忌惮，浮荡淫赌，不数载，家业荡然，复依其兄，生无怨言。而弟习于强暴，食用不满其欲，辄鬻其什物，生不敢与争，强忍之。妻某氏亦贤，日受其弟凌虐，泣病而亡，弟犹日詈之。每岁所得束脩④不足度日，而弟犹掠夺，贫苦难堪，惟思自尽。生处馆于保阳之绅家，日居馆中，辟（避）弟侮也。弟即售其宅，抉资纵赌，数日殆尽，乃怀刃欲寻其兄。至绅家，不敢入，夜以下，为攫（逻）卒所得，以为盗，捉将官里去。兄知，百方营脱之。弟益衔生，以为其嗾使也。不得已，生寻□□以数金，使作营生，弟归其乡。生忽夜梦二公人传，大惊，以为被弟连累，既至，见公堂上设书案两行，先有数人，仿佛文士，公人遣与并坐。潜访同人，知为大典，将试考者。生询同人，俱云不知其姓氏里居籍贯，然口音不类，皆应试人也。俄而，官升堂，公服儒雅。每人前各置纸笔，题纸□非四书经史类，策问中有"何难何易"等句。生文有：责人恒易，责己殊难；空谈颇易，身践寔难。又有，事后议论颇易，临

---

① 叶子，纸牌一类的博戏用品。

② 保阳，即保定，今河北省保定市。

③ 训蒙，（为私塾先生）对儿童进行启蒙教育。

④ 束脩，（几）束肉干，喻私塾先生的收入。

事谋略殊难。大为堂上称许，旋命传观，莫不嘉赏。又有河南一生文
□云：非身经患难不知其难，若纸上言谈似觉其易，亦为上嘉许。乃
传命曰：中州①生着补鉴察司，保定生着补赏罚司。已而，旋命□。
俱有青衣人引之出，曰：二公荣任在即，可速归料理，候车架前迎。
乃共出署门，不知何往。中州生一揖而去。生正徘徊，遇其窗友，乃
去岁物故者，见之求示归路，曰：前而归，□□于空门，下月□须准
备，此故人关照之情也。身拍其肩，惊汗而寤，自怪其梦非详，乃□
备后事，至一日果殁。

选誊自《獭祭余编》

71.《(无题)》

刘生读书山寺，晓起，见阶下一蛇，长约三尺余，色黑，有光，
如鳗鱼，背上微凸。蜿蜒久之，乃展背舒其翅，淡红色，□如蝙蝠，
飞起寻檐来往，捕雀而啖。雀纵尺许过，以口吸之，辄投入，如磁石
之引针。凡啖数雀，腾空向西去，至不可见。山中灵蛇固不云怪，而
居然能飞也。

选誊自《獭祭余编》

72.《田巫》

世之巫觋，多虚词惑众，未必真能□鬼神。邑有田巫，则实有妖
□□之。巫之夫田某，葛沽②之农夫也，愚蠢无能，惟知负耒耜。娶
妻颇艳丽，不类农家妇，性复妖媚，惰于女红，厌田家粗糠，且恶其
夫之非佳，耦（偶）侮则零涕，以为常，夫百方媚之而卒不悦。人云

---

① 中州，河南的别称。
② 葛沽，今有天津市津南区葛沽镇。

村中有赛会者，妇出观，途遇一美少年，翩翩然佳公子也，妇视之，目不转瞬，而少年亦□相悦，碍于广众不使接谈，遂各去。晚妇灯下颇涉冥想，夫至□之，夫恐拂其意，出就外舍宿。正独坐灯前，忽□首见少年立其前，云：感卿眷恋，愿偕永好。妇云：予固□为□，彼凶暴□甚，若遇之岂不两危？少年云：予炼形拜月之仙人也，彼其奈我何？予有法以制之，令彼退避三舍。遽前拥抱，相将俱寝。次日，田至，妇惶惧，少年云：速开门延之入，予有所□。田入，见少年大忿，少年曰：□粪壤腐臭，何能插好花枝，此后若不让我，使尔身首异处，如其愿之，则令尔致富，亦不负汝。田拣杖欲斗，少年笑曰：抛却。其杖自落，手足痹废。曰：令尔先尝微点得味，再酬尔盛筵，□使倒行，田不自由，至圊①自拾污秽吞咽。少年笑曰：如再不悛，将汝全身浸厕中，且剥尔皮。言毕，以钱五百置于床，令氏备饭，曰：予去即归。已而，复携肴酒至，豚肩鸭臛味皆旨甘，拉田与共饫之。田生平未谙此味，颇悦口快心。饫毕，遣之去，田犹逡巡，少年咤去，田双走不自由，彳亍即立门去。夜归妻室，不见少年，忽空中有物以击之，痛楚异常，甚至破头烂额。若遇少年，则詈骂令去。而每日佳肴旨汤恒充物于厨，亦不知所自来。田力不足与斗，亦安之。一日谓妇曰，予欲借汝以行术，何如？曰：何谓行术？曰：为女巫耳。妇云：女巫跳舞歌唱，手持□而鼓，祝态百端，予实耻之。曰：尔不为某岂能由尔！妇：我虽死不为。少年怒：不惩创之，汝岂受命！乃唾之去。妇觉体凉如水，自视四体裸然，缚如豚豕，置诸屋脊上，骇□欲绝，急号呼救，则口如痁谵哑。风露一夜，其夫代为跪祷，始磔磔然坠于地，而肢体殊不伤损。少年又□去，妇婉言乞免，少年曰：尚须惩治。语毕，有无数毒蛇恶蝎，外衣自脱，螫哳交至，

---

① 圊，即厕所。

大骇，云：愿顺从。俄而，蝎蛇自去。妇战慄已无人色，妖复与同寝。妇虽不贞，至此亦甚畏恶之，待其寝熟，欲戕之，刚有此意，而妖已醒，曰：吾固知汝不怀好意。提妇起，向空掷之，四肢绳缚，裸挂柳梢，村人共惊视之。其夫向众备述，村人不忍，均焚香代祷。未几，飘然落下，肢体无伤，衣裙自空飞坠，急着之，羞愧回。妇自思凌辱太甚，不如自尽，乘间投于河，乃漂泊十□里而卒不沉。迎一渔舟救起，渔妇出，布裤着之，渔子见其白晰，私扪之，忽空中一掌批其颊，□□有声，堕于水，幸舟子善水得不死。乃问其家，载以归，夫妇颇相啜。□人妻室，□肆强暴，以人理论，王法必□，而谓神，固如此逆，尔贪我□□云，尔云财必我贪，汝强□之，是我所于求者，□□□夫曰：妾一念之差，遂为妖据，凌辱百端，求死不得，可为奈何？夫曰：尔姑应之，延否在人，岂欲巫即巫耶。忽空中妖云：尔辈议我，我已闻之，欲尔等致富，岂意恶□。我掌阴曹勾致之差，拘来鬼魂，不即交案，令其四出为祟以扰之，有延请者，即为其能驱阴，不难讹索重赀。不□□由我约至，三日后即为行术，今夜予拘系游魂于庭楼，使尔等目睹之。夜间，众鬼嚅嚅哭叫甚伙，潜视庭际，黑影撞撞，叠肩联臂，若数百人，天明始寂无声。视之，有□百青蝇攒抱庭楼，□飞莫起，各以一丝系之。妖至，纵二三蝇，云至某家听候差遣。旋有扣门者云：城西庄某家少妇为邪所祟，主人命予延巫娘□□以除妖魅，田虚意指诱，其人出金币甚丰，乃登车随之行。至其家，见少妇二十许，披发袒胸，面貌如土，呼号詈骂，若不知人。家人云：昨自母家归，路遇一大厉随之入，惊骇间即迷惘，癫狂已经两日，祈慈悲，速为驱治。妇故作□状，羞涩作态，焚香于灯，忽尔跳起，手持鼓歌唱，向病者三踊，而病者苏，其家遂赏厚酬，于是远近传其异。而其东邻之妇病亦相同，亦延三娘疗治，得愈，众益神之。来求治者踵相接，其门如市，车舆人马堆集甚斗，妇亦高其价，非重币不往，甚有哭泣随之者。大凡患病多系豪户，而贫者间有之，盖妖之纵鬼，也预□其家而遣之，以故，发辄中□。田某有弟，性刚愎，颇不平其事，疑妇有诈，深至其廷，见巫正作法，私诣前侦之，见妇青面朱发，顶竖双角，目光睒睒如炬，大骇而退，亦暗奇之。自思妖无故扰其家，且纵鬼四出扰人，意颇不平，乃于楼上所系之蝇，悉断其发而纵之，咒曰：鬼立各归尔坟，毋妄祟人，以□天谴。妖物淫昏凶暴，终遭雷殛，勿为彼所误也。众蝇则散，远近村舍多破其害，亦知田巫之故，众约集焚烧其家，而南北马集村为尤甚，众口相传。巫恐，求计于妖，妖云：尔弟不良，致招此祸。予为上神所知，私纵逡囚，扰害良民，命且不保，其□尔何？无已，将素得之私财悉散于众，应弭患于万一，若贪吝之，祸且不测。予居汝家三载，积蓄已尽，不为□□。向言修炼之仙，伪也，乃村北天齐庙廊下鬼判者是，专司捉放厉魄凶魂，今□关已破，势难再聚。一二日乃将追逐厉魄，全体拘回则罚尚轻，否则□死莫测矣。他日泥像被雷火击碎，请再为塑，□即所以报□好□也。□□去□□北集村，田巫乃高搭苇席棚，设坛修醮，云为各村驱除妖物，远近来者悉待以食□香灯，凡七昼不取于病家，贫者赠以资财粮米使归调养，香花供品结彩悬灯所费不赀，悉其自备，不取于病家，凡患邪祟者，预与执照一纸，候后或钱或米如愿以偿，众人之气渐平，转怀感佩，不数月，各村俱安，而田氏之家资已消耗将尽。渐有神其术者延之去，则持鼓歌唱故假作态，不复如当年之灵验，而所得之惠仅足餬口，而贫如昔年。一夕，暴风雷雨霹厉震响，大木为摧，庙廊中泥判半为雷斧击碎如芥粉，想已伏冥诛矣。田巫遣塑工重□□之，工未竟，田弟至，大骂，复毁其像，而妖不复灵。后田巫寓邑城东南隅，其年已老，往来之为人疗疾，一村妪而已，无他奇也。

选誊自《獭祭余编》

73. 《(无题)》

邑杨某，幼业儒，应童子科，屡试未售，弃儒就豫省醛馆。外出多年，邑中事未目睹也。一夕梦归里，见城中道路□□，商贾云集，洋物尤汇，较昔年不啻□莅，庐舍增益，人民广众兮，并洋车往来□衢，直无立足处，心甚怪之。至其家，则妻□衣庭中，与不相识。入其室，则泥炉土灶，有健鼠嗷据器窃食，目眈眈不畏。呼其妻，妻已责云：汝不归来，我持契将与汝别矣。言之泪下。云：予常常寄银，何致断炊？妻云：予皆未接到，数年来，惟仰针黹耳。杨唏嘘，遂醒，未知何兆，急告假归。至邑，与梦中景物不殊，及至家亦与梦同，而鼠方窥食，益怪之。问妻所言，亦与梦同，尤异之。寻其托信之人，盖数年皆为□□，大恨之，具诣，而妻忽病，不数日而终，是亦奇矣。

选誊自《獭祭余编》

74. 《(无题)》

邑卢存甘孝廉，夜梦二公人入其室，惊问何事，二人云：有事重劳先生。问何事，曰：君之友人张姓秀才已□官司，我辈数叫不到，烦先生与我辈同往劝驾，庶免我辈官责，感恩不折。央求者再，遂与之同行，至鼓楼东街，随二人入张室。书室中楹联陈设雅洁可观，张出，对二人云：母年已迈，安得□行。卢云：到官对质数语，应亦无大害，何□虑之深？张慨然与应诺。役喜甚，一人同张去，一人送卢归。至家，霍然而醒，自怪其梦颇异，次晨诣张视之，而门前纸幡挂矣，乃入而诸其室，室中楹联陈设与梦中无异，问其殁时，即梦时也。

选誊自《獭祭余编》

75.《(无题)》

潞县①某氏暴卒，停尸未殓，其亡日适犯"五鬼"②，家人遣一壮夫守其尸，至夜半，尸忽起扑人，壮夫扑地亦死。家人惧甚，复遣三人守之。众谋痛饮壮胆，中一人曰：痛饮若醉，恐受其殃，不如以酒，清醒为佳。二人不从，遂大醉，眠其倒。至夜，尸床上察察作响，其人急奔出而阖其扉，从窗外侦视，是见先死者尸忽起，以双手□醉人，握之臂，使对立而嘘以气，醉人即仆。又握起一人，如前状，其人亦死。乃诣壮夫前，抱其尸而起之，复哈以气，于是壮夫跳舞，二死者亦起跳舞，其人奔匿他所，计先后□死四人，其家诣官报案。官至察验，闻屋中跳掷不休。仵人③云：是日干犯"五鬼"，必死五人，幸此人奔避，不然亦死□，死后则一同奔出作祟为患匪轻。官问当如何治之，仵人（曰）：还须此守尸人往擒之。其人□□不愿，官威赫之。其人云：小人幸逃，余生万不敢再□虎穴，况我□无□，焉能一人而制四鬼，纵被之，祟出□□尚不至死耳，□以性命轻试哉。仵云：汝迎门立，彼必起相扑，捉其腕而摔之即倒，我等即缚之，怀中本官之金印，可持以无恐。官乃赏银五十两，其人不得已而从之。如其法，四尸俱被擒，官使聚而焚诸野，怪乃除。

选誊自《獭祭余编》

76.《(无题)》

邑人某，为人来往寄书邮。天晚，未及客舍，见道旁古寺，庭极阴森，时方溽暑，因息其殿上。夜间大雨滂沱，雷声殷殷，电光中见树上立一小儿，手持红旗与雷相逐，知其为妖避雷者，乘间出其所携

---

① 潞县，古县名，在今北京市通州区潞县镇。

② 五鬼，又称五瘟，古代传说中的五个瘟神。

③ 仵人，即仵作，旧时官府中检验命案死尸的人，法医。

火枪击之，物堕于地，近前抉其睛。俄而，电雷响声震山谷，某惊弊（毙）欲寐。忽闻人云：渠助我辈，不为无功。奈妖伤其命且残其眼，何以处之？一人云：无妨，即取妖目代之可也。旋乃以双丸安其眶内，霍然而醒。天开雾，亦□晨矣。四顾都无所见，惟树下一蝎虎皮，长丈许，彼头足焦烂矣。遂起登程。自不觉其异，人视之，其二目黑睛如豆，自此，夜能视物，较寻常加倍瞭明，是亦异矣。

选誊自《獭祭余编》

77.《(无题)》

有友自豫来，言一案甚奇。某县童子年十五，就读邻村，相隔里许。一日自塾归，遇雨，途间有卖豆腐之家，入投焉。其家仅一老媪，年七十余，见生来，纳之。至晚雨不止，留与共寝。夜间，媪忽炽淫心，语诱童子，生不答。媪云：汝嫌我老乎？凡男女相悦，就在二身之合矣。即成□耦，深夜真黑，谁复辨妍媸哉，嫫母①娇姪无所分也。童子无言，羞涩如处子。媪复赫以危言，仍不答，乃佯怒曰：尔若大年纪，拳大儿头，便欲调戏我，□将呼邻里至，窘辱之。披衣欲起，生无奈曰：予不敢承命者，以□尊常道，至不敢犯也，若□禁之，生何惜焉。媪大悦，遽相偎抱，真呼情郎，生草草毕其事，非所愿也。□日天清，□外狂放甚，而得暇白昼□淫，生不堪其扰。童子家寻访几遍，究无□息头绪，亦断不料在此。殷循半载，以为葬诸犬腹。其亲串诣妪家，闻后院呻吟声，问之，妇语□支吾，怪而入视之，见童子面貌灰死，骨瘦如豺，呕血卧床，不能起矣。归而白诸其父母，急异归，始知其故，深以为恨。越夕，童子卒，遂忿而控于官，拘妇至，殊无□色，直供恶科。按例，妇与童男野合者，以强奸

---

① 嫫母，即传说中的四大丑女之首，黄帝的第四个妻子。

幼童例推论，欲加之刑。妇云：身与彼交，以有孕矣，请产后处置。官遣官媒①验之，果有五月胎气，不得已，收于禁，使人看守之。至□月诞一男童，父母领归为孙。老妇虽至其死，而非谋害，例亦减轻，遂结其案。

注：誊抄的本篇故事，自"某县童子年十五"至"生不堪其扰"为本篇后面重写的修改稿内容。此后的内容为本篇原稿的内容。

选誊自《獭祭余编》

78. 《(无题)》

深泽②城内东南隅学宫③旁，有水一渠，深不可测。夜间水际呼救声甚急，学官遣人秉烛视之，听其声在东岸，趋视，则声在西，诣西，则又在东，终夜奔波许久，迄无所见，声亦止，役遂归。至晓往视之，水东隅有一人溺死，殆水鬼迷惘所致也。

选誊自《獭祭余编》

79. 《(无题)》

邑孙广文在任时，为某绅点主④，绅遣舟来迎，有数门斗⑤相随。中一仆见水上立一无头□缺断臂者，往来？波指面前之人，□不之见，俄□二青面红发者将近船矣，众益□其妄，语未毕，舟竟翻

---

① 官媒，即官媒婆，旧时官府批准以做媒为业的妇女，或负责看管解送女犯的女差役。

② 深泽，今有河北省石家庄市深泽县。

③ 学宫，古代地方官办学校。

④ 点主，旧时晚辈为故去的长辈制作"神主（灵牌）"，其"主"字只写成"王"字，请县令或当地绅耆用朱笔点上所缺的一点。

⑤ 门斗，学宫（官学）中的门役、仆役等。

覆，人物落水。广文在水中央觉脚下有磐石驻足，得不漂没，为人救起。举船哀，一时人众打捞取，极溺舟人均得未死，惟见鬼者一人无存焉。

选誊自《獭祭余编》

80.《（无题）》

临城^①某甲，其妻为邪所据，邪每夜必至，则夫体如缚，妇身体任其枉薄而去，甲视之无可如何，无术以驱遣之也。甲偶至友处，闻某家有天师驱怪符，曾多灵验，多方求之，某慨然允，□甲袖归。其妻云：尔袖有何要物？答云：无之，盖恐怪知之也。妻云：彼鬼望见尔袖即战慄而逃，知必有故也。甲告之，妻亦喜，乃悬于壁。至夜，怪至，隔窗呼妇人曰：汝忍哉，年余夫妇，何遽无情，烦为我撤去符，藏于秘处，当有厚报也。妇默不张。怪怒云：不听吾言，将尔以利刃戕尔，而卒不敢前。妇□之曰，即为撤去。怪甫入门，见符起，金光如雷飞逐，怪戛然一声向空飞遁，远处犹呦呦作声，未知杀否，然自此怪绝。

选誊自《獭祭余编》

---

① 临城，现有河北省邢台市临城县。

参 考 文 献

一、原著之属

《醉茶志怪》，清李庆辰著，清光绪十八年（1892 年）冬月刊，原刊本。

《醉茶说怪》，清李庆辰原著，赵琴石评点，1932 年（民国二十一年）上海大达图书供应社。

《醉茶志怪》，清李庆辰原著，金东校点，齐鲁书社，1988 年 6月第 1 版。

《醉茶志怪》，清李庆辰原著，高洪钧、王淑艳点校，河北人民出版社，1988 年 7 月第 1 版。

《醉茶志怪》，清李庆辰著，原刊本影印，天津古籍书店，1990年 11 月第 1 版。

《醉茶志怪》，清李庆辰著，原刊本缩印，《历代笔记小说集成·清代笔记小说》（第 17 册），周光培编，河北教育出版社，1996 年 8月第 1 版。

《醉茶志怪 里乘》，清李庆辰、清许奉恩著，清代志怪小说观止第 2 辑，鲁直主编，大众文艺出版社，2003 年 10 月第 1 版。

《醉茶志怪》，清李庆辰原著，金东校点，齐鲁书社，2004 年再版。

《醉茶吟草》，清李庆辰撰，1935 年（民国二十四年）天津志局印行《天津诗人小集十二种》第十册，原刊本。

笔记稿本《茶余杂记（一）》《茶余杂记（二）》《醉经载记》，清李庆辰手书，共 3 册，清同治元年至光绪九年（1862－1883 年）。

笔记稿本《天津李筱筠杂钞》，清李庆辰手书，1 函 11 册，清光绪十年至二十三年初（1884－1897 年初）。

专题笔记稿本《醉茶志典》《探囊易取》《奇文欣赏》《历朝诗选》《茶余志医》《醉茶志医》，清李庆辰手书，共 6 册，起止年代不等。

二、方志之属

《天津卫志》，清薛柱斗纂修，高必大协修，清康熙十四年（1675 年）梓行〔《天津通志·旧志点校卷（上）》，天津市地方志编修委员会编著，来新夏、郭凤岐主编，李福生副主编，南开大学出版社，1999 年 10 月第 1 版〕

《天津府志》，清李梅宾、程凤文修，吴廷华、汪沆纂，清乾隆四年（1739 年）刻〔《天津通志·旧志点校卷（上）》，天津市地方志编修委员会编著，来新夏、郭凤岐主编，李福生副主编，南开大学出版社，1999 年 10 月第 1 版〕

《重修天津府志》，清沈家本、荣铨等修，徐宗亮、蔡启盛纂，清光绪二十五年（1899 年）刻〔《天津通志·旧志点校卷（上）》，天津市地方志编修委员会编著，来新夏、郭凤岐主编，李福生副主编，南开大学出版社，1999 年 10 月第 1 版〕

《天津县志》，清张志奇、朱奎扬总裁，吴廷华总修，汪沆分修，清乾隆四年（1739 年）刻〔《天津通志·旧志点校卷（中）》，天津市地方志编修委员会编著，来新夏、郭凤岐主编，李福生副主编，南开大学出版社，1999 年 10 月第 1 版〕

《续天津县志》，清吴惠元总修，蒋玉虹、俞樾编辑，清同治九年（1870年）刻〔《天津通志·旧志点校卷（中）》，天津市地方志编修委员会编著，来新夏、郭凤岐主编，李福生副主编，南开大学出版社，1999年10月第1版〕

《津门保甲图说》，清道光二十六年（1846年）新镌〔《天津通志·旧志点校卷（下）》，天津市地方志编修委员会编著，来新夏、郭凤岐主编，李福生副主编，南开大学出版社，1999年10月第1版〕

《天津志略》，民国宋蕴璞辑，1930年（民国十九年）北京蕴兴商行出版〔《天津通志·旧志点校卷（下）》，天津市地方志编修委员会编著，来新夏、郭凤岐主编，李福生副主编，南开大学出版社，1999年10月第1版〕

《天津县新志》，民国高凌雯纂，1931年（民国二十年）刻〔《天津通志·旧志点校卷（中）》，天津市地方志编修委员会编著，来新夏、郭凤岐主编，李福生副主编，南开大学出版社，1999年10月第1版〕

《天津政俗沿革记》，民国王守恂纂，1938年（民国二十七年）刻〔《天津通志·旧志点校卷（下）》，天津市地方志编修委员会编著，来新夏、郭凤岐主编，李福生副主编，南开大学出版社，1999年10月第1版〕

《志余随笔》，民国高凌雯辑〔《天津通志·旧志点校卷（下）》，天津市地方志编修委员会编著，来新夏、郭凤岐主编，李福生副主编，南开大学出版社，1999年10月第1版〕

《清史稿艺文志》，章钰等编，《清史稿艺文志补编》，武作成编，中华书局，1982年4月第1版。

《长芦盐志》，《长芦盐志》编修委员会编，百花文艺出版社，1992年7月第1版。

《天津通志·水利志》，天津市地方志编修委员会编著，天津社会科学院出版社，2005年4月第1版。

三、史籍之属

《碧琅玕馆诗钞》，清杨光仪撰，同治十三年刊（缩印本，《国家清史编纂委员会·文献丛刊·清代诗文集汇编》689册，《清代诗文集汇编》编纂委员会编，上海古籍出版社，2010年12月第1版）

《碧琅玕馆诗续钞》，清杨光仪撰，光绪七年刊（缩印本，《国家清史编纂委员会·文献丛刊·清代诗文集汇编》689册《清代诗文集汇编》编纂委员会编，上海古籍出版社，2010年12月第1版）

《蓄墨复斋诗钞》，清王培新撰，光绪二十二年四本堂刻本（缩印本，《国家清史编纂委员会·文献丛刊·清代诗文集汇编》696册《清代诗文集汇编》编纂委员会编，上海古籍出版社，2010年12月第1版）

《退遂斋诗钞》，清倪鸿撰（缩印本，《国家清史编纂委员会·文献丛刊·清代诗文集汇编》709册《清代诗文集汇编》编纂委员会编，上海古籍出版社，2010年12月第1版）

《退遂斋续集》，清倪鸿撰，清光绪遞刻本，（缩印本，《国家清史编纂委员会·文献丛刊·清代诗文集汇编》709册《清代诗文集汇编》编纂委员会编，上海古籍出版社，2010年12月第1版）

《双清书屋吟草》，清王樾撰，1922年（民国十一年）刻本。

《点石斋画报·大可堂版》（清光绪十年创刊之上海《申报》附办旬刊画报），上海画报出版社，影印本，2001年9月第1版

《敬乡笔述》，清徐士銮撰，清光绪二十四年（1898年）成书（影印本，天津古籍出版社，1986年11月）

《贩书偶记》，孙殿起著，1936年（民国二十五年）北京通学斋书店出版发行，中正书局、中华书局、上海书店等都有影印或重印

（上海书店辑《民国丛书》第四编第 100 册，据 1948 年中正书局版影印）。

《津人著述存目》，金大本著，1937 年（民国二十六年）刊刻。

《四书五经》，陈戊国点校，岳麓书社，1991 年 7 月第 1 版。

四、著述之属

《中国文言小说书目》，袁行霈、侯忠义著，北京大学出版社，1981 年 11 月第 1 版。

《中国古代小说百科全书》，《中国古代小说百科全书》编辑委员会、中国大百科全书编辑部编，中国大百科全书出版社，1993 年 4 月第 1 版。

《中国笔记小说史》，吴礼权著，商务印书馆，1997 年 8 月第 1 版。

《中国文言小说史》，吴志达著，齐鲁书社，1994 年 9 月第 1 版。

《中国文言小说总目提要》，宁稼雨撰，齐鲁书社，1996 年 12 月第 1 版。

《中国神怪小说通史》，欧阳健著，江苏教育出版社，1997 年 8 月第 1 版。

《清代志怪传奇小说集研究》，占晓勇著，华中科技大学出版社，2003 年 6 月第 1 版。

《晚清小说史》，阿英著，江苏文艺出版社，2009 年 1 月第 1 版。

《晚清民国志怪传奇小说集研究》，张振国著，凤凰出版社，2011 年 1 月第 1 版。

《历代笔记概述》，刘叶秋著，北京出版社，2011 年 2 月第 2 版。

《明清小说研究概论》，党月异、张延兴著，中央编译出版社，2011 年 7 月第 1 版。

《清代小说史》，胡益民著，合肥工业大学出版社，2012 年 12 月第 1 版。

《中国笔记小说纵览》，孙顺霖、陈协琹编著，华东师范大学出版社，2013 年 6 月第 1 版。

《中国教育通史·清代卷（中）》，马镛著，北京师范大学出版社，2013 年 8 月第 1 版。

《中国地域文化通览·天津卷》，主编袁行霈、陈进玉，本册主编张炳学、刘志永，中华书局，2014 年 6 月第 1 版。

《晚清报刊与小说传播研究》，李九华著，中国社会科学出版社，2014 年 7 月第 1 版。

《中国文言小说发展研究》，王恒展著，山东教育出版社，2016 年 4 月第 1 版。

后　记

《晚清津门文化名人李庆辰研究》是我在天津市人民政府参事任内写作的一本小书。参事室领导、有关部门领导及同志们对这本小书的写作与出版给予了充分认可和大力支持，对此，我表示衷心地感谢！

这本小书是与我之前所从事专业工作无关的"跨界"之作，写作中遇到的种种困难和挑战是可想而知的。我之所以能坚持写下去，并终有成果，固然有自己的信念和努力，然而，更重要的是得到了许多人的热情鼓励与鼎力相助，在此，我表示深深的谢意！

书籍的出版是一项专业性和操作性都很强的工作，天津市人民政府参事室钱钢先生、刘月志先生为操办出版事务付出了辛勤的劳动。天津市文史研究馆馆员、著名漫画家左川先生用传神之笔为我画了漫像，天津人民出版社陈烨先生以高水准的专业工作完成了编辑工作，我也一并道谢！

李蕴祺

2018 年 12 月 26 日